AF748353

La pratique de l'activité bancaire et financière en zone UEMOA

Collection « Études africaines »

dirigée par Denis Pryen et son équipe

Forte de plus de mille titres publiés à ce jour, la collection « Études africaines » fait peau neuve. Elle présentera toujours les essais généraux qui ont fait son succès, mais se déclinera désormais également par séries thématiques : droit, économie, politique, sociologie, etc.

Dernières parutions

BETCHÉ (Zachée), *Le phénomène Boko Haram. Au-delà du radicalisme*, 2016.
MOKONZI Bambanota Gratien, *Où va l'université au Congo-Kinshasa ?*, 2016.
EKANZA Simon-Pierre, *Le royaume du Moronou, Côte d'Ivoire, Une symphonie inachevée*, 2016.
MUSHIPU MBOMBO (Dieudonné), *La théologie africaine. Le feu vert de Rome : une herméneutique des déclarations des souverains pontifes d'après le Concile Vatican II*, 2016.
PONDI (Jean Emmanuel) (dir.), *Citoyenneté et pouvoir politique en Afrique centrale. Etat des lieux, défis et perspectives*, 2016/
BARRY (Mamadou Gando), *L'insertion des diplômés en Guinée : processus et contraintes*, 2016.
LOUA (Seydou), *Quelle efficacité pour l'enseignement supérieur au Mali ?*, 2016.
TOUNG NZUE (Jérôme), *Précarité et replis identitaires au Gabon*, 2016.
KAZIENDE (Léopold), *Samafou, Fragments biographiques de la vie de Boubou Hama*, 2016.
BODO (Bidy Cyprien), COULIBALY (Moussa), KAMAGATE (Bassidiki) (dir.), *Les écritures de l'horreur en littératures africaines*, 2016.
VAUDELIN (Pierre), *Afriquéconomie, Entre défis urbains et émergence économique*, 2016.
BARBET (Clotilde), *Les rébellions touarègues au Nord-Mali*, 2016.
AMBOULOU (Hygin Didace), *Le droit des investissements et l'analyse économique de l'espace OHADA*, 2016.

TIDIANI SIDIBE

La pratique de l'activité bancaire et financière en zone UEMOA

L'Harmattan

© L'Harmattan, 2016
5-7, rue de l'Ecole-Polytechnique, 75005 Paris

http://www.harmattan.fr
diffusion.harmattan@wanadoo.fr
harmattan1@wanadoo.fr

ISBN : 978-2-343-07865-6
EAN : 9782343078656

DÉDICACES

Je dédie cet ouvrage à :

Mes parents : Feu Sériba SIDIBE & Oumou COULIBALY.

Mon beau-père : Feu Jean-Bolon SAMAKE,
décédé dans des conditions atroces au bagne-mouroir de Taoudenit.

Toute ma famille.

REMERCIEMENTS

J'exprime toute ma profonde gratitude à :

Mme Catherine CORMONT TOURE
M. Sékou DIABATE
M. Jean KERTUDO
M. Jean Luc SIRUGUET
M. Bassary TOURE

Vous n'avez ménagé aucun effort pour la réussite de cet ouvrage. Vos précieux conseils, critiques et observations ont été d'une importance capitale. Que le Bon Dieu vous en remercie !!!

SOMMAIRE

PRÉFACE

Bassary Touré,
vice-président de la banque ouest-africaine de développement (BOAD), ancien ministre de l'économie et des finances du mali.

Cet ouvrage, inédit en son genre, est essentiellement axé sur la pratique des activités bancaires et financières de tous les jours dans notre Union. Il se veut un bréviaire professionnel, en la matière, en direction des cadres de banque, étudiants, universitaires, dirigeants d'entreprise, et toute personne désireuse de se former en techniques bancaires & financières.

En effet, il contribue à la vulgarisation des bonnes pratiques professionnelles en mettant en exergue les différentes relations qu'une banque pourrait entretenir avec ces différents segments de clientèle (particuliers et entreprises) et le Marché Financier Régional (MFR). Aussi, il traite, en profondeur, la problématique des réformes du comité de Bâle c'est-à-dire la mise en place de Bâle II et Bâle III, singulièrement, dans les banques de l'Union et, en général, dans les banques africaines.

Par ailleurs, il contribue, également, à la promotion de la culture bancaire et financière auprès des consommateurs de services bancaires et financiers dans la zone UEMOA. Par ricochet, il fait la promotion des instruments de moyens paiements en distillant des informations clés sur les textes communautaires règlementaires (règlements, instructions, décisions, avis, etc.) dans le but de contribuer, in fine, au rehaussement du faible taux de bancarisation et, partant, du taux d'accès au service financier.

Ce livre vous entraîne à devenir à la fois un bon banquier, un bon financier et un bon économiste. Il vous apprend la bonne attitude et vous donne la bonne pratique généralement admise dans la profession bancaire car le métier de banquier a beaucoup évolué dans le monde ces deux dernières décennies. C'est une véritable synthèse de travail remarquable qui se trouve à la lisière de la frontière entre la problématique de la supervision bancaire, le droit des affaires, la monnaie, la banque & la finance.

En le lisant, j'ai à nouveau ressenti l'enthousiasme intellectuel que suscite son auteur dont le profil laisse présager de belle perspective de carrière professionnelle. J'ose espérer que cet enthousiasme sera contagieux, et je vous souhaite, d'ores et déjà, une très bonne lecture.

PARTIE INTRODUCTIVE

Présentation de la zone UEMOA

Dans cette partie introductive, nous traiterons les points suivants :

- Généralité sur la zone UEMOA
- Le récurrent débat sur la Zone franc
- L'architecture du système bancaire & financier
- Les risques du métier de banquier
- Les principes de bonnes gouvernances d'une banque.

I. Généralité sur la zone UEMOA

L'Union Economique et Monétaire Ouest-africaine (UEMOA) a été créée par le traité signé à Dakar le 10 janvier 1994 par les chefs d'Etat et de gouvernement des sept pays de l'Afrique de l'ouest ayant en commun l'usage d'une monnaie commune, le Franc de la Communauté Financière Africaine communément appelé FCFA.

Il s'agit du Bénin, du Burkina Faso, de la Côte d'Ivoire, du Mali, du Niger, du Sénégal et du Togo.

Le traité est entré en vigueur le 1er août 1994, après sa ratification par les États membres.

Le 02 mai 1997, la Guinée-Bissau est devenue le 8ème État membre de l'Union.

Il faut rappeler que l'UEMOA est le fruit de l'aboutissement d'un long processus de coopération monétaire dans le cadre de l'UMOA (Union Monétaire Ouest-africaine). En effet, le traité de l'UMOA fut signé le 12 mai 1962 par sept (07) Etats en l'occurrence la Côte d'Ivoire, le Dahomey (actuel Benin), la Haute-Volta (actuel Burkina Faso), le Mali, la Mauritanie, le Niger et le Sénégal.

Contrairement aux étapes de la construction de l'Union Européenne (UE) qui fut l'aboutissement d'un long cheminement depuis le traité de Maastricht signé en 1933 par Jacques Delors, la zone UEMOA n'a pas respecté les étapes sous-jacentes à la construction d'une union économique. En effet, sur le plan théorique de la littérature économique, l'union monétaire devrait plutôt être l'aboutissement du processus au lieu d'être le point de départ. Ainsi, les préalables peuvent se résumer dans le tableau ci-après :

Tableau 1: Les étapes théoriques de l'intégration économique

	Zone de libre échange	Union douanière	Marché commun	Union économique
Abolition des droits de douane	■	■	■	■
Tarif extérieur commun		■	■	■
Mobilité des facteurs de production			■	■
Harmonisation des politiques économiques				■

Par ailleurs, on peut penser que la prévalence de l'union monétaire (UMOA) sur l'union économique (UEMOA) trouve son fondement dans la stratégie française de garder une certaine influence politique et économique sur ses colons. Ce qui a permis la création d'une zone monétaire communément appelée la zone franc regroupant la France métropolitaine, la zone UEMOA (8 pays), la zone CEMAC (7 pays), et les Comores.

1. Croissance et inflation

Pour comprendre la dynamique de l'économie de la zone UEMOA, il est important de voir l'évolution de ses taux de croissance et d'inflation. Ainsi, la figure suivante donne l'évolution de ces deux indicateurs :

Figure 1 : Evolution des taux de croissance et d'inflation dans la zone UEMOA

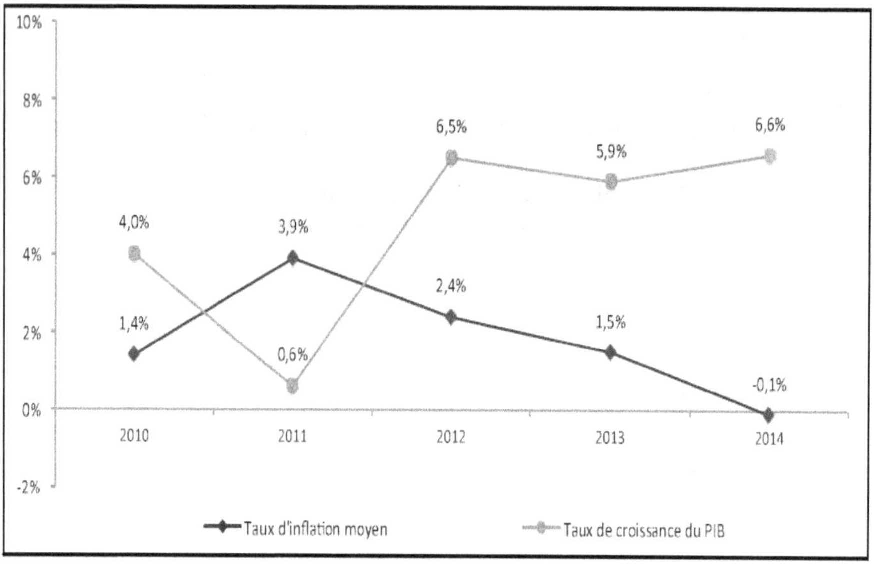

Source : BCEAO, cité par le rapport annuel de la CB 2014.

Le produit intérieur brut de l'Union s'est accru, en glissement annuel, de 6,6% en 2014 contre 5,9% en 2013, après une progression de 6,5% un an plus tôt. Quant au taux d'inflation de l'Union, il s'est établi en moyenne à (-0,1) en 2014 contre 1,5% en 2013, après une augmentation de 2,4% en 2012.

En 2014, la croissance serait essentiellement tirée par le secteur tertiaire en l'occurrence les services marchands (services aux entreprises, transports, télécommunications)[1].

[1] Rapport annuel de la commission bancaire 2014, pp.17.

En résumé, au regard de l'évolution de ces six dernières années, on peut anticiper que le taux d'inflation moyen pourrait tendre vers un niveau de 2,1% en glissement annuel au 2ème trimestre 2017 en phase avec l'objectif de stabilité des prix dont la norme communautaire, en la matière, est de 3%[2]. Aussi, la croissance pourrait rester dans le sillage des 6% grâce à la reprise ivoirienne qui augure d'ores et déjà de belles perspectives.

Figure 2 : Poids des Etats membres dans le PIB réel de l'UEMOA (%)

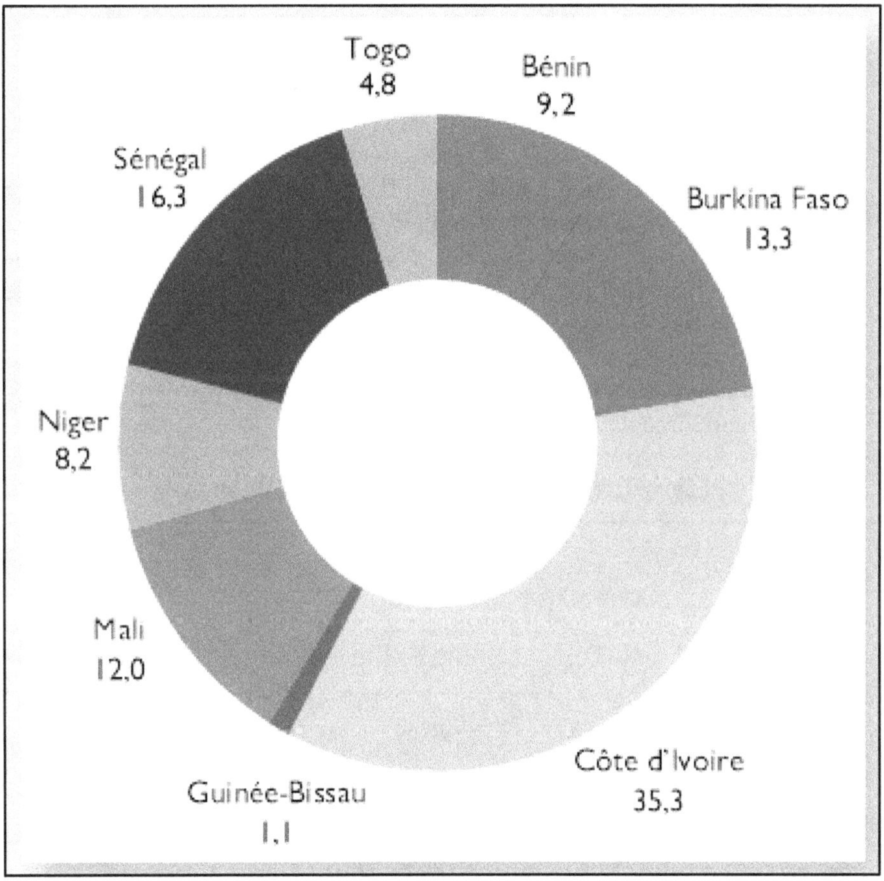

Source : FMI, Perspectives de l'économie mondiale, avril 2015, cité par la Banque de France dans son rapport Zone franc 2014.

La Côte d'Ivoire reste la locomotive de la zone avec un poids de 35,3% du PIB réel selon le rapport du FMI sur les perspectives de l'économie mondiale en avril 2015.

[2] Rapport sur la politique monétaire dans l'UMOA, septembre 2015, pp.12.

2. Les objectifs de l'UEMOA

Conformément au traité révisé le 29 janvier 2003, se déclinent ci-après :

a) Renforcer la compétitivité des activités économiques et financières des États membres dans le cadre d'un marché ouvert et concurrentiel et d'un environnement juridique rationalisé et harmonisé

b) Assurer la convergence des performances et des politiques économiques des États membres par l'institution d'une procédure de surveillance multilatérale

c) Créer entre Etats membres un marché commun basé sur la libre circulation des personnes, des biens, des services, des capitaux et le droit d'établissement des personnes exerçant une activité indépendante ou salariée, ainsi que sur un tarif extérieur commun et une politique commerciale

d) Instituer une coordination des politiques sectorielles nationales par la mise en œuvre d'actions communes, et éventuellement, de politiques communes notamment dans les domaines suivants : ressources humaines, aménagement du territoire, agriculture, énergie, industrie, mines, transports, infrastructures et télécommunication

e) Harmoniser, dans la mesure nécessaire au bon fonctionnement du marché commun, les législations des États membres et particulièrement le régime de la fiscalité.

Figure 3: Schéma de fonctionnement de l'UEMOA

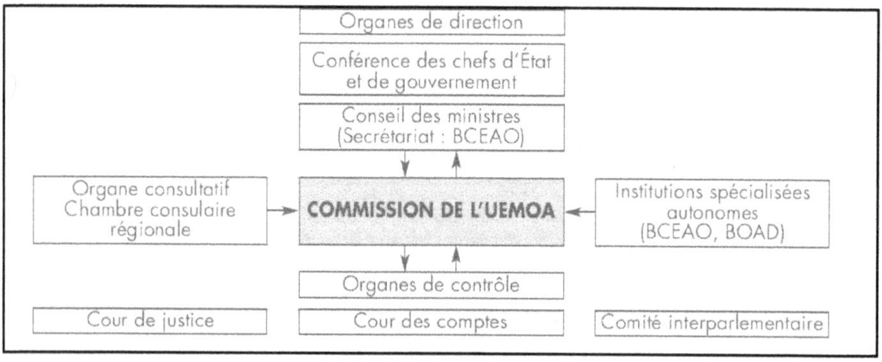

Source : Banque de France, Rapport zone franc.

3. Les organes statutaires de L'UEMOA

3.1. Les organes de Direction

– la Conférence des chefs d'Etat et de gouvernement

Composé des 8 pays membres de l'UEMOA, la Conférence des Chefs est l'autorité suprême de l'Union et tranche toute question n'ayant pu trouver de solution par accord unanime du Conseil des ministres. Elle décide de l'adhésion éventuelle de nouveaux membres et prend acte du retrait ou de l'exclusion des participants. Elle se réunit au moins une fois par an et prend ses décisions à l'unanimité.

– le Conseil des ministres

Le Conseil des ministres définit la politique monétaire et de crédit de l'Union afin d'assurer la sauvegarde de la monnaie commune et de pourvoir au financement de l'activité et du développement économique des Etats membres. Chacun d'entre eux est représenté par deux ministres, dont le ministre des finances, mais chaque Etat n'y dispose que d'une seule voix. La BCEAO organise les séances du Conseil dont elle assure le Secrétariat. Le Gouverneur de la BCEAO assiste aux réunions du Conseil avec voix consultative. Le Conseil se réunit au moins deux fois par an et prend ses décisions à l'unanimité. Il lui appartient de modifier la définition de l'unité monétaire et de déterminer en conséquence la déclaration de parité de la monnaie de l'Union à effectuer au Fonds monétaire international (FMI).

– la Commission

La Commission de l'UEMOA exerce en vue du bon fonctionnement et de l'intérêt général de l'Union, le pouvoir d'exécution, délégué par le Conseil des ministres.

Elle transmet à la Conférence et au Conseil les recommandations et avis qu'elle juge utiles à la préservation et au développement de l'Union

Elle exécute le budget de l'Union.

Elle peut saisir la Cour de justice en cas de manquement des États membres aux obligations qui leur incombent en vertu du droit communautaire.

3.2. Les organes de contrôle

– La Cour de justice

La Cour de Justice veille à l'interprétation uniforme du droit communautaire et à son application et juge, notamment, les manquements des Etats à leurs « obligations communautaires ».

Elle arbitre les conflits entre les Etats membres ou entre l'Union et ses agents.

– La Cour des comptes

La Cour des comptes contrôle les comptes des organes de l'Union, et la fiabilité des données budgétaires nécessaires à l'exercice de la surveillance multilatérale.

– Le comité interparlementaire

Le Comité interparlementaire joue un rôle consultatif et d'animation des débats sur l'intégration. Il reçoit le rapport annuel de la Commission et s'exprime sous forme de rapports ou de résolutions.

3.3. Les organes consultatifs

– La chambre consulaire régionale

La Chambre Consulaire Régionale est le lieu privilégié de dialogue entre l'UEMOA et les principaux opérateurs économiques.

Elle est chargée de réaliser l'implication effective du secteur privé dans le processus d'intégration de l'UEMOA et regroupe les chambres consulaires nationales, les associations professionnelles et les organisations patronales des États membres.

3.4. Les institutions spécialisées autonomes

– La BCEAO

Sur le territoire de chaque Etat membre de l'UEMOA, le pouvoir exclusif d'émission monétaire est confié à l'institut d'émission commun, la Banque Centrale des Etats de l'Afrique de l'ouest.

Les signes monétaires émis dans chacun des Etats membres de l'UEMOA par la Banque Centrale ont cours légal et pouvoir libératoire dans l'ensemble des Etats membres de l'UMOA.

– La BOAD

Créée le 14 novembre 1973, la Banque ouest-africaine de développement (BOAD) est l'institution commune de financement du développement des huit Etats de l'Union Economique et Monétaire Ouest-africaine (UEMOA). Elle est régie par un Accord spécifique signé par les Etats membres de l'UEMOA.

Elle a pour missions de promouvoir le développement équilibré de ses États membres et de favoriser l'intégration économique en Afrique de l'ouest, en finançant des projets publics et privés dans divers secteurs : développement rural, infrastructures, industrie, télécommunications, énergie, transports, hôtellerie, etc.

L'actionnariat de l'institution est composé de deux catégories de membres : la première est constituée des Etats membres de l'UEMOA et de la Banque Centrale des Etats de l'Afrique de l'ouest (BCEAO). La seconde catégorie est formée par l'Allemagne, la Belgique, la Chine, la France, l'Inde, le Maroc, la Banque Africaine de Développement, et la Banque Européenne D'Investissement, agissant pour le compte de l'Union Européenne. Le capital de l'institution s'élève actuellement à 1155 milliards de F CFA.

Au 30 juin 2014, le cumul des engagements de la BOAD au profit des Etats et des entreprises privées de l'espace UEMOA s'élève à 3 124,9 milliards de F CFA pour 715 opérations.

3.5. Le CREPMF

Le Conseil Régional de l'Epargne Publique et des Marchés Financiers est un organe de l'Union Monétaire Ouest-africaine, créé le 3 juillet 1996 par décision du Conseil des Ministres de l'UMOA, dans le cadre de la mise en place du marché financier régional de l'UMOA dont il est chargé d'assurer la tutelle.

Il est divisé en 2 grands pôles :

- Un pôle privé, composé de la Bourse Régionale des Valeurs Mobilières et du Dépositaire Central/Banque de Règlement ainsi que des intervenants commerciaux, à savoir les Sociétés de Gestion et d'Intermédiation, les Sociétés de gestion de patrimoine, les Apporteurs d'Affaires, les Sociétés de Conseils en Valeurs Mobilières et les démarcheurs ;
- Un pôle public, constitué du Conseil Régional de l'Epargne Publique et des Marchés Financiers. Celui-ci représente l'intérêt général et garantit la sécurité et l'intégrité du marché.

Ses attributions se résument ci-dessous :

- Appel public à l'épargne
- Pouvoirs d'habilitation
- Règlementation du fonctionnement du marché
- Pouvoirs de contrôle
- Pouvoirs de sanction
- Voies et recours

Ses missions sont :

- Réglementer et à autoriser, par la délivrance d'un visa, les procédures d'appel public à l'épargne par lesquelles un agent économique émet des titres ou offre des produits de placement dans l'Union, que ceux-ci fassent ou non l'objet d'une inscription à la cote de la Bourse Régionale ;
- Formuler le cas échéant, un veto sur l'émission et sur le placement par appel public à l'épargne de nouveaux produits financiers susceptibles d'être négociés en bourse ;
- Habiliter et contrôler l'ensemble des structures privées du marché. A cet effet, il agrée la Bourse Régionale et le Dépositaire Centrale/Banque de règlement ainsi que les intervenants commerciaux : les sociétés de gestion et d'intermédiation, les sociétés de gestion de

patrimoine, les sociétés de conseils en valeurs mobilières, les apporteurs d'affaires et les démarcheurs ;

- Autoriser les agents des structures privées à exercer les métiers de la bourse, par la délivrance de cartes professionnelles.

4. Le processus d'intégration économique et financière

4.1. Les critères de convergence

Les critères du pacte de convergence, de stabilité, de croissance et de solidarité entre les Etats membres de l'UEMOA sont composés de critères de premier rang et de critères de second rang. A l'analyse du respect des critères de premier rang, il apparait qu'au 31 décembre 2014 sur les huit (08) pays de l'UEMOA, seuls deux (02) pays (Bénin pour la deuxième année de suite et le Mali), soit 25%, respectent intégralement les quatre (04) critères de premier rang. Le solde budgétaire de base[3] étant le critère clé n'est respecté que par ces deux (02) pays suscités.

A cet égard, les autorités ont engagé des réflexions en 2014 sur la pertinence des huit critères de convergence. Celles-ci ont donné lieu en janvier 2015 à l'adoption de nouveaux critères de convergence : le nombre est passé de 8 à 5 critères dont 3 critères de premiers rangs. Ces réformes ont également abandonné le critère de déficit budgétaire de base en adoptant le critère déficit budgétaire global (inférieur ou égal à 3%).

Les illustrations sont données dans les tableaux ci-après :

Tableau 2: Anciens critères de convergence en zone UEMOA

Critères du Pacte de convergence, de stabilité, de croissance et de solidarité entre les États membres de l'UEMOA

Critères de premier rang	Critères de second rang
• Le solde budgétaire de base rapporté au PIB nominal doit être supérieur ou égal à 0 % (critère clé). • L'inflation est maintenue à moins de 3 % par an. • L'État n'accumule pas d'arriérés de paiement intérieurs ni extérieurs sur la gestion de la période courante. Les États doivent éliminer les stocks d'arriérés existants. • L'encours de la dette intérieure et extérieure rapporté au PIB nominal n'excède pas 70 %.	• La masse salariale n'excède pas 35 % des recettes fiscales. • Les investissements publics financés sur ressources internes atteignent au moins 20 % des recettes fiscales. • Le déficit extérieur courant hors dons rapporté au PIB nominal n'excède pas 5 %. • Les recettes fiscales sont supérieures ou égales à 17 % du PIB nominal.

Source : Banque de France, Rapport zone franc 2013.

---

[3] Selon le Tableau des Opérations Financières (TOF) de l'Etat les soldes budgétaires en finances publiques sont calculés comme suit :

- Solde (base engagements) = recettes totales (dons compris) – dépenses totales
- Solde primaire = recettes courantes (hors dons) – dépenses courantes (hors intérêts) – dépenses en capital (hors celles sur ressources extérieures)
- Solde (base caisse) = Solde (base engagements) + arriérés
- Solde budgétaire de base = Recettes totales (hors dons) – Dépenses totales (hors investissements financés sur recettes extérieures).

Tableau 3: Nouveaux critères de convergence adoptés en janvier 2015

Nouveaux critères de convergence après la réforme de 2014

Critères de premier rang	Critères de second rang
• Le solde budgétaire global (dons compris) rapporté au PIB nominal doit être supérieur ou égal à 3 % (critère clé). • L'inflation est maintenue à moins de 3 % par an. • L'encours de la dette intérieure et extérieure rapporté au PIB nominal n'excède pas 70 %.	• La masse salariale n'excède pas 35 % des recettes fiscales. • Les recettes fiscales sont supérieures ou égales à 17 % du PIB nominal.

Source : Banque de France, Rapport zone franc 2014.

Tableau 4 : Position indicative des Etats

Position indicative * des Etats par rapport aux critères de la surveillance multilatérale

(Résultats au 31 décembre 2014)

Critères de surveillance (de premier rang)	Bénin		Burkina Faso		Côte d'Ivoire		Guinée-Bissau		Mali		Niger		Sénégal		Togo	
	2013	2014	2013	2014	2013	2014	2013	2014	2013	2014	2013	2014	2013	2014	2013	2014
Solde budgétaire de base sur PIB nominal ≥ 0 %	+	+	–	–	–	–	–	–	–	+	–	–	–	–	–	–
Taux d'inflation annuel moyen ≤ 3 %	–	+	–	+	+	+	+	–	+	+	+	–	+	–	+	–
Dette publique totale sur PIB nominal ≤ 70 %	+	+	+	+	+	+	+	+	+	+	+	+	+	+	+	+
Variation des arriérés ≤ 0	+	+	+	+	+	+	+	+	+	+	+	+	+	+	+	+
Nombre de critères respectés	3/4	4/4	2/4	3/4	3/4	3/4	3/4	2/4	3/4	4/4	3/4	2/4	3/4	2/4	3/4	2/4

Source : Banque de France, Rapport zone franc 2014.

Bien que les Etats éprouvent des difficultés à respecter le critère clé (solde budgétaire de base), le processus d'intégration économique et financière est en marche. Toutefois, il serait judicieux pour les autorités économiques et politiques d'arbitrer entre le solde budgétaire de base et les autres soldes budgétaires afin de faire en sorte que le respect du solde clé soit effectif chez tous les Etats.

L'intégration économique et financière concerne également le domaine commercial.

4.2. La politique commerciale de l'UEMOA

4.2.1. Les bases de la politique commerciale commune

L'UEMOA dispose d'une politique commerciale commune fondée en particulier sur :

- d'une part, un marché commun mis en place au 1er juillet 1996 pour les produits du cru et de l'artisanat traditionnel et progressivement jusqu'au 1er janvier 2000 pour les produits industriels agréés, qui a été élargi à tous les pays de la CEDEAO en 2004 ;

- d'autre part, une Union douanière mise en place au 1er janvier 2000, basée sur un tarif extérieur commun (TEC) à l'ensemble des pays membres de l'UEMOA et comprenant quatre catégories de produits taxées de 0 à 20%. A ce niveau, il faut rappeler que depuis le 1er janvier 2015, le Tarif extérieur commun (TEC) des Etats membres de la CEDEAO est entré en vigueur en remplacement de celui de l'UEMOA. Ce qui vient renforcer le commerce intra régional dans l'espace CEDEAO.
- et enfin, des règles d'origine communes, des règles communes de concurrences, une harmonisation de la TVA et des droits d'accise, une harmonisation et la reconnaissance mutuelle des normes, des mesures de sauvegarde et de protections communes (valeurs de références et droit antidumping).

L'UEMOA dispose par ailleurs d'un programme régional de promotion commercial, d'une « Stratégie régionale de mise en œuvre du programme d'aide pour le commerce de l'UEMOA » et d'un « Cadre logique pour la mise en œuvre du programme aide pour le commerce de l'UEMOA ».

La politique commerciale est édictée par les textes communautaires (traité, actes additionnels, règlements, directives, etc.). Il n'existe pas, en 2014, à la disposition des Etats un document de référence en la matière. Toutefois, la commission de l'UEMOA a lancé la machine d'élaboration du cadre de référence de la PCU (Politique Commerciale Unique)[4].

4.2.2. Le Commerce intra-UEMOA

Les estimations faites, en septembre 2014, par la BCEAO sur le volume des échanges intra-UEMOA[5] indiquent que la tendance haussière des ventes observée les trimestres précédents se conforte. Celles-ci sont, en effet, évaluées à 670,2 milliards contre 647,3 milliards un trimestre plus tôt, soit une hausse de 3,1%. La part des échanges intra régionaux de biens dans le total des exportations de l'Union se situe à 16,2%. La Côte d'Ivoire et le Sénégal sont les principaux pays fournisseurs, avec cumulativement plus de 57% du total de l'offre intra-communautaire. Du côté de la demande intra-communautaire, le Mali et le Burkina accueillent respectivement 30,3% et 19,7% des marchandises. Les principaux produits échangés sont le pétrole, les préparations alimentaires, les produits du cru (céréales, animaux vivants) et les huiles alimentaires.

Sur le long terme, le constat est que depuis 1996, le commerce des marchandises des Etats membres de l'Union est en pleine croissance même s'il est dominé par le commerce avec les Etats non membres (plus de 85%). Il

[4] UEMOA, rapport sur la surveillance commerciale de l'union, 2014, pp.60.
[5] Rapport sur la politique monétaire dans l'UEMOA Septembre 2014, pp.37-40.

apparaît par ailleurs que les échanges intracommunautaires, pour une fois, ont progressé plus vite en 2013 par rapport à ceux extracommunautaires, soit respectivement +53,9% et +38,2%[6].

4.3. Le projet de création d'une monnaie unique CEDEAO

Il existe en Afrique de nombreux projets d'union monétaire, notamment dans le cadre des ensembles économiques multinationaux : la Communauté d'Afrique de l'Est (CAE), le Marché commun de l'Afrique orientale et australe (COMESA), la Communauté pour le Développement de l'Afrique australe (SADC) et la Communauté économique des États de l'Afrique de l'ouest (CEDEAO), avec la Zone monétaire de l'Afrique de l'ouest (ZMAO). Il y a également un projet à plus long terme de création d'une monnaie unique africaine (projet de l'Union africaine pour les cinquante-trois États du continent).

S'agissant de l'Afrique de l'ouest, la ZMAO est composée de six pays membres (Gambie, Sierra Leone, Guinée, Ghana, Nigéria et Libéria). Fixée initialement à janvier 2003 puis reportée à plusieurs reprises (à juillet 2005 puis janvier 2010), la réalisation de la fusion de la zone monétaire de l'Afrique de l'ouest avec l'UEMOA est prévue à l'horizon de 2020.

Par ailleurs, l'union monétaire de la ZMAO sera lancée en 2015 ou après avec l'établissement de sa Banque centrale et l'introduction de sa monnaie commune, l'ECO, pour les cinq pays de la zone. Le lancement de la ZMAO va compléter celui de l'Union économique et monétaire ouest-africaine (UEMOA), qui regroupe les huit Etats d'Afrique de l'Ouest ayant en commun le franc CFA.

Le rêve de longue date d'une monnaie unique pour les 15 membres de la Communauté économique des Etats de l'Afrique de l'ouest (CEDEAO) va devenir une réalité en 2020, selon une stratégie globale d'adoption de la monnaie unique.

Dans le cadre de cette feuille de route pour le programme d'une monnaie unique pour la CEDEAO, qui a été approuvée et adoptée à l'issue de la 24ème réunion du Conseil de convergence des ministres et gouverneurs de la Zone monétaire ouest-africaine (ZMAO), l'Union monétaire de la CEDEAO sera lancée en 2020 avec l'établissement de la Banque centrale de la CEDEAO et la mise en circulation de la monnaie unique appelée « ECO ».

Enfin, ce projet pourrait accuser du retard compte tenu de l'hétérogénéité des économies des pays de la ZMAO contrairement à celles de la zone UEMOA (arbitrage bénéfices versus coûts). Ce point relatif à l'arbitrage (bénéfices/coûts) fait l'objet de beaucoup de débats entre chercheurs, universitaires et professionnels de la monnaie/banque/finance. Toutefois, on peut espérer que les mesures de convergence macroéconomiques mise en place,

[6] UEMOA, rapport sur la surveillance commerciale de l'union, 2014, pp.17.

comme préalable, pourraient donner les résultats escomptés et permettre à la monnaie ECO (CEDEAO) de voir le jour dans les années 2020. En ce moment, les bénéfices seront plus élevés que les coûts. En attendant, voyons, d'abord, le débat sur la Zone franc.

II. Le récurrent débat sur la Zone franc[7]

Le débat est régulièrement remis au goût du jour. Dernier en date : Idriss Déby Itno, qui estime que le franc CFA empêche l'Afrique de l'ouest et l'Afrique centrale de se développer.

Le débat sur la pertinence des accords de coopération monétaire avec la France a été remis en selle par l'ancien Premier ministre malien, Moussa Mara, le 23 juillet 2015 lors d'une émission radio ; et par le président tchadien, Idriss Déby Itno, lors du 55ème anniversaire de son pays, le 11 août 2015. Ce dernier a jeté un gros pavé dans la mare de la Zone franc en arguant que cette monnaie ne nous permettait pas de nous développer. De nombreuses critiques considèrent en effet que le franc CFA, arrimé à un euro fort, freine la compétitivité de nos exportations de matières premières, cotées en dollars ou livres sterling sur les principales places financières de New York ou Londres.

Pour rappel, la Zone franc regroupe la France et quatorze États d'Afrique sub-saharienne - le Bénin, le Burkina Faso, la Côte-d'Ivoire, la Guinée-Bissau, le Mali, le Niger, le Sénégal et le Togo (en Afrique de l'ouest formant la zone UEMOA avec comme Institut d'émission la BCEAO, la Banque Centrale des Etats de l'Afrique de l'ouest) ; le Cameroun, la Centrafrique, le Congo, le Gabon, la Guinée Equatoriale et le Tchad (en Afrique centrale formant la zone CEMAC avec comme Institut d'émission de signes monétaires la BEAC, la Banque des Etats de l'Afrique Centrale) - et les Comores.

Les conventions de coopération monétaires ont, respectivement, été signées par les zones CEMAC (BEAC) et UEMOA (BCEAO) avec la France le 23 novembre 1972 et le 4 décembre 1973. En 2005, un avenant a également été signé entre les parties. Les conventions de comptes d'opérations au niveau du Trésor français, mis à jour souvent, sont également disponibles entre la France et chaque partie.

---

[7] Une version résumée de cet article de M. Tidiani Sidibé a été publiée par Jeune Afrique le 26 août 2015 à 09h27 sur son site web. La version complète fut publiée sur Repec au lien : https://mpra.ub.uni-muenchen.de/

1. Les fondements théoriques d'une union monétaire

Sur le plan théorique, les avantages d'une union monétaire entre les pays membres de la zone UEMOA sont nombreux. Parmi les principaux, vient tout d'abord à l'esprit la suppression des taux de change, conduisant à la disparition du risque de change et par conséquent des coûts habituellement liés à la couverture de ce risque ; de la même façon, les coûts de transaction (coûts de conversion notamment) liés à l'existence de plusieurs monnaies n'ont plus de raison d'être. La combinaison de ces deux phénomènes doit avoir pour effet de favoriser un accroissement du volume des échanges commerciaux, et de faciliter les investissements directs étrangers (IDE).

Sur le plan financier, l'union monétaire favorise l'intégration des marchés financiers, l'achat de titres n'étant plus freiné par le risque de change au sein de la zone. En outre, la mobilité accrue des capitaux qui en découle oblige les intermédiaires financiers à harmoniser leurs conditions de crédits dans un sens plus favorable au consommateur.

La théorie des zones monétaires optimales (TZMO) s'est imposée comme le cadre d'analyse privilégié des questionnements liés à l'intégration monétaire.

Dans sa contribution pionnière de 1961, Mundell montre que deux pays forment une zone monétaire optimale si la mobilité du facteur travail à l'intérieur de la zone ainsi constituée est plus forte qu'avec le reste du monde.

Une zone monétaire optimale est « *un groupe de pays aux échanges de marchandises fortement intégrées, autorisant la libre circulation des facteurs et ayant des monnaies effectivement convertibles, une zone où l'instauration d'une politique monétaire commune et du taux de change pratiquement fixe apporte aux nations concernées des avantages potentiellement élevés.* » Mc Kinnon (1963).

Dans une zone monétaire où les taux de change nominaux ne permettent plus d'amortir les chocs asymétriques spécifiques à chaque pays sur la demande de produits ou l'offre de facteurs, les coûts associés à la perte d'autonomie de la politique monétaire sont autant plus élevés que l'asymétrie du choc est grande ou que la fréquence des chocs asymétriques est élevée.

La notion d'optimalité d'une zone monétaire, formulée par Mundell (1961) renvoie à l'existence d'au moins une autre variable susceptible de remplacer le taux de change nominal disparu. S'il n'est pas possible d'agir sur la structure de prix relatifs afin de modifier le taux de change réel[8] l'ajustement ne peut plus passer que par les quantités.

[8] Le taux de change nominal désigne le prix relatif de la monnaie d'un pays (A) en monnaie d'un autre pays (B). le taux de change réel, quant à lui, mesure le pouvoir d'achat relatif des monnaies, et pas seulement leur prix relatif (cf. Bourguinat, 1999). Autrement dit, si on ap-

Le triangle d'incompatibilité[9] souligne les dangers encourus par une zone monétaire marquée par une certaine asymétrie et donc la nécessité d'une coopération accrue en matière de politique monétaire.

Figure 4: Illustration du triangle d'incompatibilité

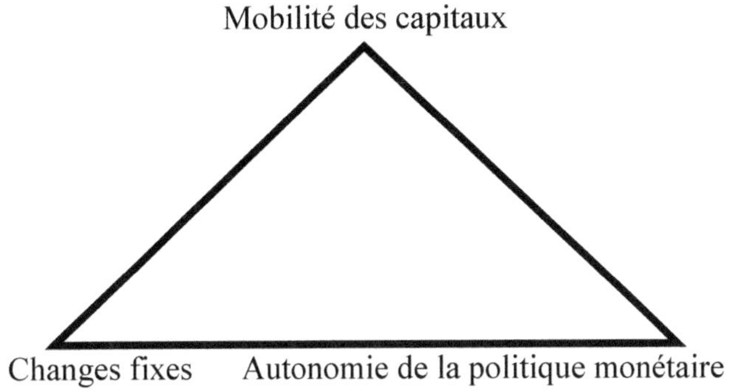

Source : Boissieu, (C. de), (2004), Systèmes financiers : crises et mutations.

Enfin, les pays de la zone UEMOA paraissent relativement plus homogènes vue les politiques de convergence macroéconomiques mises en œuvre depuis 1994. Toutefois, en vertu de cette théorie l'UEMOA ne peut être considérée comme une ZMO. L'union tient beaucoup plus à la crédibilité de monnaie obtenue par l'ancrage indirect à l'euro à travers la garantie de convertibilité illimitée accordée par le Trésor français. Ce qui nous amène à voir les fondements du partenariat monétaire avec la France.

2. Principes fondamentaux de la Zone franc[10]

Ces accords sont jalonnés par 4 principes fondamentaux :

2.1. La garantie de convertibilité illimitée

Accordée par le Trésor français aux 3 zones monétaires (CEMAC, UEMOA, Comores) : elle se matérialise par une très grande confiance en la monnaie. C'est la meilleure propriété recherchée pour une bonne monnaie

---

pelle E le taux de change nominal entre A et B, le taux de change réel S s'écrit : $S=E * P_A/P_B$ avec P_A et P_B les niveaux des prix, respectivement dans les pays A et B.

[9] Mise en évidence par Mundell, cette notion renvoie à l'impossibilité de concilier à la fois l'autonomie de la politique monétaire, des taux de change fixes et une forte mobilité des capitaux.

[10] Banque de France, note d'information N° 127, la Zone Franc, avril 2002 actualisation juillet 2010 suite à la signature d'avenant sur la centralisation des réserves de change relative à la convention de compte d'opérations. Pour la BCEAO, cette proportion a été ramenée de 65% à 50% pour les avoirs extérieurs nets, le 20 septembre 2005. En application de cette nouvelle convention signée par la BEAC le 5 janvier 2007, sa quotité a été réduite progressivement et la proportion de 50% étant appliquée depuis le 1er juillet 2009.

c'est-à-dire d'être librement interchangeable à tout moment contre de l'or ou des devises étrangères (dollar US, livre sterling, yen japonais, etc.). En clair, si nos comptes extérieurs sont au rouge (manque de devises) et que nos Etats n'arrivent plus à honorer (via les banques centrales) leurs factures d'importation alors la France (Trésor français) s'engage de payer les sommes requises en euros à notre place pour éviter le défaut de paiement. La France se comporte ainsi comme un prêteur en dernier ressort, ce qui laisse p laner, en théorie, un risque d'aléa de moralité mais atténuer par des mesures préventives (dispositif de sauvegarde). Ces mesures dites conservatoires aussi sont prévues afin d'éviter que ne se produise une telle situation. En effet, si le rapport entre les avoirs extérieurs nets et les engagements à vue de chacune des banques centrales est demeuré au cours de trois mois consécutifs inférieur à 20 % alors relèvement des taux directeurs, réduction des montants de refinancement, opération de « ratissage », etc. Aussi, les statuts des banques centrales précisent que leurs concours aux Trésors nationaux ne peuvent excéder 20 % des recettes fiscales BCEAO ou budgétaires ordinaires BEAC encaissées lors du dernier exercice budgétaire.

2.2. La fixité des parités avec la monnaie ancre (FRF puis €)

La parité des FCFA est fixe vis-à-vis de l'euro et définie pour chaque sous-zone (régime de change fixe). Cela signifie que la valeur des CFA par rapport à l'euro ne change pas (ou ne fluctue pas) contrairement à d'autres monnaies soumises au régime de change flottant (le naira nigérian, le cedi ghanéen, le franc guinéen par exemple). Le changement de parité en régime de change fixe peut, exceptionnellement, être décidé par les Chefs d'Etat en cas de dévaluation ou de réévaluation (exemple de la dévaluation de 94). Toutefois, la dévaluation peut entraîner une défiance vis-à-vis de la monnaie et détérioré son capital confiance. Pour rappel, depuis 1945 deux modifications majeures de parité ont touché la Zone franc : 1948 (1 FRF = 0,5 FCFA en lieu et place de 1 FRF = 0,588 FCFA en 1945) ; 1994 (dévaluation de 50% des deux francs CFA, 1 FRF = 100 FCFA en lieu et place de 1 FRF = 50 FCFA en 1960 date circulation du nouveau franc français).

2.3. La libre transférabilité

Les transferts (mouvements de capitaux) sont, en principe, libres à l'intérieur de la Zone franc.

2.4. La centralisation des réserves de change

Les 3 banques centrales (BCEO, BEAC, Comores) centralisent dans un premier temps leurs réserves de change, ensuite en contrepartie de la garantie de convertibilité illimitée accordée par l'Etat français, ces banques centrales sont tenues de déposer une portion de ces réserves de change auprès du Trésor français sur un compte d'opérations. Pour garantir leur non dépréciation (leur valeur), ces réserves (avoirs en euros) sont adossées sur le DTS (Droit de Tirage Spécial, panier de monnaie utilisé par le Fonds Monétaire International, FMI) depuis 1975. Le DTS est l'unité de compte du FMI. Sa valeur résulte du calcul journalier d'un panier de quatre monnaies : le dollar US, l'euro, la livre sterling, et le yen japonais. Par conséquent, tous les Etats membres disposent de DTS. Les réformes signées le 20 septembre 2005 ont permis de mettre en place un avenant aux accords de coopération monétaire. Actuellement, pour la BCEAO, la part des avoirs extérieurs devant être déposés sur le compte d'opération est fixée à 50% depuis la réforme de septembre 2005. Pour la BEAC, la quotité obligatoire a été réduite de 65 à 60% au 1er juillet 2007 puis la portion de 50% est désormais appliquée depuis le 1er juillet 2009. Pour les Comores, cette quotité reste à 65%.

C'est ce dernier point relatif aux comptes d'opérations qui attise tous les débats dans la Zone franc depuis l'époque coloniale à nos jours. Il a fait couler beaucoup d'encres et suscite toujours de vastes controverses entre économistes. Les comptes d'opérations sont des comptes à vue ouverts auprès du Trésor français au nom de chacun des trois instituts d'émission : la BCEAO, la BEAC et la Banque centrale des Comores. Ces comptes sont rémunérés et offrent la possibilité d'un découvert illimité. Dans le cas d'un découvert, les intérêts débiteurs seront en revanche calculés en faveur de la France. Toutefois, l'article 5 de la convention de compte d'opérations entre la France et les pays de l'UMOA du 4 décembre 1973 prévoit que, lorsque le compte d'opérations devient débiteur, la BCEAO prend les mesures conservatoires figurant à l'article 20 du traité de l'UMOA.

Figure 5 : Evolution des taux de couverture des billets et monnaies de la BCEAO par les comptes d'opérations

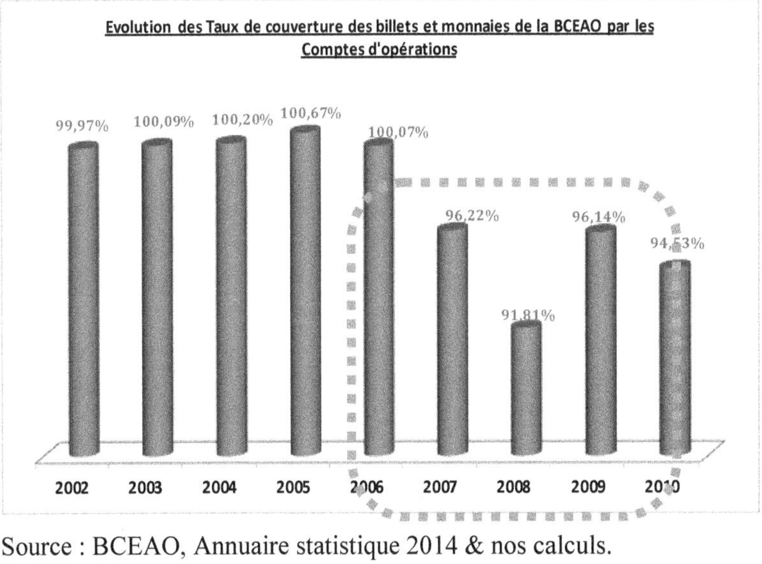

Source : BCEAO, Annuaire statistique 2014 & nos calculs.

La partie hachurée (2007-2010) de ce graphique illustre bien l'effet mécanique de desserrement d'étau de la réforme de septembre 2005 (Portion remise à 50%) sur les émissions de signes monétaires dans la Zone UEMOA. En effet, sur cette période les émissions de monnaies ne sont pas couvertes à 100% par les fonds des comptes d'opérations auprès du Trésor français.

En outre, les avoirs extérieurs déposés sur les comptes d'opérations sont rémunérés au taux de la facilité de prêt marginal de la Banque centrale européenne (BCE) (1,5 % par exemple le 11 juillet 2012) pour la quotité obligatoire des dépôts (50%), et au taux minimum des opérations principales de refinancement de la BCE (0,75 % par exemple le 11 juillet 2012) pour les avoirs déposés au-delà de la quotité obligatoire (> 50%) si les banques centrales africaines souhaitent centraliser leurs avoirs extérieurs auprès du Trésor français au-delà de ce qui est prévu par les textes.

Cependant, le rapport BCEAO 2012 relatif à la compétitivité des économies de l'UEMOA montre une amélioration de la compétitivité globale des économies des pays membres à cause d'une baisse de 3% du taux de change effectif réel dont l'évolution est très souvent utilisée pour apprécier la compétitivité d'une économie : « L'Union continue de conserver l'essentiel des acquis du changement de parité intervenu en janvier 1994. Le taux de change effectif réel en 2012 ne s'est pas écarté significativement de son niveau d'équilibre, traduisant un bon niveau de la parité du franc CFA par rapport aux monnaies des pays partenaires. Cette situation traduit l'absence de sous-évaluation ou de surévaluation du franc CFA, » détaille le rapport[11].

Quant à la situation des comptes d'opérations des deux banques centrales (BCEAO+BEAC), ils sont passés de 9.123 milliards FCFA (14 milliards d'euros) au 31 décembre 2011 à un montant de 9.806 milliards FCFA (15 milliards d'euros) au 31 décembre 2012, pour s'établir, à un montant de 7.705 milliards FCFA (12 milliards d'euros) au 31 décembre 2013 contre, in fine, un montant global de 6.936 milliards FCFA au 31 décembre 2014 (10,5 milliards d'euros dont la BEAC détient une part de 55%, part qui a considérablement baissé au fil des ans), soit une contraction de 10% entre 2013-2014[12].

Aussi, selon l'annuaire statistique 2014 de la BCEAO, les comptes d'opérations de la BCEAO auprès du Trésor français présentaient sur les 13 dernières années (2002-2014) une valeur moyenne créditrice de 2.818 milliards de franc CFA soit l'équivalent de 4,3 milliards d'euros. En outre, les réserves de change de la BCEAO en nombre de mois d'importations de biens et services étaient de 4,9 à fin 2014. Est-ce un matelas suffisant pour mettre un terme à notre coopération monétaire ? Les réserves globales (BCEAO et BEAC) avoisinent les 11 milliards d'euros à la même période

---

[11] BCEAO : rapport sur la compétitivité des économies de l'UEMOA, 2012.

[12] BEAC : Rapports spéciaux comptes d'opérations et rapports d'activité ; BCEAO : Rapports d'activité et annuaire statistique 2014

comme sus indiquée. Ce montant correspond au résultat net d'une grande société française (Total ou BNP Paribas) !

Figure 6 : Evolution de la situation des comptes d'opérations 2002-2014
(En milliards de FCFA)

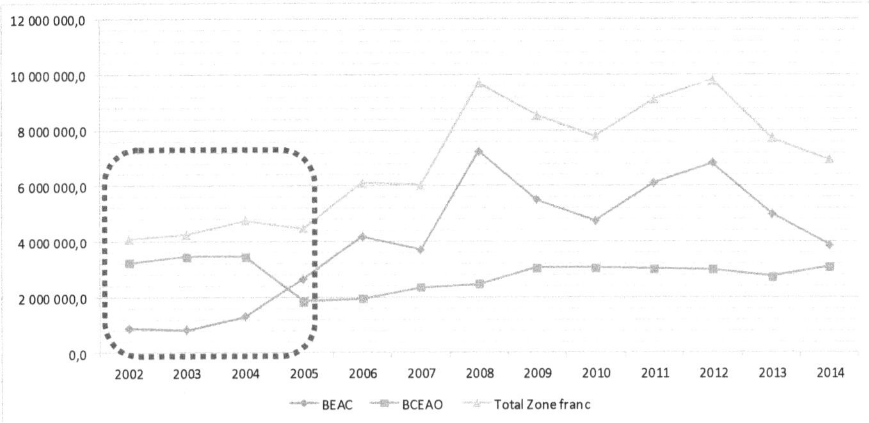

Source : BCEAO, BEAC.

Ce graphique illustre la suprématie de la Zone CEMAC (BEAC) à partir de 2005 relative aux montants déposés dans les comptes d'opérations auprès du Trésor français. En moyenne sur la période de référence, la BEAC représentait 55% des fonds bloqués. En 2008, elle avoisinait à elle seule les 75% du montant. La baisse tendancielle s'explique principalement par la régression progressive des fonds de la BEAC et l'effet mécanique résultant de la remise à 50% du mécanisme de blocage systématique qui accompagne le dispositif des comptes d'opérations.

En remontant, légèrement, notre passé monétaire commun juste avant la dévaluation (11 janvier 1994), on constate que nos déficits étaient pris en charge par la France car on avait un recours accru aux comptes d'opérations en vertu de la garantie de convertibilité illimitée (91-94 sur le graphique ci-dessous)[13]. Ce qui posait un problème d'ordre structurel. Cette dévaluation fait suite aux pressions des institutions de Bretton Woods (FMI, Banque Mondiale) sur la France et indirectement sur la Zone franc de conditionner leurs aides dorénavant à la conclusion d'accords avec le FMI (voir la doctrine Balladur ou doctrine d'Abidjan). Cette décision avait pour but d'instaurer des règles de bonnes gouvernances en matière de finances publiques. Nos Etats étaient lourdement endettés à l'époque, conséquence des années de mauvaises années de gestion (décennies fin 80 et début 90). Cette dévaluation se justifiait plutôt sur le côté politique et financier (signature accord du FMI et limitation de l'aide financière de la France). Le côté moné-

[13] Banque de France : Rapports Zone franc 91-94.

taire ne tenait pas car le franc CFA n'était pas surévalué, notait l'économiste français Philippe HUGON, spécialiste de la Zone franc dans son livre intitulé : *la Zone franc à l'heure de l'euro, Karthala, Paris, 1999*. La dévaluation entrait plutôt dans une logique des programmes d'ajustement structurel (PAS), thérapie de choc du FMI visant à rétablir l'équilibre de la balance des paiements (voir les statuts du FMI en la matière).

Figure 7 : Evolution de la situation des Avoirs Extérieurs Nets (AEN) (En milliards de FCFA)

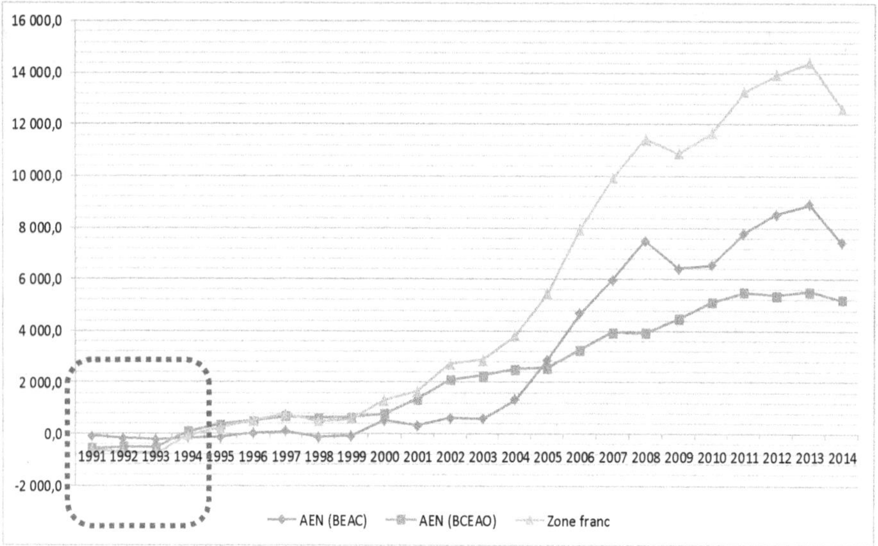

Source : BCEAO, BEAC, Banque de France.

A l'analyse de ce graphique, on constate qu'avant la dévaluation (91-94) les AEN de la Zone franc étaient négatifs. Cette négativité était essentiellement tirée par les deux pays phares (la Côte d'Ivoire en zone UMOA et le Cameroun en zone CEMAC). A partir de 1995 jusqu'en 2014, le taux d'accroissant annuel moyen des AEN est de 24% pour la Zone franc (BCEAO+ BEAC) hors les Comores. En 1996, les AEN ont augmenté de 145% par rapport à l'année d'avant ; cette situation s'explique par les effets positifs de la dévaluation sur nos comptes extérieurs à travers des gains de compétitivité avérés.

Par ailleurs, les lourdes pertes de placement (25 millions d'euros en 2008 pendant la crise financière) et les détournements de fonds au Bureau extérieur de Paris de la BEAC (30 millions d'euros entre 2004 et 2008) jettent le doute sur l'hypothèse d'une indépendance monétaire et pose un véritable problème de maturité monétaire[14]. Celle-ci s'acquiert progressivement par la

[14] Jeune Afrique du 12 décembre 2012 : Détournements à la BEAC : l'autre scandale.

force du travail et du progrès en liaison avec le respect des principes de bonne gouvernance économique et financière.

Qu'à cela ne tienne, faisons un exercice de synthétiser les avantages et coûts de cette coopération monétaire.

3. Les Avantages et Coûts de la Zone franc

3.1. Au titre des avantages on peut retenir

i. La fixité de la parité et l'arrimage à la zone euro : suppression du risque de change, pas de crise de change, intégration au système monétaire international via l'euro, stabilité monétaire et financière. Par exemple, les importations des Etats membres de l'union représentent en moyenne 70% des échanges avec l'union Européenne[15].

ii. Rigueur de la politique monétaire (BCEAO) : inflation historiquement, mieux maitrisée et bas. Poursuite d'une politique monétaire quasiment axée sur les standards internationaux.

iii. Crédibilité de la monnaie (confiance) : La garantie de la convertibilité illimitée à travers le mécanisme de compte d'opération

iv. Processus d'intégration économique et de convergence macroéconomiques des économies de la Zone franc est en marche depuis 1994 pour intensifier le commerce sous régional.

v. Le produit des intérêts créditeurs versés par la France sur les comptes d'opérations sans être comptabilisé dans l'Aide Publique au Développement (APD). A ce titre, les notes de présentation du projet de loi de finances 2006 sous la férule de Michel CHARASSE disaient ceci : « Il importe également de relever que même dans l'hypothèse où les comptes d'opérations deviendraient déficitaires, les sommes versées par la France ne seraient pas comptabilisables en APD ».

vi. Le produit des placements effectués par la BCEAO concernant le reste des réserves de change

vii. Les comptes d'opération rassurent les investisseurs sur leurs rapatriements de capitaux, donc favorise le climat des affaires en matière d'investissement.

viii. Les comptes d'opérations pourraient être une assurance contre d'éventuelles attaques spéculatives contre la monnaie

ix. Le panier DTS assure la non-dépréciation de nos réserves dans le temps.

Par ailleurs, il existe une certaine ambivalence avantages/coûts car les mêmes avantages sont souvent utilisés par les pourfendeurs ou détracteurs pour fustiger la Zone franc.

---

[15] UEMOA, rapport sur la surveillance commerciale de l'union, 2014, pp.27.

3.2. Au niveau des coûts, on peut noter

i. Le coût d'opportunité de croissance et de développement pour les Etats quant à la non-utilisation de la quotité obligatoire (50% de réserves de change bloqués et rémunérés au niveau du Trésor français en contrepartie de la garantie de la convertibilité illimitée offerte par la France). C'est une immobilisation de ressources qui auraient pu servir au financement des grands structurants de développement en l'occurrence les infrastructures).
ii. Le Trésor français peut tirer profit des ressources de nos comptes d'opération pour résoudre ces décalages de trésorerie (collecte des impôts et réalisation des dépenses).
iii. Le Trésor français peut placer également ces ressources sur le marché monétaire et engrange les produits issues de ces placements à travers le différentiel de taux (taux de placement de nos ressources en faveur du Trésor français moins le taux de rémunération de nos ressources en faveur des banques centrales).
iv. Les comptes d'opérations favorisent la fuite des capitaux, la surévaluation du taux de change, ce qui pénalise in fine la compétitivité de nos économies.
v. Est également évoqué dans une certaine mesure, non les moindres, l'influence politique et économique de la France à travers ce partenariat monétaire.

4. Le cas malien

Le Mali dispose d'une douloureuse expérience monétaire de 22 ans (1962-1984). Sa sortie et son retour dans le giron de l'UEMOA était la conséquence de l'échec d'une politique monétaire expansionniste ayant aboutie à la dévaluation en 1967 du franc malien suivie d'un coup d'État une année après. A ce titre, l'économiste français Jacques Rueff disait : « Croyez-moi, aujourd'hui comme hier, le sort de l'homme se joue sur la monnaie. » En substance, cette assertion nous illustre l'extrême sensibilité des questions monétaires. Bien que la monnaie puisse être considérée comme un instrument de développement, le ciblage d'inflation reste, par expérience, la stratégie de politique monétaire dominante car la stabilité et la crédibilité sont les premières caractéristiques recherchées pour une monnaie. Leurs prix-sont inestimables pour une économie. En clair, la monnaie n'est pas l'alpha et l'oméga de notre cadre stratégique pour la croissance et la réduction de la pauvreté (CSRP), document de référence pour les institutions de Bretton Woods (FMI, Banque Mondiale).

Le Mali a plutôt besoin de paix, de sécurité, de stabilité politique et sociale. Une monnaie doit d'abord s'asseoir sur ces bases et ensuite sur une économie pouvant garantir la valeur de cette monnaie. Le Mali est, aussi engagé, conformément à l'article 117 de sa Loi fondamentale, avec la CEDEAO dans un projet de monnaie commune appelée « ECU », et une sortie de la Zone franc ne ferait que l'isoler davantage et ouvrirait la voie de l'inconnu.

Nous devons plutôt mettre en place une économie de transformation de nos matières premières en améliorant le climat des affaires[16] (attirer des investissements structurants à forts impacts) pour créer davantage de valeur ajoutée et lutter, par conséquent, contre le chômage massif de nos jeunes désemparés. L'industrialisation reste toujours la clé de notre développement.

Quant aux critiques qui prétendent que l'abandon de la parité répondrait à une quête de souveraineté, que dire de l'accord de coopération militaire signé le 16 juillet 2014 entre le Mali et la France sous le gouvernement Moussa Mara ? Ou d'autres coopérations militaires, comme entre la France et le Tchad, par exemple.

Au final, la coopération monétaire est basée, bon an mal an, sur des bénéfices mutuels. Ce n'est pas un jeu à somme nulle : la France gagne, on perd ou vice versa mais dans un partenariat. La question de la renégociation viendra, naturellement, plus tard. Nul ne peut imaginer le coût d'une sortie de la Zone franc. Toutefois, dans les années à venir, les pays de la Zone pourraient envisager de renégocier à la baisse la portion de 50% de nos réserves de change à bloquer sur le compte d'opérations auprès du Trésor français (par exemple, ramener la portion aux alentours de 30%). Mais, tout cela ne serait possible que dans l'éventualité d'une stabilité politique accompagnée d'une décennie de croissance durable, inclusive, et soutenue. D'autres pistes peuvent être explorées comme par exemple inciter la France à placer davantage une partie de ces ressources dans des projets structurants (infrastructures par exemple) de la Zone franc via un véhicule d'investissement crée à cet effet en supplément des fonds qui transitent, déjà, par l'AFD (Agence Française de Développement).

[16] Banque Mondiale : rapport doing business, 2012.

III. L'architecture du système bancaire & financier

L'architecture du système et financier de la zone UEMOA est principalement composée de la Banque Centrale (BCEAO), les établissements de crédit, et les SFD.

En plus de ces acteurs, on peut également ajouter les Trésors Publics, les structures centrales (CREPMF et BR/DC) du marché financier régional et les institutions de développement (par exemple la BOAD).

Toutefois, nous allons passer en revue les principaux acteurs sus cités.

1. La BCEAO et conduite de la politique monétaire

La BCEAO[17] est l'institut d'émission commune des 8 pays membres de la zone UEMOA ayant le seul et l'unique privilège d'émission des signes monétaires en l'occurrence les monnaies[18] divisionnaire et fiduciaire.

L'objectif principal de la politique monétaire de la BCEAO est d'assurer la stabilité des prix. L'objectif d'inflation est défini par le Comité de Politique Monétaire. Toutes fois, elle peut soutenir l'activité économique de la zone dans le but de booster la croissance économique.

Cette situation découle d'une conception purement monétariste et fortement marquée par l'école de Chicago avec comme chef de file Milton FRIEDMAN. L'idéologie sous-jacente est que la stratégie de politique monétaire soit basée sur le ciblage d'inflation afin d'assurer une stabilité macroéconomique dans la zone.

1.1. Les missions de la BCEAO

- définir et mettre en œuvre la politique monétaire au sein de l'UMOA,
- veiller à la stabilité du système bancaire et financier de l'UMOA,

---

[17] Cf. statuts de la BCEAO disponible sur www.bceao.int

[18] Voir le livre de Michelle de Mourgues, Macroéconomie monétaire, Economica, 1997. La monnaie divisionnaire concerne les pièces de monnaie dont le Trésor Public, selon l'histoire monétaire, avait le privilège d'émission. La monnaie fiduciaire désigne les billets et est basée sur la confiance (fiducia en locution latine).

- promouvoir le bon fonctionnement et assurer la supervision et la sécurité des systèmes de paiement dans l'UMOA,
- mettre en œuvre la politique de change de l'UMOA dans les conditions arrêtées par le Conseil des Ministres,
- gérer les réserves officielles de change des Etats membres de l'UMOA.

1.2. Les fonctions monétaires et opérations de la BCEAO : l'étendue de son champs d'action

- Emissions de signes monétaires
- Opérations sur or et devises
- Opérations d'open market et de crédit
- Réserves obligatoires
- Systèmes de paiement
- Ouverture de comptes et services annexes
- Prises de participations
- Surveillance de l'activité bancaire et financière
- Collecte et gestion d'informations et de statistiques

Encadré 1 : Evolution des cadres de politique monétaire dans le monde

C'est après l'effondrement du système de taux de change fixes de Bretton Woods, au début des années 70, et une flambée généralisée de l'inflation que de nombreux pays ont adopté le ciblage monétaire au milieu des années 70.

À la fin de cette décennie et dans les années 80, bon nombre de banques centrales ont articulé leur cadre de politique monétaire autour du ciblage monétaire plutôt que d'un régime de change fixe (Goodhart, 1989). Le ciblage d'objectifs monétaires était intéressant, car il était possible de disposer d'informations rapidement ; c'était aussi un outil utile pour imposer une discipline budgétaire.

Au début des années 80, de grands pays industrialisés ont progressivement abandonné le ciblage monétaire, car l'instabilité de la demande de monnaie, le rythme rapide de l'innovation financière, la désintermédiation bancaire et la déréglementation des marchés financiers ont commencé à affaiblir la relation entre les agrégats monétaires et l'inflation ; le ciblage monétaire est apparu comme de moins en moins satisfaisant en tant que point d'ancrage nominal de la politique monétaire. Ces évolutions ont été suivies par l'effondrement des différents régimes de parité fixe des pays industriels, qui représentaient les deux tiers des CPM en 1989, avec, en point culminant, la crise du Mécanisme de change européen en 1992, qui a contribué à ce que le ciblage de l'inflation soit adopté par certains pays européens, puis, au début de la décennie 2000, par plusieurs pays émergents. La Nouvelle-Zélande avait été la première économie avancée à opter pour ce type de régime, en 1989. Fin 1990, l'inflation mondiale a atteint son plus bas niveau depuis l'effondrement du système de Bretton Woods.

De nombreux pays affichaient leur taux d'inflation le plus bas depuis 25 ans et voulaient se doter d'un cadre permettant d'ancrer plus efficacement les pro-

grès réalisés sur le front de l'inflation (Mahadeve et Sterne, 2000). Les pays de l'Union européenne ont franchi une étape historique en créant une union monétaire, tandis que d'autres ont assoupli leurs régimes de change après avoir traversé des crises monétaires. Depuis, bon nombre de pays avancés et émergents ont adopté le ciblage de l'inflation, en intégrant dans leurs CPM des éléments clés du ciblage monétaire ayant fait leurs preuves.

La crédibilité des régimes de ciblage de l'inflation a été vraiment mise à l'épreuve pour la première fois par la flambée des cours des produits de base, en 2008, et par la nécessité d'intégrer la stabilité financière dans le cadre du ciblage de l'inflation au lendemain de la crise financière mondiale. La plupart des pays émergents qui avaient un régime de ciblage de l'inflation ont dépassé leurs cibles, mais l'inflation a moins augmenté dans les pays qui s'étaient fixé des cibles que dans les autres. L'appréciation de la monnaie dans les régimes de change flexible et l'indépendance accrue des banques centrales ont contribué à la maîtrise de l'inflation (Habermeier et al., 2009). Selon certains économistes, les régimes de ciblage de l'inflation, comme d'autres régimes choisis par des pays avancés, n'ont pas été suffisamment attentifs aux bulles des prix des actifs et à leurs effets potentiels sur la stabilité financière avant la crise, et il est donc légitime de rechercher d'autres options de politique monétaire (Frankel, 2012). De nombreux auteurs estiment néanmoins que le ciblage de l'inflation restera nécessaire tandis que les pays avancés cherchent à sortir de la situation, marquée par l'atonie de la croissance, des banques mal en point et des secteurs publics surendettés (Reichlin et Baldwin, 2013, page viii).

Source : FMI, perspectives économiques mondiales mars 2014 (Auteur : R. Armando Morales).

1.3. L'efficacité de la politique monétaire

L'impact de l'effet de la politique monétaire sur la cible inflation est limité et asymétrique d'un pays à l'autre.

En effet, cette situation s'explique par plusieurs phénomènes conjugués qui peuvent se résumer ainsi :

- La faible mobilité des capitaux avec le reste du monde
- La fixité du régime de change qui limite la conduite d'une politique monétaire active par la modulation des taux d'intérêt[19]
- L'étroitesse du marché bancaire
- L'inexistence d'un marché secondaire de la dette publique

[19] Taux directeurs : taux du guichet de prêt marginal, taux minimum de soumission des appels d'offres. Taux interbancaire moyen UEMOA. Taux marginal des injonctions de liquidités BCEAO. Le Comité de Politique Monétaire a décidé le 9 septembre 2015 de maintenir inchangés le taux d'intérêt minimum de soumission aux opérations d'appels d'offres d'injection de liquidités et le taux d'intérêt du guichet de prêt marginal, respectivement à 2,50% et 3,50%, niveaux en vigueur depuis le 16 septembre 2013. Le coefficient de réserves obligatoires applicable aux banques de l'Union demeure fixé à 5,0%, niveau en vigueur depuis le 16 mars 2012.

S'agissant de ce dernier point, l'Union a entrepris la modernisation et l'approfondissement du marché financier régional, principalement par la création de l'Agence UMOA-Titres, le 15 mars 2013, par le gouverneur de la BCEAO, sur le fondement d'une décision du Conseil des ministres de l'UMOA.

L'Agence UMOA-Titres est une agence régionale d'appui à l'émission et à la gestion des titres de la dette publique par les États membres de l'UMOA. Elle a vocation à assister les États dans la mobilisation, sur les marchés de capitaux, des ressources nécessaires au financement de leurs politiques de développement économique, à des coûts maîtrisés.

Outre la création de l'Agence, les Organes communautaires ont pris plusieurs textes réglementaires qui organisent l'environnement des émissions de titres publics, notamment la promotion des spécialistes en valeur du Trésor (SVT) et la dynamisation du marché secondaire des titres publics.

Il est nécessaire d'accélérer les réformes visant à développer le marché monétaire (marché interbancaire et marché de la dette publique). Il s'agit d'encourager les transactions de liquidités entre les banques sans passer par des souscriptions aux injonctions de liquidités de la BCEAO et fixer par ricochet un taux d'intérêt de référence pour la conduite de la politique monétaire.

Pour ce faire, cela requiert une meilleure coordination des politiques nationales dans la gestion de la liquidité et la mise en œuvre de la politique monétaire (meilleures projections de la position nette de l'Etat vis-à-vis du système bancaire et l'effectivité des comptes uniques du Trésor-CUT dans chaque pays). L'amélioration de la qualité et du délai de parution des données économiques et financières et d'indicateurs trimestriels seront de nature seront très certainement de nature à assurer la réussite d'une telle politique.

1.4. Le défi de coordination multilatérale des politiques budgétaires

Il existe 8 critères de convergence au niveau de la zone UEMOA dont le critère essentiel est le déficit budgétaire de base[20]. Ce critère a souvent fait l'objet de violation. En effet, entre 2007 et 2013, il y a eu 35 cas de déficit non en conformité et seulement 13 cas de déficit en conformité. Ce qui pose un problème de viabilité budgétaire, primordiale dans une optique de stabilité et de fixité du régime de change.

En outre, le critère ayant trait à la dette (plafond de 70% du PIB) n'est plus contraignant après l'allègement de la dette au titre de l'initiative PPTE (Pays Pauvres très Endettés).

---

[20] Par solde budgétaire de base, on entend le total des recettes budgétaires (hors dons au titre de projets) moins le total des dépenses, hors investissements financés sur ressources extérieures. Les nouveaux critères de convergence actés en 2015 pourraient permettre de résoudre le problème de violation susmentionnée.

A cet égard, la transposition et l'application des directives de GFP (Gestion des Finances Publiques) jouera certainement un rôle important dans le maintien de la viabilité budgétaire.

Afin de permettre, un sérieux respect des 2 critères susmentionnés, il faut que le plafond fixé à la dette et/ou au déficit ne soit pas considéré comme un niveau optimal. Il faut rester éloigné du plafond car il est ainsi possible de disposer d'une marge de manœuvre pour réagir aux chocs, le cas échéant.

2. Les établissements de crédit[21]

2.1. Le système bancaire

Selon les dispositions de l'Article 2 de la Loi Portant règlementation bancaire : *« Sont considérées comme établissements de crédit, les personnes morales qui effectuent, à titre de profession habituelle, des opérations de banque. Constituent des opérations de banque, au sens de la présente loi, la réception de fonds du public, les opérations de crédit, ainsi que la mise à disposition de la clientèle et la gestion de moyens de paiement. Les établissements de crédit sont agréés en qualité de banque ou d'établissement financier à caractère bancaire ».*

Aussi, selon les dispositions de l'Article 9 de la Loi portant règlementation bancaire : *« Les établissements de crédit sont également habilités à effectuer les opérations suivantes, considérées comme connexes à leurs activités :*

1) opérations sur or et métaux précieux ;

2) opérations de change manuel ou scriptural ;

3) opérations de placement, à savoir les prises de participation dans des entreprises existantes ou en formation et toutes acquisitions de valeurs mobilières émises par des personnes publiques ou privées ;

4) opérations de conseil et d'assistance en matière de gestion financière, gestion de patrimoine, gestion et placement de valeurs mobilières et produits financiers, opérations d'ingénierie financière et, de manière générale, toutes opérations destinées à faciliter la création et le développement des entreprises, notamment la recherche de financements et de partenaires ;

[21] Il s'agit des banques et les établissements financiers à caractère bancaire au sens des articles 2 et 4 de la Loi portant règlementation bancaire. Ces derniers sont classés en cinq (05) catégories, conformément à l'instruction N°011-12/2010/RB relative au classement, aux opérations, et à la forme juridique des établissements financiers à caractère bancaire, selon la nature des opérations qu'ils sont autorisés à effectuer :
- catégorie 1 : établissements financiers de prêts ;
- catégorie 2 : établissements financiers de crédit-bail ou de location avec option d'achat ;
- catégorie 3 : établissements financiers d'affacturage ;
- catégorie 4 : établissements financiers de cautionnement ;
- catégorie 5 : établissements financiers de paiement.

5) opérations de location simple de biens mobiliers ou immobiliers par les établissements financiers à caractère bancaire, habilités à effectuer des opérations de crédit-bail ;

6) opérations d'intermédiation en tant que commissionnaires, courtiers ou autrement dans tout ou partie des opérations de banque et des opérations visées au présent article ».

Par ailleurs, 132 établissements de crédit agrées (118 banques et 14 établissements financiers à caractère bancaire) opèrent dans l'Union à fin décembre 2014 contre 127 établissements (114 banques et 13 établissements financiers à caractère bancaire) en 2013.

Au 31 décembre 2014, le paysage bancaire se composait de 42 grandes banques, 20 banques moyennes et 59 établissements de petite taille[22]. Ce qui 121 établissements de crédit en activité sur les 132 agrées par les autorités.

Quant aux groupes bancaires en activité dans l'Union « *26 groupes bancaires sont en activité dans l'Union et proviennent de 6 principales zones géographiques. Ils détiennent ensemble 85,7% des actifs et représentent 85,6% du résultat net global provisoire du système bancaire* ».

Le conseil des Ministres des pays membres de l'UEMOA, par décision N° CM/UMOA/011/06/2013 du 28 juin 2013 a pour compter du 1er janvier 2014 fixé le taux d'usure de 15% pour les banques et 24% pour les établissements financiers à caractère et les systèmes financiers décentralisés (SFD) ainsi que les autres agents économiques. A cet effet, l'avis N°003-08-2013 du 29 Août 2013 de la BCEAO a informé les structures concernées de cette décision.

2.1.1. Evolution du paysage bancaire

Tableau 5 : Evolution de la structure du système bancaire 2004-2014

ZONE UEMOA	2004	2005	2006	2007	2008	2009	2010	2011	2012	2013	2014*
Banques généralistes		92	73	76	77	76	81	84	85	96	94
Banques spécialisées			20	20	20	19	19	19	20	12	14
Etablissements financiers à caractère bancaire		22	19	19	19	17	11	13	13	13	13
Nombre d'établissements de crédit en activité	93	114	112	115	116	112	111	116	118	121	121
Evolution		23%	-2%	3%	1%	-3%	-1%	5%	2%	3%	0%
Nombre de holdings bancaires installés dans l'UEMOA			3	3	3	6	6	7	8	9	9
Evolution				0%	0%	100%	0%	17%	14%	13%	0%
Nombre de groupe bancaires		8	6	6		17	19	22	24	26	26
Evolution			-25%	0%	-100%		12%	16%	9%	8%	0%
Guichets (agences, bureaux et point de vente)			902	1043	1335	1 385	1 693	1 851	2 010	2 127	2 306
Evolution				16%	28%	4%	22%	9%	9%	6%	8%
GAB/DAB						-	1 178	1 694	1 858	2 272	2 571
Evolution								44%	10%	22%	13%
Succursales d'établissements de crédit						3	3	7	7	14	15
Evolution							0%	133%	0%	100%	7%
Effectif du personnel du système bancaire			13 059	14 507	16 940	17 203	19 841	20 007	21 776	23 135	24 375
Evolution				11%	17%	2%	15%	1%	9%	6%	5%
Nombre de comptes de la clientèle			3 324 295	3 745 685	4 474 801	4 480 548	5 550 693	6 903 140	7 162 509	7 752 959	8 687 464
Evolution				13%	19%	0%	24%	24%	4%	8%	12%

Source : Rapports : Commission Bancaire (BCEAO) & Zone Franc (Banque de France) & nos calculs.2014* : provisoire.

---

22 La classification des établissements de crédit de l'Union selon la taille du bilan est effectuée suivant les trois (3) catégories ci-après :
- grande pour un total de bilan supérieur à 200 Mds ;
- moyenne pour un total compris entre 100 Mds et 200 Mds ;
- petite pour un total inférieur à 100 Mds.

NB : les données relatives aux colonnes vides n'ont pas pu être renseignées sur les périodes 2004-2008. Cette situation est évidemment due à l'évolution de la présentation des rapports de la commission bancaire d'une année sur l'autre.

Tableau 6 : Répartition des établissements de crédit en activité par pays en 2014

Pays	Nombres établissements de crédit	Total bilan (Millions FCFA)	Parts de marché	Guichets	GAB/DAB	Nombre de comptes bancaires	Effectifs
Bénin	12	2 896 748	12,2%	199	264	947 330	2 631
Burkina Faso	16	3 220 316	13,6%	244	305	1 227 617	2 772
Côte d'Ivoire	24	6 665 875	28,1%	600	832	2 538 260	7 351
Guinée-Bissau	4	157 353	0,7%	26	42	76 505	361
Mali	17	3 233 718	13,6%	516	380	1 336 611	3 084
Niger	12	1 171 783	4,9%	140	121	438 170	1 531
Sénégal	22	4 622 751	19,5%	381	409	1 335 989	4 537
Togo	14	1 765 704	7,4%	200	218	786 982	2 108
UMOA	**121**	**23 734 248**	**100,0%**	**2 306**	**2 571**	**8 687 464**	**24 375**

Source : Rapport annuel de la CB 2014.

La part de marché est calculée à partir du total bilan exprimé ici en millions de FCFA.

Au 31 décembre 2014, nous enregistrons les progressions suivantes par rapport à l'année 2013 :

- le total bilan : 18,4%
- le réseau bancaire : 8,4%
- le nombre de comptes de la clientèle : 15,1%

Par ailleurs, le taux de bancarisation, stricto sensu, en 2013 est de 12,2% et le taux d'accès aux services financiers est de 49,5% pour la même période[23]

[23] BCEAO – Situation des services financiers via téléphone mobile dans l'UEMOA 2014.

2.1.2. Indicateurs d'activité des établissements de crédit

Tableau 7 : Indicateurs d'activité des établissements de crédit

ZONE UEMOA (En milliards de FCFA)	2004	2005	2006	2007	2008	2009	2010	2011	2012	2013	2014	CAGR 2005-2014
Total bilan	6 378	6 857	7 605	9 013	8 867	11 453	13 333	15 369	17 293	20 050	23 734	14,8%
Evolution		8%	11%	19%	-2%	29%	16%	15%	13%	16%	18%	
Crédits à la clientèle	3 798	4 335	4 708	5 323	6 071	6 573	7 391	8 475	9 474	11 174	12 905	12,9%
Evolution		14%	9%	13%	14%	8%	12%	15%	12%	18%	15%	
Titres de placement	414	464	625	893	1 015	1 145	1 941	2 246	2 723	3 401	4 619	29,1%
Evolution		12%	35%	43%	14%	13%	70%	16%	21%	25%	36%	
Autres emplois		635	705	1 733	1 068	2 392	3 263	3 890	4 518	5 359	6 855	30,3%
Evolution			11%	146%	-38%	124%	36%	19%	16%	19%	28%	
Dépôts et emprunts	4 849	5 175	5 715	6 747	7 425	8 442	9 886	11 188	12 280	13 642	15 885	13,3%
Evolution		7%	10%	18%	10%	14%	17%	13%	10%	11%	16%	
Fonds propres nets	690	673	700	732	774	938	1 159	1 297	1 437	1 609	1 805	11,6%
Evolution		-2%	4%	5%	6%	21%	24%	12%	11%	12%	12%	
Autres ressources		418	484	552	669	709	743	873	953	1 067	1 234	12,8%
Evolution			16%	14%	21%	6%	5%	17%	9%	12%	16%	
Produit Net Bancaire (PNB)	446	499	538	610	741	776	856	973	1 100	1 201	1 350	11,7%
Evolution		12%	8%	13%	21%	5%	10%	14%	13%	9%	12%	
Résultat brut d'exploitation après amortissements		192	192	209	258	240	259	332	396	440	531	11,9%
Evolution			0%	9%	23%	-7%	8%	28%	19%	11%	21%	
Résultat Net	59	46	44	41	17	123	70	137	150	188	270	21,8%
Evolution		-23%	-4%	-8%	-57%	605%	-43%	96%	9%	25%	44%	
Trésorerie nette	973	831	861	975	714	1 125	1 136	993	678	-206	-836	
Evolution		-15%	4%	13%	-27%	58%	1%	-13%	-32%	-130%	306%	

Source : Rapports : Commission Bancaire (BCEAO) & Zone Franc (Banque de France) & nos calculs. 2014* : provisoire.

NB : Le CAGR (Compound Average Growth Rate) correspond au Taux de Croissance Annuel Moyen (TCAM).

Sa formule de calcul est :

$$TCAM = \left(\sqrt[n]{\frac{\text{valeur finale}}{\text{valeur initiale}}} - 1 \right) \times 100$$

n : année fin – année début.

On constate encore un déficit abyssal de trésorerie en 2014 pour un montant de 836 Mds de FCFA contre 206 Mds à titre définitif un an plus tôt.

Cette évolution concerne l'ensemble des pays de l'Union. Ainsi, les tendances ci-après ont été observées :

- l'aggravation du déficit des places bancaires du Burkina (de -180 Mds à -469 Mds), du Mali (de -52Mds à -268 Mds), du Bénin (de -224 Mds à -254 Mds) et du Sénégal (de -1Md à -67 Mds) ;
- le changement du profil excédentaire du Togo (de +18 Mds à -32 Mds) ;
- la contraction de l'excédent de la place bancaire de Guinée-Bissau (de +16 Mds à +15 Mds) ;
- l'inversion du profil déficitaire du Niger (de -1 Md à +6 Mds) ;
- le renforcement du profil excédentaire de la Côte d'Ivoire (de +211 Mds à +233 Mds).

2.1.3. Evolution du total bilan, des crédits et dépôts

Figure 8 : Evolution du total bilan, des crédits et des dépôts (en mds de FCFA)

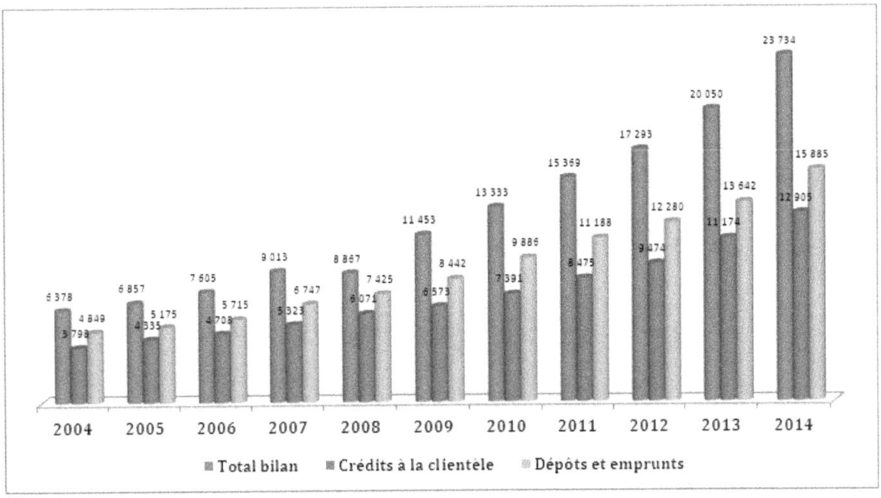

Source : Rapports : Commission Bancaire (BCEAO) & Zone Franc (Banque de France) & nos calculs. 2014* : provisoire.

2.1.4. Utilisations de crédits déclarées à la Centrale des Risques

Tableau 8 : Utilisations de crédits déclarées à la centrale des risques

Secteurs d'activité	Décembre 2010	Décembre 2011	Décembre 2012	Décembre 2013	Décembre 2014
Agriculture, sylviculture et pêche	2%	3%	3%	3%	3%
Industries extractives	2%	2%	2%	2%	2%
Industries manufacturières	19%	19%	18%	17%	18%
Electricité, gaz, eau	3%	3%	3%	4%	4%
Bâtiments, travaux publics	6%	7%	7%	8%	9%
Commerces, restaurants, hôtels	32%	33%	34%	33%	30%
Transports, entrepôts et communications	14%	11%	10%	11%	10%
Assurances, immobilier, services aux entreprises	5%	6%	6%	6%	7%
Services à la collectivité	17%	16%	17%	16%	17%
TOTAL	**100%**	**100%**	**100%**	**100%**	**100%**

Source : BCEAO 2014, cité par le rapport annuel 2014 CB.

A l'analyse de ce tableau sur cinq (05) ans, il ressort le faible taux de financement (3%) du secteur primaire par les banques de la zone UEMOA. Ce qui s'avère préjudiciable pour l'économie de la zone UEMOA qui est essentiellement basée sur l'exportation des matières premières (cacao, coton, or, élevage, etc.).

Toutefois, en 2003, les Chefs d'Etat Africains ont pris l'engagement d'investir 10% de leurs dépenses budgétaires dans l'agriculture. Cet engagement est connu sous le nom de « Déclaration de Maputo ». Depuis 2003, le constat de ReSAKSS[24] en 2013 est que 13 pays d'Afrique ont dépassé cet objectif de 10% sur chaque année de la période : Burkina Faso, Burundi, Ethiopie, Ghana, Guinée, Madagascar, Malawi, Mali, Niger, République de Congo, Sénégal, Zambie, et Zimbabwe. Parmi ces pays figure 4 pays de la zone UEMOA en l'occurrence Burkina Faso, Mali, Niger, et Sénégal.

Par conséquent, les autorités doivent mettre en place des mécanismes de financement innovant (fonds de garantie, banque publique d'investissement, assurance rurale, etc.) pour le secteur agricole et rural afin d'y orienter les financements bancaires vers ce secteur dit primaire, primordial pour le développement de nos Etats.

2.1.5. Ratios caractéristiques des établissements de crédit :

Tableau 9 : Ratios caractéristiques (1)

- **Ratio total actifs / PIB en 2014 : 49%** **Poids du secteur de l'intermédiation financière**
  Sur 100 richesses produites, la contribution des actifs bancaires est de 49.
- **Taux de couverture (Crédits/dépôts): 81%**
  Pour memo, ce taux tourne autour de 110% dans les pays développés.
- **Niveau de bancarisation 2014 : 1 agence pour 37.590 habitants**
  Pour memo, ce niveau de bancarisation en France est environ : 1 agence pour 2 200 habitants (hors groupe La Poste)

Pour rappel : Le taux de bancarisation, stricto sensu, en 2013 est de 12,2% et le taux d'accès aux services est de 49,5% pour la même période (source : BCEAO – Situation des services financiers via téléphone mobile dans l'UEMOA 2014).

[24] Regional Strategic Analysis and Knowledge Support System : issue note No.22 novembre 2013.

Tableau 10 : ratios caractéristiques (2)

ZONE UEMOA	2004	2005	2006	2007	2008	2009	2010	2011	2012	2013	2014*	Moyenne 2005-2014
Taux brut de dégradation de portefeuille	20,70%	21,50%	20,50%	18,90%	18,30%	17,1%	17,2%	16,3%	16,6%	15,6%	13,8%	17,6%
Evolution				-8%	-3%	-7%	1%	-5%	2%	-6%	-12%	
Taux net de dégradation de portefeuille		8%	8%	7,40%	7,10%	7,3%	6,6%	6,1%	6,7%	6,7%	6,1%	7,0%
Evolution			5%	-8%	-4%	3%	-10%	-8%	10%	0%	-9%	
Taux de provionnement des créances en souffrance	61,10%	66,90%	66,20%	65,70%	68%	63,6%	65,5%	66,3%	64,1%	60,9%	59,0%	64,6%
Evolution			-1%	-1%	4%	-6%	3%	1%	-3%	-5%	-3%	
Taux de provionnement des créances douteuses et litigieuses		75,40%	74,50%		80,70%	78,4%	80,6%	80,0%	79,7%	75,8%	74,0%	77,7%
Evolution			-1%	-100%		-3%	3%	-1%	0%	-5%	-2%	
Marge globale		7,30%	7,50%	7,50%	8%	7,6%	7,9%	7,3%	7,3%	7,9%	6,7%	7,5%
Evolution			3%	0%	7%	-5%	4%	-8%	0%	8%	-15%	
Coefficient net d'exploitation	68,30%	66,60%	70,20%	72,10%	69,80%	73,5%	75,3%	71,0%	69,6%	68,8%	65,9%	70,3%
Evolution			5%	3%	-3%	5%	2%	-6%	-2%	-1%	-4%	
Taux de couverture (Crédits/Dépôts)	78,3%	83,8%	82,4%	78,9%	81,8%	77,9%	74,8%	75,8%	77,1%	81,9%	81,2%	79,5%
Evolution			-2%	-4%	4%	-5%	-4%	1%	2%	6%	-1%	
ROE (RN/FP)	8,60%	6,8%	6,3%	5,5%	2,3%	13,1%	6,0%	10,6%	10,4%	11,7%	15,0%	8,8%
Evolution			-8%	-12%	-59%	482%	-54%	75%	-1%	12%	28%	
ROA (FP/Total actifs)	10,8%	9,8%	9,2%	8,1%	8,7%	8,2%	8,7%	8,4%	8,3%	8,0%	7,6%	8,5%
Evolution			-6%	-12%	7%	-6%	6%	-3%	-2%	-3%	-5%	
Taux de marge nette (RN/PNB)	13,30%	9,2%	8,2%	6,6%	2,4%	15,9%	8,2%	14,1%	13,6%	15,7%	20,0%	11,4%
Evolution			-11%	-18%	-65%	573%	-48%	72%	-3%	15%	28%	

Source : Rapports : Commission Bancaire (BCEAO) & Zone Franc (Banque de France) & nos calculs. 2014* : provisoire.

A l'analyse de ces ratios caractéristiques, il ressort que :

- Le taux de dégradation net du portefeuille en 2014 a connu une amélioration de 6% par rapport à 2013.
- La progression du rendement des Fonds propres est de 28% de 2013 à 2014, ce qui augure une bonne chose pour les investisseurs. Toutefois, sur les cinq dernières années, ce taux a évolué en dent de scie.
- Le taux de marge évolue également en dent de scie sur les cinq dernières années. Cependant, il a progressé de 28% entre 2013 et 2014.
- Quant au coefficient d'exploitation, il est en nette amélioration sur les deux dernières années. Ce qui dénote la maitrise des frais généraux dans l'ensemble des banques.

Les ratios clés sont regroupés dans un radar synthétique qui donne une vision panoramique du secteur bancaire.

2.1.6. Radar synthétique de l'activité 2014

Figure 9 : Radar synthétique de l'activité 2014

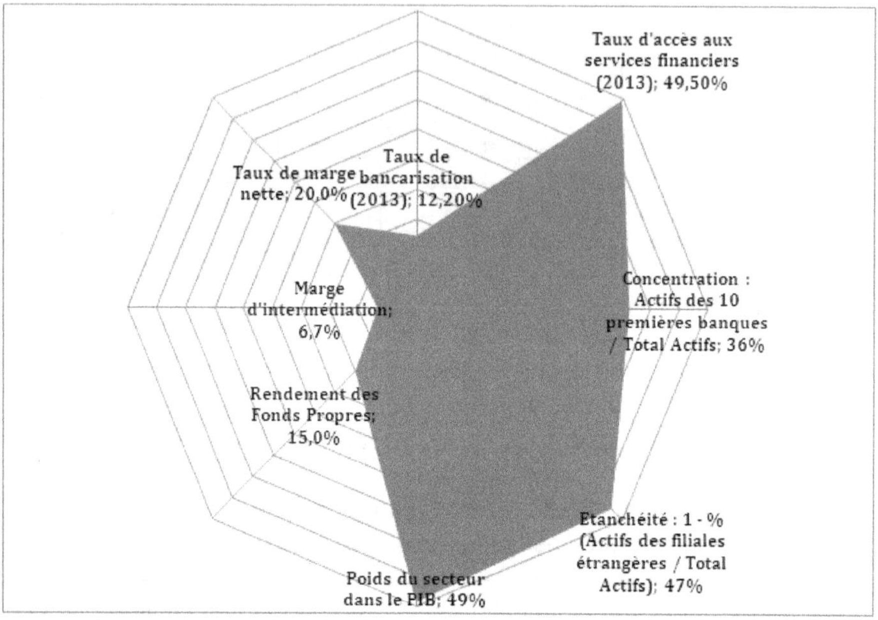

Source : Rapports : Commission Bancaire (BCEAO) & Zone Franc (Banque de France) & nos calculs.

2.1.7. Généralité sur le Plan Comptable Bancaire (PCB)

Les établissements de crédit doivent élaborer et présenter leurs comptes conformément aux exigences de la Loi bancaire, aux dispositions comptables et autres règles définies par la BCEAO dans le document dénommé « Recueil des instructions relatives à la comptabilisation et à l'évaluation des opérations bancaires ».

Après la certification régulière et sincère des comptes par un ou plusieurs commissaires aux comptes ; ils doivent également, avant le 30 Juin de chaque année, communiquer à la BCEAO et à la Commission Bancaire leurs comptes annuels dans les délais et les conditions prescrits par la Banque Centrale.

Ils doivent en outre faire la communication à la BCEAO de divers états et situations comptables selon une périodicité et des conditions définies par elle.

- 2.1.7.1. Les comptes de gestion

Le bilan d'une banque est l'inverse du bilan d'une entreprise (liquidité et exigibilité à peu près décroissantes, immobilisations et capitaux propres au bas du bilan). En effet, cette particularité des banques s'explique par la faible importance numérique de l'actif immobilisé par comparaison avec les opérations de trésorerie et avec la clientèle.

Postes Actif bilan bancaire : classes 1 à 4 du PCB de l'UEMOA,

Postes Passif : classes 1, 2, 3 et 5 du PCB

Remarque : classes 1, 2 et 3 communes à l'actif et au passif du bilan.

- Classe 1 : Compte de Trésorerie et d'opérations interbancaires

Contenu :

Valeurs en caisse (espèces),

Avoirs à vue détenus auprès des Etablissements de crédit,

Dettes à vue (sommes gérées pour le compte de ces Etablissements de crédit),

Opérations de prêts et d'emprunts effectuées avec les Etablissements de crédit.

- Classe 2 : Comptes d'opérations avec la clientèle

Contenu :

-Actif : ensemble des crédits distribués à la clientèle

-Passif : ensemble des dépôts effectués par cette clientèle.

- Classe 3 : Comptes d'opérations sur titres et d'opérations diverses

Contenu :

Opérations sur titres de placement,

Comptes de règlement afférents aux titres (comptes d'attente retraçant exclusivement le règlement d'opérations sur titres, les dettes représentées par un titre (obligations et billets d'affacturage),

Débiteurs et créditeurs divers (clientèle et établissements de crédit exclus),

Comptes de régularisation (charges à répartir, charges et produits constatés d'avance, produits à recevoir et charges à payer),

Comptes transitoires et d'attente (différences de conversion de change, comptes de réévaluation des opérations de change, comptes d'opérations sur crédit consortiaux, etc.).

- Classe 4 : Comptes de valeurs immobilisées

Contenu :

Immobilisations de la Banque : immobilisations financières, dépôts et cautionnements versés, immobilisations d'exploitation et hors exploitation, opérations de crédit-bail, de location avec option d'achat et de location-vente.

– Classe 5 : Comptes de provisions, fonds propres et assimilés

Contenu :

Fonds investis dans la banque de façon durable ou permanente : Capital, Réserves, Report à Nouveau, Résultat, Subventions et Fonds assimilés[25] (fonds de garantie et fonds d'assurances), provisions pour risques bancaires généraux, provisions pour risques et charges et provisions réglementées.

- 2.1.7.2. Les comptes du Hors Bilan

Contenu :

Ensemble de comptes annexés au bilan et qui retracent les engagements futurs ou virtuels d'une banque, ne donnant pas lieu à un flux de trésorerie,

Comptes regroupés en classe 9 et recensés en fonction de leur nature :

- Engagements de financement donnés en faveur des établissements de crédit ou de la clientèle et reçus des établissements de crédit
- Engagements de garantie : cautions, avals, et autres garanties donnés en faveur des établissements de crédit ou de la clientèle et reçus d'eux
- Engagements sur titres : suite aux interventions de la banque sur le marché des titres
- Engagements sur opérations en devises : opérations d'achat et de vente de devises dont les parties ne diffèrent le dénouement qu'en raison des délais d'usance (en général deux jours) : opérations au comptant par opposition aux opérations de change à terme.
- Autres Engagements sur devises : opérations de prêts ou d 'emprunts en devises
- Opérations effectuées pour le compte de tiers : valeurs reçues à l'encaissement de la clientèle ou des correspondants bancaires, engagements consortiaux de garantie ou de financement.

- 2.1.7.3. Le compte de Résultat

Contenu identique à celui d'une entreprise commerciale : classes 6 et 7

Particularité : Le PCB regroupe les produits et les charges en 3 catégories :

- les produits et les charges d'exploitation bancaire : produits et charges issus de l'activité d'intermédiaire financier et de prestataire de service des établissements de crédit (intérêts et commissions versés ou encaissés par la banque),
- les produits et les charges généraux d'exploitation : produits et charges ordinaires, opérations de ventes, produits divers d'exploitation (redevances de brevets et de licences, revenus d'immeubles hors ex-

[25] Fonds non remboursables destinés à couvrir le mauvais dénouement de crédits à des secteurs ou à des catégories d'agents économiques spécifiques.

ploitation), frais généraux (charges courantes et dotations aux amortissements et aux provisions),

- les produits et les charges exceptionnels qui ne relèvent pas de l'activité courante de la banque :
  - pénalités et amendes fiscales et pénales
  - charges de restructuration
  - pénalités et libéralités perçues
  - subventions d'équilibre et quote-part subvention d'investissement virée au résultat de l'exercice.

Par ailleurs, chaque compte est désigné dans le plan par un numéro et un intitulé de compte.

Le numéro de chaque classe constitue le premier chiffre des numéros de tous les comptes de la classe.

Les autres chiffres caractérisent, de gauche à droite, des niveaux de généralité décroissante, représentant des opérations de plus en plus détaillées. Ces niveaux de généralité doivent être considérés comme des comptes principaux ou divisionnaires car ils regroupent en général, des opérations de nature relativement homogène.

L'ensemble des comptes ainsi codifiés constitue le plan de comptes dont l'adoption par les établissements assujettis est rendue obligatoire dans les conditions définies par la Banque Centrale.

Par ailleurs, il faut noter que le PCB devrait évoluer pour prendre en compte les nouvelles normes comptables IAS/IFRS et les recommandations du comité de Bâle afin d'être en phase avec les standards internationaux et les recommandations des institutions de Bretton Woods (FMI et banque mondiale).

En résumé, le plan de comptes se présente ci-après dans le tableau suivant :

Tableau 11 : les Comptes PCB
(comptes de Bilan ; comptes de gestion et comptes de hors-bilan)

COMPTES DE BILAN				
CLASSE 1	CLASSE 2	CLASSE 3	CLASSE 4	CLASSE 5
Comptes de trésorerie et d'opérations interbancaires	Comptes d'opérations avec la clientèle	Comptes d'opérations sur titres et d'opérations diverses	Comptes de valeurs immobilisées	Comptes de provisions de fonds propres et assimilés
10 Valeurs en caisse	*20 Crédits à la*	*30 Titres de placement*		*50 Subventions et autres fonds reçus*
11 Comptes ordinaires			*41 Immobilisations*	*51 Provisions pour risques et charges*
12 Autres comptes de	*22 Affacturage*	*32 Comptes de stocks*	*42 Dépôts et cautionnements*	*52 Provisions réglementées*
13 Comptes de prêts aux établissements de crédit		*33 Débiteurs et créditeurs divers*	*43 Immobilisations en cours*	*53 Comptes bloqués d'actionnaires ou d'associés et emprunts et titres émis subordonnés*
			44 Immobilisations d'exploitation	*54 Fonds pour risques bancaires généraux*
15 Comptes ordinaires des établissements de crédit	*25 Comptes de la clientèle*	*35 Comptes de règlement relatifs aux opérations sur titres*	*45 Immobilisations hors exploitation*	*55 Primes liées au capital et réserves*
16 Comptes de dépôts des établissements de crédit	*26 Comptes d'affacturage*	*36 Dettes représentées par un titre*	*46 Opérations de crédit-bail et de location avec option d'achat*	
17 Comptes d'emprunts et autres sommes	*27 Emprunts et autres sommes dues à la clientèle*	*37 Comptes transitoires et d'attente*	*47 Opérations de location-vente*	*57 Capital et dotations*
		38 Comptes de regularisations		*58 Report à nouveau*
19 Comptes de créances en	*29 Comptes de créances*	*39 Comptes de liaison*	*49 Comptes de créances*	*59 Résultat*

COMPTES DE GESTION		COMPTES DE HORS BILAN
CLASSE 6	CLASSE 7	CLASSE 9
Comptes de Charges	Comptes de produits	Comptes d'engagements de hors bilan
60 Charges d'exploitation bancaire	70 Produits d'exploitation bancaire	90 Engagements de financement
61 Achats et variations de stocks	71 Ventes et variations de stocks	91 Engagements de garantie
62 Autres charges externes et charges diverses d'exploitation	72 Produits divers d'exploitation	92 Engagements sur titres
63 Impôts, taxes et versements Assimilés	73 Production immobilisée	93 Engagements sur opérations en devises
64 Charges de personnel	74 Subventions d'exploitation	
65 Dotations au fonds pour risques bancaires généraux	75 Reprises du fonds pour risques bancaires généraux	95 Autres engagements
66 Dotations aux amortissements, aux provisions et pertes sur créances irrécouvrables	76 Reprises d'amortissements, de provisions et récupérations sur créances amorties	96 Opérations effectuées pour le compte de tiers
67 Charges exceptionnelles et pertes sur exercices antérieurs	77 Produits exceptionnels et profits sur exercices antérieurs	
69 Impôts sur le bénéfice		99 Engagements douteux

Source : BCEAO

2.2. Les Systèmes financiers décentralisés et le processus d'inclusion financière

Tableau 12 : Evolution de la structure du portefeuille des SFD

SFD / ZONE UEMOA	2004	2005	2006	2007	2008	2009	2010	2011	2012	2013	2014*	CAGR 2005-2014
Nombre de SFD (en unités)	642	673	718	402	750	867	887	768	744	724	724	0,8%
Evolution		5%	7%	-44%	87%	16%	2%	-13%	-3%	-3%	0%	
Nombre de points de service (en unités)	2998	3500	4240	2803	5328	3 287	3 017	4 055	3 481	3 628	3 593	0,3%
Evolution		17%	21%	34%	90%	38%	8%	34%	14%	4%	1%	
Nombre de bénéficiaires (en millions)	5,9	6,1	7,4	5,5	9,3	6,8	7,4	11,6	12	13	14	9,7%
Evolution		3%	21%	-26%	69%	-27%	9%	57%	3%	8%	8%	
Encours brut de crédit (en Mds de FCFA)	258,2	297,1	336,7	372,1		479,8	527,0	524,8	641,1	700,8	788,3	11,5%
Evolution		15%	13%	11%	-100%		10%	0%	22%	9%	12%	
Créances en souffrances brutes (en Mds de FCFA)	13,3	18,4	22	19,1	25,3	22,1	27,6	32,5	35,2	45,0	49,5	11,6%
Evolution		38%	20%	-13%	32%	-13%	25%	18%	8%	28%	10%	
Dépôts (en Mds de FCFA)	248	279	329,5	374,4	459,2	466,8	534,8	528,2	666,9	754	859,5	13,3%
Evolution		13%	18%	14%	23%	2%	15%	1%	26%	13%	14%	
Ratio de qualité du portefeuille (en %)	5,20%	6,20%	6,50%	5,10%	7,50%	4,6%	5,2%	6,2%	5,5%	6,4%	6,3%	0,2%
Evolution		19%	5%	-22%	47%	-39%	14%	18%	-11%	17%	-2%	

Source : Banque de France, Rapports annuels zone franc 2004-2014 & nos calculs.

Il ressort de ce tableau, les remarques suivantes :

- L'année 2011 a été une année charnière dans l'élargissement de la base du processus d'inclusion financière. En effet, le nombre de bénéficiaires a augmenté de moitié soit un taux de 57% (11,6 millions).
- La qualité du portefeuille ou le taux de dégradation du portefeuille s'est dégradée de 16% entre 2012 et 2013 ; ce qui dénote une mauvaise maitrise des risques.

En effet, en microfinance, Suivant instruction n°020–12–2010 de la BCEAO, les SFD sont tenus de respecter les normes suivantes en termes de taux de dégradation du portefeuille. Ce sont :

- Le portefeuille classé à risque > 30 j (norme <5%)
- Le portefeuille classé à risque > 90 j (norme <3%)
- Le portefeuille classé à risque > 180 j (norme <2%)

2.2.1. Evolutions des dépôts et des crédits des SFD de l'UMOA

Figure 10 : Evolution des dépôts et des crédits des SFD

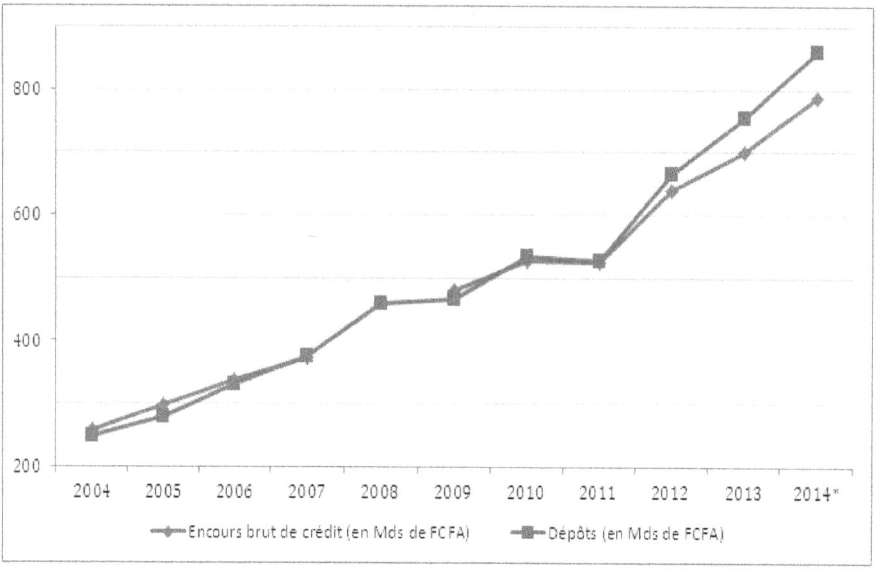

Source : Banque de France, Rapports annuels zone franc 2004-2014 & nos calculs.

A l'analyse de ce tableau, les encours de dépôts ont nettement dépassé les encours de crédit à partir de l'année 2011. D'où un taux de couverture inférieur à 100%. Ce qui pose le problème de coût d'opportunité de ces ressources non utilisées.

2.2.2. Exemple de produit financier innovant pour les SFD

L'accès aux services financiers dans les pays en voie de développement est limité par plusieurs contraintes particulières (faible densité de population, manque d'infrastructures de transport et de communication, coûts élevés des services financiers, capacité limitée des ménages à fournir des garanties) qui nécessitent des réponses innovantes et adaptées au contexte spécifique de ces régions. Il demeure une préoccupation majeure en Afrique en particulier où moins de 20 % des ménages ont accès aux services financiers formels et où les ménages les plus pauvres n'y ont pas accès. Or ces populations sont les plus vulnérables face aux chocs (aléas climatiques, décès, maladie..) qui affectent directement leurs revenus.

Étant donné l'inefficacité des mécanismes traditionnels utilisés par les ménages les plus pauvres pour faire face à certains risques, et leur effet négatif sur leurs décisions d'investissement, des produits financiers adaptés à ces ménages sont nécessaires. Il est primordial que les produits proposés permettent aux ménages de gérer le risque de chocs de revenus auquel ils sont exposés.

Les produits financiers qui permettent d'anticiper ces chocs ou de les compenser sont dits « flexibles ». Ils complètent l'offre d'assurance classique (assurances-dommages) et peuvent combiner épargne, crédit et assurance.

Tableau 13 : Exemple de produit financier flexible[26]

Mobile banking au Kenya : produits M-pesa et M-shwari proposés par l'opérateur mobile Safaricom en partenariat avec la Commercial Bank of Africa (CBA)

Description du produit	Mécanismes pour la flexibilité	Mécanismes pour la discipline
• Ouverture du compte à partir du téléphone portable (TP) • Compte d'épargne accessible *via* le TP • Compte bancaire mobile avec épargne rémunérée (M-shwari) • Pas de frais d'ouverture ni de solde minimum • Transferts d'argent possible *via* le TP	• Versements réguliers permettant d'avoir accès au prêt d'urgence	• Rappels par le biais de SMS sur demande • Agence de notation du crédit/ bureau de crédit

Source : rapport annuel de la zone franc 2013

2.3. Le Marché financier régional (MFR)

2.3.1. Le marché primaire

C'est le marché de la première émission. Il est composé du marché monétaire (CT) et du marché financier (M et LT).

Les émissions de titres en UEMOA se sont hissées à 3.565 milliards de francs en 2014, soit une progression de plus de 30 % pour la deuxième année de suite.

[26] Banque de France ; Rapport annuel de la zone franc 2013.

Tableau 14 : Volume annuel des émissions de titres (en Milliards de FCFA)

	2011	2012	2013	2014
Titres de créances négociables	90,5	42,8	40,0	179,7
Bons du Trésor	1 689,7	1 051,6	1 411,4	1 466,7
Obligations (par appel public à l'épargne)	808,4	583,2	861,0	1 603,8
Obligations publiques par syndication	280,8	47,0	309,4	159,5
Obligations privées par syndication	103,8	257,1	70,9	156,0
Total	**2 973,2**	**1 981,7**	**2 692,7**	**3 565,8**

Source : BCEAO, cité par Rapport Zone franc 2014.

Ce point fera l'objet d'un développement à la 4ème partie du document.

2.3.2. La Bourse régionale des valeurs mobilières (BRVM)

La BRVM, dont le siège est à Abidjan, est une institution sous régionale à laquelle participent les huit pays membres de l'UEMOA. Elle a commencé ses activités en 1998. Héritière de la Bourse d'Abidjan, la BRVM reste une place essentiellement ivoirienne : sur 37 sociétés inscrites à la cote actions, seulement six ne sont pas ivoiriennes.

Au 31 décembre 2014, la capitalisation boursière totale du marché des actions se valorisait à 6.319,72 milliards, contre 5.633,47 milliards une année auparavant.

Figure 11 : Evolution hebdomadaire du marché boursier en UEMOA

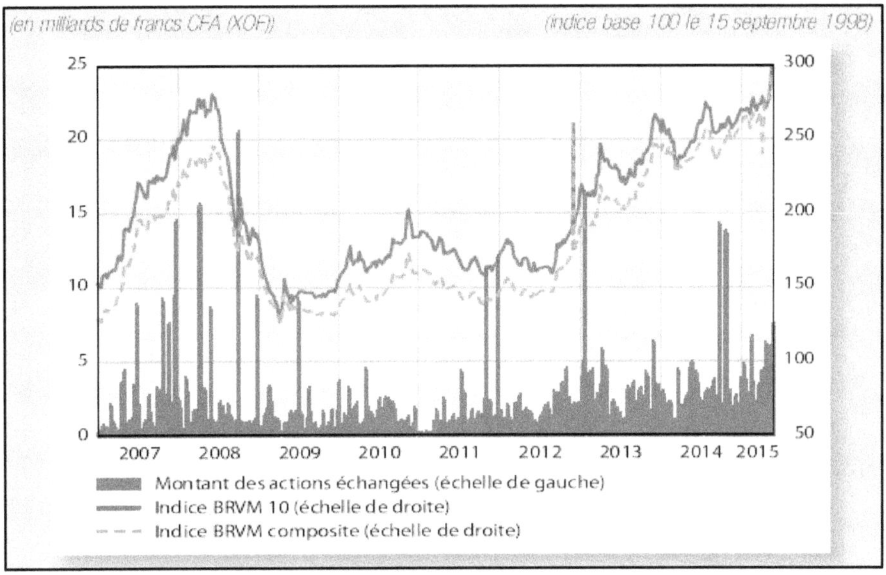

Source : BRVM, cité par Rapport Zone franc 2014.

Ce point fera également l'objet d'un développement ultérieur dans la partie intitulé : la relation banque et marché des capitaux.

IV. Les risques du métier de banquier en zone UEMOA

Dans un langage simpliste et trivial, le banquier fait le commerce de l'argent. L'exercice de son métier requiert un certain particularisme compte tenu du rôle des banques dans le financement de l'économie.

Le banquier entretient des relations de proximité avec ses clients qui exigent la qualité du service rendu avec célérité et promptitude. Aussi, il peut être sollicité par des tiers compte tenu de la spécificité de son métier. Le risque étant inhérent à l'activité bancaire, le banquier engage du coup sa responsabilité dans l'exercice de son métier à travers lequel il est tenu au secret professionnel ainsi qu'au strict respect des textes régissant le blanchiment de capitaux et le financement du terrorisme.

1. La responsabilité du banquier

La responsabilité du banquier pourrait se situer à 2 niveaux en l'occurrence le niveau civil et le niveau pénal.

La responsabilité civile du banquier est régie selon le droit commun (droit OHADA). La condamnation aux dommages-intérêts suppose la réunion de 3 principes de base :

- La constatation d'un dommage
- L'existence d'un fait générateur qui est le plus souvent une faute professionnelle
- Le lien de causalité entre le préjudice et l'acte fautif

Le caractère très spécifique de l'activité bancaire (technicité des opérations, mission de service public) contribue au renforcement de cette responsabilité.

En droit civil, la responsabilité de la banque est contractuelle lorsque le dommage a été causé à l'un de ses clients dans l'exécution de ses opérations et délictueuse lorsque le dommage est causé à un tiers.

1.1. La responsabilité contractuelle de la banque

Ici le client doit établir que la banque a commis une faute dans l'exécution de ses opérations qui leur lient contractuellement. Cette faute doit ressortir le caractère négligeant, non conforme aux usages de la profession, du traitement de l'opération occasionnant un préjudice de fait. Dans ce cas, il peut s'agir d'un service de caisse, de crédit, etc.).

Très généralement le banquier est tenu à une obligation de moyens.

1.2. La responsabilité délictuelle de la banque

Elle peut résulter de l'absence de précaution dans la gestion des comptes ou de l'octroi abusif de crédit.

En effet, la banque peut être tenue pour responsable de réparer un préjudice causé par un de ses clients vis-à-vis des tiers en cas octroie de crédit à une entreprise dont on connaît la situation sans issue ; ou une émission de chèque sans provision dans le cas d'interdit bancaire.

La responsabilité pénale des banques peut être engagée en cas de blanchiment de capitaux comme prévue à l'article 42 de la loi uniforme sur le dispositif de lutte contre le blanchiment de capitaux.

Elle peut également être frappée par une décision de justice en cas de procès avec un client. A ce titre, la commission bancaire (BCEAO) est informée des éventuelles sanctions prononcées.

2. Le secret bancaire

Les banquiers sont tenus au secret professionnel (ou secret bancaire) comme dans la plupart des professions. Toutefois, ce secret peut être levé sous certaines conditions précises en faveur des administrations et personnes physiques.

2.1. Le principe

La loi cadre portant règlementation bancaire de la zone UEMOA stipule, in extenso, en article 30 : « *Les personnes qui concourent à la direction, à l'administration, à la gérance, au contrôle ou au fonctionnement des établissements de crédit, sont tenues au secret professionnel, sous réserve des dispositions de l'article 53, dernier alinéa. Il est interdit aux mêmes personnes d'utiliser les informations confidentielles dont elles ont connaissance dans le cadre de leur activité, pour réaliser directement ou indirectement des opérations pour leur propre compte ou en faire bénéficier d'autres personnes* ».

Cependant, l'article 53 de la même loi précise : « *Le secret professionnel n'est opposable ni à la Commission Bancaire, ni à la Banque Centrale, ni à l'autorité judiciaire agissant dans le cadre d'une procédure pénale* ».

La violation de cette obligation est passible de sanctions pénales. La banque peut se faire condamner au paiement de dommages-intérêts en faveur de personnes qui auraient subi un préjudice lié à cette indiscrétion.

En cas de violation du secret professionnel, l'employé sera puni d'emprisonnement d'un (1) mois à deux (2) ans et d'une amende de 10 millions FCFA à 100 millions FCFA ou de l'une de ces deux peines seulement (cf. article 70 loi cadre portant règlementation bancaire). En récidivant, la peine de l'employé sera portée à 5 ans d'emprisonnement et à 300 millions FCFA d'amende.

2.2. Les limites

Personnes privées

- Les ayants droit du client de la banque

La banque ne peut opposer le secret aux personnes ayants droits du client, toutefois, elle doit utiliser un principe de précaution et de prudence.

- Le compte joint :

Les co-titulaires ont droit aux mêmes informations sur la situation du compte ainsi qu'aux opérations effectuées par l'un ou l'autre.

- Les époux :

La banque doit opposer le secret professionnel à l'égard du compte que le conjoint a ouvert dans ses livres sauf au cas où ce dernier se fait donner une procuration dûment signée.

- Les mandataires :

Le secret professionnel ne peut être opposé aux mandataires que dans la limite de leurs mandats. A cet égard, la banque doit garder une grande discrétion dans la fourniture des informations aux mandataires.

- Les héritiers :

En la matière, la banque ne peut pas opposer le secret professionnel aux héritiers d'un défunt. Toutefois, ceux-ci doivent un jugement d'hérédité et un mandat donnant procuration à héritier.

- Les cautions :

La banque peut opposer le secret bancaire aux cautions. Toutefois, ils doivent être informés de la situation des engagements dont ils se sont portés cautions personnes et solidaires.

– Les relations commerciales

Dans le cadre ses relations commerciales, la banque peut divulguer certaines informations sans violer le secret bancaire.

– Les incidents de paiement :

En rejetant un effet ou un chèque sans provision, la banque ne viole pas le secret professionnel. Outre, elle doit scrupuleusement appliquer les dispositions de la Directive N°15/2002/CM (édition attestation de non-paiement au bénéficiaire du chèque ; lettre d'avertissement et lettre d'injonction valant interdit bancaire).

– Les saisies-attribution :

La banque l'obligation de communiquer à l'huissier tous les renseignements y afférents et procéder au cantonnement du montant en question.

Par ailleurs, les sommes déposées au coffre-fort ne sont pas saisies car leur existence est ultra confidentielle.

– Les pensions alimentaires et injonctions de payer :

Il s'agit de l'application stricte d'une décision de justice. Elle doit communiquer l'autorité toutes les informations sur le compte.

– Les renseignements commerciaux :

La banque peut de façon secrète donner son appréciation sur l'une de ses relations communes à un confrère sans exactement donner des informations sur le fonctionnement du compte.

– Les administrations

– L'administration fiscale (Fisc) :

Elle a un droit général de communication dans la comptabilité des banques. Les inspecteurs des impôts peuvent consulter dans la banque tous les comptes (relevés de compte, chèques, bordereaux, effets, etc.) d'un contribuable et des membres de sa famille domiciliés à la même banque.

– Les douanes :

L'administration des douanes peut demander également à la banque de lui communiquer tout document.

– La justice :

La banque est déliée du secret professionnel à l'égard des juridictions pénales. Elle doit leur communiquer tous documents demandés et répondre aux questions posées.

– La BCEAO & Commission Bancaire :

Les banques doivent déclarer mensuellement toutes les ouvertures de compte à la Centrale des Incidents de Paiement (CIP) gérée par la BCEAO. Elles lui communiquent également, en vert des prérogatives qui sont assignées par la Loi Cadre Portant Règlementation Bancaire, des états journaliers, hebdomadaires, mensuels, trimestriels, semestriels et annuels.

3. Le blanchiment de capitaux et financement du terrorisme

Le Blanchiment de capitaux et le financement du terrorisme trouvent leurs sources dans les conventions internationales ci-après :

- Convention des Nations Unies contre le trafic illicite de stupéfiants le 20 décembre 1988
- Convention internationale pour la répression du financement du terrorisme, adoptée par l'Assemblée générale des Nations Unies le 09 décembre 1999 et ses textes annexes.

3.1. Les textes de base

La lutte contre le blanchiment de capitaux et financement du terrorisme est régie dans la zone UEMOA par les textes règlementaires suivants :

- Directive N° 07/2002/CM/UEMOA relative à la lutte contre le blanchiment de capitaux dans les Etats membres de l'UEMOA
- Loi uniforme relative à la lutte contre le blanchiment de capitaux dans les Etats membres de l'Union Economique et Monétaire Ouest Africaine (UEMOA)
- Décret-cadre portant création, organisation et fonctionnement d'une cellule nationale de traitement des informations financières
- Règlement n° 14/2002/CM/UEMOA relatif au gel des fonds et autres ressources financières dans le cadre de la lutte contre le financement du terrorisme dans les Etats membres de l'Union Economique et Monétaire Ouest Africaine (UEMOA)
- Décision n° 06/2003/CM/UEMOA relative à la liste des personnes, entités ou organismes visés par le gel des fonds et autres ressources financières dans le cadre de la lutte contre le financement du terrorisme dans les Etats membres de l'Union Economique et Monétaire Ouest Africaine (UEMOA)
- Décision N° 04/2004/CM/UEMOA portant modification de la Décision N° 06/2003/CM/UEMOA du 26 juin 2003 relative à la liste des personnes, entités ou organismes visés par le gel des fonds et autres ressources financières, dans le cadre de la lutte contre le financement du terrorisme dans les Etats membres de l'UEMOA, signée le 5 juillet 2004

- Directive N° 04/2007/CM/UEMOA du 4 juillet 2007, relative à la lutte contre le financement du terrorisme dans les Etats membres de l'UEMOA
- Instruction N°01/2007/RB du 2 juillet 2007 relative à la lutte contre le blanchiment de capitaux au sein des organismes financiers

3.2. Définition de blanchiment de capitaux

Aux termes des dispositions des articles 2 et 3 de la Loi uniforme relative à la lutte contre le blanchiment de capitaux dans les Etats membres de l'UEMOA, le blanchiment de capitaux est défini comme l'infraction constituée par un ou plusieurs des agissements ci-après, commis intentionnellement, à savoir :

- la conversion, le transfert ou la manipulation de biens, dont l'auteur sait qu'ils proviennent d'un crime ou d'un délit ou d'une participation à ce crime ou délit, dans le but de dissimuler ou de déguiser l'origine illicite desdits biens ou d'aider toute personne impliquée dans la commission de ce crime ou délit à échapper aux conséquences judiciaires de ses actes ;
- la dissimulation, le déguisement de la nature, de l'origine, de l'emplacement, de la disposition, du mouvement ou de la propriété réels des biens ou de droits y relatifs dont l'auteur sait qu'ils proviennent d'un crime ou d'un délit, tels que définis par les législations nationales des Etats membres de l'UEMOA ou d'une participation à ce crime ou délit ;
- l'acquisition, la détention ou l'utilisation de biens dont l'auteur sait, au moment de la réception desdits biens, qu'ils proviennent d'un crime ou d'un délit ou d'une participation à ce crime ou délit.

3.2.1. Les organismes concernés

- les banques et établissements financiers ;
- les services financiers des postes, ainsi que les Caisses de Dépôts et Consignations ou les organismes qui en tiennent lieu ;
- les institutions mutualistes et coopératives d'épargne et de crédit, ainsi que les structures ou organisations non constituées sous forme mutualiste ou coopérative et ayant pour objet la collecte de l'épargne et/ou l'octroi de crédit ;
- les agréés de change manuel.

3.2.2. Les obligations des organismes financiers en matière de blanchiment de capitaux

- 3.2.2.1. Les obligations de vigilance

Les obligations de vigilance strictes consistent à :

- identifier tout client avant l'entrée en relation qui se matérialise par l'ouverture de compte
- conserver les pièces et documents pendant une période de 10 ans
- détecter des opérations suspectes et atypiques
- identifier les clients « occasionnels » demandant d'effectuer des opérations supérieures à 5 millions FCFA ou de louer un coffre
- surveiller les opérations supérieures à 5 millions FCFA

- 3.2.2.3. Les obligations de déclaration de soupçon

Les organismes financiers doivent faire des déclarations de soupçon auprès de la Cellule Nationale de Traitement des Informations Financières (CENTIF) :

- toutes opérations suspectes en considération de sa nature ou de son montant
- tout paiement en espèces ou par titre au porteur d'une somme d'argent, effectué dans des conditions normales, dont le montant unitaire ou total est égal ou supérieur à cinquante millions (50.000.000) de FCFA ainsi que toute opération importante portant sur des sommes dont le montant unitaire ou total est supérieur à dix millions (10.000.000) de FCFA, qui se présente dans des conditions inhabituelles de complexité et ne paraît pas avoir de justification ou d'objet licite, doit être consignée dans un registre confidentiel et faire l'objet d'un examen particulier de la part des organismes financiers
- toute opération dont l'identité du donneur d'ordre ou du bénéficiaire reste douteuse malgré les diligences effectuées
- mise en place d'une cellule anti-blanchiment au sein de l'organisme

3.3. Définition du financement du terrorisme

La Loi Uniforme relative à la lutte contre le financement du terrorisme le défini comme suit : le financement du terrorisme est défini comme l'infraction constituée par le fait, par quelque moyen que ce soit, directement ou indirectement, délibérément, de fournir, réunir ou gérer ou de tenter de fournir, réunir ou gérer des fonds, biens, services financiers ou autres, dans l'intention de les voir utilisés, ou en sachant qu'ils seront utilisés, en tout ou partie, en vue de commettre :

1. un acte constitutif d'une infraction au sens de l'un des instruments juridiques internationaux énumérés en annexe à la présente Loi, indépendamment de la survenance d'un tel acte ;

2. tout autre acte destiné à tuer ou blesser grièvement un civil, ou toute autre personne qui ne participe pas directement aux hostilités dans une situation de conflit armé, lorsque, par sa nature ou son contexte, cet acte vise à intimider une population ou à contraindre un Gouvernement ou une organisation internationale à accomplir ou à s'abstenir d'accomplir un acte quelconque.

L'infraction de financement du terrorisme ainsi définie est constituée même si les fonds n'ont pas été effectivement utilisés pour commettre les actes visés ci-dessus.

Il y a financement du terrorisme, même si les faits qui sont à l'origine de l'acquisition, de la détention et du transfert des biens destinés au financement du terrorisme, sont commis sur le territoire d'un autre Etat membre ou sur celui d'un Etat tiers.

3.3.1. La lutte contre le financement du terrorisme

Les banques doivent prendre des mesures restrictives envers des personnes physiques ou morales figurant sur des lites élaborées par plusieurs autorités nationales et internationales notamment l'ONU, l'UE, etc.

En rapport avec ces listes, elles ont l'obligation de gel de fonds et l'interdiction de mettre à disposition des fonds ou toute autre ressource.

3.3.2. Les obligations des organismes financiers en matière de lutte contre financement du terrorisme

- identification des clients à l'ouverture de compte
- identification des opérations supérieures ou égales à 5 millions FCFA
- l'examen de toutes transactions pouvant être liées au financement du terrorisme
- conservation des documents, pièces et données statistiques pendant 10 ans
- fournir des renseignements accompagnant les virements électroniques
- prendre des mesures de vigilance renforcée à l'égard des personnes politiquement exposées (PPE) et des organismes à but non lucratif
- faire des déclarations de soupçons à la CENTIF
- déclarer toutes les opérations suspectes à la CENTIF

V. Gouvernance des établissements de crédit : rappel des principales recommandations de la Commission Bancaire

La gouvernance des établissements de crédit est encadrée par les dispositions du droit commun OHADA[27] relatives aux sociétés commerciales ainsi que celles relatives à la Loi bancaire dans la zone UEMOA.

Le 04 janvier 2011, la circulaire N°005-2011/CB/C relative à la gouvernance des établissements de crédit de l'UMOA est venue préciser les dispositions susmentionnées en mettant exergue d'abord, les pouvoirs et responsabilités de chaque partie prenante et ensuite, les outils indispensables à une bonne gouvernance des établissements de crédit.

1. Les prérogatives et obligations liées à la gouvernance par instance

1.1. L'Assemblée Générale

Instance regroupant les détenteurs d'actions formant le capital social. Elle a toutes les prérogatives de prendre toute décision intéressant la société à travers des délibérations conformément aux dispositions de l'OHADA. En revanche, elle doit être suffisamment informée de la gestion de la société et exercer les attributions qui lui sont conférées par la Loi (article 4 de la circulaire) en l'occurrence :

[27] L'Organisation pour l'Harmonisation en Afrique du Droit des Affaires (OHADA) a été créée par le Traité relatif à l'Harmonisation du Droit des Affaires en Afrique signé le 17 octobre 1993 à Port-Louis et révisé à Québec au Canada, le 17 Octobre 2008. Le Traité est ouvert à l'adhésion de tout Etat membre de l'Organisation de l'Unité Africaine (OUA) ainsi qu'à l'adhésion de tout autre Etat non membre de l'OUA invité à y adhérer du commun accord de tous les Etats parties. Le domaine géographique dépasse donc les frontières de la zone Franc. A ce jour, dix-sept (17) Etats sont membres de l'Organisation pour l'Harmonisation en Afrique du Droit des Affaires : le Bénin, le Burkina-Faso, le Cameroun, la Centrafrique, la Côte d'Ivoire, le Congo, les Comores, le Gabon, la Guinée, la Guinée-Bissau, la Guinée-Equatoriale, le Mali, le Niger, la République Démocratique du Congo (RDC), le Sénégal, le Tchad et le Togo. Ce Traité a pour principal objectif de remédier à l'insécurité juridique et judiciaire existant dans les Etats Parties.

- *Nommer les administrateurs et déterminer leur indemnité annuelle de fonctions, conformément aux dispositions légales ;*
- *Nommer les commissaires aux comptes, renouveler leur mandat à terme s'il a lieu et fixer le montant de leurs honoraires ;*
- *Adopter les états financiers de synthèse ;*
- *Approuver ou refuser d'approuver les conventions conclues entre les dirigeants sociaux et la société*
- *Décider de toute opération entraînant la modification des statuts*

1.2. L'organe délibérant

Il s'agit du Conseil d'Administration dans les sociétés anonymes ou organe collégial dans les sociétés constituées sous une autre forme. Il dispose de toutes les prérogatives pour agir en toutes circonstances au nom de la société dans limite de l'objet social et des compétences dévolues à l'Assemblée Générale. Ainsi, l'organe délibérant doit être composé de membres capables de porter un jugement indépendant sur les activités de l'établissement. Il est entièrement responsable devant les actionnaires de la bonne gestion de l'établissement de crédit (article 5.3 de la circulaire). Ce faisant, il est tenu spécifiquement :

- *De définir les objectifs stratégiques de l'établissement, notamment la politique générale en matière de risques, l'exercice ou les délégations de pouvoirs d'investissement ou de placement et les procédures de gestion de risques ;*
- *De veiller à l'exercice effectif des pouvoirs en matière d'investissement et de placement ;*
- *D'adopter les manuels de procédures des opérations ;*
- *D'approuver l'organigramme et l'organisation administrative de la société ;*
- *D'adopter les codes de déontologie applicables aux administrateurs, aux dirigeants et au personnel ;*
- *De mettre en place des comités de gestion en définissant leurs objectifs, leur composition et leurs procédures de fonctionnement ;*
- *D'instituer en son sein un Comité d'Audit*[28] *ou une structure équivalente ;*
- *D'arrêter les états financiers de synthèse ;*
- *De nommer le Directeur Général et le cas échéant le Directeur Général Adjoint et fixer leurs rémunérations ;*

[28] Un Comité d'Audit est une structure mise en place par l'organe délibérant pour l'assister dans l'exercice de ses missions et en particulier vérifier la fiabilité et la transparence des informations fournies, apprécier la pertinence des méthodes comptables ainsi que la qualité du système de contrôle interne et proposer, le cas échéant, des pistes d'amélioration.

- *De définir la politique en matière de contrôle et exercer une surveillance permanente de la gestion ;*
- *De rendre compte aux actionnaires et veiller à leur information suffisante et régulière sur la gestion de l'établissement.*

En outre, la circulaire a fait les recommandations suivantes (articles 5.4 et 5.5) :

- *Les administrateurs doivent s'abstenir de s'immiscer dans la gestion courante de l'établissement de crédit ;*
- *Il est recommandé que les fonctions de Président du Conseil d'Administration et de Directeur Général soient assumées par des personnes physiques différentes. Cependant, lorsque le Conseil d'Administration est dirigé par un PDG, celui-ci doit veiller à assurer une gestion transparente de la société vis-à-vis des autres parties prenantes ; et à ne pas entraver l'exercice par le Conseil d'Administration de son rôle de contrôle de la gestion de la société.*

En faisant une analyse critique de ce dernier point, on peut penser qu'ils pourraient soulever dans une certaine mesure la question de la concurrence normative vis-à-vis des dispositions OHADA (articles 414 ; 416 ; 420 et 427). En effet, l'esprit des dispositions OHADA ne semble pas aller dans le sens d'une recommandation de séparation des postes de Président et Directeur Général dans une société commerciale en général et singulièrement dans les établissements de crédit en zone UEMOA. A ce titre, l'application de cette recommandation peut donner lieu à des lectures différentes et mettre en relief la question de la hiérarchie des normes communautaires c'est-à-dire la suprématie des normes communautaires UEMOA/OHADA. Toutefois, il faut rappeler que l'article 6 de l'UEMOA et l'article 10 de l'OHADA posent clairement le principe de la supériorité des décisions des organes communautaires sur celles des Etats.

A cet égard, en cas d'existence de dispositions contradictoires ou de conflits de lois entre les normes UEMOA versus OHADA, il serait judicieux de sceller un partenariat juridique et judiciaire sur les questions de concurrence normative.

1.3. L'organe exécutif

L'organe exécutif est un ensemble de structures qui concourent à la gestion courante d'un établissement de crédit et assurent l'application effective de l'orientation de l'activité. Ainsi, il assure la gestion sous le contrôle de l'organe délibérant et dans le respect des orientations stratégiques définies par celui-ci (article 6).

Il doit particulièrement veiller à :

- *Gérer la société dans le respect de l'objet social fixé dans les statuts et de toutes les dispositions légales qui lui sont applicables ;*
- *Assurer une information suffisante des administrateurs, sur la gestion de la société ;*
- *Veiller à prévenir, détecter et gérer tout conflit d'intérêts potentiels, notamment dans le cadre de l'octroi de prêts aux actionnaires, administrateurs et dirigeants.*

2. Les outils indispensables à une bonne gouvernance des établissements financiers

Pour faire la promotion de la bonne gouvernance dans les établissements de crédit, la Commission Bancaire a distingué deux outils indispensables qui se présentent ci-après :

2.1. Les outils de gestion

Les établissements de crédit doivent disposer conformément aux dispositions de l'article 7 de la circulaire des outils de gestion ci-après :

- *Un plan d'affaires triennal ou quinquennal, périodiquement actualisé en fonction de l'évolution de l'environnement, de l'activité et des hypothèses ;*
- *Un dispositif de suivi budgétaire incluant une revue analytique trimestrielle des comptes de gestion ;*
- *Un organigramme détaillé et une organisation administrative fonctionnelle, adoptés par le Conseil d'Administration. L'organisation administrative doit notamment comporter une définition précise des fonctions et des postes ;*
- *Des procédures et techniques de gestion des risques comprenant notamment :*
  - *Un système de répartition des pouvoirs en matière de crédit, précisant clairement les instances et les personnes autorisées ainsi que les limites pour lesquelles elles ont reçu délégation. Au-delà de ces limites, ces personnes doivent impérativement en référer à l'organe immédiatement supérieur ;*
  - *Des procédures d'évaluation ou de cotation des risques aboutissant à une cartographie des principaux risques ;*
  - *Des mécanismes de surveillance des grands risques, de mesures de concentration sectorielle et géographique des risques ;*
  - *Un processus d'évaluation continue de l'adéquation de leurs fonds propres à l'évolution de leur activité et des risques. A cet égard, les établissements de crédit doivent disposer d'une stratégie de*

maintien ou de renforcement des fonds propres, incluant notamment une politique judicieuse d'affection des résultats et de distribution de dividendes ;

- *Des mécanismes de surveillance des risques pris sur les principaux actionnaires, les administrateurs, les dirigeants, et personnes liées. Les concours à ces personnes doivent obéir à des procédures d'études et à des conditions d'octroi et de garantie clairement définies ;*
- *Un système d'évaluation, de déclassement et de provisionnement des risques, conforme aux dispositions et règles minimales édictées par le Plan Comptable Bancaire de l'UMOA (PCB) et la réglementation prudentielle ;*
- *Des méthodes de consolidation des risques pris sur les groupes apparentés ou liés.*

A ces outils de gestion indispensable, on peut également ajouter :

– Le Schéma Directeur Informatique (SDI)

Egalement appelé Plan Directeur des Systèmes d'Information (PDSI), le SDI est une espèce de Plan Stratégique des systèmes d'information faisant ressortir les grandes lignes de l'évolution et l'adaptation de l'environnement de la banque (entreprise et administration en général) pendant une période de 2 à 5 ans. Il s'agit d'un référentiel informatique dans lequel les axes stratégiques sont retracés (outil de planification et d'arbitrage par différents moyens les projets d'investissement informatiques, et de prévision de la gestion de l'imprévu, etc.).

– Le Plan de continuité d'activité (PCA)

Egalement appelé Gestion de la Continuité d'Activité ou Plan de Sortie de Crise, il est défini comme un *« processus de management holistique qui identifie les menaces potentielles pour une organisation, ainsi que les impacts que ces menaces, si elles se concrétisent, peuvent avoir sur les opérations liées à l'activité de l'organisation, et qui fournit un cadre pour construire la résilience de l'organisation, avec une capacité de réponse efficace préservant les intérêts de ses principales parties prenantes, sa réputation, sa marque et ses activités productrices de valeurs »*[29]

En France, le règlement n° 97-02 du Comité de la réglementation bancaire et financière du 21 février 1997 relatif au contrôle interne des établissements de crédit et des entreprises d'investissement donne la définition suivante : *le PCA représente l'ensemble des mesures visant à assurer, selon divers scénarios de crises, y compris face à des chocs extrêmes, le maintien, le cas échéant de façon temporaire selon un mode dégradé, des prestations*

[29] Définition de la norme ISO 22301 : 2012(F).

de services ou d'autres tâches opérationnelles essentielles ou importantes de l'entreprise, puis la reprise planifiée des activités.

Enfin, dans la zone CEMAC (Communauté Economique et Monétaire de l'Afrique Centrale), la Commission Bancaire de l'Afrique Centrale (COBAC), à travers son règlement COBAC R-2008/01, a rendu obligatoire l'élaboration par les établissements de crédit d'un Plan de Continuité d'Activité (PCA). Ce règlement défini le PCA comme un *« plan d'action écrit et détaillé, décrivant les procédures et les systèmes nécessaires pour poursuivre ou rétablir les opérations d'une organisation en cas de désastre ou d'interruption »*.

2.2. Les outils de contrôle

Conformément aux dispositions de l'article 8 de la circulaire, les établissements de crédit doivent se doter d'un contrôle de gestion capable de mesurer et d'améliorer les performances à tous les niveaux. A cet égard, ils doivent mettre en place :

- *Un dispositif de lutte contre le blanchiment de capitaux et le financement du terrorisme conforme aux dispositions légales et règlementaires et permettant notamment une identification rigoureuse de la clientèle, une surveillance accrue de certaines opérations et une formation continue du personnel ;*
- *Un contrôle interne efficace, permettant d'apprécier de manière distincte les conditions d'exercice du contrôle de conformité conformément aux prescriptions de la circulaire de la Commission Bancaire y afférente ;*
- *Des codes de déontologie, applicables aux administrateurs, aux dirigeants et au personnel.*

Dans la veine de la régulation et supervision bancaire, la partie suivante se focalise sur les chantiers Bâlois (Bâle II et Bâle III) et leurs interférences avec les normes IFRS/IAS.

PREMIÈRE PARTIE

La banque & les chantiers Bâle II, Bâle III et les normes IFRS/IAS

La crise financière internationale 2007-2008, qui a ébranlé les fondements du capitalisme moderne basé sur le système d'économie de marché, a faiblement impacté, de façon générale, les banques africaines au regard de la faible proportion que représente les activités de finance de marché dans leurs portefeuilles et par ricochet, leurs faibles débits de connections aux marchés financiers internationaux.

Cette crise, d'un caractère nouveau, a révélé au grand jour la fragilité du système financier international qui était liée à une pratique pour le moins opaque et non maîtrisée de la technique de *titrisation*[30] qui consiste à transformer différents actifs en titres négociables. Néanmoins, cette technique a le mérite de rendre plus liquide un marché étant donné que le degré d'aversion au risque diffère d'un individu à un autre. A ce titre le Pr Christian de Boissieu de l'Université Panthéon Sorbonne Paris 1 a fait la maxime[31] suivante : « E*n finance rien ne se perd, et rien ne se crée, mais tout se transfère en termes de risques* ».

Par conséquent, la crise financière a débouché sur d'énormes problèmes de liquidité et de besoins en fonds propres. En effet, la panique et la crise de confiance, qui s'en étaient suivies, se sont davantage amplifiées par *effet de domino* créant une situation de risque systémique. D'où un vaste plan de sauvetage par les Etats (*bail-out*) et les interventions massives des banques centrales pour fournir de la liquidité et surtout restaurer *cette confiance* qui reste le ciment de la finance mondiale.

---

[30] Définition de la titrisation. Voir à cet égard la note intitulée « titrisation et crise financière : complice, pas coupable » de Gilles de Margerie du 18 novembre 2008 de la Fondation Terra Nova (président du think thank en temps réel).

[31] Cette maxime (vérité générale) s'inspire de celle d'Antoine Laurent de Lavoisier 1743-1794, célèbre chimiste français, sur le 2ème principe de la thermodynamique « rien ne se perd, rien ne crée, tout se transforme ».

Cette crise d'une forme nouvelle a amené le Comité de Bâle (*Basel Committee on Banking supervision)* de revoir son dispositif prudentiel de 2004 et 2006 dénommé *Bâle II* ou appelé par certains le *ratio Mc Donough.* En effet, ce dispositif a vite montré ses limites lors de la crise financière internationale de 2007-2008, ce qui a de nouveau amené le Comité de Bâle à sortir le dispositif prudentiel Bâle III qui prend en compte principalement les préoccupations liées au risque d'illiquidité et la problématique du renforcement des fonds propres.

Ce faisant, les institutions de *Bretton Woods (FMI et Banque Mondiale)* soucieuses d'une harmonisation des dispositifs prudentiels à l'échelle mondiale recommandent fortement aux autorités de régulation et supervision nationales, régionales et sous régionales de s'aligner sur les standards internationaux c'est-à-dire les recommandations du Comité de Bâle en matière de supervision bancaire. Et, comme cet alignement ne peut pas aller sans une harmonisation à la base des normes comptables vers les normes IAS/IFRS, du coup, elles recommandent par conséquent aux autorités (gouvernements ; banques centrales et commissions bancaires) d'aller vers ces deux (02) chantiers (mise en place de Bâle II et Bâle III et application des normes comptables IAS/IFRS). Donc, nous pensons que ces deux chantiers, étant des projets structurants au regard de leurs impacts, sont des tendances lourdes comme le dit les prospectivistes.

Après avoir fait un flash sur le comité de Bâle et les normes IFRS, nous allons passer au peigne fin la gestion prudentielle des risques selon les instances bâloises et vision IFRS et enfin faire des recommandations utiles.

I. Aperçu historique sur le comité de Bâle

Le comité de Bâle, essentiellement axé sur la régulation prudentielle, trouve son origine dans la crise financière de 1973 avec en toile de fond l'effondrement du système de *Bretton Woods* axé à l'époque sur la fixité ou parité des taux de change. En son temps, beaucoup de banques ont subi des pertes énormes en devise étrangère (dollar).

En effet, le 26 juin 1974, l'organe de supervision allemande *(West Germany's Federal Banking Supervisory)* retire la licence de *« Bankhaus Herstatt »* après avoir trouvé une exposition de la banque en devise étrangère (principalement en dollar) équivalent à trois fois ses fonds propres. Ainsi, les correspondants étrangers (surtout USA) de la banque *Herstatt* ont essuyé de lourdes pertes avec comme corollaire la faillite en octobre de la même année de la banque américaine *« Franklin National Bank of New York »* amenant du coup une situation de *risque systémique international*[32].

C'est dans ce contexte que le Comité de Bâle fut créée en 1974 à la suite de cette fameuse faillite de la banque « Herstatt »[33] sous la houlette des gouverneurs des banques centrales du G-10 au sein de la Banque des Règlements Internationaux (BRI)[34] qui en assure le secrétariat.

---

[32] Type de risque qui se matérialise par un effet de domino à travers des faillites de banques en cascade dues à la seule faillite d'une grande banque de la place.

[33] Herstatt était une petite banque allemande qui a disparu en 1974 suite à une crise sur le marché des changes en dollar. Cette crise a révélé au grand jour le risque de contreparties en devise (règlement/livraison) dans le dénouement des opérations interbancaires. Ce risque a bien évidemment débouché sur le risque systémique car les systèmes de paiements new yorkais ont cessé de fonctionner pendant quelques jours. D'où la prise en compte du risque de crédit (contrepartie) par le comité de Bâle.

[34] La BRI, sise en Suisse précisément dans la ville de Bâle, est la plus vieille institution financière internationale créée le 17 Mai 1930. Elle regroupe 60 banques centrales membres dont les PIB (produits Intérieurs Bruts) cumulés atteignent environ 95% du PIB mondial. Sa principale mission est de servir les banques centrales dans leurs poursuites de stabilité monétaire et financière et d'entretenir un climat de coopération internationale entre elles en agissant comme une banque pour les banques centrales. Par conséquent, ces clients sont les banques centrales et les organisations internationales. La BRI n'accepte pas de dépôts et fait pas de prestations de services financiers aux privés (particuliers et entreprises). Pour approfondir voir le site de la BRI : https://www.bis.org/about/index.htm

Ce comité est la première institution à publier des standards internationaux en matière de régulation prudentielle des banques et à se pencher, par ricochet, sur les questions de supervision bancaire et de bonne gouvernance bancaire à l'échelle internationale. Son mandat est de renforcer la régulation, la supervision et les pratiques bancaires dans le monde entier avec comme objectif prioritaire la recherche de la stabilité financière[35].

Pour atteindre cet objectif de stabilité financière, le comité publie régulièrement des normes faisant office de standards internationaux pour la régulation et la supervision bancaire.

Les décisions du comité de Bâle n'ont pas une force exécutoire mais constituent de fortes recommandations pour ces 28 Etats[36] représentés dans le comité.

Le comité a beaucoup travaillé sur le volet de la coopération internationale entre les autorités de supervision bancaire depuis le concordat de 1975 qui faisant ressortir les principes de supervision des filiales étrangères. Après plusieurs révisions au fil des ans, le dernier document en date de septembre 2012 fait étalage de 29 principes fondamentaux pour un contrôle bancaire efficace[37]. L'implication des autorités de supervision des autres Etats non membres (non-G28) du comité a permis une adhésion de 140 superviseurs représentants leurs Etats respectifs.

En 1988 l'accord sur les fonds propres a été approuvé par les gouverneurs des G10 *(Basel Capital Accord)*. Cet accord a introduit le ratio de solvabilité (ou ratio Cooke, tiré du nom du Secrétaire général de l'époque) pour la couverture du risque de crédit. Ce ratio se calcule comme suit :

$$\frac{K}{\sum RWA} \geq 8\%$$

K : Fonds propres

$$\sum RWA :$$

Sum Risk Weighted Assets (Somme des engagements pondérés par leurs niveaux de risques ou risques nets).

De 1996 à 1997, l'accord de 1988 fut amendé pour prendre en compte la couverture des risques de marché avec une distinction entre le portefeuille traditionnel bancaire et le portefeuille de négoce bancaire *(trading)* et l'autorisation des banques à utiliser les modèles internes *(Value At Risk - VAR -ou Valeur en Risque)* concernant le calcul des actifs pondérés pour le risque de marché. Ainsi, le ratio Cooke amendé prend la forme suivante :

---

[35]Voir l'histoire du Comité de Bâle sur https://www.bis.org/bcbs/history.pdf

[36] Les membres du comité de Bâle se sont élargis au fil des années de 10 Etats à 28 Etats.

[37] Document disponible sur le site de la BRI à l'adresse suivante : https://www.bis.org/publ/bcbs230_fr.pdf. Voir infra.

$$\frac{K}{\sum RWA(cr) + \sum RWA(mr)} \geq 8\%$$

K : fonds propres

RWA (cr) : Risk Weighted Assets (credit risk) : engagements pondérés par leurs niveaux de risques pour l'activité de crédit.

RWA (mr) : Risk Weighted Assets (market risk) : engagements pondérés par leurs niveaux de risques pour l'activité de marché.

De 2004 à 2006, le comité a publié Bâle II, un cadre révisé basé sur l'approche des 3 piliers : le 1er pilier élargit le ratio Cooke (devenu le ratio McDonough, le secrétaire Général du comité de l'époque) aux risques opérationnelles et permet l'usage des modèles internes pour la mesure des 3 catégories de risques notamment le risque de crédit, le risque de marché et le risque opérationnel. La formule pour la couverture de risques dans les institutions bancaires devient ci-après :

$$\frac{K}{\sum RWA(cr) + \sum RWA(mr) + \sum RWA(or)} \geq 8\%$$

K : fonds propres

RWA (cr) : Risk Weighted Assets (credit risk) : engagements pondérés par leurs niveaux de risques pour l'activité de crédit.

RWA (mr) : Risk Weighted Assets (market risk) : engagements pondérés par leurs niveaux de risques pour l'activité de marché.

RWA (or) : Risk Weighted Assets (market risk) : engagements pondérés par leurs niveaux de risques opérationnels.

Le 2nd pilier concerne la surveillance prudentielle et le contrôle interne. Le 3ème pilier met en relief la discipline de marché par la transparence renforcée.

La crise financière internationale 2007-2008 qui est à la base de la chute de la banque américaine Lehman Brothers en septembre 2008, a poussé le comité de Bâle en 2009 à procéder au renforcement des exigences en fonds propres pour les risques de marché et la titrisation (Bâle II-5). Ce qui ouvre la voie vers Bâle III.

Bâle III[38] est entré en vigueur en décembre 2010 après sa validation par le sommet du G20 tenu à Seoul au Japon. Ce dispositif prend en compte les exigences additionnelles sur Bâle II (renforcement de fonds propres) et introduit de nouveaux ratios de liquidité (Liquidity Coverage Ratio LCR et Net Stable Fundings Ratio NSFR). Ces mesures entendent corriger les insuffisances apparues lors de la crise financière internationale : faiblesses des fonds propres des banques (surtout transfrontalières) ; mauvais pricing des

[38] Versions publiées de Basel III : *International framework for liquidity risk measurement, standards and monitoring and Basel III : A global regulatory framework for more resilient banks and banking systems*. *Versions disponibles sur le site de la BRI (voir supra).*

risques de crédit et de marché et du coup excès de crédit à l'économie ; enfin problème de liquidité des banques avec un quasi assèchement du marché interbancaire américain et européen (ce qui a eu comme corollaire une intervention massive et coordonnée de la Fed - Federal Reserve ou banque centrale américaine - et la BCE - Banque Centrale Européenne-).

Somme toute, le Comité de Bâle est l'émanation de la réponse à différentes crises bancaires et financières depuis son apparition. Avec l'innovation financière et le développement des activités, la stabilité ou la résilience du système bancaire et financier n'est-elle toujours pas menacée par de nouvelles formes de risques[39] ? Surtout qu'il existe d'autres institutions comme IASB[40] (International Accounting Standard Board) et FASB (Financial Accounting Standard Board) qui impactent la vie des banques à travers les normes comptables IFRS/IAS (International Financial Reporting Standard et International Accounting Standard).

[39] En matière de risques, tout se transfère en fonction des degrés d'aversion au risque. Voir supra la citation du Pr De Boissieu de l'Université Panthéon-Sorbonne Paris1.

[40] Pour connaitre approfondir votre connaissance de l'IASB voir le lien suivant : http://www.ifrs.org/The-organisation/Documents/WhoWeAre_French_2012.pdf

II. Les IAS/IFRS (International Accounting Standard/International Financial Reporting Standard)

Les IAS/IFRS concernent l'application des normes comptables internationaux et des normes internationales d'information financière dans le monde.

Ils constituent aujourd'hui un benchmark international[41] pour la préparation, l'élaboration et la diffusion des rapports financiers des sociétés.

Ils sont basés sur le principe de la juste valeur « *fair value*[42] ». Toutefois, tous les postes d'actifs et de passifs ne sont pas systématiquement évalués en *fair value* car IASB a confirmé sa préférence pour un système mixte à savoir la combinaison des mesures de *juste valeur* et mesures de *coût historique amorti* en fonction du *business model*[43] de la société et de la probabilité de réaliser les cash flows afférents aux actifs et passifs par voie d'exploitation ou de cession. Ce système mixte est également valable pour les instruments financiers[44]. Par conséquent, les normes IFRS n'ont pas vocation de refléter la valeur financière globale de la société.

Philippe Danjou, membre du Board de l'IASB donne les précisons suivantes sur la notion de juste valeur conformément à la norme IFRS 13 : *« La juste valeur se définit comme le prix qui serait perçu à l'occasion de la vente d'un actif, ou le prix qui serait payé pour transférer une dette, dans le cadre d'une opération conclue à des conditions normales entre des intervenants de marché, à la date de l'évaluation. Il s'agit donc d'un prix de sortie. La technique d'évaluation à utiliser dépend de chaque contexte, et cite trois approches possibles : par les revenus, par le marché, par les coûts ».*

Ils privilégient l'analyse de la réalité économique des engagements, afin de fournir une vision complète et pertinente des risques et avantages aux-

---

[41] Une référence internationale.

[42] La norme IFRS 13 décrit le concept de juste valeur et les modalités de sa mise en œuvre. La juste valeur n'est toujours pas identique à la valeur de marché même si l'estimation d'une juste valeur par le recours à un modèle mathématique doit privilégier l'utilisation de données observables.

[43] Norme IFRS 8 fait large place au Business Model

[44] Cf. IAS 39 depuis 1989 et IFRS 9

quels l'entreprise est confrontée, ce qui les amène parfois à dépasser l'apparence juridique d'une transaction[45].

Les IFRS sont apparus en 2002 suite à l'approbation par l'UE (Union Européenne) d'un règlement sur les normes comptables internationales dans le cadre de la mise en œuvre de la « stratégie en matière d'information financière » adoptée par la commission européenne en juin 2000. Ce règlement s'impose à toutes les sociétés de l'UE dont les titres sont négociés sur un marché règlementé (soit environ 8.000 sociétés) en les instruisant d'appliquer les IFRS dans le cadre de la préparation de leurs états financiers consolidés depuis 2005. Les Etats membres de l'UE peuvent également imposer cette application aux sociétés non cotées en bourse et aux états financiers individuels de sociétés[46].

Les IFRS ne sont pas encore intégrés dans le système d'information financière américaine[47]. Toutefois, des mesures visant à créer un rapprochement entre l'US GAAP *(Generally Accepted Accounting Principles)* et les IFRS sont à l'étude depuis novembre 2007 et un projet de plan stratégique 2014-2018 a été publié par la SEC *(Security and Exchange Commission)*.

En Afrique, l'application[48] des IFRS est en marche dans beaucoup de pays en même temps que la mise en place du dispositif prudentiel Bâle II et Bâle III (voir Tableau et figure ci-dessous sur les états d'avancement).

---

[45] Prééminence de la réalité économique sur la réalité juridique dans la comptabilisation des transactions.

[46] Cabinet Deloitte : Guide de référence 2014 IFRS. Disponible sur le web.

[47] Jusqu'au mois de Juillet 2014 notre date de référence.

[48] Voir IFRS.org (profil par pays, avril 2014) ou Tableau de la Page 15 du rapport FMI « The report on Pan-African Banks—Opportunities and Challenges for Cross-Border Oversight, prepared by IMF staff and completed on December 18, 2014 to brief the Executive Board on January 12, 2015 ». Ce tableau donne par pays l'état d'avancement des standards : IFRS ; Bâle ; assurance des dépôts ; et maturité des actifs

Tableau 15 : Application des standards de supervision par pays africains.

Summary of Supervisory Standards by Country

	Accounting Standard	Capital Adequacy Standard 1/	BCPs /2	Deposit Insurance	Asset Classification 3/
Angola	National	No Basel II yet	<50%	No Dep. Ins.	< 90 days
Botswana	IFRS	Basel II in progress	>80%	No Dep. Ins.	90 days
Burundi	IFRS Plan	Basel II in progress	<50%	No Dep. Ins.	> 90 days
Cape Verde	IFRS	Basel II in progress	50-80%	No Dep. Ins.	< 90 days
CEMAC	IFRS Plan	No Basel II yet	N/A	Implemented	> 90 days
Comoros	National	Basel II in progress	N/A	No Dep. Ins.	N/A
Dem. Rep. of Congo	National	No Basel II yet	N/A	No Dep. Ins.	90 days
Eritrea	N/A	N/A	N/A	No Dep. Ins.	N/A
Ethiopia	IFRS Plan	No Basel II yet	N/A	No Dep. Ins.	90 days
Gambia	IFRS Plan	No Basel II yet	N/A	No Dep. Ins.	90 days
Ghana	IFRS	No Basel II yet	<50%	No Dep. Ins.	90 days
Guinea	National	No Basel II yet	N/A	No Dep. Ins.	N/A
Kenya	IFRS	Parts of Basel II/III	50-80%	Implemented	90 days
Lesotho	IFRS	No Basel II yet	N/A	No Dep. Ins.	90 days
Liberia	IFRS	Basel II in progress	N/A	No Dep. Ins.	90 days
Madagascar	National	No Basel II yet	N/A	No Dep. Ins.	90 days
Malawi	IFRS	Basel II	50-80%	No Dep. Ins.	90 days
Mauritius	IFRS	Basel II	50-80%	No Dep. Ins.	90 days
Morocco	IFRS	Parts of Basel III	>80%	Implemented	90 days
Mozambique	IFRS	Basel II	50-80%	No Dep. Ins.	> 90 days
Namibia	IFRS	Parts of Basel II	N/A	No Dep. Ins.	90 days
Nigeria	IFRS	Basel II in progress	50-80%	Implemented	90 days
Rwanda	IFRS	Basel II in progress	>80%	No Dep. Ins.	90 days
Sao Tome and Principe	IFRS Plan	Basel II in progress	N/A	No Dep. Ins.	N/A
Seychelles	IFRS Plan	No Basel II yet	N/A	No Dep. Ins.	90 days
Sierra Leone	IFRS	No Basel II yet	N/A	No Dep. Ins.	90 days
South Africa	IFRS	Basel III	>80%	No Dep. Ins.	90 days
South Sudan	National	No Basel II yet	N/A	No Dep. Ins.	N/A
Swaziland	IFRS	No Basel II yet	N/A	No Dep. Ins.	90 days
Uganda	IFRS	No Basel II yet	50-80%	Implemented	90 days
Tanzania	IFRS	No Basel II yet	>80%	Implemented	90 days
WAEMU	IFRS Plan	No Basel II yet	50-80%	No Dep. Ins.	> 90 days
Zambia	IFRS	No Basel II yet	>80%	No Dep. Ins.	90 days
Zimbabwe	IFRS	Basel II in progress	N/A	Implemented	91 days

Source : FMI, « The report on Pan-African Banks—Opportunities and Challenges for Cross-Border Oversight, prepared by IMF staff and completed on December 18, 2014 to brief the Executive Board on January 12, 2015, pp.15 ».

Explication des notes du Tableau

Capital Adequacy Standard 1/ : Standard de l'adéquation fonds propres
BCPs 2/ : Basel Core Principles ou principes fondamentaux de Bâle
Assets classification 3/ : Maturité des actifs
WAEMU : Zone UEMOA.

Figure 12 : Implémentation de Bâle II par pays africains

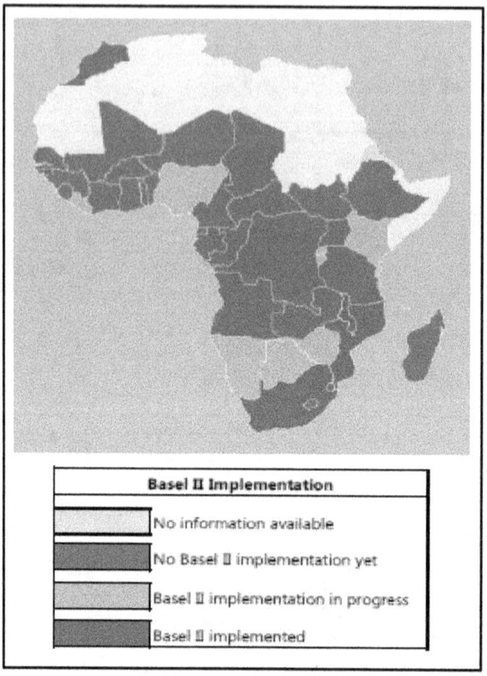

Source : FMI, « The report on Pan-African Banks—Opportunities and Challenges for Cross-Border Oversight, prepared by IMF staff and completed on December 18, 2014 to brief the Executive Board on January 12, 2015, pp.16 ».

Malgré le retard qu'accuse certaines grandes nations dans l'application effective des IFRS, on peut, cependant, noter, à l'unanimité une volonté de convergence de la plupart de ces pays de leurs systèmes nationaux vers les normes IAS/IFRS. Ce qui laisse augurer de belles perspectives en matière de transparence et de publication d'information financière. En tous les cas, cela y va de la crédibilité du système financier mondial.

L'objectif des IFRS est de fournir au sujet d'une société donnée des informations financières utiles aux investisseurs, aux prêteurs et aux autres créanciers actuels et potentiels afin de leur permettre une prise de décision sur la fourniture des ressources à la société en question. Il fait ressortir les caractéristiques qualitatives d'une information financière utile (vérifiabilité ; comparabilité ; diffusion et compréhension). Il trace la philosophie comptable en mettant en exergue les éléments fondamentaux des états financiers et les critères sur quels s'appuie la comptabilisation de ces éléments des états financiers (actifs ; passifs & capitaux propres ; produits ; et charges). Il définit les concepts de capital et de maintien de capital. On peut en déduire que la notion de hors-bilan[49] *(Off Balance Sheet)* n'existe pas en normes IFRS.

[49] Correspond à la classe 9 dans le Plan Comptable Bancaire de la zone UEMOA.

III. Les interférences entre les règles Bâloises et les normes IAS/IFRS

Il s'agit de faire ressortir les principaux points de divergence et de convergence entre les deux standards.

Parmi les interférences, on peut retenir :

1. Points de divergence

Les normes IAS/IFRS s'appliquent en principe à tout type d'entreprise de façon générale (principe d'universalité) tandis que les normes bâloises ne concernent uniquement que le secteur bancaire et financier.

Les IAS/IFRS s'inspirent quelques parts de COSO[50] (Committee of Sponsoring Organization of the Treadway Commission) référentiel de contrôle interne[51] (COSO 1) et de gestion de risques (COSO 2). L'approche méthodologique de COSO est de type « Bottom up » c'est-à-dire l'approche des partisans de DESCARTES, basée sur le principe selon lequel les opérationnels étant les plus proches de l'activité bancaire, doivent être les premiers impliqués dans la gestion des risques (on va du particulier ici entreprise vers le général).

Les instances bâloises sont plutôt des émules de PASCAL, adeptes d'une approche *« top-down »* car les règles prudentielles de supervision et de régulation des banques sont définies à partir du sommet de la pyramide et non à la base (versus approche cartésienne). La déclinaison est faite en allant du général au particulier.

La notion de hors-bilan n'existe pas en normes IAS/FRS (les IFRS n'en parlent même pas). Les actifs sont la propriété de l'entreprise. Les passifs sont la propriété des créanciers et les fonds propres sont la propriété des actionnaires. Et, la notion d'instrument de capitaux propres (IAS 32/11) fait allusion à tout contrat mettant en évidence un intérêt résiduel dans les actifs d'une entreprise après déduction de tous ses passifs (exemple : obligation d'émettre et obligation

---

[50] Utilisé dans le cadre de la mise en place de la Loi Sarbanes-Oxley (SOX) ou la Loi de Sécurité Financière (LSF) pour les entreprises soumises respectivement aux lois américaines et françaises.

[51] La mise à jour du référentiel COSO de contrôle interne date de 2013. Elle est caractérisée par 17 principes complétés par des points d'attention.

de livrer comme les bons de souscription d'action ou d'options). Les IFRS font ainsi la comptabilité analytique des fonds propres. Tandis que les éléments de hors-bilan existent dans la catégorisation du portefeuille de crédit selon les normes bâloises. La conception bâloise du bilan est qu'au niveau des actifs toute perte de valeur des actifs doit se refléter dans les fonds propres c'est-à-dire que les fonds propres doivent pouvoir absorber les pertes. Et, la perte pour déposants se retrouve dans la rubrique déposants.

Pour le calcul des provisions relatives au risque de crédit : Bâle prévoit que ce calcul se fasse à partir les paramètres de risques (Probabilité de défaut ou Probability of Default PD ; Exposure At Default ou exposition escomptée ; Loss Given Default ou sévérité ou % de perte en cas de défaillance) sur une dimension temporelle d'une année minimale (pertes attendues à 1 an). Tandis que Les IFRS préconisent un calcul par portefeuille et vise les pertes avérées sur la durée de vie du prêt (IFRS 9 qui a remplacé l'IAS 39).

Il existe des décalages entre les deux normes concernant le retraitement des fonds propres surtout sur la question des investissements dans les entités financières. En effet, les seuils de consolidation bâlois et IFRS diffèrent en la matière : pour Bâle III les participations minoritaires pourront être prises en compte au niveau des fonds propres dans la limite individuelle de 10% des fonds propres de la filiale et de 15% en cumulé, sous réserve que la participation soit détenue sous forme d'actions ordinaires. Ainsi avec Bâle III, on assiste au renforcement des fonds propres en améliorant la qualité : recentrage sur le noyau dur Tier 1 ou T1 (Core Equity Tier 1 ou CET1) ; critères d'éligibilité à T1 plus stricts (fonds propres complémentaires < 50%); suppression de T3 (capitaux hybrides); durcissement de la couverture des risques de crédit et de marché ; ratios complémentaires intégrés au 8%. Quant aux normes IFRS, elle classe les fonds propres en deux catégories : capitaux propres attribuables aux actionnaires de la société mère (capital souscrit + reserves + bénéfices non distribués – capital non appelé – actions propres) et les intérêts minoritaires.

Concernant le calcul des risques : le capital restant dû (CRD) ou le montant en risque (EAD) selon les instances Bâloises concernent les éléments de bilan et les engagements hors-bilan (montant probablement utilisé). Les normes IAS/IFRS peuvent légèrement s'écarter de ce montant lors de l'évaluation initiale (prix d'acquisition) ou de la réévaluation ultérieure à la juste valeur (IFRS 9 et IFRS 13).

2. Points de convergence

Dans la production des rapports financiers, les états annexés sont des exigences bâloises et normes IAS/IFRS.

La possibilité d'utiliser des systèmes de notation (standard, interne et avancé) dans la mesure des risques bancaires selon les règles bâloises rejoint la notion utilisée en IAS/IFRS (IFRS 9 et IFRS 13 : possibilité d'utiliser les deux classes d'évaluation : juste valeur et coût amorti). Par exemple, la méthode « *Monte Carlo* » souvent utilisé dans le modèle interne avancé, selon les dispositions bâloises par certaines grandes banques internationales, est également reconnu par les normes IFRS.

Les IFRS tiennent compte de la probabilité de défaut quand on fait un crédit en intégrant les pertes moyennes[52] comme également prévue par les normes bâloises. La définition prudentielle de la notion de défaut est similaire de la notion comptable de créances à déprécier en normes IAS/IFRS[53]. Aussi, la notion de la perte (Loss Given Default ou LGD) est économique dans les deux chantiers car nette des coûts de récupération et actualisée.

Le comité de Bâle préconise que les normes comptables adoptent une approche axée sur les pertes attendues (EL, Expected Loss) conformément aux recommandations de l'IASB (voir IFRS9). Il a même publié et mis à la disposition de l'IASB un ensemble de principes directeurs généraux pour guider les réformes visant à remplacer la norme IAS39[54]. Le principe est basé sur le provisionnement prospectif (ou provisionnement ex ante) pour favoriser des pratiques de provisionnement solides. Cependant, à ce niveau, certains pensent que cela augmentera de 35% le niveau des provisionnements des banques. Ainsi, les banques se verront contraintes dans leurs activités de financement des PME/PMI, pourtant vitales pour la croissance économique[55].

Concernant la communication financière sur les expositions aux risques (crédit, marché, opérationnel) sur les différentes classes d'actifs (prêts, titres de dettes, expositions hors-bilan), Bâle (document 309 de Bâle II-5 : exigences de communication financière, janvier 2015) et l'IASB (IFRS 7) adoptent les mêmes principes en exigeant aux institutions financières de fournir des informations qualitatives et quantitatives sur toutes les expositions (juste valeur ou coût amorti).

Enfin, la notion d'appétit pour le risque (risk appetite) se retrouve de part et d'autre entre Bâle (bcbs 157 Bâle II, 2009) et le COSO2 dont les IFRS sont indirectement une émanation avec bien évidemment l'IASB.

---

[52] Méthode RAROC (Risk Adjusted Return On Capital) :
(Recettes – perte moyenne)/ (Variance – perte moyenne).
La variance moins la perte moyenne est également appelée le capital économique ou fonds propres économiques. RAROC est indicateur de rendement des fonds propres.

[53] La norme IFRS 9 ne définit pas véritablement la notion de défaut mais exige des entités que leur définition propre soit cohérente avec celle qu'elles utilisent pour leur gestion interne du risque de crédit. Voir le document en consultation sur la perte attendue de crédit avec le lien : https://www.bis.org/bcbs/publ/d311_fr.pdf

[54] Voir les Guiding principles for the revision of accounting standards for financial instruments issued by the Basel Committee (août 2009), consultables sur le site de la BRI : http://www.bis.org/press/p090827.htm.
Le comité a ouvert une consultation sur le document relatif à la comptabilisation des pertes attendues sur les crédits (février – avril 2015).

[55] Bankers at the loss over IFRS9 provisioning rule, Brian Caplen, éditeur du célèbre Magazine "The Banker", publié le 8 septembre 2015.

IV. La gestion prudentielle des risques selon le dispositif Bâlois

Le dispositif prudentiel de Bâle a fait ressortir depuis 2004 trois catégories de risques majeurs : le risque de crédit ; le risque de marché et le risque opérationnel. Avec Bâle III, le risque de liquidité est également devenu une catégorie de risque majeur[56].

Ce nouveau dispositif a, de nouveau, recentré la gestion prudentielle sur trois approches possibles notamment :

- une approche standard révisée (standardised approach ou SA) ; et
- deux approches de notations[57] internes (internal ratings based approaches ou IRBA) :
    - une approche fondation (foundation IRBA)
    - une approche avancée (Advanced IRBA)

Aussi, en matière de cartographie des risques, le comité de Bâle a mis en place une liste de 29 principes fondamentaux pour un contrôle bancaire efficace[58] sur demande des hautes instances internationales (G7 et G20). En effet, il s'agit de 13 principes sur les pouvoirs, responsabilités et fonctions des autorités de contrôle et 16 principes sur les exigences de conformité des établissements financiers. L'objectif de ces principes est le renforcement de la résilience des systèmes financiers à l'échelle mondiale à travers la définition des normes minimales de gouvernance, de gestion des risques et de conformité à la fois pour les banques et leurs autorités de supervision.

Ces principes sont utilisés par le FMI et la Banque Mondiale dans le cadre de leur programme d'évaluation du système financier des pays

[56] Voir supra : introduction (crise financière internationale 2007-2008)

[57] La notion de notation a plusieurs formes : scoring ; rating ; et cotation. Le scoring donne une note en fonction de la classe d'appartenance (ce n'est pas une note personnelle). Le rating et la cotation donne des notes en fonction des caractéristiques propres à la personne notée. Pour le rating, la demande est faite de façon expresse par le client tandis que pour la cotation le client est noté sans son avis au préalable.

[58] Principes fondamentaux pour un contrôle bancaire efficace, septembre 2012, disponible sur : https://www.bis.org/publ/bcbs230_fr.pdf
Liste de 25 principes de base (version 1997 et 2006), passés à 29 principes (version 2012). Voir supra.

membres afin de jauger l'efficacité de leurs systèmes et les pratiques de contrôle et supervision bancaires.

L'avantage de ces principes est de promouvoir la culture du risque en imposant une exigence minimale quantitative dans la gestion des risques bancaires.

Cependant, on peut déplorer que les approches de ces principes n'intègrent pas toujours les travaux d'autres instances telles que l'IASB et le COSO dont les IFRS en sont l'émanation[59].

Par ailleurs, les réformes du dispositif de Bâle III sont apparues suite aux enseignements tirés de la crise financière internationale 2007-2008. Il s'agit des règles internationales en matière de fonds propres et de liquidité dont l'objectif ultime est le renforcement de la résilience du secteur bancaire[60].

A ce titre, la récente étude du FMI de janvier 2015 intitulée « Pan African Bank : opportunities and challenges for cross border oversight » nous alerte sur une possibilité de risques systémique, de contagion et gouvernance liés aux banques panafricaines[61] qui opèrent dans plusieurs zones n'ayant pas forcément les mêmes règles comptables et normes de supervision. A tout cela, s'ajoute, dans une moindre mesure, la barrière linguistique (francophone ; anglophone et lusophone). Donc, existence de risque d'opacité. D'où le FMI tire la sonnette d'alarme. Toutefois, la commission bancaire UEMOA aborde le problème en encadré N°4 dans son rapport 2013. Ce qui est une prise de conscience sur la question de régulation et de surveillance transfrontalière sur une base consolidée des états financiers produits en normes IFRS.

Qu'à cela ne tienne, l'urgence est d'élargir les champs d'action, de coordination et de coopération des autorités de supervision entre les différents pays et différentes zones économiques.

En la matière, la Federal Reserve américaine (FED) vient de durcir en février 2015 ses règles relatives aux banques étrangères opérant sur le territoire américain en leur demandant de créer une société Holding intermédiaire (Intermediate Holding Company) pour permettre aux régulateurs américains de les superviser sur une base comparable au même titre que leurs homo-

---

[59] Face des multitudes de normes émanant de différentes instances normatives (OCDE, FMI, BM, IASB, COSO, IIA, INTOSAI, GAFI, FATCA, etc.), il serait opportun que ces instances mettent en place des commissions devant travailler sur des problématiques transversales.

[60] Une banque résiliente est une banque qui absorbe des chocs consécutifs internes ou externes au système financier en réduisant le risque de propagation à l'économie réelle.

[61] Ces banques panafricaines sont au nombre de 7 banques sises dans 4 pays notamment : Maroc (Attijariwafa Bank ; Groupe banque Centrale Populaire GBCP ; BMCE/BOA) ; Togo (Ecobank ETI ; Oragroup) ; Nigeria (UBA) et Sud Afrique (Standard Bank). Le présent rapport « Pan African Bank : opportunities and challenges for cross border oversight » est accessible au lien suivant (version anglaise uniquement disponible) : http://www.imf.org/external/np/pp/eng/2014/121814.pdf

logues américains soumis aux planifications de capital, de résolutions annuelles, et des exercices de stress testing[62].

Le dispositif Bâle III (comme Bâle II 2006 bcbs 128[63]) est également axé sur trois piliers *(pillars)* :

- **Pilier 1** : les exigences minimales de fonds propres (risques : crédit, marché et opérationnel);
- **Pilier 2** : le processus de surveillance prudentielle ;
- **Pilier 3** : la discipline de marché.

Passons en revue ces trois piliers de gestion micro prudentielle et macro prudentielle de risques selon les normes bâloises :

1. Pilier 1 : Les exigences minimales de fonds propres

Le nouveau dispositif Bâle III entend accroître la résilience du secteur bancaire à travers le renforcement accru du dispositif règlementaire de fonds propres. Pour ce faire, il ajoute les points ci-après :

- L'amélioration de la qualité et le niveau des fonds propres règlementaires dont :
  - La mise en place de deux volants : un volant de conservation des fonds propres ; et un volant contra cyclique
- L'élargissement de la couverture des risques ;
- L'introduction d'un ratio de levier
- L'introduction de normes mondiales de liquidité

Qu'est-ce que ces points susmentionnés contiennent en substance ?

1.1. L'amélioration de la qualité et le niveau des fonds propres règlementaires

La composition des fonds propres a été revue et modifiée dans le calcul du ratio de solvabilité :

$$\frac{K}{\sum RWA(cr) + \sum RWA(mr) + \sum RWA(or)} \geq 8\%$$

K : étant les fonds propres (numérateur)

Le dénominateur correspond aux actifs nets pondérés (ANP).

[62] Financial Times Limited, (March 2014), « Federal Reserve gets tough on foreign banks », *Global Risk Regulator,* Vol.12, Issue 3, pp.2-3.

[63] Convergence internationale de la mesure et des normes de fonds propres, juin 2006, disponible sur https://www.bis.org/publ/bcbs128fre.pdf

En effet, les fonds propres sont composés des fonds propres de base (noyau dur ou Tier1 ou T1) et des fonds propres complémentaires (Tier 2 ou T2).

Concernant le noyau dur (Tier1) : ils sont composés de deux catégories : le core equity tier1 ou CET1 (capital social + les réserves) dont le ratio passe à 4,5% risques (alors que >2% risques sous bâle II) ; et les titres hybrides (mixtes actions/obligations appelés autres éléments de T1 ou AT1). Il est prévu une exclusion progressive de ces hybrides[64] selon un échéancier allant jusqu'en 2023 (principe du recentrage sur le core tier1). Et, le tout (ratio Tier1/ANP) devant respecter la norme >6% risques (4% risques sous Bâle II).

Quant au Tier2 (fonds propres complémentaires) ; ils doivent être <50% de Tier1 (alors que <100% tier1 sous Bâle II). Les exigences de Tier2 comme support de défaillance ou matelas de sécurité sont : réserves publiées de réévaluation ; les provisions générales pour pertes sur crédits[65] ; les emprunts subordonnés à durée indéterminée ou supérieurs à 5 ans sans clause de remboursement anticipé. Pour éviter le double comptage des fonds propres, le dispositif ajoute des restrictions complémentaires sur les prises en compte des participations des filiales dans les fonds propres de la banque[66].

En plus, le volant de conservation (2,5% constitués d'actions ordinaires et assimilés de T1) est également prévu dans le pilier 1. Il s'agit de faire la prévention des tensions spécifiques à la banque dans un contexte microéconomique. Donc, en dehors des périodes de tensions, les banques doivent constituer des marges de fonds propres qu'elles peuvent mobiliser en cas de pertes. Ce volant est créé en sus de l'exigence minimale de fonds propres règlementaires. En effet, les fonds propres doivent d'abord satisfaire aux exigences minimales de fonds propres (6% pour T1 et 8% pour le total des fonds propres) avant de pouvoir contribuer, par leur excédent, au volant de conservation. Pour ce faire, Bâle donne des normes minimales de conservation des fonds propres dans le tableau ci-après :

[64] Hors les instruments subordonnés (titres hybrides) ci-après : obligations perpétuelles ; actions préférentielles ; titres participatifs ; et les obligations convertibles. Donc cette catégorie de titres hybrides sont à inclure. Par contre exclusion des titres hybrides avec clauses step up (hausse des coupons) ou clause de remboursement anticipé.

[65] Sont exclues les provisions pour détérioration constatée d'actifs particuliers ou de passifs connus. Les provisions générales sont limitées à 1,25% des actifs pondérés pour le risque de crédit sous la méthode standard.

[66] Les participations minoritaires (sous forme d'actions ordinaires) pourront être prises en compte dans limite individuelle de 10% des fonds propres de la filiale et de 15% en cumulé.

Tableau 16 : Normes minimales de conservation des fonds propres

Normes minimales de conservation des fonds propres	
Ratio des actions ordinaires et assimilées de T1 (CET1)	Ratio minimal de conservation des fonds propres (en % des bénéfices)
4,5 % – 5,125 %	100 %
> 5,125 % – 5,75 %	80 %
> 5,75 % – 6,375 %	60 %
> 6,375 % – 7,0 %	40 %
> 7,0 %	0 %

Source : Bâle III ; réf. Bcbs189_fr.

Aussi, il est encore prévu, un volant contra cyclique, appliqué en fonction des conditions conjoncturelles dans le contexte macroéconomique. Il s'agit de prémunir le secteur bancaire contre des phases de croissance excessive du crédit (cas de la pro cyclicité de Bâle II lors de la crise financière internationale 2007-2008). Ce volant peut varier de 0% à 2,5% des fonds propres de base (CET1) et deviendra exigible qu'en cas d'expansion excessive du crédit susceptible de mettre en danger l'ensemble du système. Dans ce cas le volant contra cyclique viendra s'ajouter au volant de conservation.

Le tableau suivant fait le récapitulatif des ratios de solvabilité :

Tableau 17 : synthèse des ratios de solvabilité Bâle II versus Bâle III

Catégories de fonds propres	Bâle II	Bâle III		
		Ratio de solvabilité	**+Volant de conservation**	**+Volant contra cyclique**
Noyau dur des FP (CET1)	**2%**	**4,5%**	**2,5%**	**0 à 2,5%**
Fonds propres de base (T1=CET1+AT1)	**4%**	**6%**	+ **Ratio complémentaire : CET1 de 1 à 2,5% pour les banques systémiques**	
Fonds propres complémentaires (T2)	**4%**	**2%**		
Total des FP	**8%**	**8%**		

Source : Bâle III ; réf. Bcbs189_fr.

L'application de ce dispositif permettrait de renforcer la solidité financière des banques. En sus, Bâle a étendu la couverture de risques.

1.2. L'élargissement de la couverture des risques

A ce niveau le comité de Bâle renforce ses exigences de fonds propres pour le portefeuille de négociation, les titrisations, et les risques de contrepartie découlant des activités de dérivés. Il a relevé le volant de fonds propres faisant face à ces expositions afin de réduire la pro cyclicité et par ricochet la diminution du risque systémique pouvant entamer tout le système financier. Aussi, encouragement au recours à l'évaluation interne (notation interne).

En plus de cette mesure, un ratio de levier a été introduit.

1.3. L'introduction d'un ratio de levier

L'une des caractéristiques de la crise financière a été l'utilisation d'un effet de levier[67] excessif au bilan et hors-bilan. Ainsi, le ratio de levier minimum (3%) a pour objectif de limiter l'accumulation de levier par le passé. Ce ratio sera calculé comme suit :

$$Ratio\ de\ levier = \frac{\text{Fonds propres de base (T1 ou CET1)}}{\text{Bilan} + \text{Hors} - \text{bilan}} > 3\%$$

A ce ratio de levier, des normes mondiales de liquidité furent mises en place toujours ce en réponse à la crise financière.

1.4. L'introduction de normes mondiales de liquidité

Il s'agit des normes prudentielles de liquidité à l'échelle internationale. Bâle III introduit par ces normes des outils modernes de gestion de la trésorerie et partant la gestion ALM (Assets and Liabities Management ou gestion bilancielle).

Elles sont au nombre de deux ratios : LCR et NSFR.

LCR[68] (Liquity Coverage Ratio ou ratio de liquidité à court terme) a pour objectif de favoriser la résilience à court terme du profil de risque de liquidité d'une banque à travers des actifs de hautes qualités pouvant résister à une crise d'un mois.

[67] Appelé aussi gearing. Il est obtenu par la relation suivante : $ROE = ROA + (ROA - r_{dette})*Dette/K$. Si $ROE > r_{dette}$ alors toute augmentation de la dette entraîne une hausse du ROE (rentabilité des fonds propres ou Return on Equity). ROA (rendement des actifs, return on assets). Le gearing fut excessivement utilisé par les banques pendant la crise financière 2007-2008.

[68] Voir le lien : https://www.bis.org/publ/bcbs238_fr.pdf dédié uniquement au LCR (janvier 2013). Pour la norme de publicité voir le bcbs272_fr.pdf qui donne le tableau de modèle commun de déclaration du LCR.

La formule est la suivante :

$$LCR = \frac{\text{Encours actifs liquides de haute qualité}}{\text{Total des sorties nettes de trésorerie sur les 30 jours calendairs suivants}} \geq 100\%$$

Le NSFR[69] (Net Stable Funding Ratio ou ratio structurel de liquidité à long terme) fait la promotion d'une résilience à plus long terme. L'idée est que les emplois bancaires soient financés par des ressources structurellement stables en réduisant le risque de transformation d'échéance.

$$NSFR = \frac{\text{Montant du financement stable disponible}}{\text{Montant du financement stable exigé}} \geq 100\%$$

En sus de ces exigences minimales de fonds propres, le pilier 2 a également été renforcé.

2. Pilier 2 : Le processus de surveillance prudentielle[70]

Il s'agit essentiellement des exigences supplémentaires en matière de gestion des risques et de gouvernance à deux niveaux : la surveillance de la politique de gestion globale de risques bancaires par les autorités de supervision et la banque ; et la gestion des risques spécifiques (individuels) par la banque.

Ainsi, la mise en place d'un processus interne d'évaluation d'adéquation des fonds propres (ou ICAAP - internal capital adequacy assessment) par la gestion globale des risques (identification, mesure et agrégation) est exigée afin de résoudre ce problème d'exigence de bonne gouvernance et de contrôle interne (évaluation par les instances de surveillance en termes d'exigence générale) que la crise financière a mis à jour. A ce niveau, le dispositif ICAAP (internal capital adequacy assessment) doit être minutieux, compréhensif, et un outil vital du programme de gestion des risques. Pour la banque, l'ICAAP devrait évaluer son profil de risques et l'adéquation du niveau de fonds propres devant supporter la nature et le niveau de ces risques identifiés. Pour les autorités de supervision (commission bancaire), leur rôle

---

[69] Voir le lien : https://www.bis.org/publ/bcbs295_fr.pdf dédié uniquement au NSFR (octobre 2014). Voir le bcbs324 qui le tableau de modèle commun de déclaration du NSFR pour la norme de publicité.

[70] Voir le document bcbs157, juillet 2009 sur le site web BRI.

est d'évaluer en retour l'efficacité de ce dispositif au sein de la banque lors d'une mission de supervision.

Il est également prévu la surveillance de risques individuels en l'occurrence :

- Le risque de concentration avec prise en compte des corrélations
- Le risque sur les engagements bilan, hors-bilan et opérations de titrisation
- Le risque de réputation y compris sur véhicule de titrisation
- Le risque de liquidité de marché
- Les pratiques de stress test et les pratiques de compensation

Par ailleurs, un niveau approprié de fonds propres sous ce pilier2 devrait dépasser le minimum requis par le pilier1 (exigences minimales de fonds propres) pour que tous les risques (bilan et hors-bilan) de la banque soit proprement couverts en l'occurrence ceux relatifs aux activités de marché.

Quant au pilier 3, il a été également révisé et renforcé.

3. Pilier 3 : La discipline de marché[71]

L'objectif de la discipline de marché est d'améliorer la comparabilité et la cohérence des informations pour les utilisateurs. Ce 3ème pilier s'applique aux grandes banques internationales au plus haut niveau de consolidation.

La révision de ces exigences de communication financière a débouché sur le respect scrupuleux de cinq principes sacro-saints qui sont ci-après :

- Principe 1 : la clarté des informations (format clair, compréhensible, langage simple)
- Principe 2 : l'exhaustivité des informations (principales activités, tous les grands risques, éléments qualitatifs et quantitatifs sur les procédures et processus)
- Principe 3 : la pertinence des informations pour les utilisateurs (renseignements susceptibles d'intéresser le marché, pertinence des liens entre bilan et compte de résultat)
- Principe 4 : la cohérence des informations dans le temps (les ajouts, suppressions et variations au fil du temps doivent être soulignés et expliqués)
- Principe 5 : la comparabilité des informations d'une banque à l'autre

En sus, la présentation des exigences en matière de communication financière est strictement encadrée par des tableaux, des fiches préétablis et harmonisés pour les informations quantitatives qui peuvent être complétées par des informations qualitatives.

---

[71] Voir le document bcbs309, janvier 2015 sur le site web BRI.

Les rapports doivent être communiqués au titre du pilier 3 dans un document distinct contenant les mesures à l'attention des utilisateurs. Ce rapport peut être en annexe du rapport financier de la banque. Ce rapport peut être publié trimestriellement, semestriellement ou annuellement.

En somme, le tableau suivant donne des indicateurs temporels sur la mise en œuvre progressive du dispositif de Bâle III.

Tableau 18 : Bâle III et son chronogramme d'exécution

Calendrier de mise en œuvre progressive

(Les cases grisées correspondent aux périodes de transition : la date de début est toujours le 1er janvier de l'année indiquée)

	2011	2012	2013	2014	2015	2016	2017	2018	À partir de 2019
Ratio de levier	Surveillance par les autorités de contrôle		Période d'évaluation parallèle : 1er janvier 2013 – 1er janvier 2017 Publication : à compter du 1er janvier 2015					Intégration au pilier 1	
Ratio minimal pour les actions ordinaires et assimilées de T1 (CET1)			3,5 %	4,0 %	4,5 %	4,5 %	4,5 %	4,5 %	4,5 %
Volant de conservation des fonds propres						0,625 %	1,25 %	1,875 %	2,50 %
Ratio minimal CET1 + volant de conservation			3,5 %	4,0 %	4,5 %	5,125 %	5,75 %	6,375 %	7,0 %
Déductions de CET1 (y compris montants dépassant la limite pour les DTA, MSR et participations dans des établissements financiers)				20 %	40 %	60 %	80 %	100 %	100 %
Ratio minimal Fonds propres de base (T1)			4,5 %	5,5 %	6,0 %	6,0 %	6,0 %	6,0 %	6,0 %
Ratio minimal Total des fonds propres			8,0 %	8,0 %	8,0 %	8,0 %	8,0 %	8,0 %	8,0 %
Ratio minimal Total des fonds propres + volant de conservation			8,0 %	8,0 %	8,0 %	8,625 %	9,25 %	9,875 %	10,5 %
Instruments de fonds propres devenus non éligibles aux autres éléments de T1 et à T2			Élimination progressive sur 10 ans à partir de 2013						
Ratio de liquidité à court terme (LCR)	Début période d'observation				Introduction du ratio minimal				
Ratio de liquidité à long terme (NSFR)	Début période d'observation							Introduction du ratio minimal	

Source : Bâle III, bcbs189_fr

V. Eléments de traitement du risque de crédit selon le dispositif Bâlois

La gestion du risque de crédit peut se faire selon les trois approches possibles évoquées ci-dessus : approche standard révisée ; approche fondation (foundation IRBA) ; et approche avancée (advanced IRBA).

Dans chaque portefeuille, les banques doivent choisir entre l'approche standardisée, l'approche IRB de base (notation interne) et l'approche IRB avancée (notation interne). Cela se résume comme suit :

Approche standardisée	Approche IRB de base	Approche IRB avancée
➢ Simple ➢ Peu détaillée ➢ Faible sensibilité aux risques	Intermédiaire entre les deux approches	➢ Sophistiquée ➢ Très détaillée ➢ Forte sensibilité aux risques

Pour la 1ère approche, les banques ont recours aux OEEC[72] (Organismes Externes d'Evaluation de Crédits) en ce qui concerne la notation. Ça sera l'approche de la majorité des banques de petites et moyennes tailles. La méthodologie privilégiée est celle de Standard & Poor's (S&P). Celles d'autres organismes d'évaluation du risque de crédit pourraient être utilisées sous réserve d'une validation des autorités de régulations et supervision.

Les deux dernières approches concernent des notations internes par les banques sous réserve d'être homologuées par leurs autorités de supervision. Et, Bâle encourage fortement, après la crise financière, le recours à la notation interne. Seules les grandes banques internationales iront vers ces 2 approches.

La problématique de la gestion du risque de crédit bâlois est comment prévoir la perte attendue sur un crédit ?

En effet, le montant de la perte sur un crédit non performant *(non-performing loan)* c'est-à-dire défaillant dépend :

- Du CRD (Capital Restant Dû) au moment de la défaillance
- Des récupérations suite aux actions de recouvrements et/ou de réalisations de garanties adossées aux prêts
- La partie irrécouvrable ou pertes effectives

[72] Voir Bâle II, 2006 (bcbs128).

Ainsi, le montant de la perte d'un portefeuille (crédits similaires de par leur nature et bénéficiaires) est égal à la somme algébrique des pertes individuelles sur chaque ligne de crédit composant le dit portefeuille.

La prévision de la perte attendue[73] sur un crédit peut se faire :

Si la banque ne dispose pas d'information et pas de méthode interne alors elle peut s'orienter vers la notation externe pour déceler la probabilité de défaut : méthode standard.

Si elle est suffisamment outillée avec des informations et modèles de prévisions internes, elle peut recourir à la notation interne. Alors elle va calculer par probabilité le pourcentage de perte supportée sur les défaillances de l'engagement *(ou taux de sévérité)* et in fine, intégrer la prime de risque que la banque peut prélever par client *(perte moyenne)* afin d'être dédommagée.

A ce niveau, on peut dire que pour Bâle, la probabilité de défaut se mesure sur un an et pour les IFRS, elle se calcule sur la durée restante du prêt.

La perte prévue se mesure par la formule ci-après :

$$EL = PD \times EAD \times LGD$$

EL : Expected Loss (perte prevue)
PD : Probabilité de défaillance (Probability of Default)
EAD : Expositions au risque de défaillance (Exposure At Default)
LGD : sévérité, % de défaillance en cas de défaillance (Loss Given Default).

Dans le présent document, attardons-nous par exemple sur la méthode standard (cas majoritaire).

1. La gestion du risque de crédit selon la méthode standard

C'est l'approche qui devrait être choisie par la plupart des banques (petites et moyennes). Son objectif est d'affecter une pondération à chaque crédit correspondante à son niveau de risque et déduire le montant de fonds propres à mobiliser pour la couverture de ce risque.

Pour un portefeuille de crédit, Bâle II (Mc Donough) a introduit 13 nouvelles catégorisations de créances individuelles[74] en lieu et place de l'ancien Bâle (Cooke) dont une matrice à 5 lignes avec leurs coefficients de pondération (Etats OCDE 0% ; Banques OCDE ou non 20% ; Hypothécaire 50% ; entreprises et détails 100% ; et non OCDE 100%).

---

[73] Sur ce sujet un document consultatif avait été initié février 2015 à avril 2015. L'orientation pruden-
tielle s'articule autour de 11 principes de bases dans ce document.Voir le lien : https://www.bi s.org/bcbs/publ/d311_fr.pdf

[74] Le comité examinera les expositions des entités souveraines dans le cadre d'une révision plus générale des risques. En toile de fond la limitation du recours aux notations externes.

Les 13 nouvelles catégorisations[75] de créances individuelles (classes d'actif ou différentes natures d'emprunteurs) sont ci-après :

- Emprunteurs souverains
- Organismes publics hors administration centrale
- Banques multilatérale de développement
- Banques
- Entreprises d'investissement
- Entreprises
- Portefeuilles règlementaires de petite clientèle
- Prêts garantis par l'immobilier résidentiel
- Prêts garantis par l'immobilier commercial
- Arriérés de prêts
- Créances à risques élevé
- Autres actifs
- Eléments de hors-bilan

Dans cette nouvelle situation, la pondération n'est plus uniforme, mais dépend très souvent de la notation du pays.

En clair, cette nouvelle catégorisation va, fondamentalement, impacter les banques à 5 niveaux :

- La révision des plans comptables bancaires : c'est bien sûr l'occasion inouïe d'introduire également les normes IAS/IFRS
- La révision des bases de données : elles vont réorganiser leurs bases de données en abandonnant l'ancienne catégorisation (Cooke avec 5 lignes secteurs et pondérations fixes) pour aller vers ce nouveau dispositif (13 lignes).
- La révision des attributs clients lors de l'ouverture de compte (procédures d'identification client).
- La révision de la segmentation clientèle du portefeuille clients
- La révision de l'organisation physique des dossiers de crédit.

Concernant les expositions sur une banque (en mode projet de révision) seront pondérées en fonction d'une matrice à double entrée : un ratio de fonds propres sur les risques CET1 ; et un ratio d'actifs Non Productifs pour mesurer la qualité du portefeuille. Ces 2 ratios devant figurer dans le dossier client ou dossier de crédit (holding et filiale).

A propos des entreprises, la notation externe[76] est le seul critère de pondération des expositions sur les entreprises. Une pondération unique est ap-

[75] Cf. bcbs128, Bâle II (Mc Donough).

[76] Le démarrage des activités du Bureau d'information sur le crédit (CreditInfoVolo) va certainement être utile à ce niveau dans le cadre de la mise en place de Bâle II et Bâle III par la BCEAO (Banque Centrale des Etats de l'Afrique de l'ouest).

pliquée aux expositions non cotées (100%). L'entreprise selon le dispositif bâlois concerne les catégories juridiques suivantes : personnes morales ; associations ; entreprises en nom collectif ; entreprises individuelles ; trusts ; fonds ; et autres entités similaires (élément nouveau à figurer sur l'entête du dossier crédit entreprise). Le comité propose d'accroître la granularité du traitement des entreprises selon les catégories de financement spécialisées[77] (élément nouveau à figurer sur l'entête du dossier crédit entreprise) et faire la distinction entre dettes séniors et dettes subordonnées.

Ainsi, pour la dette sénior, la pondération se fera à travers une matrice à double entrée : le Chiffre d'affaires (CA) et un ratio de levier (Total actifs/Fonds propres).

Quant aux particuliers, ils doivent figurer dans un portefeuille[78] règlementaire de détail dont chaque crédit le composant ne dépasse pas 0,2% du portefeuille. Les créances de ce portefeuille peuvent être pondérées à 75% sauf pour les prêts impayés. La pondération de 100% est maintenue pour les crédits n'entrant pas ce portefeuille règlementaire.

Par exemple, quel est le capital requis pour un prêt de 1 000 000 FCFA ?

Cas N°1 : Si Bâle 1 : particulier ou entreprise (idem)
1 000 000 x 100% x 8% = 80 000 FCFA

Cas N°2 : Si Bâle 2 :

Entreprise : notations possibles dans le cadre de Bâle II

Note	AAA à AA-	A+ à A-	BBB+ à BB-	Inférieure à BB-	Pas de notation
Pondération	20 %	50 %	100 %	150 %	100 %

	20%	16 000
1 000 000 x 50%	x 8% =	40 000
	100%	80 000
	150%	120 000

[77] Financement de projet (FP) ; financement d'objet (FO) ; financement de produit de base (FPB) ; immobilier de rapport (IDR) ; financement d'acquisition de développement et de constructions de terrains (ADC). Ces types de financements doivent figurer sur l'entête d'un dossier de crédit entreprise. Doivent également figurer sur cet entête : le TIE (taux d'intérêt effectif), taux de rendement du crédit pour la banque ; le TEG (Taux effectif Global), coût du crédit hors taxe pour le client ; les pondérations et le coût en fonds propres.

[78] La vision IFRS de portefeuille correspond au portefeuille TIE (taux d'intérêt effectif) du point de vue rendement du crédit pour la banque.

On en déduit que Bâle 2 est plus favorable les deux premiers cas (Pondérations de 20% et 50%).

Particulier :

1 000 000 x 75% x 8% = 60 000 FCFA au lieu de 80 000 FCFA (Bâle1).

En tous les cas, la banque fait des économies de fonds propres.

Il existe d'autres approches possibles prévues pour les grandes banques internationales.

2. La gestion du risque de crédit selon l'approche de notations internes

Deux approches se dégagent en l'occurrence : la méthode interne de base et la méthode interne avancée.

Dans les deux cas, les banques doivent toujours utiliser les fonctions de pondération fournies dans le dispositif révisé[79] pour déterminer leurs exigences de fonds propres.

Les banques doivent faire une classification de leur portefeuille bancaire en grandes catégories d'actifs caractérisés par des profils de risques comme ci-après :

- Entreprises : comporte 5 sous catégories de financement spécialisé
  - Le financement de projets
  - Le financement d'objets
  - Le financement de produits de base
  - Le financement de l'immobilier de rapport
  - Le financement de l'immobilier commercial à forte volatilité
- Emprunteurs souverains
- Banques
- Clientèle de détail : comporte 3 sous catégories
  - Expositions garanties par l'immobilier résidentiel
  - Expositions renouvelables éligibles (particuliers)
- Actions

Le passage à l'approche notation interne étendue à toutes les classes d'actifs susmentionnées doit se faire à travers une programmation progressive en accord avec les autorités de contrôle. Et, les banques qui adoptent cette approche sont censées l'utiliser sauf cas de force majeure (cession des activités liées au crédit) après avis conforme de leurs autorités de contrôle.

[79] Bâle II, 2006 (bcbs128).

2.1. La méthode interne de base (foundation IRB)

La mesure de la perte prévue se calcule comme suit : les banques font l'estimation uniquement de la probabilité de défaillance (PD) et les calculs des deux autres paramètres de la formule (LGD et EAR) sont imposés par la règlementation (autorité de contrôle).

2.2. La méthode interne avancée (advanced IRB)

Quant à la 2ème méthode appelée méthode avancée (Advanced IRB), tous les paramètres de la formule de calcul relatif à la mesure de la perte attendue se calculent en interne (probabilité de défaut PD ; taux de sévérité LGD ; et exposition nette aux risques EAR).

A la lumière de tous ceux qui précèdent, on peut formuler certaines recommandations.

VI. Les recommandations/conclusions

La mise en œuvre des dispositifs prudentiels Bâle II et Bâle III dans les banques africaines doit nécessairement prendre en compte le projet de passage aux normes IAS/IFRS car il s'agit bien évidemment de deux projets structurants très important pour l'avenir des banques africaines[80].

Il s'agira alors de conduire simultanément en mode projet les deux chantiers à travers un comité de pilotage et un comité technique. En la matière, les banques peuvent se faire assister par des consultants ou experts sur chacun des projets afin de converger le plus possible les deux normes.

L'appropriation du dispositif par les banques africaine risque de prendre assez de temps vu la complexité des contours à cerner. Cela passe d'abord par le volet formation et renforcement de capacité.

En clair, il serait judicieux, à notre sens, de loger ces deux chantiers structurants (IAS/IFRS ; Bâle II et III) dans un projet transversal de réforme du secteur bancaire et financier (PRSBF) piloté par les grandes institutions internationales (BRI ; FMI ; Banque Mondiale ; UE ; etc.) et les autorités de supervision régionales et sous régionales afin d'être à la hauteur des enjeux et partant procéder des transferts de compétences Nord-Sud (interdépendance des systèmes bancaires et financiers).

Aussi, nous recommandons plus de convergences et d'échanges d'information entre les instances internationales qui élaborent les normes de référence mondiale dans divers domaines (par exemple, Comité de Bâle, IASB, FATCA, GAFI, COSO, etc.) et dont le consommateur final est l'entreprise au sens général. Cela pourrait évidemment palier aux éventuels cas de concurrence normative.

En conclusion, les exigences bâloises peuvent paraître comme une nébuleuse d'exigences règlementaires[81] en sens que leurs capacités d'absorption et de digestion par les banques et leurs autorités de supervision s'avèrent

[80] Voir recommandations du FMI en la matière dans son rapport sur les banques panafricaines d'importance systémique : "The report on Pan-African Banks—Opportunities and Challenges for Cross-Border Oversight, prepared by IMF staff and completed on December 18, 2014 to brief the Executive Board on January 12, 2015". Pour le lien web voir note supra.

[81] Terme utilisé par Jean Kertudo et Jean Luc Siruguet dans leur article dénommé : Afrique, Bâle si lointaine.... Si proche ! février 2015.

complexes surtout pour les petites et moyennes banques. A côté de ce dispositif, figurent les normes IFRS dont l'application est en marche dans les pays d'Afrique[82] donc devant également être prises en compte. Face à cette multiplication de normes, certaines banques africaines ont l'impression de prendre le train en marche avec un certain flou artistique entre les différentes lignes de parutions « Bâloises et IFRS ».

Ce qui est sûr, bien que ces normes font l'objet de fortes recommandations des institutions internationales (banque mondiale, FMI, UE, etc.) leurs transpositions doivent prendre en compte les spécificités et réalités propres à chaque zone économique (zone UEMOA ; zone CEMAC ; zone SADC ; etc.).

Ainsi, on peut oser espérer que les administrations de questionnaires de la BCEAO pourraient aller dans le sens de la détection des vrais besoins et possibilités régionales pour la mise en place de Bâle II et Bâle III. Quid des normes IAS/IFRS ? Étant donné que les deux normes présentent certains points de convergence et beaucoup d'interférences.

Toutefois, on peut dire dans une certaine mesure que les zones CEMAC et UEMOA sont à mi-chemin entre Bâle II et Bâle III car elles disposent déjà de ratios règlementaires de liquidité (ou de transformation) et de solvabilité dans leurs zones respectives. Ce qui est sûr, un vrai travail d'homogénéisation s'impose concernant les règles comptables et prudentielles : les calculs des fonds propres (ratio de solvabilité) et des actifs de hautes qualités (ratio de liquidité).

La partie suivante traite la relation qu'une banque peut entretenir avec son segment de clients particuliers.

[82] Voir le Tableau de la Page 15 du rapport FMI "The report on Pan-African Banks—Opportunities and Challenges for Cross-Border Oversight, prepared by IMF staff and completed on December 18, 2014 to brief the Executive Board on January 12, 2015". Ce tableau donne par pays l'état d'avancement des standards : IFRS ; Bâle ; assurance des dépôts ; et maturité des actifs. Pour le lien web voir note supra. Voir aussi IFRS.org (profil pays, avril 2014).

DEUXIÈME PARTIE

La relation banque & le marché des particuliers

La banque assure une mission de « service public » en ce sens qu'elle collecte une grande partie de ses ressources auprès du segment des particuliers. Elle doit, par conséquent, leur fournir un service de caisse[83] d'une certaine qualité qui peut faire la différence entre elles. En effet, le service caisse s'apparente à l'ensemble des services matériels que doit offrir la banque à son client pour lui permettre une utilisation la plus souple possible des fonds déposés sur un compte en banque.

Cette partie traite de l'entrée en relation avec le client au moyen de l'ouverture de compte et de toutes les opérations pouvant survenir pendant la durée de vie de ce compte (débit/crédit, incidents, clôture).

Par ailleurs, on entend par segment des particuliers, le marché de la clientèle « particuliers » dans les relations d'affaires de la banque. Selon la plaquette des catégories d'agent économique de la BCEAO, ceux-ci concernent : les salariés et pensionnaires des secteurs public et privé ; les personnes physiques non salariées n'exerçant pas une activité commerciale ; les mineurs inférieurs à 18 ans ; les clients de passage et la diaspora.

[83] Luc Bernet Rollande, Principes de techniques bancaires, 24ème édition, Dunod 2006.

I. Le compte bancaire

1. Ouverture du « compte chèque »

1.1. Définition, droit au compte & tenue du compte

1.1.1. Définition

Le compte peut se définir comme étant un état comptable retraçant l'ensemble des opérations débitrices ou créditrices effectuées par le client dans le cadre sa relation d'affaires avec la banque.

Pour le segment des particuliers, ce compte sert de dépôts de fonds, de domiciliation de salaires, de pensions-retraites, de retrait de fonds le plus souvent avec des formules de chèques, ce qui fait appeler ces comptes « comptes chèques ».

1.1.2. Le droit au compte

L'article 3 de l'instruction N°01/2003/SP du 8 mai 2003 de la BCEAO stipule : *« Toute personne physique ou morale dépourvue d'un compte bancaire ou postal et justifiant d'un revenu régulier tel que prévu à l'article 8 du règlement, d'un montant supérieur ou égal à cinquante mille (50.000) FCFA, a droit à l'ouverture d'un tel compte auprès de l'établissement de son choix et à la mise à sa disposition d'au moins un instrument de paiement entouré des sécurités nécessaires ».*

Cette instruction du gouverneur de la BCEAO vient compléter le règlement N°15/2002/CM/UEMOA qui insiste également sur le même droit en son article 8. Ainsi, cet article précise en son alinéa 2 que la BCEAO peut désigner un établissement d'office en cas de refus successif d'ouverture de trois (3) établissements.

Les services bancaires de base sont également garantis par le règlement susmentionné en son article 10 comme suit :

- *la gestion du compte ;*
- *la mise à disposition d'au moins un instrument de paiement, entouré des sécurités nécessaires ;*
- *la possibilité d'effectuer des virements (domiciliation, encaissement et paiement) à partir de ce compte ;*

- *la possibilité d'effectuer des prélèvements à partir de ce compte ;*
- *la réception et la remise en compensation d'opérations de paiements pour le compte du client ;*
- *la délivrance au client de relevés de compte trimestriels et, à sa demande, de Relevés d'Identité Bancaire ou Postale.*
- *Les conditions supplémentaires d'usage du compte, ainsi que les pénalités encourues en cas de mauvaise utilisation ou de fraude seront spécifiées dans la convention d'ouverture de compte.*

1.1.3. Ténue du compte

Les opérations de remise de chèques, de versements en espèce, de virements reçus et de transferts reçus sont retracées au crédit du compte.

Les retraits à travers différents moyens de paiement, les prélèvements, les frais divers dus, les virements émis, les transferts émis sont inscrits au débit du compte.

La différence entre les sommes portées au crédit (sens de l'augmentation) et les sommes portées au débit (sens de la diminution) est appelée le « solde ». Ce solde s'appelle créditeur si le titulaire du compte détient un avoir chez la banque ; débiteur si le titulaire du compte doit de l'argent à la banque.

Bien entendu, un numéro de compte est automatiquement attribué au client afin de le rattacher à une catégorie d'agent économique et/ou un segment de clientèle.

Toutes ces opérations sont sous tendues par la matérialité des pièces comptables. Le client est informé très souvent par un avis d'opération (avis de débit et/ou avis de crédit).

Le relevé de compte ou l'extrait de compte retrace jour par jour l'ensemble des opérations avec un solde unique (débiteur ou créditeur). A cet égard, il faut noter que le relevé est plus détaillé que l'extrait car il donne, en plus des débits/crédits, les soldes débiteurs ou créditeurs et le détail des libellés.

L'ouverture de compte, la transmission de relevé de compte (une fois par mois) ainsi que le relevé récapitulatif des frais annuels sont offerts à titre gratuit suite une décision de la BCEAO.

Tableau 19 : Exemple de relevé de compte

Solde début de période ----------------------							
DATE	LIBELLE	REFERENCE	DEBIT	CREDIT	DATE DE VALEUR	SOLDE	
						DEBIT	CREDIT
--------------------- ------------ ------------ ----------- ------------- Solde précédent Total débit Total crédit S/débit S/crédit							

S/=solde

Tableau 20 : Exemple d'extrait de compte

Découvert : --------------- solde au ---- : ------------					
DATE	LIBELLE	REFERENCE	D. VALEUR	DEBIT	CREDIT

---------- ----------
Total Total
Solde au --- : ------------- (DB ou CR)[84]

[84] DB : débiteur ; CR : créditeur

1.2. Conditions d'ouverture d'un compte chèque

L'ouverture de compte chèque amorce l'entrée en relation avec la banque. C'est évidemment le montent de recueillir un ensemble d'informations accompagnées de documents au client. Pour ce faire, l'agent en charge des ouvertures de compte au front office[85] procède à certaine vérification notamment l'identité et la capacité juridique du client.

1.2.1. Identité du client

L'identité d'un client comprend le nom, prénoms, la date et lieu de naissance, la nationalité, le domicile, la profession, et la signature ou l'empreinte digitale.

Le dispositif de lutte contre le blanchiment de capitaux et le financement du terrorisme dans l'union économique et monétaire ouest africaine (UEMOA, 2005) et ses textes corollaires exigent à la banque de connaître son client lors de l'entrée en relation en demandant les renseignements complémentaires utiles à une bonne connaissance de la situation personnelle ou professionnelle de son client dans le but de s'assurer que les opérations effectuées sur le compte ne sont pas issues des opérations de blanchiment de capitaux.

Le banquier doit s'assurer, avant toute délivrance de formule de chéquier, que le client n'est pas frappé d'une interdiction bancaire conformément à l'article 114 du règlement numéro 15/2002/CM/UEMOA RELATIF AUX SYSTEMES DE PAIEMENT DANS LES Etats membres de l'UEMOA.

1.2.2. La capacité juridique

La notion de capacité juridique désigne le pouvoir que la loi confère aux personnes d'accomplir des actes juridiques, de prendre des engagements et de défendre leurs intérêts. Cependant, la loi ne précise pas expressément les personnes capables mais elle énumère celles qui sont incapables en établissant les divers degrés d'incapacité.

La loi distingue les incapables mineurs on émancipés des incapables majeurs sous tutelle ou curatelle ou sous sauvegarde de justice.

- Incapables mineurs

Il s'agit des personnes de moins de 18 ans révolus qui doivent se faire remplacer dans l'accomplissement de leurs actes juridiques par des représentants légaux : parents ou tuteur.

---

[85] Le front office est synonyme des activités qui créent de la valeur au sens de M. Michel PORTER, économiste industriel français comme par exemple la Direction Commerciale et du réseau. Il se distingue du back office qui englobe généralement les activités supports (Comptabilité, informatique, opérations bancaires, etc.).

L'ouverture de compte au nom du mineur ainsi que ses modalités de fonctionnement sont soumises à l'autorisation préalable des parents (le père ou la mère) qui en seront de facto le ou les signataire(s). Il en est de même dans le cas d'une demande d'emprunt avec l'accord éventuel de la justice (juge des tutelles).

Dans le cas où les deux parents sont décédés, inconnus, ou ne jouissent pas de leur autorité parentale, l'acte d'ouverture de compte bancaire ainsi que ses modalités de fonctionnement sous soumis à l'autorisation préalable d'un tuteur.

Enfin, le mineur peut être émancipé par le lien de mariage (fille de 15 ans mariée avec l'accord du représentant légal) ou par décision de justice (à partir de 16 ans le mineur peut être émancipé sur décision du juge des tutelles sur demande des parents).

– <u>Incapables majeurs</u>

Par personnes incapables majeures, on entend par des personnes dont la capacité physique ou mentale est fortement altérée par l'âge ou la maladie.

Cette incapacité qui pourrait être totale ou partielle distingue trois (3) formes : tutelle, curatelle ou sauvegarde de justice.

– La tutelle

Il s'agit des personnes qui présentent une forte altération de leurs capacités physiques ou mentales prouvée par un acte médico-clinique (déficient mental). Du coup, ces personnes sont entièrement incapables d'accomplir des actes de la vie civile et est mis sous tutelle. Ainsi, le tuteur agit en ses lieux et places (demande d'ouverture de compte par exemple).

– La curatelle

Il s'agit d'une incapacité partielle ou réduite qui se matérialise par une altération des capacités physiques et mentales médicalement prouvées. On peut citer les personnes âgées, les malades mentaux, les handicapées, les personnes faisant preuve de prodigalité, d'intempérance ou d'oisiveté. Une personne sous curatelle a besoin de l'autorisation de son curateur pour des dépenses d'un montant élevé ou effectuer une demande d'emprunt auprès de sa banque.

– La sauvegarde de justice

Il s'agit des personnes âgées, invalides ou handicapées souffrant temporairement d'une altération des capacités mentales et physiques ne les empêchant pas d'accomplir des actes de la vie civile (aveugles, sourds-muets). Le majeur placé sous sauvegarde de la justice n'est pas réellement frappé d'une incapacité car il peut, sauf dispositions contraires, faire seul toutes les opérations bancaires.

1.3. Les modalités pratiques

Pour l'ouverture de compte, le client particulier apporte la preuve de son identité à l'ouverture de compte au moyen des documents suivants :

- La CNI (Carte Nationale d'Identité) en cours de validité, ou le passeport, ou une carte consulaire
- un extrait de naissance
- Un certificat de résidence ou un contrat de bail ou la facture d'électricité
- Deux photos d'identité
- Un versement minimum qui varie d'une banque à l'autre ou une ouverture à blanc si le salaire est domicilié sur le compte.
- Compte d'épargne lié au compte chèque dans le cas d'une offre packagée
- Eventuelles procurations

La banque va également recueillir le spécimen de signature de son client qui sera scanné et disponible sur le compte. Pour chaque opération, le guichetier[86] procédera à la vérification et conformisation- qui se matérialise par un cachet « conforme »- de ce spécimen.

Le banquier renseigne le carton ou document d'ouverture de compte au moyen de questionnaires et fait signer, in fine, le client. Ce document comporte généralement au verso l'ensemble des conditions d'utilisation ou conventions d'ouvertures de compte devant être signées par le client.

Le client désireux, pourrait adhérer aux autres offres de la banque en signer les fiches d'adhésion y afférentes (offre packagée, produits monétiques, internet banking, mobile banking, etc.). La délivrance de la formule de chéquier interviendra quelques jours plus après l'ouverture de compte.

Enfin, le client se voit attribuer un numéro de compte, numéro qui sera repris son RIB (Relevé d'Identité Bancaire –qui se matérialise par un petit carton-) qui comprend le nom du client, le code pin du client, le code pays (2 lettres + 3 chiffres), le code banque (2 lettres + 3 chiffres), le code agence (5 chiffres), le numéro de compte (12 chiffres) et la clé RIB (habituellement 2 chiffres). Sur le RIB figure l'IBAN (International Bank Account Number) à 28 caractères qui l'identifiant international du compte dans les opérations internationales avec les correspondants.

1.4. La procuration

La procuration appelée également mandant consiste à donner une autorisation totale ou limitée à certaines opérations bancaires quant au fonction-

[86] Agent travaillant en front office dans une agence bancaire. Il vérifie la régularité des chèques, et des ordres de virements. Il saisit également les écritures de versement ou de retrait dans les livres de la banque.

nement du compte. Celui à qui la procuration est donnée s'appelle mandataire. Juridiquement, ce dernier n'a aucun engagement vis-à-vis de la banque contrairement à son mandant (exemple d'un chèque sans provision).

Encadré 2 : Exemple de convention de compte chèque

- *Lors de l'ouverture d'un compte, tout client doit justifier de son identité et de son domicile, il doit en outre être pleinement capable dans les actes de la vie civile. La Banque est, comme tout autre établissement bancaire, réglementairement tenue de déclarer l'ouverture de tout compte à la banque centrale. Le compte courant peut être ouvert sous la forme d'un compte personne physique, d'un compte personne morale, et d'un compte joint.*
- *La banque commerciale du sahel convient avec son client de porter dans son compte toutes créances réciproques qui en constitueront à chaque instant le solde disponible. La clôture du compte dégagera un solde qui ne deviendra définitif qu'après liquidation des Operations en cours.*
- *Le client recevra un relevé de compte mensuel (Article 43 du règlement n° 15/2002/CM/UEMOA relatif aux systèmes de paiement dans les états membres de l'Union Economique et Monétaire Ouest Africaine-UEMOA) et un carnet de chèque.*
- *Le déposant est responsable de toutes les conséquences qui pourraient résulter de la dépossession volontaire ou l'usage abusif des carnets de chèques ou de virements, ou d'un ou plusieurs des chèques y contenus.*
- *Les clients sont tenus d'aviser la banque par écrit de tous changements survenus dans leurs adresses et dans leur situation juridique de toute modification dans l'étendue, la validité et la nature des pouvoirs de signature et de toutes modifications survenant dans des législations étrangères et qui seraient susceptibles d'affecter leurs relations juridiques avec la banque . Les changements et modifications dont la Banque n'est pas avisée ne pourront lui être opposés mais la banque aura toujours la faculté de s'en prévaloir.*
- *La Banque n'est pas tenue responsable sur toute requête des auxiliaires de justice sur la situation du compte d'un client.*
- *Une expédition, un exemplaire ou une copie conforme de toutes les procurations relatives au compte doit être déposée à la banque. La Banque a la faculté de considérer les procurations comme valables jusqu'à ce que leur révocation lui soit signifiée par lettre recommandée.*
- *En cas de décès d'un client, la Banque doit être immédiatement informée par les ayants-droit. Ce faisant, elle exigera la remise de pièces officielles établissant la dévolution de la succession et le commun accord des ayants-droit concernant toutes opérations sur le compte bancaire du cujus ou à l'accès au coffre –fort loué par ce dernier.*
- *Un solde minimum en F CFA ou l'équivalent dans une autre monnaie est requis. Chaque fois que le solde deviendra inférieur à zéro, une commission mensuelle déterminée par la banque, sera due et débitée sur le compte.*
- *Avant toute délivrance de chéquier accordée par la Banque au client, une vérification est effectué auprès de la BCEAO afin de s'assurer qu'il n'est ni interdit bancaire, ni interdit judiciaire d'émettre des chèques. Dès que le client est en possession de son chéquier, il doit veiller à la bonne conserva-*

tion de celui-ci et notamment à ne pas le laisser avec ses pièces d'identité, sous peine de voir sa responsabilité engagée en cas d'utilisation frauduleuse de celui-ci par un tiers. Par ailleurs, tous les chèques doivent être émis en conformité avec la réglementation des chèques en vigueur. La banque commerciale du Sahel peut à tout moment demandée au titulaire du compte la restitution des chéquiers en sa possession.

- *Avant toute émission d'un chèque, le client doit s'assurer de l'existence au compte concerné d'une provision suffisante et disponible .En cas d'insuffisance ou d'absence de provision, le client s'expose à un refus de paiement de son agence et à l'application de la réglementation très stricte relative aux chèques sans provision. Dans cette hypothèse, il est avisé par la Banque de sa situation et de la conduite à tenir. La Banque Commerciale du Sahel débitera le client du montant des frais, relatifs au traitement de tout incident de paiement et le cas échéant des frais d'établissement d'un certificat de nom paiement au porteur qui en ferait la demande.*
- *Le client ne peut légalement faire opposition au paiement d'un chèque qu'en cas de perte ou de vol de chèque ou de redressement ou liquidation judiciaire du porteur. En cas d'opposition non fondée sur un motif légal, le client s'expose de la part du porteur du chèque à d'éventuelles poursuites pénales. L'opposition peut être formulée par :*

a. *Lettre, télégramme télex déclarations déposées ou rédigées au guichet*
b. *Téléphone avec confirmation écrite.*
L'opposition doit désigner suffisamment le (s) chèque frappé (s) d'opposition (n° de la vignette, montant, date d'émission, nom du bénéficiaire) ainsi que le compte concerné.

- *Dans le cas d'une saisie arrêt ou d'un avis à tiers détenteur, la Banque isolera le montant saisie sous réserve de provision et notifiera au saisissant.*
- *Nos produits cartes bancaires et SMS banking seront automatiquement proposés au client à l'ouverture de son compte*
- *Les produits des chèques et effets remis par le client pour le crédit de son compte n'est disponible en compte qu'après encaissement et réception effective des fonds. La Banque se réserve le droit de débiter le compte du client de tout chèque ou effet revenu impayé.*
- *En cas de contrat de crédits ou de facilités quelconques avec la Banque, garanties par une inscription d'hypothèque ou de nantissement à hauteur d'un montant déterminé, la Banque se réserve le droit de ne pas octroyer le crédit ou facilité jusqu'à concurrence du montant de l'inscription .*
- *Le Client donne son consentement pour le partage des informations sur le crédit le concernant avec le BIC (Bureau d'Information sur le Crédit) et consultation des dites informations par les utilisateurs du BIC .En retour, la banque garde la confidentialité absolue à l'égard du contenu des informations fournies aux BIC et la banque s'engage à utiliser à bons escient les rapports de solvabilité qui lui seront fournis par les BIC (article 42 et 43 de la Loi Uniforme du 3 juin 2013 portant règlementation des BIC en zone UEMO).*
- *En cas de découvert, le titulaire du compte devra couvrir le solde débiteur à la première requête de la banque.*

- *Toutes les valeurs détenues par la banque pour le compte d'un client lui servent de gage pour assurer le paiement des obligations du client envers la banque. Le client doit prendre toutes mesures propres à rendre ce gage opposable aux tiers. Si le client ne s'acquitte pas de ses obligations envers la banque, celle-ci peut réaliser les valeurs appartenant au tiers et ce conformément aux prescriptions légales. De surcroit, lorsqu'une même personne est titulaire de plusieurs comptes ouverts à la banque, les dits comptes ne constituent que les éléments d'un compte unique et indivisible, quelle que soit leur nature. Cette unicité de compte ne change rien aux taux d'intérêt qui peuvent être différent pour les divers comptes ainsi que pour les soldes débiteurs et créditeurs d'un même compte. A sa seule discrétion, la banque peut à tout moment et sans préavis, transférer ou compenser les soldes débiteurs des divers comptes. Lorsque les comptes sont en monnaie autre que F CFA, la Banque utilisera le taux de change en vigueur au moment du transfert ou de la compensation.*
- *Les deux parties se réservent le droit de clôturer ce compte à tout moment sans préavis mais moyennant notification par lettre recommandée.*
- *Le déposant accepte de régler tout solde débiteur par lui les 10 jours qui suivent les réceptions de ladite lettre recommandée. Le déposant convient également de renvoyer à la banque, toutes les formules de chèque non encore utilisées au moment de la clôture, dès réception de l'avis y relatif.*
- *Lorsqu'une opération est exécutée ailleurs hors du pays la liquidation intervenant entre la banque et le client est soumise à toutes les dispositions légales en vigueur dans les pays où la transaction est exécutée.*
- *Tout litige né des relations de la banque avec ses clients sera porté devant les juridictions maliennes.*
- *En cas de guerre, troubles publics ou occupation du territoire par des forces étrangères et illégales, les paiements faits sur avoirs se trouvant en compte et effectués pour le compte ou d'ordre de personne revêtues d'un pouvoir de fait seront inscrits au débit des dits compte. Ces conditions peuvent être modifiées en tout ou en partie sur notification par écrit du déposant.*
- *A défaut de réclamation dans les 15 jours de la date de l'envoi, le relevé de compte journalier et/ ou mensuel adressé au client sera considéré comme définitif et accepté par lui.*
- *La Banque aura le droit de débiter le compte déposant, sans lui en référer, de tous frais, honoraires, taxes et droits payés ou dus pour elle ou provenant de toutes opérations entre la banque et lui .*
- *Les demandes de carnets de chèques ou de virements seront faites soit personnellement soit par les personnes dûment habilitées, soit sur les formulaires insérés dans chaque carnet. La (les) signature (s) sur ces demandes doit correspondre à celle (s) déposée (s) à la banque.*
- *Les chèques doivent être établis de manière à empêcher des ajouts ou changements après leur émission. S'il y a nécessité de faire des changements ceux-ci devraient être approuvés par la signature complète du tireur.*
- *Si des précautions ne sont pas prises pour empêcher des pertes ou altération des chèques la Banque ne sera pas tenue responsable des conséquences.*

- *Les chèques doivent être dûment signés conformément aux signatures déposées par les personnes autorisées à signer.*
- *La Banque peut rejeter les chèques irréguliers d'une manière quelconque*
- *La Banque ne se charge pas d'identifier les endosseurs de chèques à ordre. Le déposant assure l'entière responsabilité de la régularité et de la validité de tous les endos sur tous chèques tirés sur son compte ou versés à son compte.*

Signature du client précédée de la mention ***« Lu et approuvé »***.

Source : Règlement N°15 UEMOA.

1.5. Le compte joint

Ce type de compte est ouvert au nom de deux ou plusieurs personnes qui peuvent ne pas être de même famille. Le compte joint concerne dans la plupart des cas un couple marié ou non.

Les titulaires sont solidairement responsables des soldes du compte (débiteurs ou créditeurs). En cas d'interdit bancaire, les titulaires doivent désigner un des leurs qui sera frappé d'interdiction d'émettre des chèques *(Cf. article 117 du Règlement N°15/2002/CM/UEMOA)*.

Le compte joint peut être bloqué totalement ou partiellement par la banque en cas de saisie-attribution en attendant de déterminer la part qui revient à chaque titulaire.

Les comptes chèques, les comptes d'épargne, les comptes titres et les dépôts à terme (DAT) peuvent être ouverts en compte joint. Par contre, les plans d'épargne (logement, action, habitat, etc.) ne peuvent pas l'être.

1.6. Les comptes étrangers

Ces types de comptes sont très règlementés et surveillés de très près par la Banque Centrale (BCEAO). L'instruction N°08/07/2011/RFE relative aux conditions d'ouverture et aux modalités de fonctionnement des comptes étrangers de non-résidents[87], des comptes intérieurs en devises de résidents et des comptes de résidents à l'étranger de la BCEAO est le texte réglementaire de base. En effet, il stipule en son article 2 que les comptes étrangers aux non-résidents (en euros ou francs) peuvent être ouverts pour une durée de deux (2) ans.

L'ouverture de comptes étrangers en francs ou euro aux non-résidents est assurée par les établissements de crédit. Toutefois, ils doivent s'assurer de la qualité et la preuve de résidence effective (Article 2 de l'instruction supra).

[87] Personnes physiques ayant leur principal centre d'intérêt dans un Etat membre de l'UEMOA, fonctionnaires nationaux en poste à l'étranger et personnes morales nationales ou étrangères pour leurs établissements dans un Etat membre de l'UEMOA.

Par contre l'ouverture de comptes étrangers en devise au profit d'un non résident est soumise à l'autorisation préalable de la Banque centrale (BCEAO).

La durée de validité de ces comptes étrangers est de deux (2) ans dont le renouvellement est conditionné à une nouvelle requête similaire comme la première. Et, la clôture intervient de facto, à l'expiration de ce délai.

Par ailleurs, quant à l'ouverture de comptes intérieurs en devises en faveur de résidents l'article 7 l'instruction précise en substance qu'une demande d'ouverture doit être adressée au Ministre chargé des Finances et déposée à la BCEAO, accompagnée notamment des éléments ci-après :

- la dénomination sociale du requérant ;
- la devise et la banque domiciliataire du compte ;
- la motivation précise de la demande à laquelle sont joints les documents justificatifs relatifs aux opérations à exécuter sur le compte, notamment le contrat ou tout autre document ;
- la durée du compte.

L'autorisation du Ministre des finances indiquera la nature des opérations devant être exécutées sur le débit et crédit du compte. La durée de validité de ces comptes ne peut dépasser un (1) an. Le compte doit aussitôt être clôturé si aucune demande de renouvellement n'est formulée (article 8 de l'instruction).

Quant à l'ouverture d'un compte de résident à l'étranger, il est subordonné à l'autorisation préalable du Ministre chargé des finances après avis conforme de la BCEAO sauf les représentations diplomatiques nationales (articles 9 et 10 de la même instruction).

Enfin, les établissements de crédit sont tenus d'y communiquer des comptes rendus périodiques (chaque 10 jours ; chaque fin de trimestre ; chaque fin d'année) relatifs aux comptes ouverts aux non-résidents, aux comptes intérieurs en devises de résidents et aux comptes de résidents à l'étranger conformément à l'Instruction susmentionnée à la BCEAO et la Direction chargée des finances extérieures.

1.7. Le compte-titres

Les teneurs de compte titre sont constitués sous forme de Société de Gestion et d'Intermédiation (SGI)[88] dans chaque Etat membre de l'UEMOA pour assurer l'ouverture et la tenue de comptes-titres, dans leurs livres, pour leur propre compte ou pour le compte de leurs clients. L'agrément de teneur de comptes est accordé notamment aux banques par la Banque Centrale. Les

---

[88] Société de gestion et d'intermédiation agréée par le conseil régional de l'épargne publique et des marchés financiers (CREPMF).

activités de teneurs de comptes s'exercent en adossement à la domiciliation de l'ensemble des titres auprès de la BCEAO.

Lorsqu'une transaction donne lieu à transmission des titres chez un autre teneur de comptes et/ou changement dans la propriété des titres, il est requis de chacune des parties, l'établissement, sous le contrôle du teneur de comptes, d'un ordre de mouvement.

L'ordre de mouvement est établi selon un formulaire normalisé. Les ordres de mouvement dûment remplis sont adressés par les teneurs de comptes, le jour de l'opération, à la Direction Nationale de la BCEAO de l'Etat du donneur d'ordre, en vue de la compensation. La transmission à la Banque Centrale des ordres de mouvements s'effectue au choix des intervenants, par télécopie, télex, courrier ordinaire ou toute autre voie de communication rapide acceptée par la BCEAO. Dans le cas où les deux parties sont domiciliées auprès du même teneur de comptes, celui-ci procède à la compensation des opérations et communique copie des ordres à la Direction Nationale de la BCEAO pour attribution.

Enfin, la Bourse Régionale des Valeurs Mobilières (BRVM) sont passées ou sont en train de passer à la dématérialisation[89] des titres (certificats action et obligation).

2. Les opérations en espèces

Parmi la palette d'opérations mise à la disposition du client figure en premier plan les opérations en espèces. Ces opérations se présentent sous forme de versements, retraits et mise à disposition. Elles ont le mérite de la simplicité.

En vertu des dispositions l'article 30 relatif à la fixation des dates de valeur de la décision N°397/12/2010 portant règles, instruments et procédures de mise en œuvre de la politique de la monnaie et du crédit de la BCEAO, la date de valeur des versements et retraits d'espèces est le jour « j » de l'opération

2.1. Les versements

Les opérations de versement peuvent être effectuées par le signataire du compte et toutes autres personnes physiques ou morales, pourvu qu'elles fournissent les documents qui attestent et justifient leurs identités. Toutefois, dans le cadre de la lutte contre le blanchiment de capitaux, la banque doit contrôler de près les versements effectués par des tiers.

---

[89] Se définit comme l'inscription obligatoire des titres sur un compte titre ouvert à cet effet. Ce point dénote du dispositif de développement et d'approfondissement du marché financier sous régional. Toutefois, le support écrit restera sur place.

Les versements peuvent se faire dans n'importe quelle agence de la banque (versement espèce sur place et versement espèce déplacé).

Un bordereau de versement espèce est fourni à la personne qui l'effectue. Ce bordereau comporte le nom du titulaire, le numéro de compte ainsi que le nom et la signature de la personne.

Les dépôts d'espèces au guichet sont offerts à titres gratuit suite à une décision de la BCEAO.

- Comptabilisation

Les écritures comptables sont générées automatiquement dans le système :

Débit	Crédit
10111......... Caisse X	2511.......... Ou 2531 Compte du client

2.2. Les retraits

Les opérations de retraits sont strictement contrôlées par la banque car seuls le(s) signataire(s) du compte ou son (ses) mandataire(s) en sont habilités.

Les retraits peuvent être effectués au moyen de chèque de guichet, de chèque ordinaire, ou de tout autre support crée à cet effet. Le guichetier doit s'assurer de la conformité du spécimen de signataire, de la régularité du chèque (voir Cf. infra opération de chèque), de la personne qui effectue le retrait, et de l'existence de la provision.

Les retraits peuvent se faire dans le réseau de la banque domiciliataire du compte (retrait espèce sur place, retrait espèce déplacé). Ils peuvent également se faire par cartes monétiques dont les capacités varient d'un produit à un autre et d'une banque à une autre (voir Cf. infra cartes monétiques).

Les retraits d'espèces au guichet à l'exception des opérations par chèque de guichet sont offerts à titres gratuit suite à une décision de la BCEAO.

- Comptabilisation retrait en espèce

Les écritures comptables sont générées automatiquement dans le système :

Débit	Crédit
2511.......... Ou 2531 Compte du client	10111......... Caisse X

– Comptabilisation retrait par chèque de guichet

Les écritures comptables sont générées automatiquement dans le système :

Débit	Crédit
2511……… Ou 2531 Compte du client	708192……… Commission/chèques de guichet 332112………. TAF/chèques de guichet

2.3. La mise à disposition

Un client en déplacement peut utiliser un ordre de mise à disposition en sa faveur ou au profit d'une autre personne. Cela suppose très souvent que les autres supports de retraits (chèque, cartes, traveller's cheque) ne sont pas à la disposition du client.

En exécutant l'ordre, la banque envoie les fonds dans une autre agence ou chez un correspondant. Son compte est aussitôt débité du montant ainsi que des frais et accessoires.

Au moment du retrait des fonds, l'agence ou le correspondant doit procéder à la vérification des conditions stipulées sur l'ordre et l'identité de la personne (carte d'identité et spécimen de signature).

– Comptabilisation

Débit	Crédit
2511……… Ou 2531 Compte du client	702919……… Commission/mise à disposition 332112………. TAF/mise à disposition

3. Les opérations par chèque

3.1. Le chèque

Le chèque est un instrument de paiement très utilisé dans le cadre des relations d'affaires entre agents économiques. Il est classé dans la catégorie de monnaie scripturale[90]. C'est un support essentiel dans la promotion de la bancarisation et de l'utilisation des moyens de paiement scripturaux (Cf. article 3 de la directive N°8/2002/CM/UEMOA). Ainsi, il offre plus d'avantages en termes de sécurité que les opérations en espèce.

[90] Il s'agit de support pouvant être le chèque, le virement, la carte de paiement. Il peut se transformer rapidement en pièces (monnaie divisionnaire) ou billets (monnaie fiduciaire) de banque.

Les opérations par chèque sont régies par le Règlement N°15/2002/CM/UEMOA.

3.1.1. Fonction et définition

La fonction principale du chèque est d'effectuer des paiements sans manipulation d'espèce en cas de paiement ou de retrait.

Le chèque se définit comme une monnaie scripturale payable à vue par laquelle une personne dénommée le tireur donne l'ordre à une personne dénommée le tiré de payer un montant y figurant en chiffre et en lettre au titulaire ou à un tiers appelé le bénéficiaire dans le strict respect de l'existence de la provision sur le compte.

Il fait intervenir trois (3) personnes, à savoir :

- Le tireur : c'est lui qui établit et signe le chèque. Il doit à cet effet être juridiquement capable.
- Le tiré : c'est la banque qui détient les fonds et paye.
- Le bénéficiaire : c'est lui reçoit le paiement.

Le chèque peut émis au profit du tireur lui-même, ce qui veut dire que le bénéficiaire est le tireur.

Il peut être payable à une personne dénommée ou au porteur (chèque blanc).

Il peut être pré-barré non endossable, non pré-barré endossable.

3.1.2. Délivrance de formules de chéquiers

La délivrance de formules de chéquiers est conditionnée à la consultation préalable de la centrale des incidents de paiement (CIP) pour s'assurer que le client n'est pas sous le coup d'une interdiction bancaire ou judiciaire conformément aux articles 45 et 127 du règlement N°15/2002/CM/UEAMO.

3.1.3. Les aspects formels

– Mentions obligatoires

Les mentions obligatoires du chèque sont au nombre de six (6) conformément à l'article 48 du règlement N°15/2002/CM/UEMOA. Elles se déclinent ci-après :

- la dénomination de chèque ;
- le mandat pur et simple de payer une somme déterminée ;
- le nom de celui qui doit payer (tiré) ;
- l'indication du lieu où le paiement doit s'effectuer ;
- l'indication de la date et du lieu où le chèque est créé ;
- la signature manuscrite de celui qui émet le chèque (tireur).

L'omission de l'une de ces mentions a pour conséquence la non-validité du chèque. Il perd alors sa qualité de chèque et les prérogatives particulières qui lui sont attachées.

– Mentions facultatives

Le nom du bénéficiaire et le barrement sont des mentions facultatives. Leurs omissions n'enlèvent rien de la qualité du chèque.

En effet, le chèque peut être stipulé payable avec ou sans la clause « à l'ordre » d'une personne. Il peut l'être avec la clause « non à l'ordre » ; ou au porteur (cas de chèque blanc) en application de l'article 52 du règlement N°15/2002/CM/UEMOA.

Le barrement s'effectue au moyen de deux (2) barres parallèles apposées au recto (article 90 du règlement N°15/2002/CM/UEMOA). Il peut être général ou spécial. Il est général s'il n'y a aucun nom de banque entre les deux (2) barres. Il est spécial dans le cas contraire (nom d'une banque figurant entre les deux barres).

Le barrement général peut être transformé en barrement spécial sans que l'inverse ne soit possible.

Le biffage du nom du bénéficiaire ou du barrement n'est pas autorisé.

3.1.4. Types de chèques

– Le chèque pré-barré non endossable

- Ces chèques ne peuvent être établis au porteur (chèque blanc) ;
- Ils ne sont pas transmissibles par endos ;
- Ils ne sont pas encaissables en espèce au guichet ;
- Ils sont encaissables par l'intermédiaire d'une banque (remise de chèque obligatoire sur le compte) ;
- Ces formules de chèque sont gratuites (Cf. article 46 du même règlement).

– Le chèque non barré endossable

- Ce type de chèque est ordinaire ;
- La banque perçoit un droit de timbre au profit du Trésor Public (Cf. article 45 du même règlement).
- Transmissible par la technique d'endossement

3.1.5. La technique de l'endossement

La technique de l'endossement d'un chèque consiste à mettre sur l'endos (le derrière) du chèque la mention suivante : veuillez payer à l'ordre « nom et prénom de la personne (appelée endossataire) » accompagnée de la signature de l'endosseur (tireur ou bénéficiaire). Toutefois, la seule signature de l'endos du chèque vaut endossement et est appelée endossement blanc (Cf. article 65 du règlement). Il peut également être porté sur une feuille attachée au chèque (allonge).

Le chèque peut être endossé à nouveau selon l'esprit du règlement sus-mentionné. Le banquier doit s'assurer de la régularité des endos et identités des endosseurs et endossataires.

L'endossement de personne physique (endosseur) en faveur d'une personne morale (endossataire) est possible dans le cas où le bénéficiaire du chèque est signataire sur le compte de société (endossataire). Par exemple, l'endossement d'un chèque de bénéficiaire X (endosseur) au profit d'un compte d'une société Z (endossataire) dont X est le signataire (identité de X à vérifier par le banquier sur le compte de la société Z).

L'endossement de personne morale (endosseur) en faveur d'une personne physique (endossataire) ou en faveur d'une autre personne morale (endossataire) ne doit pas être autorisé. Par exemple, le cas d'endos irréguliers dans une remise de chèque autre banque lors de la compensation interbancaire.

Par ailleurs, l'endossement du tiré ne vaut que comme quittance, sauf dans le cas où le tiré a plusieurs établissements et où l'endossement est fait au bénéfice d'un établissement autre que celui sur lequel le chèque a été tiré (article 64 du règlement).

Enfin, l'endossement transfère subséquemment tous les droits du chèque en l'occurrence la provision y afférente à l'endossataire.

3.1.6. La provision

L'émission d'un chèque consiste à donner un ordre à sa banque de payer à vue directement ou indirectement le montant y figurant tout en s'assurant de l'existence de la provision. Ainsi, pour tout paiement de chèque le banquier doit s'assurer de la disponibilité des fonds correspondants sur le compte en question.

Cependant, le chèque peut être émis sans provision et c'est au bénéficiaire de se rassurer sur la disponibilité de la provision. A cet égard, le règlement N°15/2002/CM/UEMOA prévoit en son chapitre IV des garanties de chèque :

– L'aval du chèque

Le paiement d'un chèque peut être totalement ou partiellement avalisé par un tiers, ou un signataire sur le chèque lui-même, ou sur une allonge, ou sur un acte séparé à travers la mention spéciale « bon pour aval ».

Le donneur d'aval appose sa signature sur le recto du chèque en indiquant pour le compte de qui il est donné. A défaut, c'est le tireur qui en bénéficie.

– Le visa du chèque

Il garantit la disponibilité des fonds sur le compte bancaire au moment de son apposition. Cependant, il n'implique pas pour le banquier l'obligation de bloquer la somme y afférente.

– La certification du chèque

Sur ce point la banque à l'obligation de bloquer le montant correspondant dans un sous compte du client. Elle a ainsi la responsabilité de garder le montant du chèque au profit du bénéficiaire jusqu'à l'expiration du délai de présentation (8 jours).

La certification consiste à apposer le cachet certifié sur le recto/verso du chèque accompagné de la signature du banquier. Elle est l'opération la plus courante dans une banque de détail.

Comptabilisation certification d'un chèque

Débit	Crédit
2511......... Client	2722....... Compte de certification client X 7029......... Commissions sur certification 3321........ TAF/certification

– Les cartes dites garanties de chèque

Ces cartes doivent expressément indiquer les seuils des montants individuels de chèques garantis. Elles sont présentées au moment des paiements par la clientèle.

– Le traveller's cheque

Egalement appelé chèque de voyage, il concerne principalement les touristes, les hommes d'affaires. Il est régi par les textes d'application du règlement relatif aux relations financières extérieures des Etats de membres de l'UEMOA. Ainsi, les voyageurs qui se rendent dans les Etats non membres UEMOA sont tenus d'emporter sous forme de chèque de voyage, de cartes monétiques tout montant supérieur à 2 millions FCFA.

Dans la pratique, l'utilisation de ce produit est tombée en désuétude.

3.1.7. Encaissement du chèque

Le chèque peut être en espèce au guichet de la banque ou par crédit en compte moyennant une remise de chèque.

– Encaissement contre espèces

- Règlement au signataire du compte

Le guichetier doit d'abord s'assurer de la disponibilité des fonds avant tout paiement au signataire du compte ou son représentant mandataire. La remise des fonds est attestée par la signature en bas de la mention « pour acquit » à l'endos du chèque.

- Règlement au profit d'un tiers

Avant tout paiement en faveur d'un tiers, le guichetier doit vérifier l'identité du bénéficiaire ; s'assurer de la régularité du chèque (mentions obligatoires, délai de validité, absence d'opposition, absence de barrement) ; s'assurer de l'identité des endosseurs et endossataires ; et la disponibilité des fonds. Au moment du paiement, le client doit signer en bas de la mention « pour acquit ».

– Encaissement par la banque

Dans ce cas, le client qui le souhaite peut faire endosser le chèque au profit de sa banque en y signant sur le dos en mentionnant le numéro de compte adéquat. Pour ce faire, il fera une remise de chèque dans sa banque qui présentera ensuite ce chèque sous forme d'image à la télé compensation interbancaire communément appelée Système Interbancaire de Compensation Automatisé dans l'UEMOA (SICA-UEMOA). Et, le sort de ce chèque est connu sous les 48 heures jours ouvrés.

L'encaissement de chèques tirés sur une banque de la zone UEMOA est offert à titre gratuit suite à la décision de la BCEAO.

– Circuit de traitement des chèques

- 1ère étape : la remise de chèque par le bénéficiaire

Le bénéficiaire procède à la remise de chèque sur son compte bancaire en mentionnant son numéro de compte à l'endos du chèque suivi de sa signature. Le chèque est ainsi remis à sa banque pour encaissement. La remise de chèque peut se faire n'importe agence, bureau ou guichet du réseau de la banque. Un bordereau de remise de chèque est remis au client. Son compte est crédité du montant sous réserve du paiement du chèque à la compensation. Le guichetier à l'obligation de s'assurer de la régularité du chèque.

- 2ème étape : présentation du chèque à la télé compensation

L'opération est saisie dans le système information bancaire (SIB). La banque procède à la déclaration du chèque à la compensation. Le sort du chèque est connu lors dans les 48 heures jours ouvrés conformément aux dispositions de la convention SICA-UEMOA.

- 3ème étape : passage de l'écriture du débit du compte du tireur

La banque confrère ou banque du tireur procède à la vérification du chèque et s'assurer de l'existence de la provision sur le compte.

Si provision il y a, le compte du tireur est débité au profit du bénéficiaire du chèque à travers sa banque.

Si le chèque est rejeté pour absence de provision, alors le chèque est traité conformément aux dispositions de l'article 115 du Règlement N° 15/2002/CM/UEMOA relatif aux systèmes de paiement dans les Etats membres de l'UEMOA (édition certificat de non-paiement ; lettre d'avertissement ; lettre d'injonction valant interdit bancaire après 30 jours de régularisation et déclaration à la centrale des incidents de paiement –CIP- de la BCEAO).

Par ailleurs, le chèque également peut être rejeté souvent pour différentes raisons indépendantes de la volonté du tireur (absence d'image scanné, image partiellement scanné, etc.).

3.1.8. Délai de validité et d'encaissement

Le chèque est une monnaie scripturale payable à vue et toute mention contraire est réputée non écrite (Cf. article 80 du Règlement N°15/2002/CM/UEMOA). Il doit être présenté au paiement dans un délai communément appelé délai de présentation (ou délai d'encaissement). Ce délai se présente comme suit dans l'article 81 du règlement susvisé :

- 8 jours pour les chèques sur place
- 20 jours pour les chèques hors place
- 45 jours pour les chèques payables dans un autre Etat de la zone UEMOA
- 70 jours pour les chèques payables en dehors du territoire de la zone UEMOA

A l'expiration de ces délais règlementaires, le chèque reste encore valable pendant 3 ans conformément aux articles 109 et 184 du règlement susmentionné. Passé ce délai, on dit alors qu'il est prescrit.

Entre le délai de présentation et la prescription du chèque, le bénéficiaire peut se faire payer par la banque s'il provision sur le compte.

Les cas de décès et d'incapacité après l'émission du chèque ne peuvent pas entrainer une opposition au chèque.

3.1.9. Opposition au paiement

L'article 84 du règlement ci-dessus reconnaît quatre cas de figure dans lequel on peut faire opposition au chèque :

- perte,
- vol,

- utilisation frauduleuse du chèque,
- ouverture de procédures collectives de redressement judiciaire et de liquidation des biens contre le porteur.

3.1.10. Paiement partiel

Si le montant disponible sur le compte est inférieur à celui figurant sur le chèque, le porteur peut exiger le paiement partiel jusqu'à concurrence de la provision à la décharge des tireurs et endosseurs. Dans ce cas, le tiré peut exiger que mention de ce paiement soit faite sur le chèque et qu'une quittance lui en soit donnée.

Le reste c'est-à-dire la différence est protestable par le porteur (Cf. Articles 87, 103, et 175 du règlement susmentionné).

3.1.11. Recours en cas de non-paiement

Le chèque peut être retourné impayé pour défaut de provision sur le compte. Alors s'il est présenté dans les délais règlementaires (8 jours), le porteur peut exercer des recours contre le tireur, les endosseurs ou toute personne ayant apposée sa signature sur le chèque. Ainsi, en cas de non-paiement ou de paiement partiel, le porteur du chèque dispose au regard du chapitre VII de la règlementation susmentionnée de recours qui diffèrent selon que le chèque soit ou non dans le délai de présentation.

– Pendant le délai de présentation

- Un certificat de non-paiement est délivré par la banque sur demande du client (à défaut du paiement dans le délai de 30 jours conformément à l'article 123)
- Le protêt (acte authentique) doit être dressé par les huissiers ou notaires, ou toute autre personne dûment habilitée par la Loi sur demande du porteur afin de matérialiser le refus de paiement dans le délai de 10 jours (article 123)
- Cet acte doit être signifié par voie d'huissier au tireur, endosseurs, et avaliseurs
- Cette signification vaut commandement de payer sous quinzaine (15 jours). A défaut, l'huissier remet au greffe du Tribunal contre récépissé deux copies exactes des protêts dont l'une est destinée au parquet. Qui pourrait délivrer un titre exécutoire aux fins de diverses procédures : saisie-attribution sur salaire ou sur compte (article 105 du règlement).

Tous les frais de la procédure sont à la charge du tireur. Le porteur dispose d'une action qui est prescrite pour 6 mois contre le tireur et les endosseurs et 3 ans contre le tiré (article 109 du même règlement).

– Hors délai de présentation

- Le chèque peut être présenté au paiement
- Le recours est dirigé envers le tireur qui n'a pas fait provision
- Le protêt est dressé par l'huissier et vaut commandement de payer dans les 15 jours
- Les délais de recours sont calculés à partir de l'expiration du délai de présentation (8 jours)
- Si le recours n'est pas exercé en temps utile, difficulté de poursuivre le tireur

3.1.12. Prévention des chèques sans provision

La banque doit se prémunir des mesures suivantes :

- L'obligation de vérification lors de l'ouverture de compte (identité, domicile, interdiction bancaire ou judiciaire)
- La banque se réserve le droit de refuser de délivrer au titulaire du compte des formules de chèques
- Le bénéficiaire d'un chèque peut exiger des garanties du chèque (visa, certification, etc.)
- La banque doit sensibiliser les clients sur la question de chèque sans provision et ses conséquences

3.1.13. Répression des chèques sans provision

Ce point est régie par les dispositions des articles 114, et 115 du règlement N°15/2002/CM/UEMOA ; et la loi uniforme 2012 relative aux infractions en matière de cheque, de carte bancaire et d'autres instruments et procédés électroniques de paiement.

La procédure de traitement des chèques sans provision au regard des dispositions susmentionnées du règlement est la suivante :

Conformément à l'article 114 du règlement numéro 15/2002/CM/UEMOA relatif aux systèmes de paiement dans les Etats membres de l'UEMOA, le client doit régulariser les incidents de paiement dans un délai de trente (30) jours à compter de la date d'envoi de la lettre d'avertissement, à sa convenance selon l'un des deux modes suivants :

- Soit par le règlement direct du montant du chèque entre les mains du bénéficiaire ; dans ce cas, il devra se justifier de ce règlement par la mise à disposition de la banque du chèque acquitté ou d'une attestation de paiement légalisé, au plus tard le premier jour ouvrable qui suit l'expiration du délai de régularisation.
- Soit par la constitution d'une provision suffisante et disponible affecté au règlement du chèque par la banque, et ce au cours du délai précité. Il lui appartient, dans ce cas, de veiller au maintien de la provision en compte jusqu'au règlement du chèque sus-indiqué au bénéficiaire. Le

recours à cette dernière solution doit demeurer exceptionnel et être réservé aux cas dans lesquels il n'a pas été possible de trouver le bénéficiaire ou si le chèque n'a pas été représenté.

En cas de non régularisation, dans les délais sus - mentionnés, le client sera obligé de restituer à la banque les formules de chèques en sa possession et en celle de ses mandataires et deviendra de facto interdit de formules de chèques en sa possession et en celle de ses mandataires auprès de l'ensemble des établissements bancaires et des CCP pendant cinq ans à compter de la date de présentation du chèque sus - visé, conformément à l'article 115 du règlement numéro 15/2002/CM/UEMOA relatif aux systèmes de paiement dans les Etats membres de l'UEMOA.

La lettre d'avertissement sera enregistrée dans les fichiers de la centralisation des incidents de paiement de la banque centrale.

La levée de l'interdiction bancaire est subordonnée au règlement effectif du ou des chèques rejetés et au paiement d'une pénalité libératoire de 10% encaissé par la BCEAO au compte du Trésor Public.

Dans la pratique, en cas d'interdit bancaire, certaines banques bloquent au débit la carte monétique ou la retire tout simplement au client. A notre avis, c'est uniquement les formules de chèques qui devraient être retirées au client c'est-à-dire sans les cartes monétiques conformément à l'esprit des articles 115 à 120 du Règlement N°15 UEMOA. Ce qui a comme corollaire, qu'il pourrait avoir le droit d'utiliser les cartes monétiques en sa possession.

En effet, être interdit bancaire ne peut pas être synonyme d'être interdit de compte bancaire, le droit au compte et l'accès aux services bancaires de base restant, en droit, intact. Toutefois, la banque qui tient le compte d'un interdit bancaire peut, de façon négociée ou autoritaire :

- modifier de façon unilatérale la convention de compte dans un sens plus restrictif (retirer par exemple la carte monétique),
- ou clore le compte.

En l'espèce, l'interdit bancaire doit ouvrir, si nécessaire, un compte dans une autre banque :

- soit celle de son choix,
- soit celle indiquée par la BCEAO, suite à l'application de la procédure du droit au compte après avoir subi un refus d'ouverture de compte.

Par conséquent, l'interdit bancaire doit pouvoir :

- disposer d'une carte bancaire,
- effectuer des virements et prélèvements,
- réaliser des dépôts et des retraits d'espèces,
- payer avec des chèques de banque.

3.1.14. Les sanctions pénales

En ce qui concerne les sanctions pénales, les clients qui émettent un ou plusieurs chèques au mépris des dispositions de l'article 115 seront punis d'un emprisonnement de trois (03) ans et d'une amende de deux millions (2.000.000) de francs CFA. Cette amende peut être portée à cinq millions (5.000.000) de francs CFA en cas de récidive ou si le client est commerçant (article 2 de la loi uniforme 2012 suscitée). L'utilisation de chèque volé, d'endossement volontaire de chèque sans provision, d'émission de chèque sur un compte clôturé sont également punis de la manière à l'article 2 de la loi uniforme précitée.

Aussi, dans la panoplie des sanctions prévues par la loi uniforme 2012, on peut retenir les sanctions suivantes :

- La contrefaction et la falsification de chèque sont punies d'un emprisonnement de cinq (05) ans et d'une amende de cinq millions (5.000.000) de francs CFA (article 3 de la loi uniforme 2012),
- Les personnes qui facilitent volontairement la falsification ou la contrefaction des chèques à travers des machines, appareils, la mise à disposition des matières et données, ou toutes autres choses utiles seront punies puni d'un emprisonnement de sept (07) ans et d'une amende de dix millions (10.000.000) de francs CFA (article 4 de la même loi),
- Le tiré (la banque) qui refuse de payer un chèque sous motif que le tireur y apposé une opposition non valable au regard de l'article 84, alinéa 3 du Règlement N°15/2002/CM/UEMOA, est passible d'une amende de trois millions (3.000.000) de francs CFA (article 10 de la même loi),
- Le tiré qui indique une provision inférieure à la provision existante et disponible est passible d'une amende de trois millions (3.000.000) de francs CFA (article 11 de la même loi)

4. Les cartes bancaires

Les cartes bancaires ou monétiques présentent plus de sécurité dans les transactions en comparaison avec le chèque.

Ces cartes à puce peuvent généralement être utilisées par les particuliers dans leurs achats de biens de consommation chez les commerçants.

Le paiement est basé sur le système monétique interbancaire régional dont la société GIM-UEMOA (Groupement Interbancaire pour la Monétique) assure la gestion.

Les relations entre l'émetteur, le titulaire et le bénéficiaire sont gérées par la convention des parties (Article 136 du règlement N°15/2002/CM/UEMOA).

Dans la pratique, on distingue les cartes de retrait et les cartes de paiement.

4.1. Les types de cartes

4.1.1. Les cartes de retrait

Les cartes de retrait permettent exclusivement à son titulaire de retirer des fonds (article 1er du Règlement N°15/2002/CM/UEMOA).

Ces cartes peuvent être limitées seulement à l'ensemble du réseau de la banque en question (cartes propres à une banque).

D'autres cartes s'étendent à la zone UEMOA à travers le réseau GIM-UEMOA (Groupement Interbancaire pour la Monétique) qui assure l'interbancarité et l'interopérabilité avec en toile de fond la promotion de la monétique dans la zone UEMOA.

Ces cartes ainsi que certains services qui y associés sont facturés à la clientèle.

4.1.2. Les cartes de paiement

Ces cartes permettent à leur porteur de retirer ou de virer des fonds (Article 1er du Règlement N°15/2002/CM/UEMOA).

- Les cartes sous régionales et cartes internationales

Les cartes sous régionales ne peuvent être utilisées que dans la zone UEMOA à travers le réseau GIM-UEMOA et les cartes internationales (réseau VISA et MasterCard) utilisées à l'étranger dans quasiment tous les pays.

- Les cartes de débit

Ces types de cartes sont dans la pratique très utilisés dans la zone UEMOA. Les principaux services fournis par ces cartes sont : Retrait ; Edition solde ou relevé ; cash advance ; paiement. Elles fonctionnent sur les GAB/DAB et TPE (Terminaux Electroniques de Paiement) disponibles dans certains magasins, espaces publics, commerçants, etc.

- Les cartes prépayées

Ces cartes sont destinées aux clients et non clients de la banque. Elles sont rechargeables sur ordre d'un client de la banque. Elles fonctionnent également sur les GAB/DAB et TPE dans l'ensemble de la zone UEMOA.

Une carte prépayée s'appelle aussi « Porte-monnaie électronique » dans le Règlement N°15/2002/CM/UEMOA) qui la définie comme une carte de paiement prépayée, c'est-à-dire sur laquelle une certaine somme d'argent a été chargée, permettant d'effectuer des paiements électroniques de montants limités.

4.2. Description des cartes bancaires

La tendance est au basculement vers les cartes à puce - versus carte à piste - qui offrent plus d'avantage, de sécurité et de résistance. Les cartes à puce ont généralement les caractéristiques techniques suivantes :

- Un composant électronique « une puce » répondant aux normes internationales EMV (Europay MasterCard Visa). Cette puce est utilisée pour les transactions de paiement sur les terminaux de paiement électronique (TPE)
- Une piste magnétique pour les transactions de retrait sur les GAB/DAB
- La puce contient les paramètres de gestion du risque du porteur (code confidentiel, limites d'utilisation, etc.)
- L'assurance de l'interbancarité

Lors de la délivrance de la carte, la banque transmet un code secret à son titulaire. Ce code est ultra-sensible en ce sens qu'il ne doit être divulgué à personne. Il est même préférable de mémoriser ce code en déchirant la fiche qui la contienne.

C'est avec ce code que le client effectue toutes ses opérations relatives à la carte : retrait, paiement, cash advance, etc.

La validité de la carte est généralement de deux (2) à trois (3) ans. Elle est facturée sous forme de redevance annuelle. Elle reste la propriété de la banque.

4.3. Les avantages des cartes bancaires

- Règlement des achats sans manipulation d'espèce ou d'établissement de chèque
- Retraits espèces dans les GAB/DAB
- Paiements dans les TPE
- Le commerçant est protégé du risque de chèque sans provision
- Après 3 essais de code, la carte est automatiquement avalée par la machine pour éviter toute utilisation frauduleuse

4.4. Les services offerts à titre gratuit en matière monétique

- Retrait auprès d'un guichet automatique (GAB/DAB) de la banque du client,
- Paiement par carte bancaire au sein de l'UEMOA,
- Consultation de solde et édition du relevé de solde au GAB/DAB dans la banque du client,
- Avis de débit et de crédit par voie électronique,

- Consultation et édition du solde et de l'historique du compte à travers le GAB/DAB de la banque du client.

4.5. Opposition au paiement de la carte bancaire

L'article 142 du règlement ci-dessus reconnaît quatre cas de figure dans lequel on peut faire opposition au chèque :

- perte,
- vol,
- utilisation frauduleuse de la carte ou du porte-monnaie électronique,
- ouverture de procédures collectives de redressement judiciaire et de liquidation des biens contre le porteur.

Le dernier alinéa de l'article suscité stipule que l'opposition peut être valable par appel téléphonique si le demandeur la confirme physiquement par ses pièces justificatives dans les 24 heures qui suivent l'appel. Et, la banque, émettrice de la carte est tenue d'informer la BCEAO.

4.6. Prévention en matière d'infraction sur carte bancaire

Les points de prévention faits appel au principe de précaution du banquier en l'occurrence :

- la vérification de l'identité,
- la consultation de la centrale des incidents de paiement avant toute délivrance de carte,
- la bonne tenue du code confidentiel par le porteur de la carte,
- injonction de restituer la carte en cas de décision de retrait.

4.7. Répression en matière d'infraction sur carte bancaire

En ce qui concerne la répression, elle est régie par les dispositions des articles 143 jusqu'à 148 du règlement N°15/2002/CM/UEMOA, et la loi uniforme relative aux infractions en matière de cheque, de carte bancaire et d'autres instruments et procédés électroniques de paiement.

Parmi les sanctions prévues par les dispositions de la loi uniforme, on retenir :

- En cas de délivrance d'une carte de paiement en violation de la décision de retrait (l'article 139 alinéas 1er et 2 du Règlement), l'émetteur est puni d'une amende de deux millions (2.000.000) de francs CFA (article 15 de la loi uniforme 2012),
- La contrefaction, la falsification sont punies d'un emprisonnement de cinq (05) ans et d'une amende de dix millions (10.000.000) de francs CFA (article 16, 20 et 21 de la même loi),

- Les personnes qui facilitent volontairement la falsification ou la contrefaction des cartes à travers des machines, appareils, la mise à disposition des matières et données, ou toutes autres choses utiles seront punies puni d'un emprisonnement de sept (07) ans et d'une amende de dix millions (10.000.000) de francs CFA (article 17 de la même loi),
- Les personnes qui utilisent volontairement sans autorisation des données d'identification pour le lancement ou le traitement d'une opération de paiement électronique sont punis d'un emprisonnement de cinq (05) ans et d'une amende de dix millions (10.000.000) de francs CFA (article 18 de la même loi),
- En cas d'opposition sur une carte (perte, vol, fraude, procédure judiciaire) ou d'expiration du délai de la carte, les personnes qui utilisent volontairement une carte bancaire sont punis d'un emprisonnement de cinq (05) ans et d'une amende de dix millions (10.000.000) de francs (article 19 de la même loi),

Enfin, en dehors des opérations sus traitées, il n'existe d'autres opérations de caisse.

5. Les autres opérations bancaires

Le développement des nouvelles technologies, ayant facilité la confection de progiciel bancaire (ou système d'information bancaire – SIB-), a permis de rendre fluide certaines opérations bancaires. Ces opérations concernent notamment le virement, le transfert, et le prélèvement automatique.

5.1. Le virement

Un virement est l'exécution d'un envoi de fonds, sous format électronique, effectué par une banque sur instruction d'un donneur d'ordre en faveur d'un ou plusieurs bénéficiaires. Il peut prendre la forme d'un virement émis ou d'un virement reçu.

Le virement émis (versus virement reçu) est un ordre écrit et signé par le titulaire du compte donnant mandant à la banque de procéder au débit de son compte en faveur d'un autre compte. Cet ordre de virement peut être exécuté sur la même banque, ou sur une autre banque sise dans la zone UEMOA. Dans le cas d'un virement interbancaire, cette opération est exécutée pour des montants inférieurs à 50 millions sur le module « SICA-UEMOA », outil de télé compensation interbancaire dans la zone UEMOA dont la gestion est assurée par la BCEAO.

Le virement peut être émis par le module « STAR-UEMOA » pour des montants supérieurs à 50 millions de Francs CFA sous forme de message

SWIFT « MT 103 » (pour les ordres de transfert clientèle) ou « MT 202 » (pour les ordres de transfert institutions financières)[91].

Dans la pratique, la banque met à la disposition de la clientèle un formulaire de virement.

L'ordre de virement peut être simple c'est-à-dire une seule opération ou permanent c'est-à-dire de façon périodique à une date précise pendant un intervalle de temps indiqué par le donneur d'ordre (client).

Il est interbancaire lorsque le donneur d'ordre demande à la banque un transfert de fonds vers une autre banque de la zone UEMOA.

Lorsque les comptes du donneur d'ordre et du bénéficiaire sont ouverts dans les livres de la banque, on parle dans ce cas de virement interne.

Il est international (hors UEMOA) lorsque le donneur d'ordre demande à la banque un transfert de fonds à l'étranger[92].

Le banquier doit s'assurer de l'existence de la provision sur le compte, à défaut l'ordre ne pourrait pas être exécuté. Toutefois, la banque peut viser cet ordre pour l'exécuter si elle est sûre que le client fera la couverture après.

Les dates de valeur sont fixées comme suit conformément à la décision N°397/12/2010 de la BCEAO :

- Pour les virements émis, le compte est débité le premier ouvré précédant celui du paiement ou de l'exécution de l'opération.
- Les virements reçus sont crédités au plus tard le premier jour ouvré suivant celui de la réception du virement.

Le virement de compte à compte ainsi que l'encaissement de virements nationaux, communautaires et internationaux sont offerts à titre gratuit (franco) grâce une décision de la BCEAO.

Comptabilisation ordre de virement

Débit	Crédit
2511.......... Client X	11111........ BCEAO 702916...... Commissions sur virement 3321112......... TAF/virement

Comptabilisation virement reçu via SICA-UEMOA

Débit	Crédit
272515.......... Compte de divers/virement SICA	2511........ Client X

[91] Cf. Banque Centrale du Luxembourg, BCL SWIFT user guide, juin 2010.
[92] Ce point fera l'objet d'un traitement aux points ci-dessous.

5.2. Le prélèvement automatique

Le prélèvement automatique est une opération ponctuelle ou permanente par laquelle le client (généralement un salarié) donne mandat à sa banque de débiter périodiquement son compte d'un montant fixe en faveur d'une institution. Il peut s'agir d'un règlement de facture d'électricité et eau, de souscription à une police d'assurance vie, d'abonnement à un bouquet donnant droit à un ensemble de chaîne de télévision, etc.

Dans la pratique, le client renseigne un formulaire préétabli indiquant le nom & prénom du client, son numéro de compte, le montant, la date de prélèvement, et le numéro de compte du créancier. Le créancier adresse à la banque généralement un avis de prélèvement à la justifié par une pièce ou un document dûment renseigné et signé par le client. En cas de non-paiement, la banque n'est pas tenue de le déclarer à la centrale des incidents de paiement (CIP BCEAO).

Comptabilisation prélèvement

Débit	Crédit
2511……… Client X	2511……. Société d'assurance par exemple

5.3. La compensation interbancaire

5.3.1. Généralité

La compensation bancaire désigne un système d'extinction mutuelle des créances réciproques des participants. Elle intervient lorsque deux ou plusieurs personnes sont à la fois créancières et débitrices les unes envers les autres. Ainsi, au lieu que chacune s'acquitte vis à vis de l'autre par un paiement isolé, le droit OHADA admet que les créances mutuelles se neutralisent c'est-à-dire se compensent.

La compensation interbancaire a donc pour unique but de permettre le paiement des valeurs (chèques, effets, virements) que les banques, le Trésor Public et le CCP ont les uns sur les autres.

Elle se tient tous les matins des jours ouvrés, sous la supervision de la BCEAO car c'est elle qui gère le système central de la compensation ;

La BCEAO a automatisé le traitement de la compensation, depuis novembre 2005, par la mise en place d'un système informatisé de compensation à travers le module SICA UEMOA (Système Interbancaire de Compensation Automatisé dans l'UEMOA).

Ce module de compensation interbancaire permet l'envoi automatisé en compensation des valeurs qui sont préalablement saisies dans l'application.

La présentation des chèques à la télé-compensation à un jour " j", doit être faite :

- Soit le jour "j" avant 10 heures
- Soit à "J-1" après 10 heures.

Pour la bonne marche des opérations de compensation, la réglementation en vigueur dans l'Union, fait obligation à chaque banque de désigner, au sein du personnel, un agent de compensation principal et un suppléant.

La remise par la clientèle des chèques à l'encaissement peut se faire dans n'importe quelle agence d'une banque participante. Le sort de la remise est reçu dans l'agence dans laquelle est basé le compte du bénéficiaire.

Au retour-compensation, le "toilettage" est effectué par l'agent en charge de la compensation. C'est une opération qui consiste à faire un contrôle de cohérence de chaque opération financière avec son image scannée. Après ce toilettage, chaque agence reçoit les images des chèques la concernant.

Conformément à la réglementation sur les incidents de paiement, tout banquier qui rejette un chèque pour défaut ou insuffisance de la provision doit :

- enregistrer l'incident de paiement et déclarer celui-ci à la Banque Centrale au plus tard le 4ème jour ouvrable suivant la date du refus de paiement ;
- délivrer une attestation précisant le motif du rejet au présentateur ;
- adresser au débiteur un avis de non-paiement.

Les banques ont le droit de prendre des mesures d'interdiction bancaire à l'égard des auteurs d'émission de chèque sans provision, avec injonction de restitution des formules de chèques en leur possession et en celle de leurs mandataires.

Le règlement N°15 permet de régulariser à tout moment un incident, sous réserve du paiement par son auteur du montant du chèque et, le cas échéant, d'une pénalité libératoire (1.000 FCFA par tranche de 10.000 ; soit 10% sur le montant figurant en incident) acquise à la BCEAO au compte du Trésor Public de l'Etat.

Le banquier tiré, en cas de non-paiement du chèque, est tenu de délivrer, sans frais, au porteur du chèque un certificat de non-paiement dans le délai de 30 jours à compter de la première présentation. La signification du certificat de non-paiement au tireur par un huissier vaut commandement de payer, pouvant conduire dans des délais brefs à la délivrance d'un titre exécutoire (appelé protêt) par le greffier du tribunal au profit du bénéficiaire du chèque (Article 123 du Règlement n°15/2002/CM/UEMOA relatif aux systèmes de paiement).

5.3.2. La description des différentes étapes

Il existe deux (02) grandes étapes dans la pratique pour une banque X : Aller compensation et le Retour compensation.

En effet, l'aller compensation consiste pour la banque X à présenter à la compensation les chèques tirés sur autres banques. Et le retour compensation consiste à traiter les chèques tirés sur elle-même (la banque X) présentés par les autres banques.

- 5.3.2.1. Aller compensation

Les étapes suivantes se dégagent :

1. La banque réceptionne les remises de chèque de ses clients
2. La banque procède aux saisies et scannages (scanner les chèques à un outil approprié) des valeurs à présenter
3. La banque déclare les valeurs à présenter dans le module compensation de son progiciel bancaire (Système d'information bancaire)
4. La banque via son service informatique génère les fichiers des images et valeurs de compensation (ces fichiers sont appelés « ICom » et « Mail ») qui sont ensuite envoyés à la BCEAO (superviseur de la compensation)
5. La banque charge via son service informatique les fichiers retours émanant de la BCEAO
6. La banque consulte le sort des valeurs présentées à la compensation c'est-à-dire les chèques payés et les rejets accompagnés de leurs motifs.

- 5.3.2.2. Retour compensation

1. La banque génère via son service informatique les fichiers des valeurs reçues (envoyés par la BCEAO). Ces valeurs sont présentées par les autres banques et les chèques sont tirés sur la banque
2. La banque procède au toilettage des valeurs reçues via son service de compensation. Il consiste à contrôler la cohérence de chaque opération avec son image scannée et vérifier les mentions obligatoires (montant en chiffres et en lettre, la régularité des endos, le spécimen)
3. La banque procède au traitement des valeurs conformes en débitant les comptes concernés si la provision existe. Si la provision n'existe pas, la banque peut toutefois en fonction de la qualité de la relation avec le client faire le paiement
4. La banque rejette les valeurs non conformes avec leurs motifs (sans images, images partiellement scannées, absence de provision, endos irréguliers, signatures non conformes, etc.)
5. La banque déclare les rejets

6. Pour les cas d'absence de provision ou sans provision, la banque les déclare à la CIP (Centrale des Incidents de Paiement) et applique la procédure en vigueur conformément au Règlement N°15.

5.3.3. La comptabilisation

Les écritures comptables suivantes sont générées automatiquement dans le système d'information bancaire :

Cas des chèques pris à l'encaissement payables chez les autres banques

1. Prise de la valeur à l'encaissement

Débit	Crédit
961112 Valeurs à l'encaissement	96120 Compte auxiliaire client compensation

2. Envoi en recouvrement

Débit	Crédit
372110 Envoi en chambre de compensation	373110 Contrepartie envoi en chambre de compensation

3. Si la valeur est payée

Débit	Crédit
111110 BCEAO Compte ordinaire	372110 Envoi en chambre de compensation
373110 Contrepartie de l'envoi en chambre de compensation	9611120 Valeur à l'encaissement
96120 Compte auxiliaire client compensation	25110 Compte auxiliaire client dépôt

4. Si la valeur est rejetée

Débit	Crédit
373110 Contrepartie de l'envoi en chambre de compensation	9611120 Valeur à l'encaissement
96120 Compte auxiliaire client compensation	372110 Envoi en chambre de compensation

Cas des chèques pris en crédit immédiat

1. Phase réception

Débit	Crédit
961112 Valeurs à l'encaissement	96120 Compte auxiliaire client compensation

2. Crédit du compte du client

Débit	Crédit
37111110 Valeurs à l'encaissement avec crédit immédiat	2511.... Compte client 7029... Frais 332... Taxes

3. Envoi en recouvrement

Débit	Crédit
372110 Envoi en chambre de compensation	373110 Contrepartie envoi en chambre de compensation

4. Comptabilisation du sort

Si la valeur est acceptée

Débit	Crédit
96120 Compte auxiliaire client compensation	961112 Valeurs à l'encaissement

Débit	Crédit
111110 BCEAO Compte ordinaire	372110 Envoi en chambre de compensation
373110 Contrepartie de l'envoi en chambre de compensation	37111110 Valeurs à l'encaissement avec crédit immédiat

Si la valeur est rejetée

Débit	Crédit
96120 Compte auxiliaire client compensation	961112 Valeurs à l'encaissement

Débit	Crédit
373110 Contrepartie de l'envoi en chambre de compensation	372110 Envoi en chambre de compensation

Débit	Crédit
2511...... Compte ordinaire client	3711110 Valeur à l'encaissement avec crédit immédiat

Encadré 3 : Le module de compensation SICA-UEMOA

Le Système Interbancaire de Compensation Automatisé dans l'UEMOA (SICA-UEMOA) est un outil automatisé d'échange et de règlement des opérations de paiement de masse c'est à dire de petits montants, sous forme de virements, de chèques ou d'effets de commerce, entre établissements participants aux niveaux national et régional.

Les participants à SICA-UEMOA sont les banques, la BCEAO, la Poste et le Trésor.

1-Avantages de SICA-UEMOA

SICA-UEMOA assure la compensation multilatérale quotidienne des transactions entre les participants et permet ainsi de réduire :

- *les délais d'échange et de règlement des valeurs à support papier (nationales et entre les pays de l'UEMOA), avec comme innovation l'acceptation de toutes les valeurs qu'elles soient « déplacées » ou « hors place » à tous les points d'accès à la compensation (PAC), permettant la réduction des délais d'encaissement de plusieurs semaines à un jour au plus ;*
- *les risques et les coûts liés à ces délais et aux procédures manuelles de manipulation des valeurs et de leur transport ;*
- *les besoins de trésorerie nécessaires aux opérations de compensation par la détermination d'un solde de compensation de toutes les opérations nationales d'un participant.*

Le démarrage du Système Interbancaire de Compensation Automatisé dans l'UEMOA (SICA-UEMOA), amorcé le 17 novembre 2005, au Mali, s'est consolidé le 14 février 2008, avec l'entrée en production de la télé compensation sous régionale pour les échanges inter-pays.

2-Conditions de participation à SICA-UEMOA

2.1 Conditions relatives aux participants

Seuls peuvent être agréées comme établissements participants à la compensation, la BCEAO, les banques, le Trésor public et les services financiers de la Poste.

La participation à SICA-UEMOA requiert le strict respect des engagements ci-après contenus dans la convention de compensation et ses annexes :

- *être titulaire d'un compte de règlement ouvert dans les livres de la BCEAO ;*

- *se conformer aux règles interbancaires d'échange des chèques et autres effets de commerce ;*
- *respecter le format, les règles d'échange et les normes techniques de SICA-UEMOA, décrits dans les manuels techniques ;*
- *accepter le support électronique comme fondement du règlement.*

2.2 Conditions relatives aux opérations admises

Seuls les instruments scripturaux de paiement en vigueur dans les Etats membres de l'UEMOA (actuellement les chèques, lettres de change, billets à ordre, ordres de virement, et avis de prélèvement), libellés en FCFA, sont admis en compensation. Un montant maximum de 50 millions de FCFA est fixé pour les virements présentés à SICA-UEMOA. Au-delà de ce montant, le participant est tenu d'utiliser STAR-UEMOA. En ce qui concerne les chèques ou les effets, aucun plafond n'est prévu.

3-Modalités de fonctionnement de la compensation

3.1 Règles d'échanges

Le traitement et la comptabilisation de la compensation sont effectués uniquement à partir des fichiers de remises numériques représentant les opérations des participants présentées en compensation.

3.2 Organisation de la journée de compensation

Deux profils de journée de compensation peuvent être définies dans SICA-UEMOA :

- *une journée à séance unique ;*
- *une journée à deux séances.*

Pour l'heure, la télé compensation fonctionne sur la base d'une séance unique par journée d'échanges. La communication et la modification de la journée d'échanges sont du ressort de la BCEAO.

3.3 Règles comptables et règlement des soldes de compensation

SICA-UEMOA est un système de calcul de soldes nets multilatéraux, nationaux d'une part et régionaux d'autre part.

Le règlement du solde de compensation s'effectue par imputation au compte de règlement de chaque Participant dans STAR-UEMOA.

Le délai de règlement s'entend du nombre de jours ouvrés entre la date de présentation d'une valeur en compensation et la date de son imputation sur le compte de règlement du participant.

Tableau : SICA-UEMOA, délais de règlement des opérations interbancaires

Types d'opération	***Délais de règlement interbancaires en jours ouvrés***
Virements (les rejets de virement ne sont pas définis)	*J*
Prélèvements	*J+1*
Autres effets de commerce avec support papier	*J+1*
Chèques et autres effets de commerce avec support image scannée	*J+1*

J= Jour de compensation

Un délai peut être accordé aux établissements participants entre la transmission des soldes à régler et l'heure fixée pour le règlement effectif, afin de leur permettre de rechercher, en cas de besoin, les liquidités nécessaires à la couverture de leur solde de compensation.

4-Gestion des risques dans SICA-UEMOA

La BCEAO ne joue pas le rôle de prêteur en dernier ressort (PDR). Il est prévu la constitution d'un fonds commun de garantie par l'ensemble des participants de la place, auquel un participant peut faire appel lorsqu'il a épuisé sans succès les autres moyens d'apporter des liquidités à son compte de règlement pour régler son solde de compensation.

Par ailleurs, des sanctions sont prévues en cas de défaillance. Il peut s'agir de suspension ou d'exclusion.

De plus, le traitement par la BCEAO des réclamations et litiges est prévu. Les règles d'archivage définies dans la convention nécessitent l'archivage des données par chaque participant.

5-Evolutions récentes de SICA-UEMOA

L'adoption, par les Comités Nationaux de Normalisation (CNN), de nouvelles formules de chèque et d'effets de commerce (lettre de change et billet à ordre) dans l'espace UEMOA respectant les normes internationales a conduit la BCEAO à faire évoluer le Système Interbancaire de Compensation Automatisé dans l'UEMOA (SICA-UEMOA) vers une version prenant en compte les modifications apportées à ces moyens de paiement. Ces nouvelles normes ont été homologuées par la Commission de l'UEMOA et s'imposent à tous les acteurs dans les huit pays de l'UEMOA.

L'une des principales innovations concerne le changement des Relevés d'Identité Bancaire (RIB) avec l'introduction de la norme ISO d'identification des pays en lieu et place des lettres d'identification des pays précédemment retenues dans la zone UEMOA.

Cette innovation s'est traduite également par la modification du code ''banque'' des participants à SICA-UEMOA.

Cette nouvelle version de SICA-UEMOA a démarré avec succès le vendredi 08 octobre 2010 et de manière simultanée dans l'ensemble des huit (8) pays de l'UEMOA.

Depuis le démarrage de cette version de SICA-UEMOA le lundi 11 octobre 2010, aucun incident majeur n'a été constaté.

Source : BCEAO

5.4. Le transfert à l'étranger

Le transfert émis (versus transfert reçu) s'assimile à l'exécution d'un ordre de virement international à partir d'une place bancaire A vers une place bancaire B dans la monnaie locale en zone UEMOA ou en devise hors zone UEMOA.

L'instruction N°01/07/2011/RFE relative à l'exécution des règlements avec l'étranger ou avec les non-résidents est le texte règlementaire de référence dans la zone UEMOA.

La banque peut exécuter un ordre de transfert pour le compte de sa clientèle, pour le compte d'un correspondant ou pour son propre compte (article 2 de l'instruction).

La demande de transfert est établie en 4 copies distribuées comme suit : l'original à la banque domiciliataire, et les 3 copies respectives à la direction des finances extérieures, la BCEAO, et le client. Le modèle de formulaire ci-après de change est fourni par la BCEAO (article 3 de l'instruction).

La banque est tenue d'informer la BCEAO et le Ministère des finances de tout transfert reçu de l'étranger ou de tout paiement effectué à résident par le débit d'un compte étranger en francs, en euros ou toute autre devise (article 7 de l'instruction).

Par ailleurs, le règlement N°09/2010/CM/UEMOA/ relatif aux relations financières extérieures des Etats membres de l'union économique et monétaire ouest africaine (UEMOA) précise en son article 7 que les transferts effectués au titre des opérations en capital doivent faire l'objet d'une demande d'autorisation de change auprès de la BCEAO.

Dans la pratique, le transfert dans la zone UEMOA est assuré par le module STAR-UEMOA (système régional de règlement brut en temps réel des transactions d'importance systémique) pour les gros montants généralement supérieur à 50 millions de francs CFA.

Le transfert en devise (euros ou dollars) s'effectue à travers le module SWIFT[93] (Society for Worldwide Interbank Financial Telecommunication) utilisé par la majorité des banques et institutions financières un peu partout dans le monde.

– Comptabilisations

Transfert reçu à l'ordre d'un client de la banque

1ère étape :

Débit	Crédit
37584......... Contre-valeur position de change en FCFA 1141............ Compte correspondant	2511........ Compte client 3757.............. Position de change en devises

2ème étape :

Débit	Crédit
2511..... Compte client	7029123........ Commission 332111........ TAF

[93] Réseau interbancaire international offrant une palette de services financiers : transferts, opérations sur devises, opérations sur titres, recouvrements, etc.

Transfert reçu à l'ordre d'un client de passage

Débit	Crédit
1141…………. Compte correspondant 37584………. Contre-valeur position de change en FCFA	37574……… Position de change en devises 11111…….. BCEAO (cas client d'une autre banque) Ou 272514………….. Divers service international 7029123…….. Commission 332111…….. TAF

NB : les transferts reçus sont gratuits depuis le 1er octobre 2014 c'est à dire les commissions et taxes ne sont plus prélevées sur la clientèle comme on le voit ci-dessus dans le schéma comptable transferts reçus (Cf. instruction N°004-06-2014).

Transfert émis :

Débit	Crédit
2511…………. Compte client 272514…….. Divers service international 37584………. Contre-valeur position de change en FCFA	1141………. Compte correspondant 3757…….. Position de change en devises 7029123…….. Commission 3321118…….. TAF 3321119……. Taxe du Trésor 3321121…… Timbres fiscaux

Encadré 4: Le module de transfert de fonds « STAR-UEMOA »

STAR-UEMOA est le système régional de règlement brut en temps réel des transactions d'importance systémique (notamment les gros montants). Son démarrage opérationnel est intervenu le 25 juin 2004.

1-Objectifs visés par la mise en place de ce système de paiement

- *Assurer la célérité des paiements ;*
- *Réduire leurs coûts de gestion des opérations ;*
- *Favoriser le développement et l'intégration des marchés de capitaux régionaux ;*
- *Maîtriser les risques.*

Avant la mise en place de STAR-UEMOA, les instructions de paiement entre deux pays de l'UEMOA transitaient par le circuit des comptes courants de la BCEAO à travers les mises à disposition de fonds d'une Direction Nationale à une autre. Le traitement des mises à dispositions permettait une imputation à J+1 en cas de validation immédiate de l'ordre de transferts, à j+2 ou j+5 en cas de défaillance dans la transmission de l'ordre.

Avec la mise en production de STAR-UEMOA, une nette réduction du délai de traitement des opérations est observée. Ainsi, au cours de l'année 2009, le délai moyen de dénouement des paiements s'est établi à 41 secondes.

STAR-UEMOA permet aux banques :

- *d'optimiser la gestion de leur trésorerie grâce à la réduction des intermédiaires et à la célérité du système ;*
- *des échanges interbancaires en temps réel dans la région ;*
- *de réduire les risques de paiement et de rendre les transactions interbancaires plus fluides ;*
- *de réduire le délai des transferts intra-UEMOA de 3 semaines à moins d'une minute ;*
- *de régler les soldes de compensation dans un délai plus court.*

2- Participation à STAR-UEMOA

STAR-UEMOA est un système central auquel les participants directs sont connectés via les réseaux SWIFT ou privé de la BCEAO.

Les participants éligibles au système sont : la BCEAO, les banques et établissements financiers, le Dépositaire Central / Banque de Règlement de la Bourse Régionale des Valeurs Mobilières (BRVM), le Groupement Interbancaire Monétique de l'UEMOA (GIM-UEMOA) et la Banque Ouest Africaine de Développement (BOAD).

La participation à STAR-UEMOA nécessite, le strict respect des règles de fonctionnement du système.

Il existe deux modes de participation au système :

- *la participation directe, où le participant est raccordé au système depuis une plate-forme installée dans ses locaux et gère lui-même l'émission de ses ordres dans le système et le suivi de sa position ;*
- *la participation indirecte, où le participant accède au système via un service bureau installé dans les locaux de l'Agence Principale de la BCEAO.*

Après 6 ans de fonctionnement de STAR-UEMOA, il convient de relever une appropriation du système par les utilisateurs, se matérialisant par une participation active des banques de l'Union, un accroissement en nombre et en valeur des échanges effectués dans le système et l'amélioration tant qualitative que quantitative des indicateurs de performance du système.

3- Types d'opérations réalisées avec STAR-UEMOA

Le système STAR-UEMOA traite principalement les opérations ci-après :

- *les virements, pour compte propre de l'établissement donneur d'ordre ou pour le compte de sa clientèle, pour lesquels cet établissement est désireux d'obtenir le règlement en temps réel ;*
- *le règlement des échanges de titres conservés à la Banque Centrale sur le marché secondaire soit pour compte propre des banques, soit pour compte de leur clientèle ;*
- *les ordres des participants à STAR-UEMOA à destination des établissements non éligibles au système, qui sont débités dans STAR-UEMOA et reçus par le Participant BCEAO, qui les impute au système de gestion des comptes courants ;*

- *les opérations traitées avec la Banque Centrale (Politique Monétaire, refinancement, marché primaire de titres de créances publiques, opérations fiduciaires aux guichets de la BCEAO) ou par son intermédiaire (transferts internationaux en devises) passent par le Participant BCEAO pour la couverture en FCFA dans STAR-UEMOA ;*
- *les retraits et dépôts fiduciaires dans l'ensemble des Agences Principales ;*
- *le règlement des soldes de compensation de SICA-UEMOA, de la monétique interbancaire et de la Bourse Régionale des Valeurs Mobilières de l'UEMOA.*

4-Règles de fonctionnement dans STAR-UEMOA

STAR-UEMOA repose sur la transmission des ordres de paiement au format SWIFT et sur les principes ci-après :

- *l'irrévocabilité de la transaction ;*
- *le traitement des ordres suivant les niveaux de priorité et l'ordre d'arrivée ;*
- *le contrôle automatique de la provision dans le compte de règlement du participant donneur d'ordre ;*
- *l'imputation immédiate des opérations dans le compte de règlement des participants concernés.*

L'irrévocabilité des transactions s'entend par l'engagement ferme de l'émetteur de l'instruction à régler au destinataire de l'opération le montant convenu dès l'instant où son ordre a été transmis, reçu et accepté par STAR-UEMOA.

5-Gestion des risques dans STAR-UEMOA

La prévention des risques dans STAR-UEMOA se traduit par un contrôle préalable du solde du compte de règlement avant l'exécution de l'ordre de paiement, ce qui permet de prévenir notamment le risque de crédit et contribue à la réduction du risque systémique.

La prévention du risque de liquidité est prise en charge d'une part, par le double mécanisme d'une file d'attente associé à un niveau de priorité de règlement et d'autre part, par la possibilité d'avances intra-journalières garanties par des titres. Toutefois, le dispositif des avances intra-journalières est en cours de conception et permettra de rendre fluide les échanges.

6-Journée d'échanges et procédures de règlement

La période d'échanges débute à 08h et s'achève à 17h20 (TU). Chaque participant direct ou indirect dispose d'un seul compte de règlement ouvert dans les livres de la BCEAO, sur lequel transitent toutes ses opérations traitées avec le système.

Source : BCEAO

Encadré 5 : Modèle de formulaire de change fourni par la BCEAO

ANNEXE VIII-1

FORMULAIRE DE CHANGE

REPUBLIQUE DU ______________________

Date de la demande :
N° d'enregistrement :

Intermédiaire agréé IA :
Agence :

NOM et PRENOMS DU DEMANDEUR :
Nationalité : Résident/non-résident
Profession :
Adresse : Boîte postale :
Téléphone : Email :
N° de compte à débiter chez l'I.A. :

NATURE DE L'OPERATION :
Pièces justificatives :

NATURE DES DEVISES :
Montant : (en chiffres)..
Montant : (en lettres)..
Contre-valeur en francs CFA..

NOM ET PRENOMS DU BENEFICIAIRE
Adresse : Pays :
Banque du Bénéficiaire : Pays :

Fait à..................., le
Signature du demandeur :

OPERATION EXECUTEE PAR L'INTERMEDIAIRE AGREE	DECISION : le
Le Par crédit en compte de correspondant (1) Local France Etranger En ....Chez............. *(en devises)* *(Pays)* Par crédit au compte étranger en francs ou en euros n° Ouvert par (I.A.) .... Cachet et signature de l'I.A. Date :	– de l'intermédiaire agréé – de la Direction chargée des Finances Extérieures (1) Signature et cachet *(1) - Rayer la mention inutile*

Source : BCEAO

5.5. Le change manuel

Le change manuel est une opération bancaire par laquelle la banque achète ou vende de l'euro ou des devises à un client. Pour ce faire, sa marge sur le fixing peut être dans la fourchette de ±2 hors taxes.

Les allocations en devises aux voyageurs résidents s'effectuent sous la forme de billets étrangers, de chèque de voyage, de cartes de retrait et de paiement prépayées. Sous la forme de billets étrangers, ces allocations ne peuvent excéder la contre-valeur de deux millions (2.000.000) de francs CFA par personne et par voyage. Et, le voyageur doit justifier d'un titre de voyage et d'un passeport ou carte d'identité en cours de validité (article 2 et 3 de l'instruction N°05/07/2011/RFE relative à la délivrance des allocations en devises aux voyageurs résidents).

Concernant les voyageurs non-résidents, il est exigé une déclaration obligatoire à l'entrée et à la sortie du territoire national de tous moyens de paiement lorsque le montant dépasse un million de francs CFA (1 000 000 FCFA) (article 27 de l'annexe II du règlement N°09/2010/CM/UEMOA/ relatif aux relations financières extérieures des Etats membres de l'union économique et monétaire ouest africaine - UEMOA).

Les conditions d'exercice de l'activité de change manuel sont règlementées par l'instruction N°06/07/2011/RFE relative aux conditions d'exercice de l'activité d'agrément de change manuel. Les autorisations portant agrément de change manuel sont délivrées par arrêté du Ministre de l'Economie et des Finances, après avis conforme de la BCEAO.

– Comptabilisations

Achat de devises

Client de la banque

Débit	Crédit
37584.......... Contre-valeur position de change en FCFA 110125............. Caisse devise	2511........ Compte client 3757.............. Position de change en devises

Client de passage

Débit	Crédit
37584..... Contre-valeur position de change en FCFA 110125...... Compte correspondant	27252........ Divers achat/vente FCFA 3757........ Position de change en devises

Vente de devises
Client de la banque

Débit	Crédit
3757......... Position de change en en devises 2511............ Client X	110125....... Caisse devise 37584............. Contre-valeur Position de change en FCFA 70691....... Produits/opérations de change 332111...... TAF/vente de devise

Client de passage

Débit	Crédit
3757..... Position de change en devises 272521...... Divers achat/vente devises FCFA	110125....... Caisse devise 37584............. Contre-valeur Position de change en FCFA 70691........ Produits/opérations de change 332111...... TAF/vente de devise

5.6. Les transferts Rapides

La plupart des banques de la zone UEMOA ont des contrats de partenariat avec les opérateurs internationaux de transferts rapides (principalement western union, money gram). Il s'agit d'une activité connexe dont les commissions engrangées font l'objet d'une clé de répartition dans le contrat. La banque assure la commercialisation du produit dans ses locaux. Le budget marketing-communication est pris en charge par la contribution de l'ensemble des partenaires adhérents et le réseau lui-même.

Dans la pratique, le particulier n'a pas besoin de compte bancaire pour bénéficier de ce service. Ainsi, une personne physique envoie une certaine somme d'argent d'un point A (à l'intérieur du pays ou à l'étranger) à un point B (intérieur ou extérieur). Cette somme fera aussitôt l'objet de retrait dans un guichet similaire au point B grâce un code secret permettant de sécuriser l'opération.

5.7. Le mobile money ou mobile banking[94]

Le mobile banking, stricto sensu, désigne les services financiers par téléphone portable, offerts par les établissements de crédit. Il s'agit principale-

[94] M. Tidiani SIDIBE a publié un article y afférent dans les colonnes du quotidien malien l'Indépendant N°3806 du jeudi 13 Août 2015, (5 pages).

ment de services de consultation de soldes, de paiement de factures, d'émission de cartes prépayées et de transfert d'argent.

Le concept, lato sensu, s'étend à l'ensemble des services financiers pouvant être offerts avec ou sans compte bancaire par tout établissement agréé à cet effet.

Le cadre réglementaire régissant le mobile banking dans l'UEMOA est constitué des dispositions du Règlement n°15/2002/CM/UEMOA du 19 septembre 2002, relatif aux systèmes de paiement dans l'UEMOA ainsi que celles de l'Instruction n°01/SP/2006 du 31 juillet 2006 du Gouverneur de la BCEAO relative à la monnaie électronique et aux établissements de monnaie électronique. Ces dispositions ont ouvert le champ à l'émergence d'acteurs bancaires et non bancaires offrant des services basés sur la monnaie électronique dont le mobile banking.

Aux termes des présents textes sus évoqués, toute structure désirant émettre des moyens de paiement sous forme de monnaie électronique et offrir des prestations de mobile banking doit obtenir un agrément en qualité de banque[95] ou d'établissement de monnaie électronique (EME). Subséquemment, il existe deux types de modèles : le modèle bancaire concerne un établissement de crédit en partenariat ou non avec un opérateur de téléphone et le modèle non bancaire qui exige l'obtention d'un agrément de type EME. Le premier modèle type banque/opérateur téléphonique domine largement le marché (26 banques/opérateurs ; 5 EME et 1 IMF en fin 2014 selon la banque centrale)[96]. En clair, un compte de monnaie électronique est créé à partir du numéro de téléphone de la personne préalablement bien identifiée par cet opérateur. Ce compte enregistre des dépôts, retraits et paiement de facture (électricité, eau, abonnements, etc.).

Il résulte de ces textes, la possibilité pour les Systèmes financiers décentralisés, les opérateurs de télécommunications et les sociétés commerciales d'offrir des services de mobile banking[97].

Deux types de services financiers sont déployés en l'occurrence les services impliquant l'usage de la monnaie fiduciaire (opérations de rechargements et les retraits aux guichets) ; et les services utilisant le canal monnaie électronique (achat de crédit, paiements factures, cartes prépayées, transferts de personne à personne, de personne à entreprise, et aux administrations étatiques).

D'après le rapport 2014 y afférent de la BCEAO, les services financiers en fin 2014 via la téléphonie mobile dans la zone UEMOA ont enregistré un volume de 259,3 millions d'opérations évaluées à environ 3.760 milliards FCFA, en hausse respective de 127% et 122% comparativement à l'année

---

[95] Conformément aux dispositions de l'article 3 de la Loi portant réglementation bancaire

[96] BCEAO : rapport annuel 2014 sur les services financiers via téléphone mobile.

[97] Le développement du mobile banking dans l'UEMOA, Banque de France, Rapport annuel de la Zone franc 2011.

2013. L'augmentation du volume d'activité est soutenue par le nombre croissant de souscripteurs aux services financiers via la téléphonie mobile, qui ressort à 18,2 millions en 2014 contre 11 millions en 2013. Parmi eux, environ 60% ont utilisé leurs comptes au moins une fois au cours des 3 derniers mois (utilisateur actif), contre 50% l'année antérieure. Les Etats et les institutions de microfinance (IMF) sont toujours à la traine avec seulement moins de 1% du total de l'activité tandis que le véritable potentiel inclusif de ces services financiers doit venir de ces deux institutions à travers des démarches volontaristes.

A cet égard, le rapport 2015 de la CNUCED (Conférence des Nations Unies sur le Commerce et le Développement) plaide, également, en faveur de la libération du potentiel des services financiers en développant les activités bancaires internationales en Afrique pour booster la croissance et le développement. Ce rapport constate, de facto, que la croissance des services a été extrêmement dynamique en Afrique, avec un taux plus de deux fois supérieur au taux moyen pour le monde sur la période 2009-2012[98].

Au regard ces données, le mobile money ou mobile banking est une innovation financière majeure dans la zone UEMOA en ce sens que la banque centrale (BCEAO) mise beaucoup sur elle afin d'élargir (ou de le booster) la base du taux d'accès aux services financiers de la sous-région et ce, conformément aux dispositions de l'article 4 de l'instruction 01/SP/ du 31 juillet 2006 relatif à la promotion des moyens de paiement électronique.

L'utilisation du mobile banking en zone UEMOA a contribué de manière significative, au rehaussement du taux d'accès des populations aux services financiers qui s'est établit, en 2013, à 49,5% pour un taux de bancarisation stricto sensu, de 12,2%. Ainsi, la figure de la BCEOA ci-après en donne plus de détail :

Figure 13 : Contribution des services financiers via téléphone mobile à l'inclusion financière (UEMOA 2013)

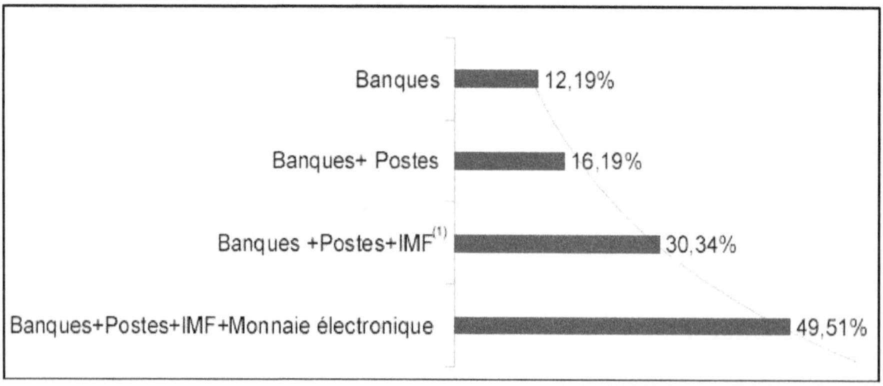

Source : BCEAO ; IMF : Institutions de Microfinance

[98] CNUCED, Rapport 2015 sur le développement économique en Afrique, pp.2 ; pp.94-124.

On peut oser penser que ce nouveau produit va certainement révolutionner la place financière de la zone UEMOA dans les années à venir. Et, les premières banques qui s'engouffreront dans ce créneau seront indubitablement celles qui se tailleront les plus grandes parts de marché.

En effet, Selon une étude du célèbre cabinet américain de conseil en stratégie, Boston Consulting Group (BCG), en Afrique subsaharienne, les services financiers sur mobile pourraient rapporter au moins 1,5 milliard de dollars d'ici à 2019 et viser un marché de 250 millions de personnes[99].

Dans les estimations du cabinet BCG l'Afrique subsaharienne enregistre l'un des plus faibles niveaux de bancarisation au monde. En effet, en 2015, environ 300 millions de Subsahariens âgés de plus de 15 ans et disposant d'un revenu annuel supérieur à 500 dollars possèdent un téléphone portable. Ils sont à peine 130 millions à disposer d'un compte bancaire traditionnel.

Par conséquent, selon BCG, la clientèle potentielle pour les services financiers sur mobile dans cette région atteint au moins 170 millions de personnes. À l'horizon 2019, cela représente "une base adressable" de plus de 250 millions de personnes en Afrique subsaharienne.

"Aujourd'hui, l'utilisation des services financiers en Afrique reste basique - envoi d'argent de travailleurs urbains vers leur famille rurale, paiement de factures d'eau ou d'électricité. Pour tirer profit de la croissance à venir de ce segment, mais également pour se positionner sur les nouveaux services de demain - épargne, assurance, crédit - c'est maintenant que les acteurs doivent réfléchir à leur stratégie et se préparer", estime Omary Othman, analyste chez BCG.

Pour y arriver, les entreprises offrant des services de paiement mobile doivent intégrer à leur réflexion : *"Le besoin de construire une assise physique - un réseau d'agents sur le terrain, capables de rassurer les clients et de sécuriser les transactions -, le développement d'offres simples, low cost et en lien avec les attentes des clients ainsi qu'une certaine agilité entrepreneuriale afin d'adapter leur fonctionnement aux mutations, parfois rapides, de l'environnement réglementaire dans lequel elles évoluent"*, explique l'analyste de BCG.

[99] Jeune Afrique du 20 février 2015 : Mobile Money, un marché de 250 millions de clients en Afrique Subsaharienne d'ici à 2019. Information issue de leur nouveau rapport : "Africa blazes a trail in mobile money" (l'Afrique ouvre la voie dans les services financiers sur mobile).

Selon le BCG, les taux d'utilisation des services financiers mobile money se présentent comme suit :

Figure 14 : Taux d'utilisation des services financiers mobiles en Afrique

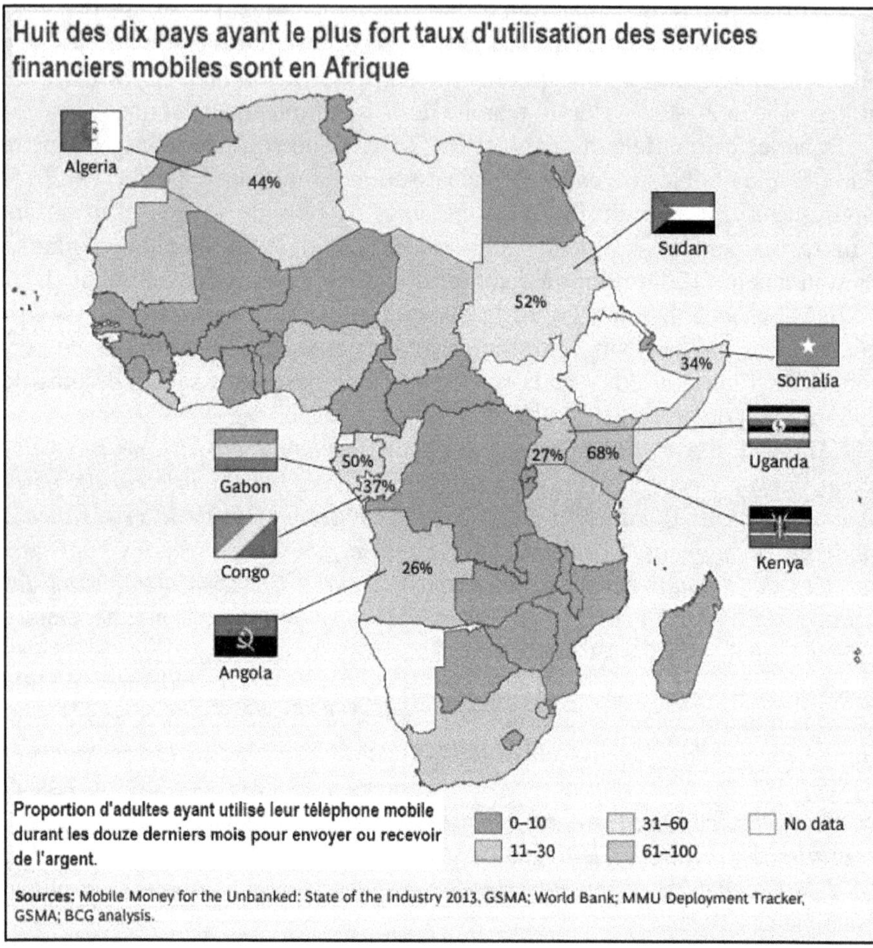

Il en résulte par conséquent un important potentiel d'inclusion financière des populations de l'Union par l'usage du téléphone mobile comme moyen d'accès aux services financiers. Ces services, disponibles dans la quasi-totalité des pays de l'UEMOA, permettent aux populations non bancarisées de réaliser des opérations financières autrefois réservées aux détenteurs de comptes bancaires.

Cependant, vigilance, il convient aux autoritaires monétaires et bancaires de scrupuleusement s'assurer que ce service innovant ne soit un terreau facile aux blanchiments de capitaux et financement du terrorisme au regard des flux de masse d'argent en jeu. Pour ce faire, le dispositif de contrôle devrait davantage être renforcé à ce niveau.

En perspectives, la BCEAO envisage d'instaurer un climat de dialogue régulier avec les principaux acteurs (banques, opérateurs de télécommunications, établissements de monnaie électronique, institutions de microfinance, administrations financières, bailleurs de fonds, etc.) dans le but de dégager les axes d'amélioration du cadre règlementaire et de lever les contraintes qui handicapent le développement du mobile banking dans l'UEMOA. Il s'agit pour la Banque centrale, en tant que régulateur, de favoriser l'émergence d'un environnement propice à l'exercice de l'activité de mobile banking par une diversité d'acteurs en vue d'offrir à une plus large frange de la population de l'Union des solutions compétitives et diversifiées (crédit et assurance) à faibles coûts d'accès.

Pour la petite anecdote, le tout nouveau Président, Dr Adewumi Adesina de la Banque Africaine de Développement (BAD), ancien ministre de l'agriculture et du développement rural du Nigéria a réussi à mettre en place une plateforme technologique (e-wallet system) qui permet aujourd'hui aux agriculteurs nigérians adhérents d'accéder aux informations du marché et d'acheter, par ricochet, leurs intrants agricoles (graines, engrains, produits agro-chimiques) à prix subventionnés via les téléphones mobiles. Cette innovation a permis au Nigéria de considérablement réduire la corruption dans le secteur agricole et, au ministre d'être nommé « Forbes african of the year » et par la suite élu Président de la BAD.

Enfin, les Etats peuvent bien évidemment explorer les tenants et aboutissants de l'utilisation d'un tel instrument, dont la transparence et la traçabilité ne sont plus à démontrer, dans le cadre de leurs opérations avec les tiers (paiements impôts, factures douanières, paiements de subventions, etc.) en vue de pouvoir réduire les propensions à la corruption et le taux de délinquance financière et par ricochet, aller vers une optimisation leurs postes budgétaires (recettes et dépenses publiques).

6. Les incidents de fonctionnement du compte

Les incidents de fonctionnement du compte sont assujettis au régime du droit commun c'est-à-dire en l'espèce le droit OHADA (Organisation Pour l'Harmonisation du Droit des Affaires en Afrique regroupant 17 Etats membres). A cet égard, l'Acte Uniforme Portant Organisation des procédures Simplifiées de recouvrement et des voies d'exécution Adopté le 10 avril 1998 Journal Officiel de l'OHADA N° 6 du 1er juillet 1998, constitue le texte règlementaire de référence.

En effet, les saisies et les avis à tiers détenteur sont des procédures de recouvrement à titre conservatoire (saisie-conservatoire) et à titre d'exécution (saisie-attribution et avis à tiers détenteur).

Nous n'étudieront ici que les saisies sur compte bancaire.

6.1. La saisie-attribution des créances

– Généralités

La saisie-attribution (anciennement appelée saisie-arrêt) est une procédure par laquelle un créancier (le saisissant) appréhende immédiatement tout ou parties des sommes détenues par un tiers (tiers saisi) au nom de son débiteur (le saisi).

L'exécution de cette procédure dépend de l'obtention d'un titre exécutoire (grosse d'un jugement ou d'un acte notarié) matérialisant le caractère liquide et exigible de la créance (article 153 de l'acte uniforme suscité). Les titres exécutoires sont généralement les décisions judiciaires et administratives ayant force exécutoire, les actes notariés, le titre délivré par un huissier en cas de non-paiement d'un chèque (protêt), et les titres délivrés par les personnes morales de droit public.

L'acte de saisie comporte des mentions obligatoires (article 157 de l'acte uniforme suscité) en l'occurrence :

- *l'indication des noms, prénoms et domiciles des débiteur et créancier ou, s'il s'agit de personnes morales, de leurs forme, dénomination et siège social ;*
- *l'énonciation du titre exécutoire en vertu duquel la saisie est pratiquée ;*
- *le décompte distinct des sommes réclamées en principal, frais et intérêts échus, majorés d'une provision pour les intérêts à échoir dans le délai d'un mois prévu pour élever une contestation ;*
- *l'indication que le tiers saisi est personnellement tenu envers le créancier saisissant et qu'il lui est fait défense de disposer des sommes saisies dans la limite de ce qu'il doit au débiteur ;*
- *la reproduction littérale des articles 38 et 156 ci-dessus et 169 à 172 ci-dessous.*

L'acte indique l'heure à laquelle il a été signifié.

– La procédure

– Signification au tiers saisi

A la réception de l'acte de saisie-attribution généralement signifié par un huissier, le banquier procède à la vérification des mentions obligatoires susmentionnées dont l'heure de la saisie. La banque est tenue de déclarer la nature du ou des comptes du débiteur (saisi) ainsi que leur solde au jour de la saisie (alinéa 1 de l'article 161 de l'acte uniforme précité).

Ensuite, la banque doit procéder au cantonnement (blocage) des sommes disponibles sur le compte pendant un délai de 15 jours ouvrables suivants la saisie (Alinéa 2 de l'Article 161). Donc, la saisie rend indisponible l'ensemble des comptes dont le solde est créditeur.

– Dénonciation au débiteur

Dans un délai de 8 jours, la saisie est dénoncée au débiteur à travers un acte d'huissier ou un agent d'exécution ; à défaut elle demeure caduque (article 160 de l'acte uniforme précité). Cet acte stipule que le débiteur peut autoriser le créancier à se faire remettre sans délai les fonds se trouvant la main du tiers saisi (banque). La banque doit également informer son client.

– Main vidange (Paiement) par le tiers saisi

Si le solde du compte est débiteur, la saisie-attribution est inopérante. Si le solde du compte est créditeur et qu'aucune contestation n'a été formée dans le mois suivant la dénonciation de la saisie, le paiement peut avoir lieu (article 164 de l'acte uniforme précité).

En cas de contestation par le débiteur, le paiement des sommes est différé jusqu'au règlement de cette contestation (article 169 de l'acte uniforme précité) ou en revanche, si le juge rejette cette contestation le paiement peut avoir lieu.

– La situation du compte saisi

Le délai de cantonnement du montant correspondant à la saisie sur le compte est 15 jours ouvrables. Pendant, ce délai la banque vire le montant en question sur un compte interne appelé créditeur divers.

– La régularisation des opérations en cours

Le solde du compte peut être affecté par les opérations en cours.

– Pendant le délai de 15 jours

Il peut être augmenté des remises de chèques à l'encaissement, des ordres de virements et transferts avant la saisie.

Il peut être diminué par les chèques émis, les retraits au GAB/DAB avant la saisie.

– Pendant le délai de 1 mois

Il peut être diminué des effets de commerce remis à l'escompte et revenus impayés.

Comptabilisations

Blocage du compte

Débit	Crédit
2511......... Compte du client	2725........ Compte créditeurs divers

Main levée sur le compte

Débit	Crédit
2725......... Compte créditeurs divers	2511........ Compte du client

Main vidange de la saisie

Débit	Crédit
2511......... Compte du client	2721........ Compte d'ordre de paiement Ou 2511............ Compte de l'huissier

6.2. L'avis à tiers détenteur sur les créances

– Généralités

L'avis à tiers détenteur (ATD) est une procédure par laquelle le Trésor Public récupère les sommes qui lui sont dues en guise des impôts impayés.

Il s'agit du recouvrement par l'Administration fiscale des créances fiscales et sociales. Ces créances sont des créances privilégiées contrairement aux créances ordinaires (ou créanciers chirographaires) qui ne disposent pas de privilège.

La différence fondamentale entre l'ATD et les saisies (conservatoires ou attributions). En effet, les saisies sont d'origine judiciaire tandis que l'ATD est d'origine étatique (Impôts, Trésor Public). Aussi, dans l'exécution l'ATD oblige la banque de se libérer du solde disponible entre les mains de l'émetteur tandis que pour les saisies le paiement n'est immédiat (Cf. procédure des saisies).

L'ATD ne concerne pas les comptes titres et les coffres forts.

– La procédure

L'ATD souffre d'une absence de formalisme au niveau de la procédure. Toutefois, il s'agit à la fois d'une mesure conservatoire et d'une mesure exécutoire.

L'administration fiscale et sociale recouvre les créances (impôts, taxes, dettes) de l'Etat devenues exigible par la pratique d'une opposition sans autorisation de justice en accompagnant l'ATD d'une notification au banquier et au redevable en question. Cette lettre recommandée ou ordinaire ne nécessite l'utilisation de l'exploit d'un huissier.

Le banquier doit répondre illico presto à l'Etat (Trésor Public ou Impôts) en indiquant si le solde du compte permet ou non le paiement partiel ou total de la créance. Ensuite, il doit immédiatement bloquer le compte du client avec le solde qui apparaît à l'heure de la saisie.

– La situation du compte saisi

En cas de solde débiteur l'ATD serait sans effet. Si le solde est créditeur, le client dispose dans la pratique d'un délai de 8 jours pour apporter la main levée.

Le solde du compte peut être diminué par les opérations suivantes : chèques émis et remis à la compensation avant la date de la saisie ; retraits effectués aux GAB/DAB ; chèques émis et effets revenus impayés. Aussi, il peut être augmenté par les remises effectuées non encore créditées sur le compte.

Au cas où le compte est alimenté par les rémunérations issues du travail, une partie peut être saisissable en application des dispositions des codes de travail nationaux.

Comptabilisations

Blocage du compte

Débit	Crédit
2511………. Compte du client	2725……… Compte créditeurs divers

Main levée sur le compte

Débit	Crédit
2725………. Compte créditeurs divers	2511……… Compte du client

Main vidange de l'ATD à tiers détenteur

Débit	Crédit
2511………. Compte du client	2721……… Compte d'ordre de paiement

6.3. La saisie-conservatoire des créances

– Généralités

La saisie-conservatoire des créances est un moyen par lequel la justice place les sommes saisies sous son autorité en les rendant indisponibles. Cette démarche n'a pas vocation à attribuer ces sommes au créancier. Elle a plutôt un caractère temporaire.

L'acte de saisie comporte des mentions obligatoires (article 77 de l'acte uniforme suscité) en l'occurrence :

- *l'énonciation des noms, prénoms et domiciles du débiteur et du créancier saisissant ou, s'il s'agit de personnes morales, leurs dénomination, forme et siège social ;*

- *l'élection de domicile dans le ressort territorial juridictionnel où doit être pratiquée la saisie si le créancier n'y demeure pas ; il peut être fait, à ce domicile élu, toute signification ou offre ;*
- *l'indication de l'autorisation de la juridiction ou du titre en vertu duquel la saisie est pratiquée ;*
- *le décompte des sommes pour lesquelles la saisie est pratiquée ;*
- *la défense faite au tiers de disposer des sommes réclamées dans la limite de ce qu'il doit au débiteur ;*
- *la reproduction des dispositions du 2ème alinéa de l'article 36 ci-dessus et de celles de l'article 156 ci-après.*

– La procédure

La saisie-conservatoire est généralement autorisée par une ordonnance du président du Tribunal.

Dans un délai de 8 jours le débiteur est informé de la saisie par acte d'huissier ou d'agent d'exécution (Article 79 de l'acte uniforme précité).

Le créancier va assigner son débiteur afin de valider la saisie dans le délai fixé par le juge.

Ainsi, si le débiteur ne s'exécute pas, la saisie conservatoire sera transformée en saisie exécution. Si, le juge ne reconnaît pas la créance, on fera la main levée. S'il rend un jugement validant la saisie conservatoire alors on procèdera en sa conversion en saisie attribution (article 82 de l'acte uniforme susmentionné).

Comptabilisations

Blocage du compte

Débit	Crédit
2511.......... Compte du client	2725......... Compte créditeurs divers

Main levée sur le compte

Débit	Crédit
2725.......... Compte créditeurs divers	2511......... Compte du client

Main vidange sur le compte

Débit	Crédit
2511.......... Compte du client	2721......... Compte d'ordre de paiement

7. La clôture du compte

C'est une opération par laquelle la relation banque-client prend fin. Chose qui n'est pas du tout souhaitable pour un banquier. Un client peut quitter sa banque pour plusieurs raisons. Donc, le compte peut être fermé sur demande du client, sur l'initiative de la banque ou en cas de décès.

Dans la pratique, l'exacerbation de la concurrence a amené les banques à bien ficelé leur dispositif de rachat de prêts particuliers. A cet égard, la clientèle désirant clôturer leur compte demande in fine « un certificat de non endettement » moyennant des frais bancaires comptabilisés comme suit :

Comptabilisation frais sur certificat de non endettement

Débit	Crédit
2511……… Compte du client	702916……… Produit sur fermeture de compte 332112……….. TAF/frais certificat non endettement

7.1. La clôture du compte sur demande du client

Les causes de cette demande peuvent être la non-satisfaction du client ou le fait qu'il a trouvé mieux ailleurs chez une banque concurrente. Le compte sera ainsi clôturé sur demande écrite adressée à la banque.

Le banquier doit s'assurer avant de procéder à la clôture du compte des précautions ci-après :

- Demander au client de restituer les formules de chéquiers non utilisés et les cartes bancaires ;
- Contrôler l'état d'engagements du client ;
- S'assurer que tous les chèques émis ont été payés ;
- Récupérer la clé du coffre-fort s'il y en a ;
- Prendre les éventuels frais de clôture (gratuit en zone UEMOA sur décision de la banque centrale BCEAO) ;
- Déclarer le compte à la BCEAO.

Si le solde est créditeur, la banque l'envoie sous forme de virement chez une autre désignée à cet effet ou établie un chèque de solde tout compte en faveur du titulaire.

7.2. La clôture pour décès du titulaire

En cas de décès de son client, le banquier doit illico presto mettre le compte sous surveillance en annulant tous les pouvoirs des mandataires (rendus caducs) et demander un certificat de décès dont une copie pourrait être envoyée à la société d'assurance partenaire (en cas de police d'assurance).

Les prélèvements, les virements et les chèques émis sur le compte avant le décès passeront au débit du compte.

Afin de mettre le solde à la disposition des héritiers, le banquier demandera le « jugement d'hérédité » et un acte notarié désignant un représentant légal des héritiers.

En cas de décès d'un co-titulaire de compte joint, les héritiers pourraient demander à la banque de bloquer le compte.

7.3. La clôture du compte sur initiative de la banque

La banque peut souhaiter clôturer le compte d'un de ses clients en cas de plusieurs récidives d'incidents de paiement, de risques particuliers, ou un compte débiteur longtemps resté sans mouvement.

Dans le cas d'un compte débiteur sans mouvement, la banque doit en fin de chaque année procéder à la régularisation des soldes débiteurs constitués de frais de tenue de compte et d'agios dont les comptes demeurent sans mouvements créditeurs significatifs depuis plus de six (06) mois ou sans mouvements créditeurs depuis plus de trois (03) mois. Ces comptes sont frappés par l'article 5 de l'instruction 94 – 05 de la BCEAO exigeant le déclassement desdits comptes en ''engagements en souffrance''. Cette régularisation se fait par le débit du compte de charges exceptionnelles. Par conséquent, elle peut décider de geler le compte ou de le clôturer.

Le banquier prendra les mêmes précautions citées au point « clôture sur demande du client ».

8. Liste des services bancaires gratuits

L'instruction N°004-06-2014 du 25 juin du Gouverneur de la BCEAO a rendu les services bancaires ci-après gratuits en faveur de la clientèle :

- Ouverture de compte ;
- Délivrance de livret d'épargne ;
- Tenue de compte sur livret d'épargne ;
- Transmission de relevé de compte (une fois par mois) ;
- Relevé récapitulatif des frais annuels ;
- Dépôt d'espèces dans la banque du client quel que soit le guichet (hors acquittement de frais de timbre fiscal) ;
- Retrait d'espèces dans la banque du client quel que soit le guichet, a ('exception des opérations par chèques de guichet ;
- Domiciliation de salaire ;
- Changement d'éléments constitutifs du dossier du client, notamment d'identification ;

- Mise en place d'une autorisation de prélèvement (ordre de prélèvement à partir du compte) ou de virement permanent (création du dossier) ;
- Clôture de compte.
- Retrait auprès d'un guichet automatique (GAB/DAB) de la banque du client ;
- Paiement par carte bancaire au sein de l'UMOA ;
- Consultation de solde et édition du relevé de solde au GAB/DAB dans la banque du client ;
- Virement de compte à compte dans la même banque ;
- Encaissement de chèques tires sur une banque de l'Union ;
- Encaissement de virements nationaux, communautaires internationaux.
- Avis de débit et de crédit par voie électronique ;
- Consultation et édition du solde et de l'historique du compte à travers le GAB/DAB de la banque du client.

9. Les dates de valeur

Les dates de valeur conformément à la décision N°394 de la politique monétaire (BCEAO)

– Comptes courants

- Retrait et versement espèce : J
- Virements émis ; Domiciliations d'effets et paiements de chèques : J-1
- Remise de chèques : J+1
- Remise d'effet à l'escompte : J+1
- Virements reçus : J+1

– Comptes et livrets d'épargne

- Au débit des comptes : Dernier jour ouvré de la quinzaine Précédant l'opération.
- Au crédit des comptes : Premier jour ouvré de la quinzaine Suivant L'opération.

Tableau 21 : Le récapitulatif des délais de règlement des opérations interbancaires

Les délais de règlement des opérations interbancaires

(article 14 du Règlement n°15/CM/UEMOA relatif aux systèmes de paiement dans les états membres de l'UEMOA et article 27 de la convention SICA-UEMOA)

Types d'opérations	Délai de présentation à SICA-UEMOA (article 14 règlement)	Délai de règlement interbancaire (article 27 convention SICA-UEMOA)	Délais de rejet interbancaire (article 27 convention SICA-UEMOA)	Délai maximal d'imputation des comptes de la clientèle *(article 14 règlement)*	Délai d'encaissement possible des valeurs	
					Minimal	Maximal
Chèques accompagnés d'images scannées	**2 jours** *(Jour de remise par la clientèle + Jour de présentation)*	**2 jours** *(Jour de présentation +1)*	**1jour ****	**3 jours** *(Jour de règlement interbancaire +2)*	**2 jours**	**5 jours**
Rejet de chèques accompagnés d'images scannées		**1 jour** *(Jour de présentation)*		**3 jours** *(Jour de règlement interbancaire +2)*	**1 jour**	
Virements	**2 jours** *(Jour de remise par la clientèle + Jour de présentation)*	**1 jour** *(Jour de présentation)*		**3 jours** *(Jour de règlement interbancaire +2)*	**1 jour**	
Lettres de change	**2 jours** *(Jour de remise par la clientèle + Jour de présentation)*	**2 jours *** *(Jour d'échéance +1)*	**1jour ****	**3 jours** *(Jour de règlement interbancaire +2)*	**2 jours**	**5 jours**
Rejet de lettres de change		**1 jour** *(Jour de présentation)*		**3 jours** *(Jour de règlement interbancaire +2)*	**1 jour**	
Billets à ordre	**2 jours** *(Jour de remise par la clientèle + Jour de présentation)*	**2 jours *** *(Jour d'échéance +1)*	**1 jour ****	**3 jours** *(Jour de règlement interbancaire +2)*	**2 jours**	**5 jours**
Rejet de billets à ordre		**1 jour** *(Jour de présentation)*		**3 jours** *(Jour de règlement interbancaire +2)*	**1 jour**	

Renvois

** : délai de présentation des effets de commerce : 2 jours, i.e., possibilité de présenter les effets de commerce deux jours avant l'échéance, mais règlement interbancaire à l'échéance + 1 jour.*

*** : 5 jours pour les rejets des chèques déplacés pour motifs liés au support papier*

Remarques

- ✔ *Les éléments du tableau ci-dessus seront intégrés dans les questionnaires destinés aux banques et à l'enquête annuelle sur les systèmes de paiement*
- ✔ *Le délai d'encaissement minimal correspond au délai de règlement interbancaire. Dans cette hypothèse le participant présente les valeurs à encaisser le jour de leur remise et impute les comptes de la clientèle dès que le règlement interbancaire survient.*
- ✔ *Le délai d'encaissement maximal se décline de la manière suivante : **Délai de présentation en interbancaire (2 jours), jour de remise par la clientèle + jour de présentation interbancaire** : 1 jour + 1jour + **Délai de règlement interbancaire (2 jours)** : +1 jour, coïncidence délais de règlement et rejet sauf pour les rejets d'opérations déplacées basés sur les motifs de rejet liés à la falsification du support papier + **Délai d'imputation des comptes de la clientèle (3 jours) : +2 jours = 5 jours.***

Sources : BCEAO

II. Les placements

Dans une économie, la fonction « épargne » est un indicateur beaucoup apprécié par les macro-économistes[100] à travers le taux d'épargne. Que ça soit les classiques, les keynésiens, ou leurs prolongements ; tous sont unanimes que l'épargne est mobilisée pour financer des projets d'investissement, moteur de la croissance économique.

Les revenus des particuliers peuvent provenir des trois facteurs de production à savoir le travail, le capital, et la terre. Ainsi, les sources de revenus du travail sont principalement les salaires, les appointements, les honoraires, les vacations, les pensions, les retraites, les allocations chômages, les allocations familiales, les indemnités d'assurance, etc. celles du capital placé sont les intérêts, les coupons, les dividendes, les loyers, etc. enfin, la rente constitue la véritable source de revenus de la terre.

En relation macro-économique la consommation plus l'épargne doit correspondre à la consommation plus l'investissement. D'où une grande partie des revenus évoqués plus haut est consacrée à la consommation, fonction principale des ménages. Toutefois, une partie de ces revenus est aussi épargner pour des motifs de précaution [101](sécurité, besoins d'investissement, rentabilité).

Alors, l'épargne peut être définie comme la part du revenu non consommée immédiatement et mis de côté dans un compte bancaire (l'épargne bloquée à la maison étant appelée « Thésaurisation » par le célèbre économiste anglais John Maynard Keynes), ou dans un placement monétaire non bancaire, ou dans un placement financier.

1. Les placements bancaires

Les banques de la zone UEMOA offrent généralement deux catégories de placements à savoir les placements à vue (compte à vue ou compte de dépôt rémunéré ou non) et les placements à terme (les dépôts à terme et bons de caisse règlementés par la commission de l'UEMOA).

[100] Cf. Macro-économie monétaire, Michelle de MOURGUES, édition Dunod, 1995

[101] Cf. Théorie générale de l'intérêt, de l'emploi et de la monnaie, John M. KEYNES, 1936.

Les conditions de rémunération applicables aux produits d'épargne réglementés (DAT et bons de caisse ; comptes et livret d'épargne ; plans d'épargne et autres produits d'épargne contractuels) sont déterminées sur une base semestrielle, soit de janvier à juin et de juillet à décembre (article 2 de la décision N° CM/UMOA/016/09/2014).

1.1. Les placements à vue

1.1.1. Les dépôts à vue

Les placements à vue sont assimilés aux dépôts bancaires qui se définissent comme suit selon la décision N°397/12/2010 portant règles, instruments et procédures de mise en œuvre de la politique de la monnaie et du crédit de la BCEAO : « *Somme reçue de la clientèle par une banque, avec ou sans stipulation d'intérêt, et le droit pour la banque d'en disposer pour les besoins de son activité, mais sous la charge d'assurer au déposant un service de caisse. Les dépôts peuvent être des dépôts à vue dont le propriétaire a la libre disposition à tout moment, ou des dépôts à terme que le client ne peut réclamer avant un certain temps* ».

A l'analyse de cette définition, on distingue les dépôts privés des dépôts publics et assimilés. Ainsi, les dépôts privés sont issus de la clientèle privé c'est-à-dire les particuliers, les entreprises privées tandis que les dépôts publics et assimilés proviennent des Trésors publics de l'Union, les services financiers de l'Administration ou de l'office des postes, les collectivités locales, les organismes publics et para publics, les dépôts des organismes privés résultant d'une contrainte règlementaire et tous autres fonds déposés par les Etats membres de l'UEMOA.

Dans la pratique, les comptes de dépôts à vue ne sont pas généralement rémunérés. Cependant, avec l'exacerbation de la pression concurrentielle, les comptes à vue des grandes sociétés et grands projets sont rémunérés à taux plafond de 3,5% TTC conformément à des offres de conditions de préférentielles regroupant un ensemble de services bancaires à offrir à bas prix. Le régime fiscal de ce taux est soumis à la taxe sur les activités financières (TAF).

1.1.2. Les comptes et livrets d'épargne

Ce type de compte permet à l'épargnant de déposer les montants de son choix, aux périodes de son choix et d'en disposer sans formalité s'il le désire. Un livret sur lequel les versements et retraits sont retracés est donné à titre gratuit au client.

La décision N° CM/UMOA/008/06/2013 du 28 juin 2013 du Conseil des Ministres fixe le montant maximum des avoirs en comptes et livrets d'épargne par une limite le placement d'un plafond de 10 millions de francs CFA par les personnes physiques.

Aussi, la décision N° CM/UMOA/016/09/2014 du 24 septembre 2014 relative aux conditions de rémunérations des produits d'épargne règlementés, a retenu un taux fixe de rémunération de 3,5% dans la limite du montant maximum (10 millions de FCFA). La fréquence de révision de ce taux est semestrielle.

Les intérêts sont décomptés par quinzaine civile avec capitalisation par année civile. Ainsi, les intérêts capitalisés porteront eux même leurs intérêts à leur tour ; donc ils deviennent capital.

Quant aux dates de valeur, les opérations au débit du compte sont enregistrées le « dernier jour ouvré de la quinzaine » précédant l'opération et les opérations au crédit, le « premier jour ouvré de la quinzaine » suivant l'opération.

Le régime fiscal est soumis à la taxe sur les activités financières (TAF).

1.1.3. Les plans d'épargne et autres produits d'épargne contractuelle

La décision N° CM/UMOA/008/06/2013 du 28 juin 2013 du Conseil des Ministres donne les caractéristiques minimales que doivent présenter les plans d'épargne et autres produits d'épargne contractuelle. Ces caractéristiques se présentent ci-après :

- *le produit doit correspondre à un système d'épargne-crédit qui donne droit au bénéfice d'un crédit au client-épargnant, à l'issue d'une période d'épargne convenue ;*
- *le crédit octroyé à l'issue de la période d'épargne doit être assorti d'un taux préférentiel par rapport aux conditions de taux ordinaires du marché, pour la même nature de crédit ;*
- *le client-épargnant ne peut, sauf dispositions contractuelles contraires, procéder à des retraits sur les fonds concernés avant l'échéance de la période d'épargne convenue, sous peine de s'exposer à la transformation du plan ou du produit d'épargne contractuelle en compte d'épargne sur livret ordinaire, avec effet rétroactif ;*
- *les sommes collectées doivent être affectées à des emplois intéressant l'objet pour lequel le produit est proposé ;*
- *le montant du crédit octroyé doit représenter un multiple entier de l'épargne constituée, sous réserve de la solvabilité du client-épargnant.*

La décision N° CM/UMOA/016/09/2014 du 24 septembre 2014 relative aux conditions de rémunérations des produits d'épargne règlementés, a retenu un taux minimum de rémunération de 3,5%. La fréquence de révision de ce taux est semestrielle. Et, son régime fiscal est assujetti à la taxe sur les activités financières (TAF).

1.2. Les placements à terme

Le placement à terme offre l'avantage de la rentabilité à son épargnant moyennant la libre disposition du dépositaire. On distingue en la matière les dépôts à terme et les bons de caisse.

Les décisions N° CM/UMOA/008/06/2013 du 28 juin 2013, et N° CM/UMOA/016/09/2014 du 24 septembre 20 du Conseil des Ministres réglemente les dépôts à terme (DAT) et bons de caisse dans la zone UEMOA.

1.2.1. Les dépôts à terme (DAT)

Les dépôts à terme communément appelés « compte à terme ou compte bloqué » par certains opérateurs économiques, est un contrat à travers lequel l'épargnant demande à sa banque de bloquer une certaine somme pour un certain temps moyennant un taux de rémunération.

La décision N° CM/UMOA/008/06/2013 du 28 juin 2013 fixe à un plafond de 10 millions pour une échéance d'un an au plus les contrats de DAT souscrits par les personnes physiques.

Taux *: Ces dépôts sont rémunérés à la plus grande valeur, arrondie au quart de point le plus proche, entre le Taux Moyen Mensuel du Marché Monétaire du mois précédant le semestre concerné diminué de 0,25 point de pourcentage et le taux d'inflation annuel moyen de l'avant dernier mois précédant le dit semestre, augmenté de 0,25 point de pourcentage* (décision N°CM/UMOA/016/09/2014 du 24 septembre 20 du Conseil des Ministres).

Les intérêts sont versés à l'échéance. Quant au régime fiscal, les intérêts sont soumis à une imposition variant d'un pays à un autre. Par exemple : 9% au Mali ; 8% au Sénégal ; 12,5% au Burkina Faso ; 13,5% Côte Ivoire pour les personnes physiques.

Enfin, le déblocage des fonds se font très souvent avec une pénalité de 1% calculée sur le montant à mobiliser.

1.2.2. Les bons de caisse

Dans ce cas l'épargnant peut placer s'il le désire ses fonds auprès de sa banque en contrepartie il reçoit un bon de caisse. C'est un titre de dette (document) dans lequel la banque reconnaît sa dette et s'engage à la rembourser moyennant une rémunération à une date donnée au déposant ou à tout bénéficiaire désigné par le souscripteur (cas d'un endossement).

Le montant plafond, le taux d'intérêt et la durée soumis aux mêmes conditions et dispositions règlementaires que les dépôts à terme (DAT).

Au premier semestre 2015, le taux de rémunération des dépôts à terme (DAT) et bons de caisse, d'un montant maximum de 10 millions FCFA et d'une échéance d'un an au plus, est de 2,2645%.

2. Les placements monétaires non bancaires

Les placements bancaires étant limités par leur durée limitative de placement, les épargnants disposent d'autres alternatifs de placement à moyen terme également appelé placement monétaire non bancaire. Parmi ces placements on peut retenir les produits d'assurance-vie ; les souscriptions aux émissions de bons ; et les produits immobiliers.

2.1. Les produits d'assurance-vie

Le secteur de l'assurance est divisé en deux marchés : l'assurance dommages qui regroupe les branches Incendie, Accident, Risques Divers et Transport (couramment appelé IARDT ou l'assurance-non vie) ; et le marché de l'assurance-vie qui s'est rapidement développé ces dernières années dans le monde.

L'organe de régulation du marché de l'assurance s'appelle la « CIMA » Conférence Interafricaine des Marchés d'Assurances dont le Code des Assurances de la zone CIMA lui relève. Elle regroupe 14 pays : Bénin, Burkina, Cameroun, Centrafrique, Comores, Côte d'Ivoire, Gabon, Guinée Equatoriale, Mali, Niger, Sénégal, Tchad et Togo. Il s'agit de la majorité des pays de la zone UEMOA et ceux la zone CEMAC (Communauté Economique et Monétaire d'Afrique Centrale).

Selon les auteurs de l'étude annuelle Sigma, de renommée internationale, publiée par Swiss Re, *« l'assurance-vie en Afrique est appelée à croître encore davantage à moyen terme, compte tenu de l'ampleur du déficit de protection et des prévisions économiques favorables »*[102]. Cette assertion laisse présager que son taux de pénétration[103] va certainement augmenter dans les années à venir.

Le placement dans ce produit se matérialise par un contrat d'assurance-vie. Ainsi, le contrat d'assurance-vie est un contrat par lequel, en échanges de versements réguliers de primes par le souscripteur, la société d'assurance (l'assureur) s'engage à verser à un bénéficiaire un capital dans les conditions qui y sont prévues en cas de décès de la personne assurée ou de sa survie à une période déterminée.

Toutefois, si le bénéficiaire n'est pas désigné dans le contrat d'assurance-vie, le capital y afférent in fine tombe dans la succession du contractant.

La prise d'effet du contrat est subordonnée au paiement de la prime par le souscripteur (Article 13 du code des assurances de la zone CIMA).

Le régime fiscal, assujetti à la TVA et aux frais de contrôle, varie d'un pays à l'autre. Cette disparité fiscale peut être une source de distorsion sur le marché.

[102] Jeune Afrique hors-série N°38, spécial finance édition 2014, Page 70.
[103] Part représentée par les primes collectées dans le Produit Intérieur Brut (PIB).

2.2. Les Bons

Dans la zone UEMOA, les bons sont titres d'emprunt non côtés émis sur une maturité relativement plus courte que les emprunts obligataires (titres à Moyen et Long terme).

Les émissions de bons sont très généralement réalisées par les Trésor Publics nationaux et la BOAD (Banque Ouest Africaine de Développement).

Les programmes d'émission des bons au niveau des Trésor Publics sont validés une année en avance et pilotés par la BCEAO (Banque Centrale des Etats de l'Afrique de l'Ouest).

Quant à la BOAD, elle est l'institution spécialisée de l'UEMOA chargée du financement du développement. Elle a pour mission essentielle de promouvoir le développement équilibré de ses Etats membres régionaux, de même que leur intégration économique. Les dispositions des articles 2, 35 et 39 des statuts de la BOAD donnent une dimension statutaire de cette mission. Elle est le premier non souverain sur le Marché Financier Régional (MFR).

Les interventions de la BOAD sont ainsi mises en œuvre suivant trois principaux axes stratégiques : le soutien au secteur privé et au marché financier, la promotion de l'intégration économique et la réduction de la pauvreté.

Les souscripteurs sont composées de : banques primaires, les caisses de sécurité sociale, les caisses de retraite, les sociétés d'assurance, les OPCVM, et une petite partie de particuliers. Les titres sont dématérialisés car les souscriptions sont domiciliées dans les SGI (Sociétés de Gestion et d'Intermédiation) à travers l'ouverture de comptes-titres.

Leur durée moyenne est de 5 ans pour un taux moyen tournant autour de 5,5% net d'impôt.

Les taux des emprunts de la BOAD sont le plus souvent utilisés par les professionnels comme des taux de « benchmark » (taux de référence).

3. Les placements financiers

Les particuliers dans leurs désirs de placements financiers sur le Marché Financier Régional (MFR) peuvent investir dans les valeurs mobilières (actions, obligations, ou titres assimilés). Les émetteurs des emprunts obligataires sont principalement la BOAD, les Trésors Publics nationaux et les entreprises dans une moindre mesure. Les fonds correspondants serviront à financer le développement. Par contre, le compartiment actions est essentiellement animé par les grandes sociétés.

Les valeurs mobilières sont traitées plus en détail dans la partie banque et marché des capitaux.

III. Les crédits aux particuliers

Dans une économie d'endettement où le crédit lie le futur au présent, les particuliers dans la perspective de satisfactions de leurs besoins, qu'ils soient temporaires ou durables, peuvent solliciter l'accompagnement de leurs banques dans la réalisation de leurs projets. A cet égard, il existe divers types de produits et services adaptés à leurs besoins sus évoqués dont la facilité de caisse, le découvert, le prêt salarié, le crédit-bail, et le crédit immobilier.

1. La facilité de caisse

La facilité de caisse est une possibilité ponctuelle offerte aux particuliers rendre leurs comptes chèques débiteurs pour faire face des soucis de trésorerie de courte période.

La banque engrange des agios (frais de tenue de compte + intérêts débiteurs+ commissions) généralement proportionnels à l'ampleur du solde débiteur au prorata temporis.

Le taux d'intérêt appliqué est le taux le plus élevé.

La facilité de caisse peut être assimilée à une autorisation de découvert ponctuel.

2. Le découvert

Le découvert ou l'autorisation de découvert est une possibilité généralement permanente offerte aux salariés domiciliés de rendre leurs comptes débiteurs à 30% ou 50% selon les cas avant le virement de leurs prochains salaires.

L'autorisation de découvert s'étale sur une période plus longue que la facilité de caisse avec des similitudes de taux d'intérêts.

Aujourd'hui, les autorisations de découvert des salariés sont paramétrées sur certains progiciels bancaires rendant du coup très facile le traitement.

La banque engrange également des intérêts et commissions sur chaque cas de découvert en fonction du montant et la durée.

Enfin, l'autorisation de découvert peut entrer dans le cadre d'une offre de produits packagés. Ces offres peuvent concernées les segments suivants : les particuliers ; les professionnels ; et les entreprises. En guise d'illustration, une offre packagée d'un salarié se présente comme suit : compte chèque couplé d'un compte d'épargne + une carte monétique + une autorisation de découvert + prêt salarié à taux alléchant.

Les offres packagées donnent lieu à une tarification unique à moindres coûts. C'est aussi l'occasion pour la banque de vendre plus de produits.

3. Le prêt salarié

Le prêt salarié est une pratique très courante dans l'activité d'une banque de détail. Ainsi, tous les salariés domiciliés ont automatiquement la possibilité de bénéficier de prêt salarié en fonction de leurs quotités cessibles ou saisissables. En effet, les quotités cessibles sont définies par les codes nationaux du travail comme étant les parts d'une fourchette de salaires pouvant être consacrées aux remboursements des échéances de prêt salarié. Ces quotités saisissables varient du quart (1/4) du salaire au trois quart (3/4) du salaire. Toutefois, dans la pratique, on rencontre généralement les cas d'un tiers (1/3) du salaire.

Le taux d'intérêt est négociable en fonction de l'historique de remboursement du salarié. Les frais de dossiers varient d'une banque à une autre.

Les dossiers à fournir sont la demande écrite, la fiche de domiciliation dûment renseignée et signée par l'employeur, l'assurance décès invalidité, l'assurance et perte emploi.

La banque se réserve le droit de faire signer un contrat de cautionnement solidaire par l'employeur du client (voir ci-après modèle de contrat de cautionnement).

Les durées d'instruction des dossiers ne dépassent pas au plus tard les 72 heures. La durée des prêts varie de 5 à 7 ans avec possibilité de rachats ou de renouvellement.

Encadré 6 : Modèle de contrat de cautionnement solidaire

CONTRAT DE CAUTIONNEMENT SOLIDAIRE

Entre
La Banque : « filiation de la banque »
Et
Le client : « filiation du client »

Il a été convenu et arrêté ce qui suit :

Article 1 *: Monsieur* ***« le client »*** *se porte Caution aux fins de garantir à titre personnel, solidaire et indivisible le remboursement de toutes les sommes dont la* ***« personne morale » ou « personne physique » ;*** *le cautionné, se trouve ou pourrait se trouver débiteur envers la banque à raison du prêt qui lui est consenti jus-*

qu'à concurrence d'un montant maximum de « en chiffres » FCFA (en lettres) sous forme de « type de prêt » en principal plus les intérêts, commissions, frais et accessoires quelconques.

***Article 2* : Importance du Cautionnement**

Au cas où le cautionné ne pourrait faire face à ses obligations contractuelles directes et indirectes, pour un quelconque motif, le cautionnement par les présentes consenti oblige la Caution à titre solidaire et personnel, sur tous ses biens meubles et immeubles, à payer à la banque, ce que lui doit ou lui devra le Cautionné.

***Article 3* : Caractéristiques du Cautionnement**

La caution par les présents renonce expressément aux bénéfices de discussion et de division tant avec le débiteur principal qu'avec tous coobligés.

***Article 4* : Assertions et engagements de la Caution**

La Caution déclare avoir pris personnellement connaissance et vérifié la situation financière du Cautionné au moment de la signature des présentes.

Elle s'engage expressément à ne pas se prévaloir des dispositions de l'article 13 alinéa 3 de l'Acte Uniforme portant organisation des sûretés et toutes autres dispositions qui, sans décharger la caution de son engagement, l'autorise à poursuivre le Cautionné pour le forcer au paiement ou obtenir une garantie ou une mesure conservatoire, au cas de délais de paiement accordés à celui-ci par la banque. Dès lors, si le Cautionné obtient de tels délais de la part de la banque, la Caution qui reste tenue ne pourra poursuivre le Cautionné avant l'expiration de ces délais.

La Caution s'engage expressément à ne pas se prévaloir de l'article 21 alinéa 1 de l'Acte Uniforme portant organisation des sûretés et toutes autres dispositions qui ont pour effet de la faire venir en concours avec la banque tant que cette dernière n'aura pas été désintéressée de la totalité des sommes dues en principal, intérêts, commissions, frais et tous accessoires qui lui seront dus par le cautionné.

***Article 5* : Exigibilité**

Toutes les sommes dues à la banque en principal, intérêts, commissions, frais et accessoires au titre du prêt Cautionné deviendront, sauf décision contraire de la banque, immédiatement exigibles dès réception par la Caution d'une mise en demeure faite par la banque par lettre recommandée avec accusé de réception, en cas de survenance de l'un des événements ci-dessous :

- non-paiement pour quelque cause que ce soit par le Cautionné de toute somme due en principal, intérêts, commissions, frais et accessoires aux dates d'échéances prévues au titre du prêt, après une mise en demeure restée infructueuse ou ;

- en cas de déchéance du terme applicable au cautionné tel que définie par le contrat de prêt.

Article 6 : Indivisibilité

Toutes les obligations résultant du présent contrat pour la Caution sont stipulées indivisibles de telle sorte que leur exécution pourra être réclamée pour leur totalité à n'importe lequel des héritiers ou ayants droit de la Caution.

***Article 7* : Durée de Validité**

Le présent cautionnement restera en vigueur tant que le client restera devoir une quelconque somme au titre du prêt consenti par la banque.

***Article 8* : Informations**

La banque informera la caution de toute défaillance, déchéance ou prorogation du terme applicable au cautionné ainsi que de l'évolution de l'endettement de celui-ci.

***Article 9* : Droits et Frais**

Tous les frais et droits auxquels donnent ou pourront donner lieu le présent contrat et son exécution seront supportés par la caution qui s'y oblige.

***Article 10* : Droit applicable - Election de domicile**

Domicile est élu par les parties en leurs adresses respectives figurant en entête des présentes.

Le présent contrat est régi par le droit en vigueur au « pays ».

Tous différents et litiges relatifs à son interprétation, son exécution, ses suites et ses conséquences, seront de la seule compétence des tribunaux de « pays ».

Fait en 2 originaux le ………………

Pour la Caution ***Pour la banque***

Signature précédée de la mention "Bon pour caution solidaire comme ci-dessus à hauteur de ………." avec indication du montant en chiffre et en lettre prévue à l'article 1 du présent contrat.

Source : OHADA

4. Le crédit immobilier

Les particuliers désireux acquérir une résidence clé à main ou de procéder à la construction de son propre logement peuvent solliciter auprès de leurs banques des crédits immobiliers. Ce type de crédit est généralement accordé aux salariés bénéficiant d'un contrat à durée indéterminée (CDI) et disposant d'un apport personnel d'au moins 30% du montant sollicité. Il est garanti par une prise d'hypothèque de 1er rang sur le bien à financer.

Dans les cas de construction, le déblocage du prêt peut se faire de façon séquentielle pour permettre un bon suivi des travaux par le banquier qui fera certainement des visites de chantier avec production de rapport de visites. Cette situation permet à la banque de prévenir le risque d'utilisation du fonds à d'autres fins inavouées.

Quant aux logements clés en mains, la banque signe un accord de partenariat avec une agence de promotion immobilière pour commercialiser ce type de crédit.

Sa durée varie de 10 à 20 ans avec un taux d'intérêt assez élevé tournant autour des 10%. Ce taux peut s'expliquer par la non-maturité du marché des créances hypothécaires et l'absence de ressources longues adaptées dans le portefeuille des banques. Toutefois, avec la mise en place de la CRRH (Caisse Régionale Refinancement Hypothécaire), les banques travaillant dans ce créneau pourraient s'y refinancer. Et, la CRRH à vocation à émettre des obligations sécurisées adossées sur les créances hypothécaires des banques refinancées en s'assurant d'une gestion rigoureuse basée sur l'ALM (Assets and Libilities Management) ou gestion actif-passif.

5. Le crédit-bail

Le crédit-bail ou leasing est une formule de financement par laquelle une société financière ou une banque met à la disposition de son client un bien mobilier (automobiles, meubles, équipements, etc.) moyennant le paiement d'une location avec option de rachat à une valeur résiduelle définie préalablement.

Dans la pratique, le client choisit le bien en question, la société financière ou la banque le lui loue pendant une période définie et in fine il peut acquérir le bien à une valeur résiduelle de l'ordre de 5 à 10% de la valeur d'origine.

La société financière ou la banque peut solliciter du client un déposit (dépôt de garantie) correspondant à un apport personnel. Toutefois, le financement peut avoir à lieu à 100%.

Ce type de financement est fréquent dans l'accompagnement des exploitants agricoles (acquisition de matériels agricoles par exemple).

6. La protection des consommateurs

Les mesures de protection des consommateurs dans la zone UEMOA sont prévues dans les dispositions légales et règlementaires. Ainsi, l'existence de la centrale des risques – complété très prochainement par le crédit bureau[104]- qui recense tous les crédits supérieurs à certains seuils limite le risque de surendettement. Aussi, les procédures de recouvrement et l'acte uniforme portant sur les sûretés (droit normatif OHADA) interdisent les pratiques abusives de recouvrement des créances.

En outre, les établissements de crédit (ETC) ont une obligation d'informer les consommateurs notamment par l'affichage des taux et conditions tarifaires.

En clair, la protection des déposants passe par le respect scrupuleux des ratios prudentiels tels que la norme de liquidité et le ratio de solvabilité et l'adhésion à un système de garantie des dépôts (article 64 de la Loi portant Règlementation bancaire).

[104] Le crédit bureau ou bureau d'information sur le crédit (BIC) est une innovation majeure dans le secteur bancaire et financier de l'UEMOA car il permettra de fortement réduire le problème d'asymétrie d'information et améliorer du coup le portefeuille des créances saines des établissements de crédit. C'est une société privée de grande envergure sous régionale qui fournira des rapports de solvabilité aux banques sur demande. Les BIC seront sous le contrôle de la banque centrale BCEAO. C'est une expérience qui existe déjà dans environ 102 pays au monde d'après la BCEAO. Une loi uniforme y afférente est déjà opérationnelle.

Cependant, le respect des règles de protection des consommateurs par les banques ne les dédouanent pas du droit pour la banque de s'assurer de garanties ou sûretés.

7. Les assurances des crédits

Les banques demandent aux clients particuliers la souscription à une police d'assurance lors de l'octroi du prêt afin de se prémunir contre d'éventuels risques. A cet effet, ces risques peuvent être « décès, invalidité » ou « perte emploi ». Ces risques sont couverts par les sociétés d'assurance par des contrats y afférents.

Sont prévus sur les formulaires de souscription, des questionnaires médicaux pour s'assurer de l'état de santé de l'emprunteur.

La prime peut être incluse dans le tableau d'amortissement de l'emprunteur ou en revanche, elle peut être payée séparément par le client, quitte à lui de la justifiée auprès de sa banque.

7.1. L'assurance « décès, invalidité »

Ce type de contrat d'assurance est obligatoire en matière de prêts aux particuliers car la banque dispose de formule d'adhésion d'une société d'assurance partenaire le moment du montage du dossier de prêt. Le formulaire est signé par les trois parties : le client, la banque et la société d'assurance.

En cas de survenance de sinistres du type décès ou invalidité ; la banque constitue un dossier attestant cette situation et demande à son assureur de prendre en charge les encours restants du prêt en question.

Le coût de l'assurance est généralement fonction de l'âge du client et du montant en jeu. Donc, le coût d'assurance revient plus cher aux personnes âgées.

7.2. L'assurance « perte emploi »

L'assurance « perte emploi » est également en train de s'imposer sur les catégories de clientèle dont les contrats de travail sont jugés précaires. Il s'agit généralement des ouvriers de mines, des employés de sociétés de gardiennage, et les employés des bureaux de placement dont les contrats sont à durée déterminée.

En cas de réalisation du sinistre (perte emploi), l'assurance prendra totalement ou partiellement le relais de paiement des échéances du prêt jusqu'à une certaine période fixée dans le contrat.

Dans la pratique, la banque peut réclamer à certains clients les types de contrats d'assurance.

8. Les sûretés

Les sûretés sont cadrées par le régime de droit commun OHADA, en l'espèce l'acte uniforme révisé portant « organisation des sûretés », publié le 15 février 2011.

Les dispositions de l'article 1 de l'acte précité donnent la définition suivante à une sûreté « *une sûreté est l'affectation au bénéfice d'un créancier d'un bien, d'un ensemble de biens ou d'un patrimoine afin de garantir l'exécution d'une obligation ou d'un ensemble d'obligations, quelle que soit la nature juridique de celles-ci et notamment qu'elles soient présentes ou futures, déterminées ou déterminables, conditionnelles ou inconditionnelles, et que leur montant soit fixe ou fluctuant* ».

A la lecture de cette définition, on comprend bien qu'une sûreté fait référence à une garantie ou un ensemble de garanties, qu'elles soient personnelle, mobilières, ou immobilières, donné à une banque (créancier) par un client (débiteur) dans le cadre de l'exécution d'un contrat de prêt (obligation) sur une période précise avec un montant précis.

Ainsi, on distingue deux grandes familles de sûretés : les sûretés personnelles ; les sûretés réelles.

8.1. Les sûretés personnelles

Les sûretés personnelles sont assimilées dans l'acte uniforme précité comme un engagement d'une personne de payer une certaine somme d'argent en cas de défaillance du débiteur principal en faveur du bénéficiaire de la garantie, c'est-à-dire la banque dans ce cas d'espèce (article 4, 1er alinéa de l'acte précité).

Les sûretés personnelles sont le cautionnement et la garantie autonome.

8.1.1. Le cautionnement

– Définition

Le cautionnement est l'engagement donné par une tierce personne en faveur d'un créancier (banque) à s'exécuter en cas de défaillance du débiteur (article 13 de l'acte révisé précité).

Cette tierce personne peut donner cet engagement sans ordre du débiteur.

Il se matérialise par la signature d'un contrat de cautionnement (dispositions de l'article 14 de l'acte uniforme révisé susmentionné).

En cas de mobilisation, la caution est automatiquement subrogée dans les droits et garanties du créancier (articles 31, 32et 35 de l'acte uniforme).

– Modalités

On distingue le cautionnement simple et le cautionnement solidaire (article 20 de l'acte uniforme révisé).

– Le cautionnement simple

Le cautionnement simple permet de recourir au bénéfice de discussion et celui de la division. En effet, la caution exige d'abord au créancier (banque) de poursuivre le débiteur principal en indiquant les biens de ce dernier (article 27 de l'acte uniforme). En cas de plusieurs cautions, chacune peut exiger la division de la dette (article 28 de l'acte uniforme).

– Le cautionnement solidaire

Ce type de cautionnement ne donne pas droit au bénéfice de discussion et de division (article 27 de l'acte uniforme). Le créancier peut actionner en même temps le débiteur principal ainsi que les cautions solidaires pour la totalité de la dette.

– Extinction du cautionnement

Elle intervient automatiquement lorsque le débiteur principal s'acquitte de son devoir c'est-à-dire le paiement de la dette du créancier.

Aussi, la dation en paiement éteint entièrement le cautionnement (article 36 de l'acte uniforme).

8.1.2. L'aval

Ce type de garantie permet à une tierce personne de matérialiser son engagement à garantir le paiement d'un effet de commerce (généralement une traite). L'avaliste est de facto solidaire du débiteur principal.

Dans la pratique, un cachet est apposé sur l'effet avec la mention spéciale « bon pour aval » à hauteur de tel montant jusqu'à telle période (article 122 de l'acte uniforme précité sur le bordereau de gage).

8.1.3. La garantie et contre-garantie autonomes

– Définitions

La garantie autonome est un engagement pris par un garant sur instruction du donneur d'ordre de payer une certaine somme déterminée au bénéficiaire sur première demande ou en fonction d'une modalité arrêtée à l'avance (article 39 de l'acte uniforme précité).

La contre-garantie autonome est un engagement pris par un contre-garant sur instruction du donneur d'ordre de payer une certaine somme déterminée au garant sur première demande ou en fonction d'une modalité arrêtée à l'avance (article 39 de l'acte uniforme précité).

– Formation des garanties et contre-garanties autonomes

La garantie et contre-garantie autonomes ne peuvent être souscrites par les personnes physiques sous peine de nullité (article 40 de l'acte uniforme).

Elles sont constatées par un écrit. Les mentions obligatoires sont les suivantes :

- La dénomination de garantie ou contre-garantie
- Le nom du donneur d'ordre
- Le nom du bénéficiaire
- Le nom du garant ou du contre-garant
- La convention de base (le motif de l'émission)
- Le montant maximum
- La date
- Les conditions de la demande de paiement
- L'impossibilité pour le garant ou le contre-garant de bénéficier des exceptions de la caution.

8.2. Les sûretés réelles

Les garanties réelles ou sûretés réelles sont les sûretés mobilières et les sûretés immobilières.

8.2.1. Les sûretés mobilières

Les sûretés mobilières sont : le droit de rétention ; la propriété retenue ou cédée à titre de garantie ; le gage de meubles corporels ; le nantissement de meubles incorporels ; et les privilèges.

Les sûretés mobilières soumises à publicité doivent faire l'objet d'une inscription au RCCM (Registre du Commerce et du Crédit Mobilier) sur demande du créancier, de l'administration publique (Trésor, Douanes, etc.) ou des agents de sûretés.

- 8.2.1.1. Le droit de rétention

– Définition

C'est le droit reconnu au créancier de légalement retenir un bien mobilier, indépendamment de toute autre garantie, de son débiteur jusqu'au paiement intégral de sa dette (article 67 de l'acte uniforme).

– Modalités

Les conditions de son exercice sont les suivantes :

- Il faut que la créance soit certaine, liquide et exigible
- Il faut qu'il ait une connexion entre l'apparition de la créance et la rétention de la sûreté
- Et s'assurer que le bien en question n'a pas fait l'objet de saisi avant d'être détenu.

- 8.2.1.2. La propriété retenue ou cédée à titre de garantie

– La propriété retenue en garantie

La propriété retenue en garantie donne le droit au créancier de retenir la propriété d'un bien mobilier en garantie de sa dette par l'effet d'une clause de réserve de propriété (article 71 de l'acte uniforme).

La clause de réserve de propriété suspend l'effet translatif d'un contrat jusqu'au paiement total de la dette (article 72 de l'acte uniforme).

Un écrit doit constater la réserve de propriété avant la livraison du bien (article 73).

La publication de la réserve de propriété au RCCM la rend opposable aux tiers (article 74).

A défaut de paiement de la créance, le créancier peut réclamer la restitution du bien afin de recouvrer le droit d'en disposer (article 77, 1er alinéa).

– La propriété cédée à titre de garantie

– La cession de créance

La propriété d'un bien peut être cédée en garantie d'une dette contractée auprès d'un établissement de crédit c'est-à-dire en faisant une cession de créance (articles 79 et 80 de l'acte uniforme).

Très utilisé dans la pratique bancaire, la cession de créance doit être constatée par un contrat de cession de créance avec les mentions obligatoires suivantes : le nom ou la dénomination sociale du cédant et du cessionnaire ; la date de la cession ; et la désignation des créances garanties et des créances cédées (articles 81 et 82). Voir modèle de contrat ci-après.

Le contrat est opposable aux tiers à compter de son inscription au RCCM (article 82). La signification est faite par un huissier de justice.

Encadré 7 : Modèle de contrat de cession de créance

CONTRAT DE CESSION DE CREANCE

ENTRE LES SOUSSIGNES :

1. Entreprise ……, ayant son siège social à ……………, BP…………………, immatriculée au registre du commerce et du crédit mobilier sous le N°…………………, représenté par ……………………………………, Gérant.

Titulaire de la carte d'identité nationale N°………………………………………, délivré le ……………………………….à …………………………………………….

Ci-après dénommée « le cédant », d'une part,

ET

2. La Banque……………………………………………, Société anonyme au capital de ………………………. F/CFA, ayant son siège social à ………………., BP ……………………., immatriculée au Registre du Commerce et de Crédit Mobilier sous le N°………………représenté par Monsieur ………………………….., Directeur Général.

Ci-après dénommée « le cessionnaire » ou « la Banque, d'autre part,

IL EST PREALABLEMENT EXPOSE CE QUI SUIT :

Attendu que l'entreprise …………………, a sollicité et obtenu de « la Banque », une avance sur marché dans le cadre du financement d'un marché, pour le montant de XOF ………… (…………………………………………… FCFA) :

Attendu que l'entreprise ………………………, a signé un contrat relatif à l'exécution du marché enregistré le ………………………, à la fourniture de …………………… pour le compte de …………………………………… (autorité contractante), pour un montant total cumulé de XOF ………… ………… CFA) ;

Attendu que l'entreprise ………………, est payée à hauteur du montant total dudit marché, contre exécution de celui-ci ;

Attendu la présente cession de créances est consentie par le « le Cédant » dans le cadre de la présente convention de cession de créance et s'ajoute aux autres garanties initialement consenties en faveur de « la Banque » ;

CECI ETANT EXPOSE ; IL EST CONVENU CE QUI SUIT :

<u>Article1</u>

Pour assurer le paiement de toutes les sommes que l'Entreprise ………………………, doit ou pourraient devoir à la Banque…………………… notamment le remboursement des sommes en principal due par l'entreprise …………………… à la Banque……………………… au titre de l'accord du crédit pour un montant de XOF ……………… (…………………………………………CFA) ; qui viennent de lui être consenties, « le Cédant » déclare par la présente irrévocablement affecter à hauteur de ce montant en gage de premier rang, conformément aux dispositions de l'OHADA relative au gage commercial et aux cessions de créances commerciales, au profit du « Cessionnaire », qui accepte ledit gage, la créance qu'elle possédera sur ……………………………………………(autorité contractante) à l'issue de l'exécution du contrat objet du marché numéro ………………………enregistré…………, ci-après dénommé « la créance cédée ».

L'entreprise ………………………………………… s'engage, sans délai, à signer tous documents, prendre toutes mesures et effectuer formalités nécessaires ou utile au gage, et notamment à notifier sans délai et immédiatement après signature des présentes, la cession de créance à ……………………………….(autorité contractante), qui procédera à tous paiements au titre du marché ci-dessus visé dans le compte ordinaire N°…………………………… RIB……………………………… tenu au nom de l'entreprise….. auprès de la Banque ……………

La Banque……………………………………………………… déclare être informée dès à présent du contenu de la lettre que l'entreprise ………………………, adressera à ……………………………………………(autorité contractante) sans délai, immédiatement après la signature du contrat, en vue de lui notifier la cession de créances à son profit.

<u>Article 2</u>

« Le cessionnaire », en sa qualité de prêteur, pourra exercer les droits, actions et privilèges qui lui sont conférés par la loi et par le contrat.

« Le cessionnaire » aura le droit de toucher seul, sans le concours et hors la présence du « Cédant », et sans autre justifications, le montant en principal de la « créance cédée » à concurrence des engagements du cédant.

Le droit qui est ainsi reconnu au « Cessionnaire » n'emporte aucunement et dans quelque mesure que ce soit novation des obligations de l'Entreprise

……………………………, à l'égard de la Banque…………………………, qui pourra ainsi appliquer ces sommes en réduction des obligations garanties de l'Entreprise …………………, à l'égard de la Banque…………………..

Le produit ainsi perçu en réalisation du gage viendra alors en remboursement des obligations garanties, et toute somme perçue par la Banque………………………………………………. en vertu du gage, en sus des sommes nécessaires au paiement ou a remboursement des obligations garanties, devra être tenue par la Banque………………………………………………… à la disposition de l'Entreprise ……………………….

Les frais résultant de la réalisation du gage demeureront à la charge de l'Entreprise ………………., et seront imputés sur le produit de cette réalisation, conformément à l'article 8 ci-dessous.

Article 3

L'Entreprise ………………………………., reste responsable de veiller au respect des obligations de débiteur de la « créance cédée » y compris le paiement aux échéances convenues entre les mains de la Banque………………………….

En cas de non-paiement par l'Entreprise……………………………………, de la « créance cédée », « le Cessionnaire » se charge de poursuivre, pour le compte du « Cédant », par toutes voies de droit, le recouvrement des sommes dues, à moins que « le Cédant » ne préfère le faire elle-même.

Article 4

L'Entreprise ……………………………………………….., déclare n'avoir consenti sur la créance cédée aucun privilège, gage, nantissement ou sureté autre que la cession objet du présent contrat, ni aucune autre cession ou délégation, et qu'il n'existe à ce jour aucun fait pouvant entraîner une opposition à son paiement de la part du débiteur. Elle s'interdit formellement tout acte de nature à empêcher ou restreindre les effets du présent gage.

Article 5

Les obligations de l'Entreprise …………………………………………, au titre du présent contrat demeureront en vigueur sous réserve d'une extinction complète en principal, intérêt, commissions, accessoires et frais de toutes les obligations garanties.

Le gage constitué en vertu de ce contrat ne sera pas considéré comme éteint et ne sera pas affecté par les paiements ponctuels effectués pour le remboursement partiel des obligations garanties.

La Banque……………………………………. donnera main levée du gage, à la demande et aux frais de l'Entreprise ……………………………………………………, à condition et dès lors que toutes les sommes dues au titre des obligations garanties auront été intégralement et définitivement payées et remboursées.

Article 6

Toutes les obligations contractées par l'Entreprise ……………………………….., aux termes des présentes seront indivisibles entre ses héritiers et ayants droits.

Les parties conviennent qu'aucune modification d'une quelconque disposition du présent contrat ne saurait valablement intervenir en dehors d'un accord écrit constaté au moyen d'un avenant.

Article 7

La cession ne diminue en rien les autres droits et recours de la Banque………………………, la nature ou l'étendue des engagements et les autres sûretés, tant que réelles que personnelles, que l'Entreprise ………………………………………, aurait déjà donnée ; au contraire celles-ci continueront à produire intégralement leurs effets.

Article 8

Le présent contrat sera signifié par un huissier de justice à ………..(autorité contractante) conformément à l'article 50 de l'Acte Uniforme de l'OHADA portant organisation des sûretés. A cet effet, tous pouvoirs sont donnés au porteur de l'un des originaux.

Il conservera ses effets, le cas échéant, même après la clôture du ou des comptes courants pouvant exister entre « le Cédant » et « la Banque ».

Les droits d'enregistrement, de timbre du présent Acte, les frais de signification, et généralement tous frais, taxes ou pénalités auxquels il pourrait donner lieu ou qui en seraient la suite ou la conséquence, seront à la charge du « Cédant » et garantis par le présent contrat.

« Le cédant » autorise expressément « la Banque » à débiter son compte pour le règlement desdits frais mis à sa charge.

Article 9

Pour l'exécution du présent contrat et de ses suites, les parties font élection de domicile en leur siège respectif.

Tout litige né de l'interprétation du présent contrat ou de son exécution sera soumis au Tribunal de Commerce de ………………………………………

La Banque ***L'Entreprise*** (*)

Signature précédée de la mention
"lu et approuvé, certifié exact"

Source : OHADA

– Le transfert fiduciaire d'une somme d'argent

C'est une convention dans laquelle un constituant cède des fonds inscrits sur un compte bloqué dans une banque pour garantir l'exécution d'une obligation par exemple le paiement d'une créance (article 87 de l'acte uniforme).

La convention doit faire ressortir, sous peine de nullité, les mentions obligations suivantes : la créance garantie ; le montant des fonds déposés à titre de garantie ; et l'indication du compte bloqué (article 88).

La convention est opposable aux tiers dès lors que la banque est notifiée.

En cas de non-paiement de la créance, le créancier après avoir averti le débiteur dans un délai de 8 jours, peut se faire remettre les fonds bloqués dans la limite du montant de sa créance (article 91 alinéa 2).

(*) Pour l'illettré, le faire assister, de deux personnes lettrées identifiées

- 8.2.1.3. Le gage de meubles corporels

– Définition

Le gage est le contrat par lequel le débiteur reconnaît au créancier le droit de se faire payer par préférence sur un bien meuble (articles 92, 93).

Le gage peut être fait avec ou sans dépossession (articles 99, 102).

– Modalités

Le contrat doit inclure, sous peine de nullité, les éléments ci-après : la désignation de la dette garantie ; et la quantité des biens donnés en gage ainsi que leur espèce ou leur nature (article 96).

Le créancier bénéficiaire du gage dispose de plusieurs droits particuliers à savoir le droit de préférence ; le droit de suite ; le droit de rétention ; et le droit de réalisation.

En effet, le droit de préférence donne la possibilité au créancier de se faire payer avant les autres sur le produit de la vente du bien (articles 92, 104). Le droit de suite permet au créancier de faire valoir son droit même si le bien change de main (article 97). Le droit de rétention permet au créancier la conservation du bien tant qu'il n'a pas été payé (article 99). Quant au droit de réalisation, le créancier peut faire vendre en justice le bien en cas d'un constat définitif de non-paiement (article 104).

Le contrat est opposable aux tiers après publication dans le RCCM (article 97).

Les marchandises, les matières premières, les produits d'une exploitation agricole ou industrielle, le matériel professionnel, et les véhicules automobiles peuvent être mises en gage dont le constituant peut en disposer selon des modalités convenues (articles 115, 118, 119 et 120).

Le bordereau de gage de stocks remis au débiteur peut être endossé et avalisé dans les mêmes conditions qu'un billet à ordre avec les mêmes effets. A défaut d'une convention expresse, sa durée est, *de jure,* 5 ans à compter de sa date d'émission (article 122).

– Classement

En cas de vente des meubles les produits sont distribués dans l'ordre suivant :

- Les créanciers des frais de justice
- Les créanciers de salaires super privilégiés
- Les créanciers hypothécaires selon leurs rangs
- Les créanciers munis d'un privilège général
- Les créanciers chirographaires munis d'un titre exécutoire

- 8.2.1.4. Le nantissement de meubles incorporels

– Définition

Le nantissement est l'acte par lequel le débiteur affecte en garantie d'une créance un bien meuble incorporel de façon conventionnelle ou judiciaire (article 125). Il peut faire l'objet de publicité (article 170) en plus de l'inscription au RCCM (exemple : brevets d'invention ; marques de fabrique ; dessins ; modèles ; etc.).

– Modalités

Peuvent être nantis les créances ; le compte bancaire ; les droits d'associés ; les valeurs mobilières ; le compte de titres financiers ; le fonds de commerce et les droits de propriété intellectuelle (article 126).

Le nantissement de créances doit être consigné sous peine de nullité dans écrit avec les mentions obligatoires suivantes : la désignation des créances garanties et des créances nanties ; l'indication du débiteur ; le lieu de paiement ; le montant des créances et son échéance (article 127).

Le nantissement de compte bancaire est un nantissement de créance (article 136).

Le nantissement des droits d'associés et valeurs mobilières des sociétés doit être avoir les mentions obligatoires suivantes : la désignation du créancier, du débiteur et du constituant du nantissement ; le siège social et le N° RCCM de la personne morale émettrice ; les N° des titres nantis ; le montant ; la durée et l'échéance (article 141).

Concernant, le nantissement de comptes de titres financiers une déclaration constitutive est prévue. Elle comporte les mentions obligatoires suivantes : la désignation du créancier, du débiteur et du constituant du nantissement ; le nombre et la nature des titres financiers ; indication du compte nanti ; le montant ; la durée et l'échéance (article 147).

L'acte de nantissement du fonds de commerce (la clientèle, l'enseigne, le nom commercial, le droit au bail commercial, les licences d'exploitation, les brevets d'invention, les marques de fabrique et de commerce, les dessins, les modèles et autres droits de la propriété intellectuelle) doit obligatoirement comporter les éléments suivants : la désignation du créancier, du débiteur et du constituant du nantissement ; le siège du fonds et ses succursales ; les éléments du fonds nanti ; le montant ; la durée et l'échéance (article 163).

Enfin, quant au nantissement des droits de propriété intellectuelle, l'écrit doit impérativement comporter les mentions suivantes : la désignation du créancier, du débiteur et du constituant du nantissement ; les éléments identifiant les droits apportés en garantie ; le montant ; la durée et l'échéance (article 157).

En somme, le créancier bénéficiaire inscrit du nantissement dispose de plusieurs droits particuliers à savoir le droit de préférence ; le droit de suite ; et le droit de réalisation (article 97, 104, 105, 178 et 226).

En cas d'insuffisance des produits de vente, les créanciers susmentionnés seront payés au marc le franc c'est-à-dire proportionnellement (article 226).

- 8.2.1.5. Les privilèges

– Définition

Les privilèges sont la priorité donnée au créancier d'être payé avant les autres créanciers même hypothécaires (articles 179, 225 et 226).

– Modalités

Les privilèges peuvent être généraux ou spéciaux (articles 179, 182).

Les privilèges généraux sont : les frais d'inhumation, les frais de la dernière maladie, les fournitures de subsistance faites au débiteur une année après le décès, les sommes dues aux travailleurs et apprentis, les sommes dues à la sécurité sociale, au fisc et à la douane (article 180).

Les privilèges spéciaux sont : le vendeur sur le meuble vendu, le bailleur d'immeuble sur les meubles garnissant les lieux loués, les salaires, les fournisseurs, le commissionnaire sur le contrat de commission, etc.

En somme, le créancier bénéficiaire de privilèges dispose de plusieurs droits particuliers à savoir le droit de préférence ; et le droit de suite (article 179, 182, 225 et 226).

8.2.2. Les hypothèques ou sûretés immobilières

– Définition

L'hypothèque est l'affectation légale, conventionnelle, judiciaire d'un immeuble appartenant au constituant en guise de garantie d'une ou plusieurs créances (article 190).

– Modalités

L'hypothèque peut être légale, conventionnelle ou judiciaire (articles 190, 203, 209). Elle est légale quand c'est prévue par la Loi (exemple : Impôts à recouvrer). Elle est conventionnelle quand par suite de signature d'un contrat (exemple : cas des banques). Et, elle est judiciaire quand elle résulte d'un jugement (exemple : exécution d'une grosse).

Les immeubles présents et immatriculés peuvent faire l'objet d'une hypothèque (article 192).

Une hypothèque se formalise par son inscription conformément aux règles de publicité. L'hypothèque ainsi publiée prend rang (1er ou 2ème rang) du jour de l'inscription (article 195).

Elle confère au créancier le droit de préférence et le droit de suite (articles 197, 223). En effet, si l'immeuble est vendu le créancier sera payé en priorité (droit de préférence). Si l'immeuble change de main suite à une vente, la garantie reste acquise au créancier tant que l'hypothèque est légalement valable.

Le créancier pourra faire constater le transfert de propriété a l'issue d'un délai de 30 jours après une mise en demeure (article 199).

– Classement

En cas de vente de l'immeuble, les produits sont distribués dans l'ordre suivant :

- Les créanciers des frais de justice
- Les créanciers de salaires super privilégiés
- Les créanciers hypothécaires selon leurs rangs
- Les créanciers munis d'un privilège général
- Les créanciers chirographaires munis d'un titre exécutoire

En cas d'insuffisance des produits de vente, les créanciers susmentionnés seront payés au marc le franc c'est-à-dire proportionnellement (article 225).

Enfin, dans la pratique en cas de non-paiement de la créance et après avoir usé toutes les voies de recours, la banque peut s'adjuger le bien hypothéqué en sa faveur et mettre en place dans la foulée un contrat de « *dation en paiement* » avec une clause réméré le plus souvent. En clair, il s'agit d'une technique permettant à la banque d'engranger les revenus locatifs de l'immeuble pour assurer le remboursement de la dette. Le bien fera partie temporairement du patrimoine immobilier de la banque hors exploitation. Ce qui pose de facto le problème de respect du ratio immobilisation hors exploitation[105].

[105] Ratio prudentiel se calculant comme suit : immobilisations HE & participations/FPB (Fonds Propres Bruts).

IV. Le déclassement des engagements ou créances en souffrance

Le déclassement des engagements ou créances en souffrance s'effectue selon les critères arrêtés par l'instruction 94-05 relative à la comptabilisation et au provisionnement des engagements en souffrance modifiée par l'instruction N°2001-01 du Plan Comptable Bancaire de l'UMOA (PCB).

Les engagements en souffrance comprennent selon les dispositions de l'article 2 de l'instruction susmentionnée :

- au bilan, les créances impayées ou immobilisées, les créances douteuses ou litigieuses, les créances irrécouvrables et les risques-pays ;
- au hors bilan, les engagements douteux et les risques- pays.

1. Les catégories de créances en souffrance

1.1. Pour les impayés

Sont à classer dans ce compte, les échéances impayées depuis six (6) mois au plus et n'ayant pas fait l'objet de prorogation de terme ou de renouvellement.

1.2. Pour les immobilisés

Les créances immobilisées logées sous cette rubrique concernent :

- les créances impayées depuis 6 mois au plus dont le remboursement ne peut être effectué en raison d'obstacles indépendants de la volonté du débiteur ;
- les créances ayant fait l'objet d'un concordat préventif ou de redressement, dont les termes de règlement sont respectés.

1.3. Pour les douteux ou litigieux

Les créances douteuses ou litigieuses sont les créances, échues ou non, assorties ou non de garantie et présentant un risque probable ou certain de non recouvrement partiel ou total. Elles sont notamment constituées par :

- les crédits comportant au moins une échéance impayée datant de plus de six (6) mois, que cette échéance ait été préalablement classée ou non en créance impayée ou immobilisée ;
- les loyers échus afférents aux opérations de crédit-bail, de location avec option d'achat et location-vente, dont au moins un terme est impayé depuis plus de six mois ;
- les crédits comportant au moins une échéance impayée et concernant des débiteurs ayant une mauvaise situation financière (signatures exclues d'un accord de classement par la Banque Centrale, structure financière déséquilibrée) ;
- les créances ayant un caractère contentieux (recouvrement confié au service contentieux, procédure judiciaire ou arbitrale engagée, liquidation de biens, règlement, redressement préventif judiciaire) ;
- les créances ayant fait l'objet d'un concordat, préventif ou de redressement, dont les termes de règlement ne sont pas respectés.
- Sont présumés constituer également des créances douteuses :
- les comptes ordinaires débiteurs (comptes courants ou autres) sans aucun mouvement créditeur depuis plus de trois (3) mois ;
- les comptes ordinaires débiteurs (comptes courants ou autres) sans mouvements créditeurs significatifs depuis plus de six (6) mois. Sont considérés comme des mouvements créditeurs non significatifs, les mouvements créditeurs dont le montant cumulé, sur une période de six (6) mois, ne couvre pas les intérêts débiteurs dus sur cette période et se rapportant exclusivement au compte ordinaire concerné.

2. Rappel des règles de provisionnement des créances en souffrance (articles 9, 10 et 11 de l'instruction 94-05)

Le provisionnement des créances en souffrance s'effectue, conformément au dispositif prudentiel sus évoqué. Dans ce cadre, les provisions sur les créances en souffrance sont constituées, conformément aux principes suivants :

- pour les risques garantis par l'Etat et ses démembrements, il est recommandé aux établissements assujettis, sans obligation de leur part, la constitution progressive de provisions, à hauteur de la créance garantie (capital et intérêts), sur une durée ne pouvant excéder cinq ans, lorsqu'aucune inscription correspondant au risque couvert n'est effectuée dans le budget de l'Etat. Ces provisions pourront faire l'objet d'une reprise dès qu'une inscription est effectuée au budget de l'Etat pour couvrir sa garantie ;
- pour les risques privés non garantis par l'Etat et répondant à la définition des créances impayées ou immobilisées, la constitution de provisions, tant au titre du capital que des intérêts, n'est pas obligatoire ;

- pour les risques privés non garantis par l'Etat et répondant à la définition des créances douteuses ou litigieuses et des engagements douteux, les provisions sont constituées selon les modalités suivantes :
- les risques privés non couverts par des sûretés réelles doivent être provisionnés à 100% au cours de l'exercice pendant lequel les créances sont déclassées en créances douteuses ou litigieuses ;
- pour les risques privés couverts par des sûretés réelles la constitution de provisions est facultative au cours de deux (2) premiers exercices. La provision doit couvrir au moins 50% du total des risques au terme du troisième exercice et 100% au terme du quatrième exercice ;
- les intérêts non réglés portés au crédit du compte de résultat doivent être provisionnés à due concurrence ;
- les créances douteuses ou litigieuses relatives aux loyers afférents aux opérations de crédit-bail, de location avec option d'achat, de location-vente et de location simple doivent faire l'objet d'un provisionnement à due concurrence ;
- les intérêts non réglés depuis plus de trois (3) mois et se rapportant aux risques - pays doivent faire l'objet d'un provisionnement intégral ;
- les créances irrécouvrables ne font pas l'objet de provision. Elles doivent être passées en pertes pour l'intégralité de leur montant ;
- Les provisions pour risques-pays s'inscrivent dans le "fonds pour risques bancaires généraux" et celles relatives aux engagements douteux sont enregistrées dans le compte de "provisions pour risques d'exécution d'engagements par signature".

Dans la pratique, les propositions de déclassement et de provisionnement sont examinées et validées par un Comité de Risques. Le Comité peut se réunir aussi souvent que nécessaire sur l'initiative du Directeur Général de la Banquc.

A l'issue des réunions du Comité de Risques, il est rédigé un procès-verbal faisant ressortir pour chaque client la décision prise (actions de recouvrement à mener, ou déclassement éventuel en fin d'exercice).

V. Les services aux particuliers

Dans le souci de pérenniser la relation clientèle, les banques sont en mesure de leur assurer des services matériels (location de coffre-fort ; change manuel ; banque en ligne ; GAB/DAB) et immatériels (gestion de portefeuille ; gestion de patrimoine ; produits d'assurance).

1. Les services matériels

1.1. La location de coffre-fort

Le coffre-fort est fait pour revoir des objets de valeur (bijoux, or, tableau, etc.).

Les banques de la zone UEMOA font très rarement la location de coffre-fort due au fait que les cultures locales ne s'y prêtes pas. Aussi, c'est une activité qui demande un important investissement dans la sécurité des locaux.

Toutefois, ce service est réservé à la clientèle riche et fidèle. Le coût de la location peut être relativement cher.

Les modalités d'ouverture sont les mêmes que celles des ouvertures de compte chèque (vérification de l'identité, recueil de spécimen de signature). Aussi, il est prévu la signature d'un contrat de location.

L'accès au coffre-fort est autorisé aux mandataires s'ils existent bien évidemment.

En cas de décès du locataire, le coffre-fort est de facto bloqué et la banque se référera à une décision de justice.

1.2. Le change manuel

Le change manuel concerne les achats et ventes de devises (euro, dollar, etc.). Pour ce faire, la banque met au service de ces clients un guichet dédié.

Ce point est déjà abordé plus haut.

1.3. La banque à domicile

C'est la banque en ligne c'est-à-dire la banque accessible étant à la maison via internet.

Pour ce faire, le client se connecte au site web de sa banque en mettant son identifiant et son mot de passe pour y accéder.

Ce service est généralement facturé aux clients.

Les clients disposent d'une palette de service à leur disposition : consultation de solde ; édition de relevé ; paiement en ligne ; etc.

Ce service est appelé à se développer dans les années à venir.

1.4. La banque 24 heures sur 24

C'est la banque accessible sur les guichets automatiques de billets (GAB/DAB) et sur internet banking à tout moment 24 heures sur 24 et 7 jours sur 7.

Pour ce faire, les banques assurent la disponibilité de leurs guichets automatiques et leurs sites internet.

Les clients peuvent avoir accès à un ensemble de service à partir des points de GAB/DAB : retrait espèce ; versement espèce ; consultation solde ; transfert d'argent ; etc.

En la matière, la monétique[106] a entrainé de profondes mutations dans le paysage bancaire UEMOA.

2. Les services immatériels

2.1. La gestion de portefeuille de valeurs mobilières

Ce service est assuré par les structures dédiées à cet effet. Il s'agit des organismes de placement collectif en valeurs mobilières (OPCVM) qui subdivisés en deux familles notamment la SICAV (Société d'Investissement A Capital Variable) et le FCP (Fonds Communs de Placement). Ils sont agrées par le CREPMF.

Cette activité reste toujours marginale dans la zone UEMOA à cause de son caractère embryonnaire.

2.2. La gestion de patrimoine

Cette activité est relativement faible dans la zone UEMOA et limitée aux structures spécialisées. Les sociétés de gestion de patrimoine sont des intervenants sur le MFR (Marché Financier Régional).

---

[106] Au delà des cartes monétiques (GIM-UEMOA ; Visa et Mastercard), les services suivants sont accessibles à partir des GAB : dépôts de fonds ; virement de compte à compte ; transfert d'argent ; et paiement de factures (eau, électricité, etc.).

L'approfondissement du MFR va certainement contribuer à renforcer le recours à ce genre de service.

2.3. Les produits d'assurance

L'activité de bancassurance n'est pas autorisée dans la zone UEMOA au regard des dispositions de l'article 12 de la Loi portant Règlementation Bancaire. Cet article nous renseigne que les sociétés d'assurance ne figurent pas parmi les établissements de crédit (banques ; établissement financier à caractère bancaire).

Toutefois, les banques commercialisent les produits d'assurance comme intermédiaire via un partenariat avec une société d'assurance.

A cet égard, il existe des partenariats entre les banques et les sociétés d'assurance dans le cadre de l'assurance des prêts aux particuliers, la globale assurance, l'assurance vie, etc.

Les assurances étant régies par le code des assurances de la zone CIMA, il pourrait exister le risque de concurrence normative sur le marché de l'assurance en cas d'autorisation de l'activité bancassurance par les autorités de la zone UEMOA.

Cependant, compte tenu de la réalité des sociétés commerciales et GIE régies par le droit OHADA, la bonne articulation pourrait être trouvée en tenant compte des réalités intrinsèques de chaque marché.

VI. Le dispositif des accords de classement de la BCEAO

1. Présentation

Le dispositif des accords de classement de la BCEAO, dont la durée ne peut excéder une année mais renouvelable, est régi par les dispositions de l'avis aux banques et établissements financiers N°4/AC/02 de la BCEAO suite à un arrêté y afférent du Conseil des Ministres de l'UEMOA au cours de sa session du 19 septembre 2002 portant sur la mise en œuvre du mécanisme des accords de classement conformément aux dispositions des articles 22 du traité constituant l'UMOA et 38 des statuts de la BCEAO.

C'est un outil de contrôle et de suivi qualitatif ex-post des crédits distribués c'est-à-dire du portefeuille de crédit des banques et établissements de crédits. Pour ce faire, le ratio de structure du portefeuille (60%) permettait à la BCEAO de contrôler parmi l'ensemble des concours en trésorerie d'un établissement bancaire, le pourcentage des crédits de celui-ci faisant l'objet d'un accord de classement obtenu auprès de la Banque Centrale (BCEAO). Cependant, compte tenu du non-respect permanent de ce ratio par une frange majorité des banques, la BCEAO l'a supprimé en 2013 par l'avis N°001-01-2013 aux établissements de crédit relatif à la révision de la norme du ratio de transformation et à la suppression du ratio de structure du portefeuille dans l'UMOA.

La composition des dossiers à fournir est fonction de la taille de l'entreprise conformément aux dispositions de l'acte uniforme sur le droit comptable de l'OHADA qui définissent un système normal pour les entreprises moyennes et grandes, un système allégé pour les petites entreprises et un système minimal de trésorerie pour les très petites entreprises.

Les dossiers de demande d'accord de classement pour les grandes et moyennes entreprises sont ci-après :

- Etats financiers certifiés par un commissaire aux comptes sur les 3 dernières années (bilan, compte de résultat, TAFIRE et état annexé) ;
- Résolution de l'Assemblée Générale des actionnaires ayant approuvé les comptes de l'exercice ;
- Rapport du Commissaire aux Comptes ;
- Rapport du Conseil d'Administration sur l'exercice ;

- Etats financiers prévisionnels sur 3 années (bilan, compte de résultat, TAFIRE) pour les cas de crédits à Moyen et long terme ;
- Fiche d'analyse financière complétée par les observations du banquier présentateur ;
- Plan de trésorerie sur les 12 mois les cas de crédits à Court terme
- Tableau d'amortissement pour les cas de crédits à Moyen et Long terme ;
- Fiche de présentation des dirigeants suivant un modèle fourni par la BCEAO.

Les dossiers de demande d'accord de classement pour les petites entreprises sont ci-après :

- Etats financiers certifiés par un commissaire aux comptes sur les 3 dernières années (bilan, compte de résultat, TAFIRE et état annexé) ;
- Résolution de l'Assemblée Générale des actionnaires ayant approuvé les comptes de l'exercice ;
- Rapport du Commissaire aux Comptes ;
- Plan de trésorerie sur les 12 mois les cas de crédits à Court terme
- Tableau d'amortissement pour les cas de crédits à Moyen et Long terme ;
- Etats financiers prévisionnels sur 3 années (bilan, compte de résultat, TAFIRE) pour les cas de crédits à Moyen et long terme ;

Les dossiers de demande d'accord de classement pour les très petites entreprises sont ci-après :

- Etats financiers des 3 dernières années (bilan, compte de résultat, TAFIRE et état annexé) élaborés par un comptable agrée ou par un centre de gestion agréé conformément au droit comptable OHADA ;

Les dossiers de demande d'accord de classement pour les entreprises nouvellement créées sont ci-après :

- Bilan d'ouverture ;
- Etats financiers prévisionnels sur 3 ans ;
- Etude de faisabilité (étude de marché, environnement, étude technique, projections financières, etc.)

Les dossiers de demande d'accord de classement pour les salariés sont ci-après :

- Nom et prénoms
- Date de mise en place du crédit
- Concours initial
- Encours résiduel
- Revenu des bénéficiaires

- Quotité cessible
- Durée du crédit
- Montants et dates de survenance des impayés (chèques, effets de commerce, crédit) au cours du dernier exercice.

Les dossiers de demande d'accord de classement pour les groupements villageois sont ci-après :
- Nom du groupement villageois
- Date de mise en place du dernier crédit
- Montant du crédit
- Encours des crédits
- Montant des échéances de la campagne à court et moyen terme
- Revenu brut attendu c'est-à-dire les ventes majorées des ristournes
- Coûts estimés des facteurs de production
- Revenu net attendu c'est-à-dire les revenus brut minorés des coûts des facteurs de production
- Tiers du revenu net attendu
- Impayés survenus au cours de l'exercice
- Motif des impayés

Par ailleurs, en ce qui concerne les 50 plus gros consommateurs de crédit, les banques et établissements financiers ont l'obligation de fournir à la BCEAO au plus tard le mois de juin de l'année en cours, l'ensemble des documents exigés en matière de demande d'accord de classement[107]. Toutefois, les engagements par signature, les crédits accordés à l'Etat et ses démembrements, les concours accordés aux banques et établissements financiers ne sont pas éligibles au présent dispositif.

2. Les ratios financiers d'appréciation des dossiers

Les demandes d'accord de classement sont appréciées à partir de deux catégories de ratios financiers : les ratios de décision au nombre de 4, conditionnent l'accord ou le rejet de la demande ; les ratios d'observations également au nombre de 4 sont éventuellement utilisés pour appuyer les recommandations.

---

[107] Cf avis N°4/AC/02, les modèles y sont annexés

Tableau 22 : Les ratios de décision (accord de classement)

LIBELLE	DEFINITION	NORME
Autonomie financière	Total capitaux propres corrigés *(capital+ primes et réserves+ résultat net+ autres capitaux propres - actionnaires capital non appelé - distribution de dividende - charges immobilisées)* / Total général du passif du bilan	≥ 20%
Capacité de remboursement	Dettes financières *(emprunts + dettes de crédit bail et contrats assimilés + dettes financières diverses)* / Capacité d'Autofinancement Globale - CAFG *(Excédent brut d'exploitation - charges décaissables restantes + produits encaissables restants)*	≤ 4
Rentabilité	Résultat net /Chiffre d'Affaires	> 0
Liquidité générale	Total Actif circulant net incluant le total trésorerie-actif / Total Passif circulant net incluant le total trésorerie-passif	> 1

Source : BCEAO

Le ratio d'Autonomie financière

Ce ratio permet de jauger l'importance de la capitalisation des actionnaires sur l'ensemble des exigibilités (ressources financières). Les capitaux propres corrigés s'obtiennent après déduction des non-valeurs (capitaux non appelés et charges immobilisées) et des distributions de dividendes.

Toutefois, les comptes courants d'associés peuvent s'ajouter comme quasi fonds propres à conditions d'être certifiés par un commissaire aux comptes accompagné d'un acte notarié de blocage sur une période minimale de 5 ans avec cession d'antériorité des créances.

La norme minimale de ce ratio est de 20% pour toutes les entreprises. En d'autres termes, la part des fonds propres doivent correspondre au moins à 0,2 pour chaque unité de ressources financières.

Il est également appelé dans certaines entreprises, le ratio d'Independence financière mesurant les fonds propres rapportés aux dettes à long et moyen termes (DLMT) dont la norme minimale est de 1.

La capacité de remboursement

Ce ratio mesure la capacité de l'entreprise à faire face à ses échéances. Il est calculé par le rapport entre les dettes financières et la CAFG (Capacité d'Autofinancement Globale).

En effet, les dettes financières se composent des éléments ci-après : Emprunts + Dettes de crédit-bail et contrats assimilés + Dettes financières diverses.

La CAFG se calcule comme suit : EBE (Valeur ajoutée – charge de personnel) – charges décaissables restantes (frais financiers + pertes de change + charges hors activités ordinaires + participation des travailleurs + impôt sur le résultat) + produits encaissables restants (transferts de charges d'exploitation + revenus financiers + gains de change + transferts de charges financières + produits hors activités ordinaires + transferts de charges hors activités ordinaires).

Sa norme est de 4 années au maximum pour permettre à l'entreprise de couvrir à travers la CAFG le règlement des dividendes, le paiement des dettes et le renouvellement des immobilisations.

Le ratio de rentabilité

Il mesure les performances de l'entreprise à travers le résultat net rapporté au chiffre d'affaires hors taxes. Son exigence est d'être toujours positive.

Certaines entreprises le calculent également par le rapport entre le résultat net et la capacité d'autofinancement dont la norme est d'au moins 5%.

Le ratio de liquidité générale

Il permet de prendre en compte les risques d'illiquidité de l'entreprise dans son exploitation pouvant déboucher sur une faillite. Il se calcule comme le rapport entre l'actif net circulant incluant la trésorerie actif et le passif circulant incluant la trésorerie passif. Sa norme minimale est d'au moins 1.

Le total actif circulant se calcule comme suit : actif circulant hors activités ordinaires + stocks (marchandises + matières premières et autres approvisionnements + en-cours + produits fabriqués) + créances et emplois assimilés (fournisseurs, avances versées + clients + autres créances).

Le total de trésorerie-actif est : titres de placement + valeurs à encaisser + banques, chèques postaux, caisse

Le total passif circulant est : dettes circulantes hors activités ordinaires et ressources assimilées + clients, avances reçues + fournisseurs d'exploitation + dettes fiscales + dettes sociales + autres dettes + risques provisionnés.

Le total de trésorerie –passif est : banques, crédits d'escompte + banques, crédits de trésorerie + banques, découverts.

Dans certaines entreprises, ce ratio se calcule par le rapport actif circulant sur le total bilan avec une norme minimale de 5%.

Tableau 23 : Les ratios d'observation (accord de classement)

LIBELLE	DEFINITION	NORME
Rotation des stocks	Stock moyen x 360 / Chiffre d'Affaires hors taxes	Pas de norme
Délai clients	(Clients - avances reçues de la clientèle) x 360 / Chiffre d'Affaires toutes taxes comprises	Pas de norme
Délai fournisseurs	(Fournisseurs - avances versées sur commandes) x 360 / Achats toutes taxes comprises	Pas de norme
Equilibre financier	Fonds de roulement / Besoin de financement global	60% pour les entreprises industrielles et 40% pour les autres entreprises

Source : BCEAO

Le ratio de rotation des stocks

Ce ratio s'exprime en nombre de jours de chiffres d'affaires hors taxes. Il se calcule par le rapport entre le stock moyen de produits fabriqués et le chiffre d'affaires hors taxes.

Certaines entreprises prévoient une norme maximale de 90 jours de chiffres d'affaires en la matière.

Le ratio de délai clients

Ce ratio calcule la durée moyenne des crédits à la clientèle ou la rotation clients. Il se calcul par le rapport entre les clients diminués des avances reçues sur le chiffre d'affaires toutes taxes comprises.

Aussi, certaines entreprises prévoient une norme maximale de 90 jours de chiffres d'affaires en la matière.

Le ratio de délai fournisseurs

Appelé également la rotation fournisseurs, ce ratio mesure la durée moyenne des crédits fournisseurs. Il se calcul par le rapport entre les fournisseurs diminués des avances versées sur les achats toutes taxes comprises. En effet, les achats comprennent les achats de marchandises, les achats de matières premières, les autres achats, les fournisseurs d'exploitation et avances versées.

La norme prévue en la matière est généralement égale à celle du ratio de délai clients.

Le ratio d'équilibre financier

Comme son nom l'indique, ce ratio s'assure de l'équilibre de la structure financière par le rapport entre le fonds de roulement et le Besoin de Financement Global.

Le fonds de roulement se calcule comme suit : total des ressources stables – total de l'actif immobilisé – distribution de bénéfice.

Le total des ressources stables est : total capitaux propres + total dettes financières.

Le total de l'actif immobilisé est : charges immobilisées (frais d'établissement et charges à repartir + primes de remboursement des obligations) + immobilisations incorporelles (frais de recherche et de développement + brevets, licences, logiciels + fonds commercial + autres immobilisations incorporelles) + immobilisations corporelles (terrain + bâtiments + installations et agencements + matériel + matériel de transport) + avances et acomptes versés sur immobilisations + immobilisations financières (titres de participation + autres immobilisations financières).

Le Besoin de Financement Global est : total actif circulant – total passif circulant + écarts de conversion actif - écarts de conversion passif

La norme minimale retenue pour ce ratio est de 60% pour les entreprises industrielles et 40% pour les autres entreprises.

Au-delà de ces ratios, les banques regardent beaucoup dans les dossiers de financement le poids des intérêts (frais financiers/EBE pour une norme maximale de 30%) et le poids des dettes bancaires du client.

3. La matrice de décision

Tableau 24 : Matrice de décision (accord de classement)

<table>
<tr><th>ENTREPRISES</th><th>Moyennes et grandes entreprises (systèmes normale CA > 100 millions FCFA selon le droit OHADA)</th><th>Petites entreprises (système allegé CA > 30 millions FCFA selon droit OHADA)</th><th>Très petites entreprises (système minimal de trésorerie CA < 30 millions FCFA selon OHADA)</th><th>Salariés et ggroupement villageois</th></tr>
<tr><td>Hypothèse N°1</td><td colspan="2">Accord en cas de respect des 4 ratios de décision</td><td rowspan="5">Accord si et seulement si résultat net positif et absence d'impayés</td><td rowspan="5">Accord pour les salariés à condition du respect de la quotité cessible et le dénouement normal des crédits.

Accord pour les groupements villageois à condition que le revenu brut excède le total des échéances de la campagne et le total des échéances à moyen terme soit couvert à hauteur d'un tiers du revenu net.</td></tr>
<tr><td>Hypothèse N°2</td><td colspan="2">En cas de non du ratio d'autonomie financière, accord si et seulement si le ratio ajusté des comptes courants d'associés respecte la norme minimale de 20 %</td></tr>
<tr><td>Hypothèse N°3</td><td colspan="2">en cas de non respect conjoncturel du ratio de rentabilité, accord si la moyenne des 3 années est positive et respect des 3 autres ratios</td></tr>
<tr><td>Hypothèse N°4</td><td colspan="2">En cas de non respect de la norme de capacité de remboursement, accord si le crédit est adossé à une garantie institutionnelle type fonds GARI, FAGACE, FSA, etc.
Les garanties mobilières et immobilières sont écartées en l'espèce.</td></tr>
<tr><td>Hypothèse N°5</td><td colspan="2">En cas de non respect conjoncturel de la norme de liquidité, accord si moyenne des 3 dernières années conforme à la norme ou que l'entreprise présente des mesures de redressement à la satisfaction de la BCEAO
Ce ratio n'est pris en compte dans l'examen des entreprises de commercialisation de produits agricoles d'exportation.</td></tr>
</table>

Source : BCEAO

4. Le système de cotation des risques

Tableau 25 : Le système de cotation des risques (accord de classement)

LA COTE	LA CLASSE	LA DIVISION	LA RUBRIQUE
A : cote d'excellence accordée aux entreprises méritante la meilleure appréciation de la BCEAO	**Classe 1** : entreprises utilisant le système normal sens du droit comptable OHADA	**Division 1** : Moyennes et grandes entreprises (CA> 100 millions FCFA)	**Rubrique 0** : Inexistence d'incident de paiement
B : entreprises bénéficiant d'accord de classment avec non respect d'un des 4 ratios de décision	**Classe 2** : entreprises utilisant le système allegé sens du droit comptable OHADA	**Division 2** : petites entreprises (CA> 30 et < 100 millions FCFA)	**Rubrique 1** : Survenance d'un incident de paiement
C : entreprises bénéficiant d'accord de classement suspendu à cause d'une interdiction bancaire ou judiciaire ou entreprises n'ayant pas fait de renouvellement après l'expiration de son accord.	**Classe 3** : entreprises utilisant le système minimal de trésorerie sens du droit comptable OHADA	**Division 3** : Très petites entreprises (CA< 30 millions FCFA)	**Rubrique P** : Plus d'un incident de paiement au cours des 3 dernières années
D : Non accord de classement à la suite d'une demande auprès de la BCEAO.	**Classe 4** : Groupement villageois (existence ou non d'états comptables)	**Division 4** : Entreprises nouvellement créées	
E : Aucune demande d'accord de classement n'a été introduite.	**Classe 5** : Salariés (absence d'états comptables)		

Source : BCEAO

Exemple : la cotation « A 1 1 0 » désigne une entreprise bénéficiant de crédit bancaire qui respecte tous les critères d'éligibilité au dispositif des accords de classement.

La partie suivante analyse en profondeur la relation banque/entreprises à partir de l'ouverture d'un compte commercial ou compte d'entreprise.

TROISIÈME PARTIE

La relation banque & le marché des entreprises

Au delà de la gestion et l'accompagnement de la clientèle « particuliers », les banques jouent un rôle primordial dans le financement de l'économie[108] à travers le segment des entreprises.

En effet, les entreprises sont dans une économie de marché le moteur de la croissance et la banque étant le carburant de ce moteur. Donc, plus il y a de carburants, plus le moteur (entreprises) est enclin à rouler aussi longtemps d'où la croissance et par voie de conséquence le développement à long terme.

En outre, on entend par segment des entreprises, le marché de la clientèle « entreprises & professionnels » dans les relations d'affaires de la banque. Selon la plaquette des catégories d'agent économique de la banque centrale, ceux-ci concernent :

- Corporates (BTP ; mines ; télécommunications ; hôtellerie ; industries ; électricité ; commerce ; Pétrole ; négoce international ; agriculture ; élevage ; agro-industrie ; etc.)
  - i. Micro et Petite entreprises (MPE)
  - ii. PME/PMI (Petite et Moyenne Entreprise/Industrie)
  - iii. Grandes entreprises

- Professionnels (entreprises individuelles)
  - iv. Commerçants (détaillants ; grossistes ; etc.)
  - v. Professions libérales (Pharmacie ; Clinique ; avocats ; huissiers ; notaires ; experts comptables ; etc.)
  - vi. Autres : courtiers en assurance ; transitaires ; exploitants agricoles ; artisans ; écoles privées sous forme d'entreprise individuelle ; personnes physiques exerçant une activité commerciale etc.

---

[108] Ce poids se matérialise par le rapport Actifs bancaires/PIB UEMOA. Il est de 47% en 2013.

- Les GIE

Dans cette partie, nous allons mettre en lumière les techniques bancaires à travers lesquelles les établissements de crédit accompagnent le segment des entreprises.

I. Généralités sur les entreprises

Les entreprises sont régies dans la zone UEMOA par les dispositions de l'acte uniforme révisé OHADA relatives au droit des sociétés commerciales et du groupement d'intérêt économique (GIE) adopté le 30/01/2014 à Ouagadougou (Burkina Faso) et publié dans le journal officiel N° spécial du 04/02/2014.

En clair, la notion « entreprise » fait référence à la dimension économique (production, profit, etc.) tandis que la celle de « société » y fait à la dimension juridique (constitution de la société, liquidation, etc.). Dans ce livre, les deux notions est synonyme à notre entendement.

Dans cette optique, les entreprises peuvent être classifiées selon deux critères universellement reconnus en la matière. Il s'agit des critères économique et juridique.

Sur le plan économique, les entreprises sont classées par secteur d'activité. Ainsi, on peut citer :

- Les entreprises agricoles
- Les entreprises industrielles
- Les entreprises commerciales (c'est des intermédiaires car ne produisant pas de bien)
- Les entreprises de services qui produisent des biens immatériels.

Sur le plan juridique, on dénote :

- Les sociétés
- Les GIE (Groupement d'Intérêt Economique)
- Les entreprises individuelles

1. Les principaux types d'entreprises

1.1. La société commerciale

1.1.1. Définition

La société commerciale se matérialise par un acte d'associé unique ou liant deux ou plusieurs personnes appelées associés qui ont décidé d'affecter à une activité des apports en numéraire, en nature, ou en industrie afin d'en tirer les bénéfices escomptés ou de contribuer aux éventuelles pertes (articles 4 et 5 de l'acte uniforme précité).

Au regard de cette définition, les associés sont des personnes physiques ou morales ne faisant objet d'interdiction, d'incapacité ou incompatibilité vis-à-vis de la loi.

Les apports en numéraire sont des fonds (argent) ; les apports en nature sont des immeubles, matériels, etc. ; et les apports en industrie sont les connaissances techniques, le travail, les services, ou le savoir-faire (article 40).

1.1.2. Constitution

La constitution de la société commerciale s'effectue auprès d'un cabinet de notaire à travers l'élaboration d'un acte fondamental appelé « statuts de la société signés par les associés ». toutefois, pour que la société soit régulièrement constituée c'est-à-dire avoir une existence juridique, il faut qu'elle soit, après la formalisation des statuts, immatriculée au RCCM (articles 97 et 98) et publié dans un journal d'annonces légales (articles 256 et 257).

Les statuts obéissent à un ensemble de mentions obligatoires (article 13) qui peuvent se résumer ci-après :

- La forme de la société
- La dénomination
- Son objet social (nature et domaine d'activité)
- Son siège social
- Sa durée
- Les identités des apporteurs en numéraire, en nature ou en industrie en précisant le nombre et la valeur des titres sociaux correspondants
- L'identité des bénéficiaires d'avantages spécifiques
- Le montant du capital social
- Le nombre et la valeur des titres sociaux émis
- Les indications sur la répartition du résultat, la constitution des réserves et la répartition du boni de liquidation
- Les modalités de son fonctionnement

1.1.3. Les principaux types de sociétés commerciales

On répertorie d'une manière générale trois grandes catégories de sociétés en l'occurrence :

- les sociétés de personnes (sociétés en nom collectif, les sociétés en commandite simple)
- les sociétés de capitaux (les sociétés anonymes, les sociétés par actions simplifiées)
- les sociétés mixtes (les sociétés à responsabilité limitée SARL)

- 1.1.3.1. La société en nom collectif

– Définition

La société en nom collectif (dénommée SNC) est une société de personnes qui a pour associés des commerçants répondant indéfiniment et solidairement des dettes sociales (articles 270 et 272).

Selon les dispositions des articles 2 et 3 de l'acte uniforme relatif au droit commercial général adopté le 17 avril 1997 et publié au Journal Officiel de l'OHADA N° 1 du 1er octobre 1997, sont commerçants ceux qui accomplissent des actes de commerce et en font leur profession habituelle. Ont le caractère d'actes de commerce les points ci-après :

- l'achat de biens, meubles ou immeubles, en vue de leur - les opérations de banque, de bourse, de change, de transit,

- les contrats entre commerçants pour les besoins de l'exploitation industrielle des mines, carrières et de naturelles,

- les opérations de location de meubles,

- les opérations de manufacture, de transport et de télécommunication,

- les opérations des intermédiaires de commerce, telles agences, ainsi que les opérations d'intermédiaire pour vente ou la location d'immeubles, de fonds de commerce, société commerciale ou immobilière,

- les actes effectués par les sociétés commerciales.

– Caractéristiques

Le capital social de la société est divisé en parts sociales d'égale valeur nominale qui ne peuvent être cédée sans le consentement unanime des associés. En cas de cession, elle doit être signifiée à la société par exploit d'huissier (articles 273, 274 ct 275).

La gérance de la SNC peut être confiée à un associé ou un non-associé. L'étendue de ses pouvoirs, sa rémunération ainsi que sa révocation se font conformément aux dispositions de ses statuts. Sur ce dernier point, la révocation du gérant ne peut être faite qu'à l'unanimité (article 279).

L'assemblée générale doit avoir lieu 6 mois après la clôture de l'exercice. Durant l'assemblée générale, les associés approuvent le rapport de gestion, l'inventaire et les états financiers de la société (article 288).

Les associés non gérants ont le droit de diligenter un contrôle sur la société 2 fois par an à condition d'avertir 15jours en avance le ou les gérants (article 289).

La SNC a l'obligation de désigner un commissaire aux comptes à condition de remplir deux des conditions suivantes (article 289-1) :

- Total bilan > à 250 millions FCFA
- Chiffres d'Affaire > à 500 millions FCFA
- Effectif permanent > à 50 employés

La SNC prend fin en cas de décès d'un des associés sauf stipulations contraires prévues dans les dispositions statutaires (article 290).

- 1.1.3.2. La société en commandite simple

– Définition

La société en commandite simple (SCS) est une société de personnes dans laquelle cohabitent deux types de propriétaires de parts sociales : les associés commandités responsables indéfiniment et solidairement des dettes sociales ; les associés commanditaires ou les associés en commandite responsables des dettes sociales dans la limite de leurs apports (articles 293 et 294).

– Caractéristiques

Le capital social de la SCS est divisé en parts sociales d'égale valeur nominale qui ne peuvent être cédée sans le consentement unanime des associés. Cependant, les parts des associés commanditaires peuvent être cédées entre eux ou à des tiers étrangers avec l'accord unanime des associés commandités. En cas de cession, elle doit être constatée par un écrit (articles 293-1, 296, et 297).

La gérance de la SCS est gérée exclusivement par l'ensemble des associés commandités tandis que les associés en commandite n'en ont aucunement le droit d'acte de gestion. Par conséquent, les actions de vérifications et de contrôle ne leur engagent pas (articles 298, 299 et 301).

L'assemblée générale doit avoir lieu 6 mois après la clôture de l'exercice. Durant l'assemblée générale, les gérants approuvent le rapport de gestion, l'inventaire et les états financiers de la société (article 306).

Les associés commanditaires et les associés commandités non gérant ont le droit d'obtenir la communication des livres sociaux sur la société 2 fois par an (article 307).

La société continue ses activités en cas de décès d'un associé commanditaire. En revanche, la SCS prend fin en cas de décès d'un des associés commandités sauf stipulations contraires prévues dans les dispositions statutaires (article 308).

- 1.1.3.3. La société à responsabilité limitée

– Définition

La société à responsabilité limitée (dénommée SARL) est une société de type mixte dans laquelle les propriétaires de parts sociales appelés associés ne sont responsables des dettes sociales qu'à concurrence de leurs apports (articles 309, 310).

– Caractéristiques

Le capital social est d'au moins 1 million FCFA sauf dispositions nationales contraires, divisé en parts sociales de valeur nominale minimale de 5.000 FCFA. Les apports en numéraire doivent être libérés de moitié au moins de leur valeur nominale lors de la souscription du capital tandis que ceux en nature doivent l'être intégralement (articles 311, et 312). Ainsi, L'acte révisé OHADA donne la possibilité à chaque Etat membre de l'OHADA de réglementer la fixation du capital social en tenant compte de ses spécificités socio-économiques. Cette flexibilité donnée aux associés vise à faciliter la création et l'attractivité des sociétés à responsabilité limitée (SARL). Elle va indéniablement permettre la migration des acteurs de l'économie informelle vers le secteur de l'économie structurée et favoriser l'auto emploi.

Les fonds libérés doivent être déposés dans un compte ouvert au nom de la société. Ces fonds resteront indisponibles jusqu'à l'immatriculation de la société au RCCM (articles 313 et 314).

Les parts sociales sont cessibles entre vifs, entre associés ou à un tiers à titre onéreux. Elles peuvent également être nanties et ce nantissement doit être constaté par un acte notarié ou sous seing privé à la SARL et publié au RCCM (articles 317, 318, 319, et 322).

La SARL est gérée par une ou plusieurs personnes physiques, associées ou non associés conformément aux dispositions statutaires. La durée de leurs fonctions est de 4 ans renouvelables. Leur révocation se fait par décision des associés représentant plus de la moitié des parts sociales (articles 323, 324 et 326).

L'assemblée générale peut être convoquée 6 mois après la clôture de l'exercice par le gérant, par un associé détenant la moitié des parts sociales, ou par le commissaire aux comptes. Et l'assemblée est présidée, en cas de gérant non associé, par l'associé détenant le plus grand nombre de parts sociales (articles 337, 341 et 348).

Les associés disposent de droit de communication, de droit d'information, de droit au vote et de droit au dividende (articles 344, 346, et 349).

Les modifications des statuts sont valables quand les associés représentent les ¾ du capital social. Toutefois, l'unanimité est requise en cas d'augmentation des engagements des associés, de la transformation de la société en nom collectif ou en société par action simplifiée, et du transfert du siège social dans un autre pays (articles 358, et 359).

La SARL a l'obligation de désigner au moins un commissaire aux comptes pour une durée de 3 exercices à condition de remplir deux des conditions suivantes (articles 376, et 379) :

- Total bilan > à 125 millions FCFA
- Chiffres d'Affaire > à 250 millions FCFA
- Effectif permanent > à 50 employés

La SARL n'est pas dissoute en cas de décès d'un des associés sauf stipulations contraires prévues dans les dispositions statutaires (article 384).

- 1.1.3.4. La société anonyme

– Définition

La société anonyme (dénommée SA) est une société de capitaux dans laquelle les actionnaires ne sont engagés qu'à hauteur de leurs apports appelés actions vis-à-vis des dettes sociales (articles 385 et 386).

– Caractéristiques

Le capital social minimum est de 10 millions FCFA divisé en actions dont le montant nominal est défini par les statuts. Les actions en numéraire doivent être libérés d'un quart au moins de leur valeur nominale lors de la souscription du capital. La souscription est constatée par un bulletin de souscription qui doit mentionné un ensemble d'information obligatoires comme la dénomination, la forme de société, le nombre d'actions émises et leur valeur nominale, les modalités d'émission, etc. (Articles 387, 388, 389, 390, 392 et 604).

Les fonds de souscription doivent être consignés dans un compte bancaire au nom de la société (article 393).

Les apports en nature doivent l'objet d'une évaluation du commissaire aux apports choisi sur la liste des commissaires aux comptes et le rapport est annexé aux statuts de la société (articles 400, 401, et 403).

Suite à la déclaration notariée de souscription et de versement de fonds, une assemblée générale constitutive doit avoir lieu entre fondateurs (article 404).

Le mode d'administration est déterminé par les statuts de la société. Sur ce point, on note deux possibilités données par les dispositions de l'article 414 de l'acte uniforme notamment : la société anonyme avec conseil d'administration ; et la société anonyme avec administrateur général. Le passage d'un mode à un autre est du ressort de l'assemblée générale extraordinaire (AGE) qui modifie les statuts par voie de conséquence.

Le conseil d'administration est composé de 3 membres administrateurs au moins et 12 au plus qui peuvent être actionnaires ou non. La durée de leur mandat ne peut excéder 6 ans en cas de nomination en cours de vie sociale et de 2 ans cas de désignation par les statuts ou l'AGE. Leur désignation doit être publiée au RCCM (articles 416, 420 et 427).

Les administrateurs peuvent être rémunérés par l'assemblée générale ordinaire (AGO) à titre d'indemnité de fonction une somme fixe par an. Le conseil d'administration est compétent quand il s'agit de rémunérations exceptionnelles liées aux frais de voyage, de déplacements entrant dans le cadre de leurs missions et mandats (articles 431 et 432).

Les administrateurs peuvent être révoqués à tout moment par l'AGO. Toutefois, leurs fonctions prennent fin au terme de leurs mandats. En outre, la cessation des fonctions d'un administrateur devient effective après sa publication au RCCM (articles 433 et 434).

Les documents définissant les orientations stratégiques de la société doivent faire l'objet d'une résolution du conseil d'administration (exemple : le plan d'affaires de la société). Ce dernier est également compétent pour arrêter les états financiers et le rapport de gestion de la société qui sont présentés à l'AGO pour approbation (article 452). Les dispositions statutaires ainsi que les délibérations de l'assemblée générale délimitent les pouvoirs du conseil d'administration (article 435).

Les conventions règlementées sont placées sous l'autorisation préalable du conseil d'administration (exemple : convention entre une SA et son Administrateur, Directeur Général, Directeur Général Adjoint) (articles 438, 439).

Le conseil d'administration se réunit aussi souvent que nécessaire sur convocation de son président. La présence de la moitié de ses membres est obligatoire pour que ses délibérations soient valables (articles 453 et 454). Il nomme parmi ses membres un Président Directeur Général (PDG) dont la durée de mandat, qui peut être renouvelable, n'excède pas celle de l'administrateur. Aussi, le PDG ne peut exercer simultanément plus de 3 mandats (Articles 462, 463, 464).

Ses délibérations (CA) sont consignées dans des procès-verbaux établis sur un registre spécial tenu au siège social, coté et paraphé par le juge de la juridiction compétente ou sur des feuilles mobiles numérotées sans discontinuité coté et paraphé par le juge de la juridiction compétente. Ces PV sont certifiés par le président de séance et par au moins un administrateur (articles 458, 459).

Le PDG préside le conseil d'administration et les assemblées générales. Il peut être lié à la société par un contrat de travail et peut être révoqué à tout moment par le conseil d'administration (articles 465, 466, 469, et 529).

Le Directeur Général est également nommé par le conseil d'administration. Il peut être ou non un administrateur. Sur sa proposition, le conseil d'administration nomme également son adjoint (article 485).

Le Directeur Général Adjoint est nommé par le conseil d'administration sur proposition du PDG. Son mandat prend fin au terme de la période dévolue (articles 470, 476).

Les dispositions applicables au président du conseil d'administration en ce qui concerne sa nomination, la durée de son mandat, et sa révocation sont les mêmes que celles applicables au PDG (articles 480, 481).

Les sociétés anonymes dont le nombre d'actionnaires ne dépassent pas 3, peuvent se passer d'un conseil d'administration en désignant un administrateur général qui prendra en charge les fonctions d'administration et de direction. Cet administrateur est nommé par l'AGO et la durée de son mandat pendant la vie de la société ne peut excéder 6 ans en respectant bien entendu un cumul de 3 mandats au maximum. L'administrateur dispose la faculté de se faire assister un adjoint conformément aux statuts (articles 494, 495, 496, 497 et 510).

L'assemblée générale est convoquée par le conseil d'administration l'administrateur ou par le commissaire aux comptes. L'avis de convocation est inséré dans un journal d'annonces légales. La réunion de l'AG se fait au siège social ou dans une autre localité du pays l'abritant (articles 516, 517, et 518). Ses délibérations sont archivées au siège social avec feuille de présence (article 535).

L'AGO est compétente pour statuer sur les états financiers, l'affectation du résultat et la nomination des membres du conseil d'administration (article 546). L'AGO se réunit 1 fois par an dans un délai de 6 mois après la clôture de l'exercice. En cas de prorogation de ce délai, une décision de justice est requise (article 548).

L'AGE est compétente dans les cas de modifications de statuts, dans les autorisations de fusions, de scissions, de transformations et apports partiels d'actif, de transfert du siège social, de dissolution ou de prorogation de sa durée de vie, d'augmentation ou de réduction de capital, et les attributions gratuites d'action (articles 551, 564, 626-1, 627, 671, 690).

En cas de société anonyme unipersonnelle (société anonyme par action simplifiée), toutes les décisions sont prises par l'actionnaire unique (article 558).

L'actionnaire dispose d'un droit préférentiel de souscription en cas d'augmentation de capital (émissions d'actions ordinaires, d'actions de préférence, ou majoration du montant nominal des actions existantes). Ce droit est négociable et cessible dans les mêmes conditions que l'action elle-même (articles 562, 573, et 574). Il est accordé un délai de 20 jours pour l'exercice de ce droit (article 577).

Les sociétés anonymes qui ne faits pas d'appel public à l'épargne doit désigner un commissaire aux comptes avec un suppléant. Par contre, celles faisant appel public à l'épargne doivent désigner 2 commissaires aux comptes et 2 suppléants. Leurs mandats ne peuvent excéder 6 ans (articles 702, 704).

1.2. Le GIE

– Définition

Le groupement d'intérêt économique (GIE) a pour but exclusif de mettre en œuvre au profit de ses membres, l'ensemble des mesures de facilitation ou de développement de leurs activités économiques et aussi contribuer à l'amélioration et à l'accroissement des résultats de leurs activités pendant une période définie. Il peut être constitué sans apports ou capital par 2 ou plusieurs personnes (articles 869, 871).

– Caractéristiques

Le GIE jouit de la personnalité morale à compter de son immatriculation au RCCM. Les droits des membres ne peuvent être matérialisés par des titres. Ils sont solidairement responsables des dettes du GIE sur leur patrimoine (articles 871, 872, et 873).

Le contrat de GIE est soumis aux règles de publicité et doit avoir les mentions obligatoires suivantes (article 876) :

- La dénomination du GIE
- Les noms, raison sociale, forme juridique, adresse du domicile, N° d'immatriculation au RCCM de chacun des membres du GIE s'il y en a
- La durée
- L'objet
- L'adresse du siège

Le GIE est administré par une ou plusieurs personnes physiques ou morales. Le contrôle des états financiers de synthèse doit être fait par un ou plusieurs commissaires aux comptes (articles 879, 880).

Le GIE peut être transformé en SNC ou en SARL. Les créanciers conservent leurs droits sur les dettes antérieures (article 882).

Il est dissout en cas de décès d'une personne physique ou dissolution d'une société membre, en cas de réalisation de son objet, par décision de ses membres, par décision de justice ou au terme de sa durée de vie consignée dans le contrat (article 883).

II. Les instruments de gestion d'une entreprise

1. Aperçu général sur la comptabilité générale

1.1. Définition

La comptabilité est un système cohérent de traitement d'information dans une entreprise dont le but d'enregistrer, d'analyser, et faire la synthèse de toutes les opérations réalisées par elle.

La comptabilité générale dans la zone UEMOA est régit par le droit comptable OHADA. Le plan de comptes s'appelle SYSCOHADA depuis 2001. Il est issu du SYSCOA (Système Comptable Ouest Africain, Règlement N° 11/97/COM/UEMOA du 18 décembre 1998).

1.2. Les principes comptables

Le droit comptable OHADA retient les 9 « Principes » sacro-saints du SYSCOA dans le règlement relatif au droit dans les Etats de l 'UEMOA. Ces principes sont ci-après :

- La prudence (articles 3 et 6) : les moins- values latentes sont à provisionner tandis que les plus-values latentes ne sont pas comptabilisées.
- la permanence des méthodes (article 40) : d'un exercice à l'autre l'entreprise doit utiliser les mêmes méthodes comptables d'évaluation et de présentation
- la correspondance Bilan de clôture - Bilan d'ouverture (article 34) : appelée également principe d'intangibilité du bilan
- La spécialisation des exercices (article 59) : Une charge doit être constatée dès qu'elle est probable et un produit n'est à comptabiliser qu'après sa réalisation. Le produit est réalisé lorsqu'il est certain et mesurable c'est à dire de montant connu. Donc, les charges sont rattachées aux produits – « Cut off en anglais »
- le coût historique (articles 35 et 36): les opérations sont enregistrées à leur valeur le jour de la transaction c'est-à-dire les valeurs inscrites sur la pièce comptable
- la continuité de l'exploitation (article 39): l'entreprise continuera son exploitation sur le long terme sans intention de cessation

- la transparence (articles 6, 8, 9, 10, et 11) : c'est le principe de l'unicité du bilan c'est-à-dire un et un seul
- l'importance significative (article 33): les états financiers doivent contenir tout ce qui est significatif
- la prééminence de la réalité sur l'apparence : ce principe a amené une dose de « fair value » ou norme comptable internationale du type IFRS/IAS[109] dans la comptabilité SYSCOA. Priorité à la réalité économique.

1.3. Le plan de comptes

Le Système comptable OHADA retient une codification décimale des comptes avec neuf classes ayant les codes 1 à 9. Les huit premières classes sont réservées à la comptabilité générale tandis que la comptabilité des engagements et la comptabilité analytique de gestion (CAGE) se partagent la dernière classe.

– Comptabilité générale

Les classes 1 à 5 se rapportent aux comptes de bilan :

- Classe 1 (créditeurs) : comptes de ressources durables (capitaux propres et dettes financières) ;
- Classe 2 (débiteurs) : comptes de l'actif immobilisé (charges immobilisées et immobilisations incorporelles, corporelles et financières) ;
- Classe 3 (débiteurs): comptes de stocks ;
- Classe 4 (débiteurs ou créditeurs) : comptes de tiers (créances de l'actif circulant et dettes du passif circulant) ;
- Classe 5 (débiteurs ou créditeurs): comptes de trésorerie (titres de placement, valeurs à encaisser, comptes bancaires et caisse).

  Les composantes du résultat sont, d'une part, les classes 6 et 7 enregistrant les charges et les produits des activités ordinaires et, d'autre part, la classe 8 réservée aux comptes des autres charges et des autres produits ;
- Classe 6 (débiteurs) : comptes de charges des activités ordinaires (charges d'exploitation et charges financières) ;
- Classe 7 (créditeurs) : comptes de produits des activités ordinaires (produits d'exploitation et produits financiers) ;

[109] International Financial Reporting System/International Accounting System. Ce cas d'espèce concerne 5 situations :
- les biens pris en crédit-bail (valeur brute 5% du total brut des immobilisations) ;
- les biens acquis avec clause de réserve ;
- les biens reçus en concession ;
- le personnel intérimaire ; et
- les effets escomptés non échus.

- Classe 8 (débiteurs ou créditeurs): comptes des autres charges et des autres produits (participations des travailleurs, subventions d'équilibre, etc.).

Les comptes d'actif (classes 2, 3, 4, 5) augmentent au débit et diminuent au crédit. Les comptes de passif (classes 1, 4, 5) augmentent au crédit et diminuent au débit.

Les comptes de charges (classe 6) augmentent au débit et diminuent au crédit. Les comptes (classe 7) de produit augmentent au crédit et diminuent au débit.

ACTIF

Débit	**Crédit**
Augmentation	**Diminution**
Solde habituel	
↗	↘

Source : SYSCOHAHA

PASSIF

Débit	**Crédit**
Diminution	**Augmentation**
	Solde habituel
↘	↗

Source : SYSCOHAHA

CHARGES

Débit	**Crédit**
Augmentation	**Diminution**
Solde habituel	
↗	↘

Source : SYSCOHAHA

PRODUITS

Débit	Crédit
Diminution	**Augmentation**
	Solde habituel
↘	↗

Source : SYSCOHAHA

– Comptabilité des engagements et Comptabilité analytique de gestion

La **classe 9** est réservée aux opérations de la comptabilité des engagements hors bilan et à la comptabilité analytique de gestion.

1.4. La classification des entreprises

Le règlement d'exécution N° 11/97/COM/UEMOA du 18 décembre 1998 a fixé les seuils pour l'application des systèmes de tenue des comptes et de présentation des états financiers.

Selon les dispositions des articles 11 et 13 de l'acte uniforme portant organisation et harmonisation des comptabilités des entreprises sises dans les Etats-parties au traité relatif à l'OHADA adopté le 23 mars 2000, la classification des entreprises est assise sur la base du Chiffre d'Affaires Annuel Hors Taxes. Ainsi, en fonction du CAHT, les entreprises produisent leurs états financiers selon trois modèles de production : le système normal ; le système allégé ; et le système minimal de trésorerie.

Tableau 26 : Classification des entreprises par CA annuel HT

Classification des entreprises	CA annuel HT XOF Millions
Système normal (droit commun)	>= XOF 100 millions
Système allégé	>XOF 30 millions et < XOF 100 millions
Système minimal de trésorerie	<= XOF 30 millions pour les entreprises De négoce <= XOF 20 millions pour les entreprises Artisanales et assimilées <= XOF 10 millions pour les entreprises De service

Source : SYSCOHAHA

2. Les livres comptables

L'article 19 du règlement du SYSCOA précise les livres comptables obligatoires comme suit :

- le livre - journal, côté et paraphé ;
- le grand - livre ;
- la balance générale des comptes ;
- le livre d'inventaire, côté et paraphé

Ils doivent être tenus sans blanc ni altération d'aucune sorte et conservés avec les pièces comptables.

L'article 16 du règlement susmentionné rend obligatoire la mise à disposition d'un Manuel de procédures comptables tandis que l'article 13 de l'Acte Uniforme relatif au Droit commercial général n'en fait pas mention expresse.

2.1. Le livre-journal

Le livre-journal retrace les mouvements de l'exercice enregistrés de façon chronologique c'est à dire opération par opération dans l'ordre de leur date de valeur comptable avec des pièces justificatives sous-jacentes (articles 17 et 19 du règlement précité).

Le livre-journal est également un :

- Enregistrement journalier des transactions.
- Une liste de toutes les transactions par ordre chronologique.
- Un livre de saisie original.
- Un historique des débits et des crédits saisis dans des colonnes, la colonne de gauche pour l'enregistrement des débits et la colonne de droite pour l'enregistrement des crédits.

Exemple des entêtes dans un Journal Général.

Date	*Intitulé du compte et libellé*	*N°*	*Débit*	*Crédit*

Source : SYSCOHAHA

2.2. Le grand livre

Le grand livre fait ressortir l'ensemble des comptes de l'entreprise (appelé également les comptes en T) inscrits simultanément au journal, compte par compte les différents mouvements de l'année.

Un compte du grand livre retrace, à un endroit unique toutes les informations concernant un actif, une dette, les fonds propres, les charges ou les produits. Chaque compte du grand livre s'identifie par son intitulé et son numéro, comme indiqué dans le plan comptable.

Exemple des entêtes dans un Grand Livre :

Intitulé compte : N° compte :

Date	*Libellé*	*Débit*	*Crédit*	*Solde*

Source : SYSCOHAHA

2.3. La balance générale des comptes

La balance générale des comptes est un état récapitulatif de fin d'exercice donnant pour chaque compte le solde débiteur ou le solde créditeur à l'ouverture de l'exercice ainsi que les cumuls des mouvements débiteurs et des mouvements créditeurs depuis l'ouverture de l'exercice et le solde débiteur ou créditeur de la date indiquée.

Une balance est faite pour vérifier que les débits et les crédits sont en équilibre (une fois que toutes les opérations au journal sont reportées dans le grand livre).

La balance est préparée à partir des soldes des comptes du grand livre en :

1. Reportant les comptes qui ont un solde débiteur sur une colonne, sur l'autre ceux qui ont un solde créditeur ;
2. Faisant le total des soldes débiteurs ;
3. Faisant le total des soldes créditeurs ;
4. Comparant le total des soldes débiteurs et le total des soldes créditeurs. (Les totaux doivent être égaux pour que les comptes au grand livre soient équilibrés.)

Une balance est un premier test qui vérifie que le report au grand livre est exact.

Exemple des entêtes dans une balance :

N°compte	Intitulé	Total		Solde	
		Débit	Crédit	Débiteur	Créditeur

Source : SYSCOHAHA

3. Les états financiers annuels obligatoires

Les dispositions de l'article 8 du règlement du SYSCOA stipulent « *les états financiers annuels comprennent le bilan, le compte de résultat, le tableau financier des Ressources et des Emplois ainsi que l'état annexé. Ils forment un tout indissociable et décrivent de façon régulière et sincère les évènements, opérations et situations de l'exercice pour donner une image fidèle du patrimoine, de la situation financière et du résultat de l'entreprise* ».

3.1. Le bilan

Le bilan est un état de synthèse des opérations de l'entreprise à l'instant « t » en donnant une photographie de sa situation patrimoniale (article 29 du règlement SYSCOA).

D'un point de vue économique et financière, le bilan fait ressortir la situation des ressources d'une entreprise et leurs emplois.

D'un point de vue juridique, le bilan fait ressortir la situation des droits et obligations d'une entreprise.

Enfin, d'un point de vue comptable, le bilan fait ressortir la situation de tout ce que l'entreprise possède (actif) et ce qu'elle doit (passif).

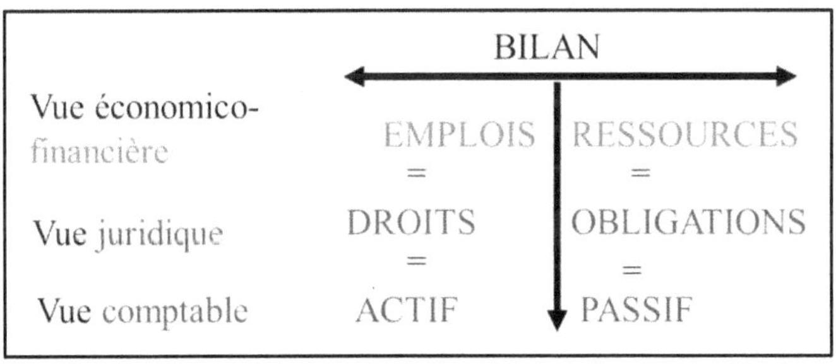

Les éléments figurant dans l'actif sont ci-après :

- les charges immobilisées (frais d'établissement, charges à répartir et primes de remboursement des obligations) ;
- les immobilisations incorporelles (frais de recherche et développement, fonds commercial, investissements de création, etc.) ;
- les immobilisations corporelles (terrains, bâtiments, matériels, etc.) ;
- les avances et acomptes versés sur immobilisations ;
- les immobilisations financières (titres de participation, etc.) ;
- les stocks ;
- les créances et emplois assimilés (clients, effets de commerces, etc.) ;
- la trésorerie-actif (titres de placement, banque, caisse, etc.) ;
- les écarts de conversion-actif.

Les éléments du passif concernent les points ci-dessus :

- le capital ;
- les primes et réserves (primes d'apport, écarts de réévaluation, réserves indisponibles, réserves libres, report à nouveau) ;
- le résultat net de l'exercice ;
- les autres capitaux propres (subventions d'investissement, provisions réglementées);
- les dettes financières et ressources assimilées (emprunts, dettes de crédit-bail et contrats assimilés, dettes financières diverses, provisions financières pour risques et charges) ;
- le passif circulant (dettes circulantes et ressources assimilées hors activités ordinaires (HAO), clients avances et acomptes, fournisseurs d'exploitation, dettes fiscales, dettes sociales, autres dettes, risques provisionnés) ;
- la trésorerie-passif (crédits d'escompte, crédits de trésorerie, découverts) ;
- les écarts de conversion-passif ;

Encadré 8 : Modèle de bilan – système normal (SYSCOA)

BILAN - SYSTEME NORMAL

Réf.	ACTIF	Exercice N			Ex. N - 1
		Brut	Amort/Prov	Net	Net
	ACTIF IMMOBILISE (1)				
AA	**Charges immobilisées**				
AB	Frais d'établissement et charges à répartir				
AÇ	Primes de remboursement des obligations				
AD	**Immobilisations incorporelles**				
AE	Frais de recherche et développement				
AF	Brevets, licences, logiciels				
AG	Fonds commercial				
AH	Autres immobilisations incorporelles				
AI	**Immobilisations corporelles**				
AJ	Terrains				
AK	Bâtiments				
AL	Installations et agencements				
AM	Matériel				
AN	Matériel de transport				
AP	**Avances et acomptes versés sur immobilisations**				
AQ	**Immobilisations financières**				
AR	Titres de participation				
AS	Autres immobilisations financières				
AW	(1) dont H. A. O. : Brut ______ Net ______				
AZ	**TOTAL ACTIF IMMOBILISE (I)**				

Source : SYSCOHAHA

BILAN - SYSTEME NORMAL

Réf.	ACTIF	Exercice N			Ex. N - 1
		Brut	Amort/Prov	Net	Net
AZ	Report total Actif immobilisé				
	ACTIF CIRCULANT				
BA	**Actif circulant H. A. O.**				
BB	**Stocks**				
BC	Marchandises				
BD	Matières premières et autres Approvisionnements				
BE	En-cours				
BF	Produits fabriqués				
BG	**Créances et emplois assimilés**				
BH	Fournisseurs, avances versées				
B I	Clients				
BJ	Autres créances				
BK	**TOTAL ACTIF CIRCULANT (II)**				
	TRESORERIE-ACTIF				
BQ	Titres de placement				
BR	Valeurs à encaisser				
BS	Banques, chèques postaux, caisse				
BT	**TOTAL TRESORERIE-ACTIF (III)**				
BU	**Ecarts de conversion-Actif (IV)** (perte probable de change)				
BZ	**TOTAL GENERAL (I + II + III + IV)**				

Source : SYSCOHAHA

BILAN - SYSTEME NORMAL

Réf.	PASSIF (avant répartition)	Exercice N	Exercice N - 1
	CAPITAUX PROPRES ET RESSOURCES ASSIMILEES		
CA	**Capital**		
CB	Actionnaires capital non appelé -		
CC	**Primes et réserves**		
CD	Primes d'apport, d'émission, de fusion		
CE	Ecarts de réévaluation		
CF	Réserves indisponibles		
CG	Réserves libres		
CH	Report à nouveau + ou -		
C I	**Résultat net de l'exercice** (bénéfice + ou perte -)		
CK	**Autres capitaux propres**		
CL	Subventions d'investissement		
CM	Provisions réglementées et fonds assimilés		
CP	**TOTAL CAPITAUX PROPRES (I)**		
	DETTES FINANCIERES ET RESSOURCES ASSIMILEES (1)		
DA	Emprunts		
DB	Dettes de crédit-bail et contrats assimilés		
DC	Dettes financières diverses		
DD	Provisions financières pour risques et charges		
DE	(1) dont H. A. O. :		
DF	**TOTAL DETTES FINANCIERES (II)**		
DG	**TOTAL RESSOURCES STABLES (I + II)**		

Source : SYSCOHAHA

BILAN - SYSTEME NORMAL

Réf.	PASSIF (avant répartition)	Exercice N	Exercice N - 1
DG	Report Total ressources stables		
	PASSIF CIRCULANT		
DH	Dettes circulantes et ressources assimilées H.A.O.		
D I	Clients, avances reçues		
DJ	Fournisseurs d'exploitation		
DK	Dettes fiscales		
DL	Dettes sociales		
DM	Autres dettes		
DN	Risques provisionnés		
DP	**TOTAL PASSIF CIRCULANT (III)**		
	TRESORERIE PASSIF		
DQ	Banques, crédits d'escompte		
DR	Banques, crédits de trésorerie		
DS	Banques, découverts		
DT	**TOTAL TRESORERIE-PASSIF (IV)**		
DV	**Ecarts de conversion-Passif (V)** (gain probable de change)		
DZ	**TOTAL GENERAL (I + II + III + IV + V)**		

Source : SYSCOHAHA

3.2. Le compte de résultat

Le compte de résultat fait ressortir les produits et les charges en fonction de la nature des opérations notamment les opérations d'exploitation liées aux activités ordinaires, les opérations financières, et les opérations hors activités ordinaires (article 31 du règlement SYSCOA).

Leur classement permet de mettre en lumière les soldes intermédiaires de gestion dont : la marge brute sur marchandises, la valeur ajoutée, l'excédent brut d'exploitation (EBE), le résultat d'exploitation, le résultat financier et le résultat net.

Le tableau ci-après donne un aperçu sur la forme standard du système normal de présentation de compte de résultat selon le SYSCOHADA.

Encadré 9 : Modèle de compte de résultat – système normal (SYSCOA)

COMPTE DE RESULTAT - SYSTEME NORMAL

Réf.	CHARGES (1re partie)	Exercice N	Exercice N - 1
	ACTIVITE D'EXPLOITATION		
RA	Achats de marchandises		
RB	- Variation de stocks (- ou +)		
	Marge brute sur marchandises voir TB)		
RC	Achats de matières premières et fournitures liées		
RD	- Variation de stocks (- ou +)		
	(Marge brute sur matières voir TG)		
RE	Autres achats		
RH	- Variation de stocks (- ou +)		
R I	Transports		
RJ	Services extérieurs		
RK	Impôts et taxes		
RL	Autres charges		
	(Valeur ajoutée voir TN)		
RP	Charges de personnel (1)		
	(1) dont personnel extérieur		
RQ	*(Excédent brut d'exploitation voir TQ)*		
RS	Dotations aux amortissements et aux provisions		
RW	**Total des charges d'exploitation**		
	(Résultat d'exploitation voir TX)		

Source : SYSCOHAHA

COMPTE DE RESULTAT - SYSTEME NORMAL

Réf.	CHARGES (2e partie)	Exercice N	Exercice N - 1
RW	Report Total des charges d'exploitation		
	ACTIVITE FINANCIERE		
SA	Frais financiers		
SC	Pertes de change		
SD	Dotations aux amortissements et aux provisions		
SF	**Total des charges financières**		
	(Résultat financier voir UG)		
SH	**Total des charges des activités ordinaires**		
	(Résultat des activités ordinaires voir UI)		
	HORS ACTIVITES ORDINAIRES (H.A.O.)		
SK	Valeurs comptables des cessions d'immobilisations		
SL	Charges H.A.O.		
SM	Dotations H.A.O.		
SO	**Total des charges H.A.O.**		
	(Résultat H.A.O. voir UP)		
SQ	Participation des travailleurs		
SR	Impôts sur le résultat		
SS	**Total participation et impôts**		
ST	**TOTAL GENERAL DES CHARGES**		
	(Résultat net voir UZ)		

Source : SYSCOHAHA

COMPTE DE RESULTAT - SYSTEME NORMAL

Réf.	PRODUITS (1re partie)		Exercice N	Exercice N - 1
	ACTIVITE D'EXPLOITATION			
TA	Ventes de marchandises			
TB	MARGE BRUTE SUR MARCHANDISES			
TC	Ventes de produits fabriqués			
TD	Travaux, services vendus			
TE	Production stockée (ou déstockage)	(+ ou -)		
TF	Production immobilisée			
TG	MARGE BRUTE SUR MATIERES			
TH	Produits accessoires			
T I	CHIFFRE D'AFFAIRES (1) (TA + TC + TD + TH)			
TJ	(1) dont à l'exportation			
TK	Subventions d'exploitation			
TL	Autres produits			
TN	VALEUR AJOUTEE			
TQ	EXCEDENT BRUT D'EXPLOITATION			
TS	Reprises de provisions			
TT	Transferts de charges			
TW	**Total des produits d'exploitation**			
TX	RESULTAT D'EXPLOITATION Bénéfice (+) ; Perte (-)			

Source : SYSCOHAHA

COMPTE DE RESULTAT - SYSTEME NORMAL

Réf	PRODUITS (2e partie)	Exercice N	Exercice N - 1
TW	Report Total des produits d'exploitation		
	ACTIVITE FINANCIERE		
UA	Revenus financiers		
UC	Gains de change		
UD	Reprises de provisions		
UE	Transferts de charges		
UF	**Total des produits financiers**		
UG	**RESULTAT FINANCIER** (+ ou -)		
UH	**Total des produits des activités ordinaires**		
U I	**RESULTAT DES ACTIVITES ORDINAIRES (1)** (+ ou -) (1) dont impôt correspondant		
	HORS ACTIVITES ORDINAIRES (H.A.O.)		
UK	Produits des cessions d'immobilisations		
UL	Produits H.A.O.		
UM	Reprises H.A.O.		
UN	Transferts de charges		
UO	**Total des produits H.A.O.**		
UP	**RESULTAT H.A.O.** (+ ou -)		
UT	**TOTAL GENERAL DES PRODUITS**		
UZ	**RESULTAT NET** Bénéfice (+) ; Perte (-)		

Source : SYSCOHAHA

3.3. Le TAFIRE (Tableau Financier des Ressources et des Emplois)

Le Tableau Financier des Ressources et des Emplois fait ressortir les flux d'investissement et de financement, les autres emplois, les ressources financières et la variation de la trésorerie (article 32 du règlement SYSCOA).

Encadré 10 : Modèle de TAFIRE – système normal (SYSCOA)

TABLEAU FINANCIER DES RESSOURCES ET DES EMPLOIS (TAFIRE)
SYSTEME NORMAL

1ère PARTIE : DETERMINATION DES SOLDES FINANCIERS DE L'EXERCICE N

■ **CAPACITE D'AUTOFINANCEMENT GLOBALE (C.A.F.G.)**

CAFG = EBE
- Charges décaissables restantes
+ Produits encaissables restants
} à l'exclusion des cessions d'actif immobilisé

		E.B.E	**0**
(SA) Frais financiers	0	(TT) Transferts de charges d'exploitation	0
(SC) Pertes de change	0	(UA) Revenus financiers	0
(SL) Charges H.A.O.	0	(UE) Transferts de charges financières	0
(SQ) Participation	0	(UC) Gains de change	0
(SR) Impôts sur le résultat	0	(UL) Produits H.A.O.	0
		(UN) Transferts de charges H.A.O.	0
Total (I)	**0**	Total (II)	**0**

CAFG : **0** (N - 1)

■ **AUTOFINANCEMENT (A.F)** (N - 1)

AF = 0

Source : SYSCOHAHA

TABLEAU FINANCIER DES RESSOURCES ET EMPLOIS (TAFIRE) SYSTEME NORMAL				
2e PARTIE : TABLEAU				
Réf.		Exercice		
		Emplois	Ressources	
	I. INVESTISSEMENTS ET DESINVESTISSEMENTS			
FA	Charges immobilisées (augmentations dans l'exercice)			
	Croissance interne			
FB	Acquisitions/Cessions d'immobilisations incorporelles			
FC	Acquisitions/Cessions d'immobilisations corporelles			
	Croissance externe			
FD	Acquisitions/Cessions d'immobilisations financières			
FF	**INVESTISSEMENT TOTAL**			
FG	**II. VARIATION DU BESOIN DE FINANCEMENT D'EXPLOITATION (cf. Supra : Var. B.F.E.)**	ou		
FH	**A- EMPLOIS ECONOMIQUES A FINANCER (FF + FG)**			
FI	**III. EMPLOIS /RESSOURCES (B.F., H.A.O.)**	ou		
FJ	**IV. EMPLOIS FINANCIERS CONTRAINTS (1)** Remboursements (selon échéancier) des emprunts et dettes financières (1) A l'exclusion des remboursements anticipés portés en VII			
FH	**B- EMPLOIS TOTAUX A FINANCER**			
	V. FINANCEMENT INTERNE			
FL	Dividende (emplois) C.A.F.G (Ressources)			
	VI. FINANCEMENT PAR LES CAPITAUX PROPRES			
FM	Augmentations de capital par apports nouveaux			
FN	Subventiond d'investissement			
FP	Prélèvements sur le Capital (y compris retraits de l'exploitant)			
	VII. FINANCEMENT PAR DE NOUVEAUX EMPRUNTS			
FQ	Emprunts (2)			
FR	Autres dettes financières (2) (2) Remboursements anticipés inscrits séparément en emplois			
FS	**C-RESSOURCES NETTES DE FINANCEMENT**			
FT	**D-EXCEDENT OU INSUFFISANCE DE RESSOURCES RESSOURCES DE FINANCEMENT (C-B)**			
	VIII. VARIATION DE LA TRESORERIE			
	Trésorerie nette			
FU	à la clôture de l'exercice + ou -			
FV	à l'ouverture de l'exercice + ou -			
FW	**Variation Trésorerie :** (+ si Emploi ; - si Ressources)			
	Contrôle : D VIII avec signe opposé			
Nota : I,IV,V,VI,VII : en termes de flux ; II, III, VIII : différences "bilantielles".				

Source : SYSCOHAHA

3.4. L'état annexé

L'état annexé complète et donne des précisions d'information sur la situation des autres états financiers annuels.

Les tableaux suivants sont joints aux états financiers comme état annexe :

- Tableau 1 : Actif immobilisé
- Tableau 2 : Amortissements
- Tableau 3 : Plus-values et Moins-values
- Tableau 4 : Provisions inscrites au bilan
- Tableau 5 : Biens pris en crédit-bail et contrats assimilés
- Tableau 6 : Echéances des créances à la clôture de l'exercice
- Tableau 7 : Echéances des dettes à la clôture de l'exercice
- Tableau 8 : Consommations intermédiaires de l'exercice
- Tableau 9 : Répartition du résultat et autres éléments caractéristiques des cinq dernières années (SARL, SA)
- Tableau 10 : Projet d'affectation du résultat de l'exercice
- Tableau 11 : effectifs, masse salariales et personnel extérieur (si l'importance est significative)

3.5. L'état supplémentaire statistique

Il s'agit des tableaux ci-dessous :

- Tableau 12 : Production de l'exercice et quantité et en valeur
- Tableau 13 : Achats destinés à la production en quantité et en valeur

4. Les outils de mesure et de pilotage de la performance dans une entreprise

Le budget est un outil de gestion unanimement utilisé par toutes les entreprises du monde entier. Son rôle consiste à décliner la stratégie, à travers les centres de responsabilités, par une exécution par les opérationnels. Il met en exergue les écarts sous forme de signaux d'alerte qui permettent d'identifier la racine des difficultés et des bonnes performances.

La gestion d'une entreprise suppose la mise en place d'un ensemble outils de mesure et de pilotage de la performance. Ces outils sont le calcul des coûts[110], la prévision budgétaire, les tableaux de bord, et l'audit.

Grâce à ces outils, le manager pourrait prendre des décisions de pilotage de la performance.

[110] Le calcul des coûts ne sera pas abordé dans ce livre. Se référer au site web www.mamagement.free.fr.

4.1. Le contrôle budgétaire

Le contrôle budgétaire remonte aux années 1920 pour les Etats-Unis et 1930 pour la France. Il s'agit d'un outil largement utilisé par toutes les entreprises soucieuses des mesures de bonne gestion.

Il nécessite de mettre en place une structure adéquate axée sur les centres de responsabilités. Ces derniers sont au nombre de 5 formes classiques :

- Le centre de coûts productifs
- Le centre coûts discrétionnaires
- Le centre de recettes ou de chiffre d'affaires
- Le centre de profit
- Le centre d'investissement

Les activités de l'entreprise sont ainsi subdivisées en centres de responsabilité à propos desquels vont correspondre des budgets adossés sur des objectifs clairement définis.

A cet égard, la procédure budgétaire consiste à faire la déclinaison des orientations stratégiques (type plans d'affaires quinquennales par exemple) adoptées par la Direction Générale et le Conseil d'Administration en plans d'actions opérationnels avec des priorités et objectifs. Ainsi, les différentes directions et services (centres de responsabilité) s'attèlent à faire des propositions de plans d'action valorisées ensuite sous forme de budgets. L'ensemble de ces budgets seront agrégés après chiffrage et arbitrage[111].

Figure 15 : Les étapes de la procédure budgétaire dans une entreprise

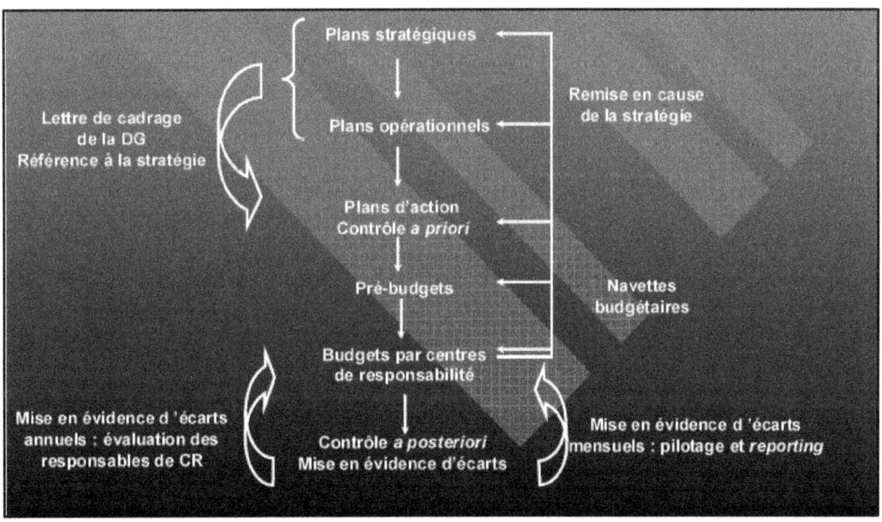

Source : Berland N. (2009).

[111] Jeu des navettes budgétaires, Berland N. (2009), Mesurer et piloter la performance, e-book, www.management.free.fr

A la fin de la procédure, il ressort un budget global (articulations des différents budgets) à travers lequel un bilan et un compte de résultat prévisionnels sont établis.

Figure 16 : l'agrégation des sous budgets dans une entreprise

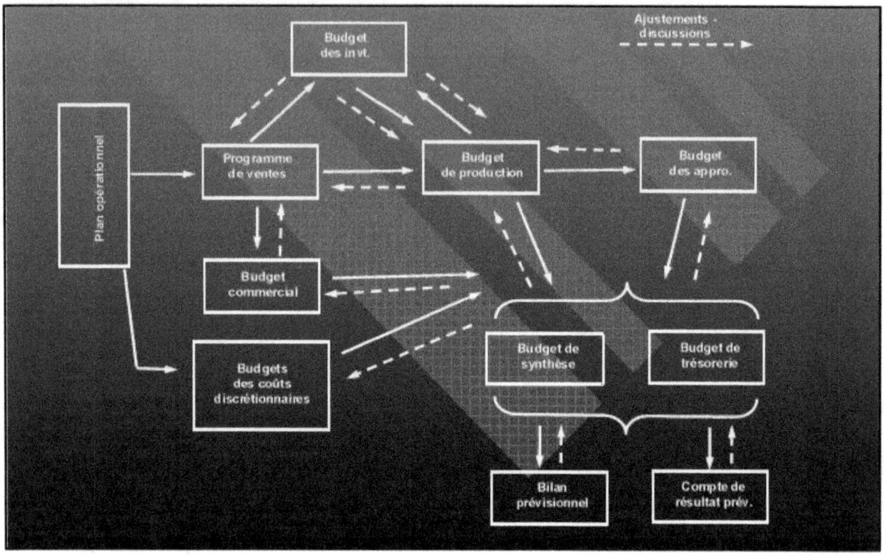

Source : Berland N. (2009).

En cours de l'exécution de ce budget, les contrôleurs de gestions mettent en exergue les écarts les prévisions et les réalisations en analysant ces écarts à travers l'appui des services concernés. Cette analyse consiste à faire une décomposition analytique pour mettre en lumière les causes et les éventuelles actions correctives à apporter. Donc, le contrôle de gestion est un outil d'aide à la décision dans la main des décideurs de l'entreprise.

Ainsi, le contrôle budgétaire remplit plusieurs fonctions. Ces rôles sont résumés dans le tableau ci-après :

Tableau 27 : Evolution des rôles du contrôle budgétaire

Les rôles du contrôle budgétaire

Études	Rôles du contrôle budgétaire	
Baudet [1941]	Réaliser une prévision et établir un programme d'activité. Permettre l'observation continue des événements capables de modifier les prévisions. Recherche la recherche des causes d'écarts et fixer des responsabilités. Coordonner les différents services. Assurer le contrôle comptable des coûts de revient standards.	
Samuelson [1986]	**Buts principaux :** planification coordination contrôle par *feed back* responsabilisation influence le comportement buts passifs	**sous-buts :** planification engagements financiers évaluation de la performance motivation financière aide à la décision éducation financière le budget est un rituel le budget est une habitude
Lyne [1988]	**Selon sa synthèse des ouvrages :** prévisions planification coordination communication évaluation motivation	**Ses résultats :** les budgets servent à faire des prévisions plus qu'à motiver ils servent à contrôler et à expliquer les écarts ils n'exercent pas de pression sur les salariés le degré de participation n'est pas grand
Hopwood [1974]	coordination planning	délégation d'autorité motivation
Barrett et Fraser [1977]	planifier motiver évaluer	coordonner éduquer
Hofstede [1967]	Selon sa revue de la littérature autorisation de dépenses planification	 prévisions mesures
Otley [1977]	les budgets sont des objectifs, ils servent alors d'instruments de motivation. les budgets sont des prévisions (la fonction planning y est associée). les budgets sont des outils managériaux, notamment un moyen de communiquer entre partenaires. les budgets sont des standards pour évaluer la performance. les budgets sont un moyen d'augmenter la satisfaction au travail grâce à leur nature participative	
Bunce et al. [1995] CAM-I	prévisions financières gestion de trésorerie fixation des objectifs planification des ressources évaluation des performances prix de transfert coûts standards	contrôle des coûts gestion des investissements plans de communication outil de la direction visibilité objectifs personnels
Bouquin [2001]	instrument de coordination et de communication outil essentiel de gestion prévisionnelle outil de délégation et de motivation	

Source : Berland N. (2009).

4.2. Le tableau de bord

Le tableau de bord *« est un ensemble d'indicateurs peu nombreux (cinq à dix) conçus pour permettre aux gestionnaires de prendre connaissance de l'état et de l'évolution des systèmes qu'ils pilotent et d'identifier les tendances qui les influenceront sur un horizon cohérent avec leurs fonctions »* (Bouquin, 2001).

En effet, il s'agit de mesurer des états et des évolutions, et de piloter un système dans une dimension temporelle généralement annuelle.

Il n'existe pas un modèle de tableau de bord mais des tableaux de bord propres à chaque entreprise, et/ou à chaque manager.

Les fonctions peuvent se résumer ci-après :

- Interpréter la stratégie pour une mise en application adéquate
- Mettre à la disposition des décideurs un instrument de surveillance de la performance (reporting et autocontrôle)
- Expliquer la performance sous toutes ses formes (tableau de bord financier et tableau de bord non financier)

– Indicateurs de mesure de la performance financière (tableau de bord financier)

Parmi les indicateurs financiers de tableau de bord de management, on peut citer :

- Le ROE : Return On Equity, se traduit par la rentabilité financière c'est-à-dire les résultats nets rapportés aux fonds propres de l'entreprise. Il peut aussi être calculé sur une durée moyenne (ROEA : Return On Equity Average).
- Le ROA : Return On Asset, se traduit par la rentabilité des actifs c'est-à-dire les fonds propres divisés par le total des actifs. Il peut également être calculé sur une durée moyenne (ROAA : Return On Asset Average).
- Le résultat par action
- La croissance du résultat par action
- Le free cash-flow
- La croissance du free cash-flow
- Economic Value Added (EVA®)[112]

– Indicateurs de mesure de la performance non financière (tableau de bord non financier)

- La satisfaction clientèle : compilation statistique d'enquête de satisfaction
- Le balanced scorecard (BSC) de Kaplan et Norton (1998, 2001) : prend en compte plusieurs aspects de la performance non financière en mettant en évidence des indicateurs de résultat et des indicateurs

[112] EVA= Operating Income – (capitaux engagés x le coût du capital). Marque deposée par le Cabinet Stewart & Co.

avancés (formation, satisfaction client, part de marché, taux de marge, croissance des ventes, etc.).
- Key Performance Indicators (KPI) : il réunit une masse importante d'indicateurs à travers le système d'information en essayant de donner une vision équilibrée de la performance.

4.3. L'audit interne

Selon IFACI (Institut Français de l'Audit et du Contrôle Internes), l'audit interne se définit comme suit :

"L'audit interne est une activité indépendante et objective qui donne à une organisation une assurance sur le degré de maîtrise de ses opérations, lui apporte ses conseils pour les améliorer, et contribue à créer de la valeur ajoutée. Il aide cette organisation à atteindre ses objectifs en évaluant, par une approche systématique et méthodique, ses processus de management des risques, de contrôle et de gouvernement d'entreprise, et en faisant des propositions pour renforcer leur efficacité ".

– Ses missions

- Missions d'assurance : formuler une évaluation objective en vue de donner une assurance raisonnable en toute indépendance.
- Missions de conseil : à la demande de l'entreprise. Toutefois, le commissariat aux comptes est une mission d'audit légale ayant un caractère obligatoire.

– Typologie d'audit

- Audit de conformité/régularité ;
- Audit d'efficacité ;
- Audit de management ;
- Audit de stratégie
- Audit du cycle " ventes/clients
- Audit de la fonction " comptable " ;
- Audit du service recrutement, etc.

L'audit interne est universellement cadré par des normes (normes de qualification ; norme de fonctionnement) et un code de déontologie. En effet, les normes de qualification codifiées par rubrique et concerne les grandes codifications suivantes :

1000 – Mission, pouvoirs et responsabilités
1100 – Indépendance et objectivité
1200 – Compétence et conscience professionnelle
1300 – Programme d'assurance et d'amélioration qualité

Quant aux normes de fonctionnement, on peut les citer les codifications ci-après :

2000 – Gestion de l'audit interne
2100 – Nature du travail
2200 – Planification de la mission
2300 – Accomplissement de la mission
2400 – Communication des résultats
2500 – Surveillance des actions de progrès
2600 – Acceptation des risques par la Direction Générale

Enfin, le code de déontologie concerne les principes fondamentaux et les règles de conduites.

– Les moyens de l'audit interne

✓ La charte d'audit
✓ le manuel d'audit interne
✓ La cartographie des risques
✓ Le plan de continuité
✓ Le schéma directeur informatique
✓ le plan d'audit
✓ le manuel de procédures

– Comparaison fonctions de contrôle

On distingue principalement deux fonctions de contrôle à savoir : l'audit interne et le contrôle de gestion.

Toutefois, le contrôle interne ne doit pas être confondu avec les fonctions susmentionnées. Il est avant tout un dispositif devant s'assurer sur la conformité et le code de déontologie.

Le tableau suivant donne une illustration de la comparaison entre l'audit interne et le contrôle de gestion.

Tableau 28 : Comparaison audit interne et contrôle de gestion

Contrôle de gestion	**Audit interne**
Système d'information et de Gestion (SIG)	Évaluation du contrôle interne
Planification et budgets	Gestion des procédures, notes de service et memos
Contrôle budgétaire	Organisation des inventaires
Comptabilité analytique (appelé aussi comptabilité de gestion)	Contrôle de la caisse

Gestion des performances	Évaluation de l'information financière et comptable ainsi que des contrôles comptables
Tableaux de bord	Évaluation des procédures et de leur mise en œuvre
Conseil en gestion	Point focal du commissaire aux comptes
Reporting des états	Missions d'audit en interne

– Démarche d'audit

Une mission d'audit s'articule autour des phases traditionnelles d'audit financier à savoir : la prise de connaissance de l'entité contrôlée, la planification de la mission, l'évaluation du contrôle interne, la révision des comptes et enfin la finalisation et l'émission des rapports.

Figure 17 : Méthodologie de la démarche d'audit

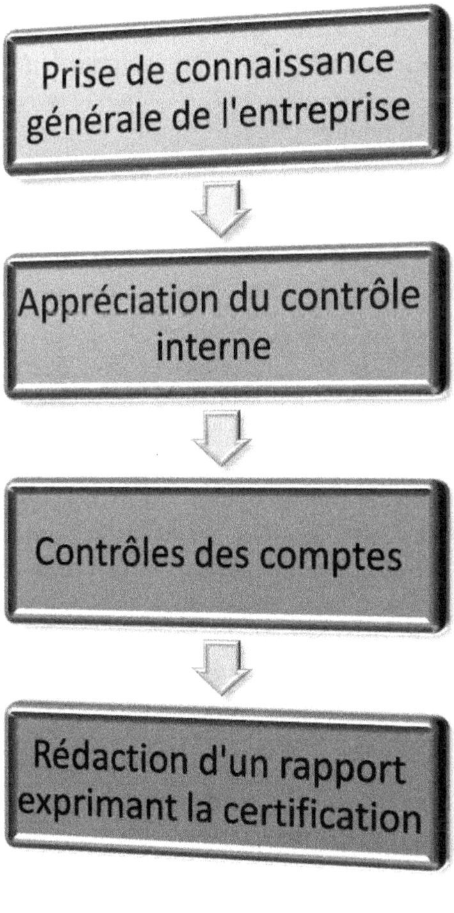

5. La problématique du financement des Petites et Moyennes Entreprises (PME)

La plupart des entreprises exerçant leurs activités dans la zone UEMOA (plus de 80%) sont des petites et moyennes entreprises ou des petites et moyennes industries (PME/PMI). Ce sont ces PME qu'elles soient artisanales, agricoles, industrielles, ou commerciales qui tirent la croissance de la zone UEMOA en créant beaucoup d'emplois.

La problématique de leur financement se pose avec acuité avec en toile de fonds l'imperfection du marché du crédit bancaire[113] au détriment des PME qui a pour effet le renchérissement de la prime de risque c'est-à-dire le taux d'intérêt applicable à la clientèle. Cette imperfection se matérialise par une asymétrie d'information entre la PME et la banque, organisme de financement.

L'asymétrie d'information sur le marché du crédit bancaire a pour conséquences la sélection adverse ou l'aléa moral.

En absence d'informations comptables, financières, administratives, et institutionnelles fiables et crédibles sur la PME, la banque peut tomber une situation de sélection adverse (trop faible transparence des entreprises et du milieu dans lequel elles évoluent). En effet, compte tenu du coût élevé du crédit que la sélection adverse engendre, les mauvaises PME continuent de s'endetter tandis que les bonnes préfèrent quitter le marché pour trouver de nouvelles sources de financement. Toutefois, la mise en place d'un contrat de prêt axé sur un système d'information fiable et vérifiable en adéquation avec le dispositif des accords de classement de la banque centrale permet de résoudre en partie ce problème.

Quant au phénomène d'aléa moral ou aléa de moralité, il est lié à la qualité des sûretés prises lors de l'accord du crédit aux PME. En effet, le marché de la garantie bancaire de la zone UEMOA souffre des risques de système judiciaire qui sont de nature à compromettre les chances de recouvrement des crédits. Ainsi, cette situation pourrait accentuer le phénomène d'aléa moral. Les difficultés dont font état les banquiers pour liquider les garanties matérielles appellent des actions de la part des pouvoirs publics (simplification et clarification du foncier, existence de tribunaux de commerce, etc.).Toutefois, la préférence de la banque centrale (BCEAO) et des banques pour les créances hypothécaires permet de résoudre en partie ce problème.

In fine, la création des BIC (Bureaux d'information sur le crédit) pourrait permettre de réduire considérablement le problème d'asymétrie d'information dans le secteur bancaire de la zone UEMOA.

[113] G. Akerlof, The Market for "Lemons": Quality Uncertainty and the Market Mechanism ; The Quarterly Journal of Economics, Vol. 84, No. 3. (Aug., 1970), pp. 488-500 ; prix Nobel d'économie.

Les points suivants mettront en exergue la définition de la PME ainsi que les obstacles liés à son financement pour finir par un ensemble de recommandations.

5.1. Définition de la PME dans l'UEMOA[114]

La notion de PME inclut celle de PMI.

Au titre du projet de charte PME de l'UEMOA, on entend par Petite et Moyenne Entreprise, toute personne physique ou morale, productrice de biens et/ou services marchands, immatriculée au registre du commerce ou des métiers selon les pays, qui est autonome et dont l'effectif ne dépasse pas deux cent (200) employés permanents et le chiffre d'affaires hors taxes annuel n'excède pas un milliard (1.000.000.000) de FCFA, avec un niveau d'investissement inférieur ou égal à deux cent cinquante millions (250.000.000) de F CFA.

L'entreprise doit être légalement déclarée et doit tenir une comptabilité régulière.

La PME comprend la Micro Entreprise, la Petite Entreprise et la Moyenne Entreprise.

- Micro entreprise : La Micro Entreprise est définie comme une entreprise qui emploie en permanence moins de dix (10) personnes et qui réalise un chiffre d'affaires hors taxes inférieur ou égal à trente millions (30 000 000) de F CFA, avec un niveau d'investissement inférieur ou égal à cinq millions (5 000 000) de F CFA. Elle tient une comptabilité allégée de trésorerie.
- Petite entreprise : La Petite Entreprise est définie comme une entreprise qui emploie en permanence moins de cinquante (50) personnes et qui réalise un chiffre d'affaires hors taxes supérieur à trente millions (30 000 000) de F CFA et inférieur ou égal à cent cinquante (150 000 000) de F CFA, avec un niveau d'investissement supérieur à cinq millions (5 000 000) F CFA et ne dépassant pas vingt millions (20 000 000) de F CFA. Elle tient une comptabilité en interne ou par un Centre de Gestion Agréé ou toute autre structure similaire reconnue dans l'Etat membre concerné.
- Moyenne entreprise : La moyenne entreprise est définie comme une entreprise qui emploie en permanence moins de deux cent (200) personnes et qui réalise un chiffre d'affaires hors taxes supérieur à cent cinquante millions (150 000 000) de FCFA et inférieur ou égal à un milliard (1 000 000 000) de F CFA, avec un niveau d'investissement supérieur à vingt millions (20 000 000) de F CFA et ne dépassant pas

[114] Projet de charte communautaire des PME de l'UEMOA
Horus DF – OSEO, 2011, études sur les instruments de garantie et le marché des garanties bancaires dans la zone de l'UEMOA au Compte de la BOAD et l'AFD.

deux cent cinquante millions (250 000 000) de FCFA. Elle tient une comptabilité selon le système normal en vigueur dans l'espace UEMOA.

Au titre de la présente Charte, lorsqu'une entreprise réalise un chiffre d'affaires supérieur à un milliard (1 000 000 000) de FCFA, indépendamment du nombre d'emplois, elle n'est plus considérée comme une PME.

5.2. Données précisant la définition de la PME

L'entreprise autonome est celle dont le capital n'est pas détenu, directement à hauteur de 25%, par une grande entreprise ou autre organisme public, à l'exception des sociétés de capital-risque, des sociétés publiques de participation, des investisseurs institutionnels.

Les employés sont les travailleurs engagés à plein temps et bénéficiant d'un contrat de travail.

L'année à prendre en considération est celle du dernier exercice comptable clôturé.

Les seuils prévus à l'article 2 de la charte, pour le chiffre d'affaires sont ceux afférents au dernier exercice clôturé de douze mois. Dans le cas d'une PME nouvellement créée et dont les comptes n'ont pas encore été clôturés, les seuils à considérer pour le premier exercice sont ceux dans les limites retenues par l'article susvisé.

Les critères prévus à l'article 2 de la Charte sont cumulatifs. En cas de difficulté de classification, celui déterminant est laissé à l'appréciation de l'Etat membre.

Lorsqu'une PME, à la date de clôture de l'exercice, dépasse les seuils de l'effectif ou les seuils financiers énoncés, cette circonstance ne lui fait acquérir ou perdre la qualité de PME que si elle se reproduit pendant deux exercices consécutifs.

Remarque : Il n'existe pas de statistiques disponibles sur le PME et son financement en absence d'une définition unitaire des PME au sein de la zone UEMOA. Les banques ont tendances a donné leurs propres définitions aux PME en fonction des chiffres d'affaires et du nombre d'employé de celles-ci. Ce qui limite les marges de manœuvres de la BCEAO en la matière.

5.3. Obstacles liés à leur financement PME

- La faiblesse de la disponibilité d'une information financière fiable et les difficultés de l'exigibilité des garanties dans l'UEMOA sont des freins majeurs pour le développement d'une offre de crédit, particulièrement du crédit à moyen et long terme aux PME

- Le coût élevé de la formalisation des affaires et l'établissement d'états financiers fiables et crédibles comparé aux avantages que cela pourrait engendrer
- La perception par les banques des risques provenant de facteurs dans l'environnement

5.4. Recommandations

- Mises en place de mesures incitatives par les pouvoirs publics afin de réduire le coût de la formalisation des affaires et favoriser l'établissement d'états financiers fiables et crédibles
- Le renforcement de la centrale de risques et de la centrale de bilan au niveau de la banque centrale (BCEAO). Sur ce point, la création des BIC (bureaux d'information sur le crédit) va certainement réduire le problème d'asymétrie d'information
- Encourager l'harmonisation des outils de gestion des risques, l'accessibilité de l'information fiable et crédible sur les PME ainsi qu'une meilleure connaissance du marché dans lequel elles évoluent
- Renforcer les relations banques-organismes de garantie en charge de la promotion des PME
- Harmoniser la définition de la PME au niveau régional dont le contour sera fixé par le projet de charte des PME à valider
- Rendre opérationnel le projet d'observatoire de PME dans la zone UEMOA
- Réduire les risques de système judiciaire qui pourraient compromettre les chances de recouvrement de la créance.

Encadré 11 : Programme d'actions régional pour la promotion et le financement des PME dans l'UEMOA

AXES	ACTIONS	Contenu du programme
Un environnement incitatif pour la PME	**1) Elaborer une Charte des PME de l'UEMOA, déclinée à travers une politique communautaire de développement des PME et comprenant notamment une définition communautaire de la PME**	Appui méthodologique consultant Séminaire de validation (experts UEMOA) Actions de communication
	2) Favoriser la mise en place dans chaque pays de l'UEMOA d'une administration économique forte dédiée aux PME et garante de ses intérêts	Organisation d'une rencontre annuelle des Directeurs des PME (et des Agences des PME) Appuis ponctuels UEMOA aux Directions / Ministères des PME
	3) Recenser le tissu économique et mettre en place un observatoire des PME de l'UEMOA	Appui à l'organisation du recensement, mise en place de l'Observatoire (actualisation du recensement à prévoir en année 4)
	4) Valoriser l'entrepreneuriat dans le systèm éducatif des pays de l'UEMOA	Communication (sketchs sur l'entreprenariat, valorisation des success stories, organisation de prix communautaires)
	5) Reconnaître et valoriser les modèles de réussite : initiative « UEMOA entrepreneurs »	
	6) Accélérer la mise en place d'un code des investissements communautaire incitatif pou les PME	En cours
	7) Rendre simple et accessible l'acte de création d'entreprise	Centres de formalités des entreprises performants et informatisés : Appui méthodologique consultant (logiciels). Tournée dans les 8 pays pour démultiplier
	8) Appuyer la mise en place d'incubateurs et de domaines industriels	Etude à réaliser (BOAD) sur la faisabilité d'un fonds pour la mise en place de domaines industriels privés
	9) Simplifier les procédures au niveau fiscal et juridique pour les PME	Une étude sera réalisée en vue d'identifier les possibilités de simplification des procédures, de formuler les propositions de directives à faire aux Etats pour favoriser l'accès des PME aux marchés publics et des dispositions à prendre pour la continuité des activités des PME potentiellement viables mais en difficulté
	10) Prendre des directives pour favoriser l'accès aux marchés publics communautaires et nationaux	
	11) Pour les entreprises en difficulté, mettre en place des dispositifs favorisant la continuité de l'activité	
Un appui direct performant au service de la PME	**12) Généraliser la mise en place dans chaque pays d'une Agence de développement des PME forte**	Appui méthodologique consultant Appuis ponctuels UEMOA à la mise en place des agences Coupler la rencontre annuelle des Directeurs des PME avec une rencontre des Agences des PME
	13) S'appuyer fortement sur les NTIC pour développer l'information et le partenariat au profit des PME	Interconnexion des bourses de sous-traitance : Appui méthodologique consultant
	14) Elaborer une stratégie de développement des grappes régionales de l'UEMOA dynamiques, intégrées et compétitives	Il s'agit de faire en sorte que soient disponibles au niveau national et régional, en relation avec les actions de l'étude sur la compétitivité sectorielle des économies des pays de l'UEMOA, les informations factuelles sur la compétitivité sectorielle, mais également les stratégies pour améliorer cette compétitivité

	15) Encourager la mise en place de fédérations des PME fortes et interlocutrices des instances nationales et communautaires	
Une offre de financement adaptée à la PME	**16) Soutenir la création d'établissements de crédit en faveur des PME dans l'UEMOA**	Etudes de faisabilité par pays Séminaire de validation (experts UEMOA)
	17) Créer un environnement plus incitatif pour le financement des PME par le système financier actuel	Réflexions à mener sur les outils et instruments de financement appropriés pour les PME

Source : Commission de l'UEMOA

III. Les effets de commerce

Les effets de commerce sont des documents garantissant le paiement à l'échéance dans le cadre d'un règlement différé entre entreprises ou entre commerçants.

Ils sont régis par les dispositions communautaires du règlement N°15/2002/CM/UEMOA.

Ils présentent les caractéristiques suivantes :

- Il concerne une créance d'argent d'une somme déterminée exigible à court terme
- Il ne peut être payé qu'au détenteur matériel de l'effet
- Il est négociable c'est-à-dire transmissible par la technique de l'endossement qui assure sa circulation fluide (facilité et célérité).

Nous allons chronologiquement examiner la lettre de change, le billet à ordre et le warrant.

1. La lettre de change[115]

La lettre de change ou communément appelée « traite » est un instrument de paiement différé utilisé depuis le moyen âge par les banquiers d'antan. Il permettait en toute sécurité, le transport des fonds d'une place bancaire A à une place bancaire B.

1.1. Définition

La traite est un acte de commerce écrit à travers lequel une personne appelée tireur (le créancier ou le fournisseur) invite une autre personne appelée tiré (le débiteur ou client) à payer une certaine somme à une date d'échéance en faveur d'une troisième personne dénommée le bénéficiaire (tireur ou son banquier dans certains cas).

[115] Article publié dans le magazine N°14 du banquier (APBEF- Mali) par M. Tidiani Sidibé en septembre 2015.

Par conséquent, la lettre de change fait intervenir 3 catégories de personnes :

- Le tireur : il prend l'initiative de l'émission de la traite en invitant le tiré (débiteur ou client) à payer.
- Le tiré : il doit payer à l'échéance la somme objet de la dette (provision) à l'égard du tireur.
- Le bénéficiaire : il reçoit le paiement émanant du tiré. Le bénéficiaire peut être le tireur ou une tierce personne désignée par lui à qui il doit probablement de l'argent (clause à ordre).

Seules les personnes majeures sont autorisées à s'engager par la traite.

1.2. Forme

1.2.1. Mentions obligatoires

Les mentions obligatoires de la traite ou lettre de change sont décrites conformément à l'article 149 du règlement N°15 ci-après :

- L'indication de « lettre de change » inséré dans le texte même du titre et exprimée dans la langue employée pour la rédaction de ce titre ;
- Le mandat pur et simple de payer une somme d'argent déterminée ;
- Le nom du tiré (celui qui doit payer) ;
- L'indication de l'échéance ;
- L'indication du lieu où le paiement doit s'effectuer ;
- Le nom du bénéficiaire (celui auquel ou à l'ordre duquel le paiement doit être fait) ;
- La date et le lieu de création de la lettre ;
- La signature du tireur (celui qui émet la lettre).

Toutefois, les omissions comme la date d'échéance ; le lieu de paiement et le lieu de création n'ont pas d'impact sur la valeur intrinsèque de la traite. En effet, à défaut de ces éléments susmentionnés l'échéance non indiquée est considérée comme payable à vue ; le lieu désigné à côté du nom du tiré est pris en compte comme lieu de paiement et le lieu de sa création est considéré comme ce désigné à côté du nom du tireur. Par conséquent, à l'exception de ces 3 mentions, toutes omissions a pour conséquence de faire de la lettre de change un simple billet négociable auquel le droit spécifique de la lettre de change ne s'y applique point et par ricochet, entacher les exercices de recours contre les endosseurs.

En outre, le tireur peut être le bénéficiaire si la lettre de change est à l'ordre du tireur lui-même (article 150).

1.2.2. Autres mentions

– Le montant

En cas de différence entre le montant en lettres et le montant en chiffres, la somme écrite en lettres est prise en compte (article 152).

– L'échéance

La lettre de change peut être tirée à vue ; à un certain délai de vue ; à un certain délai de date ou à jour fixe. La traite à vue est payable à sa présentation. Elle doit être présentée au paiement dans le délai d'un an à partir de sa date de création (articles 170 et 171).

– Le taux d'intérêt

Le taux d'intérêt peut figurer sur la lettre de change et les intérêts commencent à courir à partir de la date de création de la traite ou cas où une autre date n'est pas indiquée (article 151).

– L'acceptation

Une traite peut être présentée à l'acceptation avec ou sans fixation de délai (article 163). L'acceptation conforte la créance du tireur en facilitant l'escompte sans attendre l'échéance de la traite. Donc l'acceptation est un engagement formel du tiré de payer le tireur à l'échéance. Ainsi, accepter une traite consiste à y apposer son spécimen de signature sur la partie acceptation au recto de la lettre de change avec la mention « acceptée pour la somme de ... » suivie de la date (article 165).

Ce qui veut dire que le tiré reconnaisse l'existence de la créance et s'engage à payer l'effet à la date d'échéance (article 167).

Par contre refuser d'accepter une traite est synonyme de refus de paiement qui est peut être constaté par un huissier qui dressera protêt en l'espèce pour matérialiser le refus de paiement. A défaut d'acceptation c'est la date du protêt qui prévale en faisant courir le délai convenu.

Le tireur est garant de l'acceptation et du paiement (article 154).

– L'aval

L'aval consiste à garantir le paiement d'un effet en cas de défaillance du tiré. Il est matérialisé par une signature sur l'effet précédée de la mention « Bon pour Aval » ». Il peut être donné sur un document qui accompagne la lettre de change appelé « allonge ».

Celui qui donne son aval est également appelé avaliste ou avaliseur. Il doit payer la traite au porteur si le tiré refuse de payer ou ne peut pas payer. Il est donc solidaire du tiré (article 169).

– Clause de retour « sans protêt » ou « sans frais »

Cette clause dispense le porteur de l'effet de faire dresser protêt par un huissier pour faute d'acceptation ou de non-paiement.

Quand cette clause est inscrite par le tireur, alors elle produit ses effets vis à vis de tous les signataires tandis que dans le cas d'un endosseur ou avaliseur les effets restent valables à l'égard de celui-ci (article 190).

– Valeur en…

Quand elle figure sur l'effet, cette mention « valeur en marchandises » ou « valeur en compte » ou « valeur en notre facture N° » peut de renseigner le banquier sur la réalité de la créance sous-jacente à la traite.

1.2.3. La provision

La provision est la créance du tireur sur le tiré. Il y a provision lors qu'à l'échéance le tiré est redevable d'une dette à l'égard du tireur au moins égale au montant de la lettre de change. L'acceptation suppose la provision car elle est la preuve matérielle au regard des endosseurs (article 155).

La propriété de la provision est transmise de droit aux porteurs successifs de la traite par la technique de l'endossement.

1.2.4. L'endossement

La technique de l'endossement consiste à la signature de la lettre de change par le bénéficiaire en son dos pour la transmettre à une autre personne appelée cessionnaire en ajoutant la mention suivante « payez à l'ordre de … ».

Toutefois, la simple signature à l'endos de la traite vaut endossement. La personne qui endosse la traite est appelée l'endosseur et celle qui en bénéficie est l'endossataire.

Le bénéficiaire par son acte d'endossement transfère la propriété de facto la propriété de la créance au cessionnaire qui à son tour peut endosser la traite en faveur d'un autre cessionnaire et ainsi de suite (articles 156 et 157).

L'endossement doit être pur et simple. Toute condition à laquelle il est subordonné est réputée non écrite. Il peut être nominatif (l'endossataire est désigné), au porteur (celui qui détient l'effet en est le bénéficiaire) ou en blanc (quiconque peut être bénéficiaire). Dans ce dernier cas, il peut en résulter souvent une utilisation frauduleuse car toute personne détenant la traite peut la remplir à son profit. Ainsi, si l'endossement est en blanc le porteur peut remplir le blanc soit de son nom, soit du nom d'une autre personne ; endosser de nouveau en blanc ou à une autre personne ; ou remettre la traite à une personne sans remplir le blanc et sans l'endosser (articles 156 et 157).

Il existe trois types d'endossements :

- L'endos translatif de propriété : la propriété de la créance (la somme due) est transférée à l'endossataire.
- L'endos de procuration ou endos d'encaissement : utilisé souvent quand la banque est chargée d'encaisser les effets remis. Il s'agit d'un simple mandat pour encaisser les fonds au compte de l'endosseur (article 161).
- L'endos pignoratif : permet de remettre la traite en garantie à un créancier quelconque. Au cas où ce dernier ne serait pas payé, il pourrait entrer en possession des fonds.

En remarque, un endos de procuration ne peut donc être suivi d'un endos translatif de propriété. Et, un endos pignoratif ne peut être suivi, pour encaissement à l'échéance, que d'un endos de procuration.

1.2.5. La solidarité des signataires

La solidarité des signataires est de mise car les tirés, les accepteurs, les endosseurs et les avaliseurs sont tenus solidairement envers le porteur. Par conséquent, le porteur d'un effet a le droit d'agir individuellement et collectivement sans aucun ordre ni rang contre toutes ces personnes pour demander son paiement (articles 191 et 192).

1.2.6. Le paiement

– Délais de présentation

Ce délai est de 1 an si la traite est payable à vue (article 171). La traite est aussi payée soit le jour de l'échéance, soit l'un des 2 jours ouvrables qui suivent (articles 174 et 178).

– Modalités de paiement

En cas de paiement le porteur de l'effet remet la traite au tiré. Il est possible de faire un paiement partiel qui sera inscrit sur la traite ou sur une allonge jointe. Quand l'échéance tombe sur un jour férié légal, le paiement ne peut être exigé que le jour ouvrable suivant (articles 175 et 224).

– Recours du porteur en cas d'impayé

Le porteur de l'effet dispose de voies de recours dans les délais légaux de présentation (article 185). Ainsi, il peut exercer ses recours contre les endosseurs, le tireur, et les autres obligés à l'échéance si le paiement n'a pas eu lieu. Cela est également possible même avant l'échéance dans les conditions suivantes :

- Le cas de redressement judiciaire, liquidation des biens ou faillite du tiré, accepteur non, de cessation de ses paiements même non constatée par une grosse ou de saisie de ses biens demeurée infructueuse ;
- Le cas de redressement judiciaire, de liquidation des biens ou faillite du tireur d'une traite non acceptable.

Le non-paiement de la traite est constaté par un acte authentique dressé par un huissier ou un notaire appelé protêt et c'est avec cet qu'il pourrait ester en justice. En cas de mention « sans protêt ou sans frais », il peut intenter une action en justice illico presto.

Le porteur doit d'un effet impayé doit donner avis du défaut d'acceptation ou de paiement à son endosseur dans les 4 jours ouvrables qui suivent le jour du protêt ou celui de la présentation en cas de clause de retour sans frais. Chaque endosseur doit à son tour avertir son endosseur dans les 2 jours jusqu'au tireur (article 189).

Tous les signataires sont solidairement responsables du paiement de la traite à l'égard du porteur (articles 191 et 192).

– Protêt

Le protêt est un acte constaté par les auxiliaires de justice (notaire, huissier ou toute personne habilitée par la Loi) en cas de non-paiement ou de refus d'acceptation d'une traite.

L'acte de protêt doit contenir le mot lettre de change, la transcription littérale de l'acceptation des endossements et des recommandations qui y sont indiquées, la sommation de payer le montant de la traite. Il doit préciser la présence ou l'absence de celui qui doit payer, les motifs du refus de payer et l'impuissance ou le refus de payer (article 200).

Dans la pratique, le protêt est tombé en désuétude.

– Non-paiement

En cas de non-paiement de l'effet à l'échéance, l'huissier se présente à la banque sur demande du porteur de la traite dans les 2 jours ouvrables qui suivent l'échéance. Si l'effet ne peut être payé, il constate le refus de paiement en dressant protêt pour défaut de paiement.

– Refus d'acceptation

Le refus d'acceptation du tiré est constaté par un protêt dressé par un huissier pour le même motif. Ce refus est ainsi assimilé à un refus de paiement et le porteur peut intenter une action en justice pour récupérer les fonds qui lui sont dus.

– Délais des recours

Le délai de prescription contre l'accepteur est de 3 ans à compter de la date de l'échéance. Les actions du porteur contre les endosseurs et le tireur se prescrivent par 1 an à compter de la date du protêt dressé ou de celle de l'échéance en cas de clause de retour sans frais. Les actions des endosseurs entre eux-mêmes se prescrivent par 6 mois à partir du jour où l'endosseur a remboursé la traite ou du jour où lui-même a été saisi (article 223).

1.2.7. La perte

Il n'est admis d'opposition au paiement aux mains du tiré qu'en cas de perte de la lettre de change ou de procédure collective ouverte contre le porteur (article 180).

Si la lettre de change non acceptée est perdue, celui à qui elle appartient peut en poursuivre le paiement sur une seconde, troisième, quatrième et ainsi de suite (article 181).

Si la lettre de change acceptée est perdue, doit au préalable obtenir une ordonnance du juge et donner caution pour le paiement (article 181).

Figure 18 : Modèle de Lettre de change

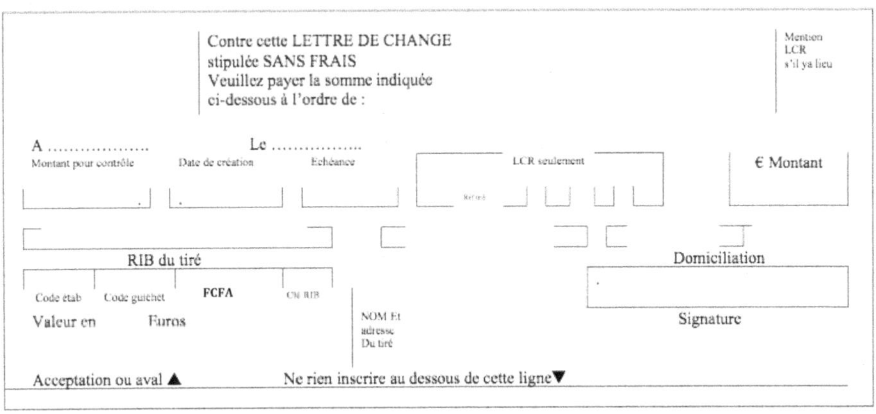

Source : L. B. Rollande, Principes de techniques bancaires

Enfin, dans certains pays développés (hors zone UEMOA), il existe la lettre de change-relevé (LCR) qui offre plus de sécurité en évitant les nombreuses manipulations de papier, génératrices de coûts de gestion. Elle est transmise au système interbancaire de télé compensation pour paiement.

2. Le billet à ordre

2.1. Définition

Le billet à ordre (BO) est un document écrit par lequel le souscripteur (débiteur ou client) reconnaît sa dette et s'engage à payer au bénéficiaire (créancier ou fournisseur ou tiers désigné par lui) une certaine somme d'argent dans une unité monétaire mutuellement acceptée et à une période précise.

Contrairement à la lettre de change, c'est le débiteur qui prend l'initiative et établit lui-même le document par lequel il s'engage de d'honorer sa dette à une période déterminée : le billet à ordre (BO).

Dans la lettre de change, il existe 3 intervenants : le tireur, le tiré et le bénéficiaire tandis que le billet à ordre en 2 : le souscripteur et le bénéficiaire.

La lettre de change (LC) est soumise à la formalité de l'acceptation ; dans le BO l'engagement du souscripteur remplace l'acceptation.

La traite est un instrument de vente à terme ; le BO est l'instrument normal de prêt d'argent et aussi utilisé pour les paiements commerciaux.

La LC est toujours un acte commercial alors que le BO en plus de son aspect commercial peut être un acte civil selon que les contractants soient commerçants ou non commerçants.

Par conséquent, les litiges relatifs à la LC sont de la compétence exclusive du Tribunal de commerce tandis que celles afférentes au BO sont du ressort du Tribunal de Commerce ou du Tribunal Civil selon que l'obligation contractée par les parties est commerciale ou civile.

2.2. Forme

Les mentions obligatoires (article 228) qu'un billet à ordre doit comporter sont les suivantes :

- La clause à ordre ou la dénomination du titre insérée dans le texte même et exprimée dans la langue employée pour la rédaction de ce titre
- La promesse pure et simple de payer une somme déterminée
- L'échéance
- Le lieu où le paiement doit s'effectuer
- Le nom de celui auquel ou à l'ordre duquel le paiement doit être fait
- La date et le lieu où le billet à ordre est souscrit
- La signature de celui émet le titre ou le souscripteur

2.3. Autres mentions complémentaires

Les dispositions suivantes de la lettre de change sont applicables au billet à ordre dans la mesure où elles ne sont pas incompatibles avec la nature de ce titre : l'endossement ; l'échéance ; le paiement ; les recours faute de paiement ; les protêts ; la prescription (article 230).

Le souscripteur d'un billet à ordre est obligé de la même manière que l'accepteur d'une traite (article 233).

Les mentions comme la date d'échéance, le lieu de création et le lieu de paiement, toute omission dans les mentions obligatoires susmentionnées a pour conséquence de faire du billet à ordre un simple titre de créance soumis au droit commun à propos duquel le droit spécifique du billet à ordre ne peut s'appliquer.

En comparaison avec la lettre de change, le billet à ordre peut être un acte civil ou un acte commercial selon les cas tandis que la traite est purement un acte commercial.

Il existe dans certains pays développés, le billet à ordre-relevé (BOR) offrant plus de sécurité en termes de traitement automatisé par échange d'images.

Figure 19 : Exemple de Billet à ordre (BO)

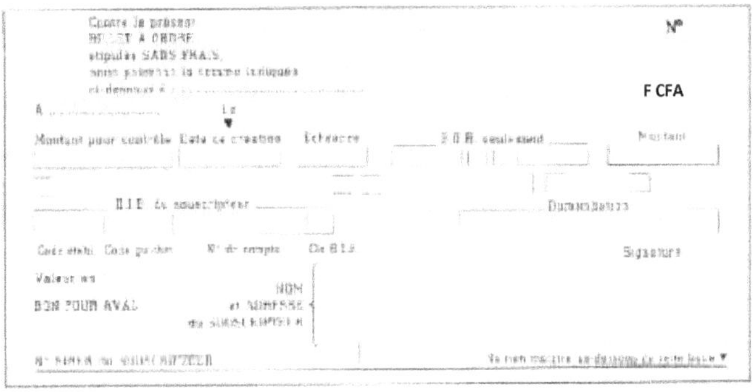

Source : L. B. Rollande, Principes de techniques bancaires

3. Le warrant

3.1. Définition

Le warrant est un effet de commerce couvert de la signature d'une personne qui dépose, en garantie de sa signature et dans les magasins généraux, des marchandises dont elle n'a pas l'utilisation immédiate.

Il est très similaire au billet à ordre ordinaire en sens que le souscripteur s'engage à payer une certaine somme à une certaine période. Toutefois, il se distingue de ce dernier par le fait qu'il est sous tendu par un nantissement en faveur du créancier sur des marchandises déposées dans un magasin général ou dans des entrepôts de stock contrôlés par des sociétés de tierce détention.

Il est accompagné d'un récépissé appelé récépissé warrant. Ce récépissé constate le dépôt de marchandises et le titre de propriété. Détaché de ce récépissé, le warrant devient un véritable effet de commerce.

3.2. Mécanisme

Les magasins généraux, tiers détenteurs des marchandises, délivrent, en représentation de ces stocks, un récépissé énonçant les noms, profession, domicile du déposant ainsi que la désignation de la marchandise déposée, et un bulletin de gage appelé warrant où sont portés le montant de la créance garantie (capital et intérêts), la date de l'échéance, les noms et domicile du créancier. L'ensemble constitue un récépissé warrant.

Les deux titres sont joints mais peuvent être détachés l'un de l'autre. Le récépissé est représentatif d'une marchandise : il constitue le titre de propriété de la marchandise et ne saurait être considéré comme un effet de commerce. Le warrant est un billet à ordre garanti par une marchandise : c'est un effet de commerce.

Le propriétaire qui met en gage sa marchandise remet le warrant à son créancier mais conserve le récépissé warrant. La marchandise peut être vendue par endossement du seul récépissé warrant, mais le nouveau propriétaire sait que celle-ci est grevée d'un gage puisque le warrant ne lui est pas remis. Pour prendre possession de la marchandise, il devra s'acquitter du prix du warrant. De son côté, le warrant peut circuler par endossement comme un simple billet à ordre. Il peut être escompté auprès du banquier.

Les magasins généraux ne peuvent se dessaisir de la marchandise qu'en exigeant un justificatif du remboursement de la dette.

A l'échéance, le porteur du warrant le présente au souscripteur pour paiement. A défaut de règlement du montant du warrant, le porteur de celui-ci peut faire vendre la marchandise aux enchères publiques.

3.3. Autres aspects

Le règlement N°15 est muet sur cet effet de commerce qui est très souvent utilisé dans le milieu agricole par certaines institutions de micro finance sous le nom de warrantage[116].

Le warrantage peut être utilisé sans que l'emprunteur ne soit dépossédé de son gage.

[116] Technique développée par certains SFD pour accompagner le monde agricole et rural.

4. Comptabilisation des effets

A/ Effets à l'encaissement au guichet de la banque

Remise

Débit	crédit
961120 Compte encaissement effet	961220 Contrepartie compte encaissement effet

Recouvrement

Débit	crédit
372224 compte de recouvrement	373227 Contrepartie recouvrement

Sort payé

Débit	crédit
961220 Contrepartie compte encaissement	961120 Compte encaissement
373227 Contrepartie recouvrement	372224 compte de recouvrement
Client tiré	Client tireur 70293009 commission sur encaissement effet

Sort impayé

Débit	crédit
961220 Contrepartie compte encaissement	961120 Compte encaissement
373227 Contrepartie recouvrement	372224 compte de recouvrement
Client tiré	70292501 Frais impayés

B/ Effets reçus de la clientèle et payables chez les autres banques

Remise

Débit	crédit
961120 Compte encaissement effet	961220 Contrepartie compte encaissement effet

Recouvrement

Débit	crédit
37220001 Chèques et effets en recouvrement	37322601 Compte contrepartie Recouvrement
37222601 Compte recouvrement	37310001 Contrepartie compte de recouvrement

Sort payé

Débit	crédit
961220 Contrepartie compte encaissement effets	961120 Compte encaissement effets
37322601 Compte contrepartie recouvrement	37222601 Compte recouvrement
37310000 contrepartie compte de recouvrement (Montant nominal)	Compte client (Montant net) 70293009 Commissions encaissement effets 702930010 Frais encaissement effets

Sort impayé

Débit	crédit
961220 Contrepartie compte encaissement chèques	961120 Compte encaissement effets
37322601 Compte contrepartie recouvrement	37222601 Compte recouvrement
37310000 contrepartie compte de recouvrement (Montant nominal)	372100 Effets encaissement revenus impayés
Compte client	70293006 Frais/Impayés

C/ Effets escomptés au guichet de la banque

Remise

Débit	crédit
371100 Valeur encaissement crédit immédiat	client tireur 70211001 intérêts PTF effets Commerciaux 70293001commission d'endos sur escompte PTF 70293002 commission d'escompte 70293003 frais d'escompte

Si constitution de provision

Débit	crédit
client tireur	25421001 retenue de garantie escompte

Sort payé

Débit	crédit
Client tiré	371100 Valeur encaissement crédit immédiat
25421001 Retenue de garantie escompte	Client tireur

Sort impayé

Débit	crédit
25421001 Retenue de garantie escompte Client tiré	Client tireur
Client tireur	371100 Valeur encaissement crédit immédiat

IV. Le compte commercial

Les relations entre banque – entreprises sont généralement complexes car elles vont au-delà du simple service de caisse à des opérations de crédits (escompte d'effet, crédits de trésorerie, crédits d'investissement, etc.). Elles sont retracées sur un compte bancaire appelé compte courant ou compte commercial[117].

Après avoir analysé la convention de compte courant, et les relations banques entreprises dans le cadre des procédures collectives, nous donnerons le détail de la clôture du compte commercial.

1. Spécificités du compte commercial

1.1. Ouverture du compte commercial

Le compte commercial est, essentiellement, ouvert au nom des commerçants, des entreprises individuelles, des sociétés et GIE. Aussi, il peut être ouvert dans une certaine mesure au nom des associations et collectivités publiques, des ONG et organismes internationaux.

Les conditions d'ouverture peuvent se résumer comme suit :

Pour les Société à Responsabilité Limitée(SARL) et Sociétés Civile Professionnelles :

- Statuts dûment enregistrés
- Registre de commerce
- PV de l'assemblée générale extraordinaire des associés nommant le gérant (à défaut d'indication dans les statuts) ou le(s) mandataire (s).
- photos d'identité de chaque signataire
- 1 pièce d'identité (en cours de validité) de chaque signataire
- un justificatif de domicile (facture téléphone ou électricité, contrat de bail au nom de la société)
- Un montant minimum qui varie d'une banque à une autre

[117] Le compte commercial peut également bénéficier de formules de chéquiers et des cartes monétiques. En clair, il s'agit d'un compte d'entreprise différent du compte particulier qu'on a auparavant dénommé compte « chèques ».

Pour les Sociétés en Nom Collectif (SNC) ou sociétés en commandite simple (SCS) :

- Statuts dûment enregistrés
- Registre de commerce
- PV de l'assemblée générale extraordinaire nommant le gérant
- photos d'identité de chaque signataire
- Procuration donnée en faveur d'autres mandataires
- 1 pièce d'identité (en cours de validité) de chaque signature
- un justificatif de domicile (facture téléphone ou électricité, contrat de bail au nom de la société).
- Un montant minimum qui varie d'une banque à une autre

Pour les Sociétés Anonymes (SA) et Sociétés Civiles Professionnelles (SA) :

- Statut dûment enregistrés
- Registre de commerce
- PV de l'assemblée générale constitutive
- PV du conseil d'administration nommant mandataires (PDG ou DG)
- Procuration donnée en faveur d'autres mandataires
- photos d'identité de chaque signataire
- 1 justificatif de domicile (facture téléphone ou électricité, contrat de bail ou certificat de résidence,...)
- Un montant minimum qui varie d'une banque à une autre

Pour les commerçants et entreprises individuelles :

- 1 pièce d'identité du propriétaire
- un justificatif de domicile (facture téléphone ou électricité, contrat de bail, ou certificat de résidence...)
- photos d'identité (+ 2 photos du mandant en cas de procuration)
- Registre de commerce
- Un montant minimum qui varie d'une banque à une autre

Pour les ONG et Organismes internationaux :

- Statuts accord cadre ou protocole d'accord ou agrément
- Délègue de pouvoir
- 1 pièce d'identité (en cours de validité) de chaque signature
- photos d'identité de chaque signataire
- un justificatif de domicile (facture téléphone, électricité, contrat de bail au nom de la société).
- Un montant minimum qui varie d'une banque à une autre

Pour les Associations et Collectivités publiques :

- Statuts dûment enregistrés
- Récépissé de déclaration (autorisation ministérielle)
- PV de l'assemblée générale nommant le responsable et/ou règlement intérieur
- photos d'identité de chaque signataire
- 1 pièce d'identité en cours de validité
- 1 justificatif de domicile (facture téléphone, électricité, contrat de bail)
- Un montant minimum qui varie d'une banque à une autre

Pour les GIE :

- Statuts dûment enregistrés
- Registre de commerce
- PV de l'assemblée générale ordinaire ou extraordinaire des membres désignant le ou mandataires
- photos d'identité de chaque signataire
- 1 pièce d'identité de chaque signataire
- 1 justificatif de domicile (facture téléphone, électricité, contrat de bail)
- Un montant minimum qui varie d'une banque à une autre

1.2. Les effets induits du compte commercial

Le compte commercial a 3 effets induits sur le fonctionnement du compte. Ces effets sont la novation, l'indivisibilité, et le cours des intérêts.

1.2.1. Le principe de la novation

La novation est un terme juridique qui correspond à la substitution d'un lien juridique qui disparaît au profit d'un autre lien juridique qui engendre une nouvelle relation contractuelle. Ainsi, il y a novation quand il y a remplacement d'une obligation par une autre Le terme de novation s'applique ainsi lorsqu'une dette est transformée en une autre dette ou lorsque l'on assiste à un changement de créancier ou de débiteur.

En effet, une créance inscrite sur le compte commercial subit le principe de la novation en devenant un simple article de ce compte. Cette créance perd de facto son caractère individuel ainsi que les sûretés associées. Exemple : traite escomptée échue impayée.

1.2.2. L'indivisibilité

Bien que les articles du compte (débit, crédit) restent indépendants, ils forment un bloc indissociable dont le solde seul peut retracer la situation débitrice ou créditrice du client à l'arrêté du compte.

1.2.3. Les taux d'intérêts

Les sommes inscrites sur le compte commercial portent des intérêts débiteurs ou créditeurs en fonction des conditions créditrices et des conditions débitrices de chaque banque sous réserve du taux de l'usure (15% depuis le 1er janvier 2014).

Les conditions créditrices concernent le barème de rémunération des dépôts et de l'épargne des particuliers et entreprises ainsi que des dépôts publics et assimilés. Les conditions débitrices font référence aux intérêts, frais, commissions et rémunérations de toute nature, appliqués pour les services bancaires et financiers offerts à la clientèle.

En effet, la rémunération[118] du compte courant est autorisée dans la zone UEMOA. Chaque banque en fonction de ses conditions préférentielles pourrait rémunérer les clients pourvoyeurs de ressources (entreprises, ONG, Projets, Organismes et institutions).

Conformément aux dispositions règlementaires, les établissements de crédit et les systèmes financiers décentralisés (SFD) sont tenus lors de leur octroi de crédit, de déterminer et de notifier par écrit au client emprunteur, le taux effectif global d'intérêt du crédit (ou TEG[119]), le taux de période et la durée de période en même temps que le taux d'intérêt nominal du prêt et toutes les perceptions afférentes à ce prêt.

En effet, le taux effectif global d'intérêt (TEG) se définit comme le taux d'intérêt d'une créance, calculé en tenant compte de l'amortissement de la créance et auquel s'ajoutent les frais et rémunérations de toute nature, y compris ceux payés à des intermédiaires intervenus de quelque manière que ce soit dans l'octroi du prêt, à l'exclusion des impôts payés à l'occasion de la conclusion ou de l'exécution du contrat, des frais payables par l'emprunteur du fait de l'inexécution de l'une quelconque de ses obligations figurant dans le contrat de prêt, des frais de transfert de fonds, ainsi que des frais relatifs au maintien d'un compte destiné à recevoir les prélèvements effectués au titre de l'amortissement en principal du prêt, du règlement des intérêts et des autres charges, sous réserve que ces frais ne soient anormalement élevés.

Pour illustrer le calcul du TEG, voici un modèle de calcul simple :

Exemple de calcul du TEG[120] : Taux Effectif Global

Désormais, l'emprunteur dispose, dans l'offre de crédit qui lui est faite, d'une information précise sur le coût réel de son crédit. Ce coût correspond

---

[118] Décision N°397/12/2010 portant règles, instruments et procédures de mise en œuvre de la politique de la monnaie et du crédit de la BCEAO.

[119] Dispositions de l'article 33 de la Décision N°397/12/2010 portant règles, instruments et procédures de mise en œuvre de la politique de la monnaie et du crédit de la BCEAO.

[120] Il est à signaler que le mode de calcul du TEG varie d'une banque commerciale à une autre. qui-plus-est, complique souvent les comparaisons interbancaires. Nonobstant, il serait souhaitable que la BCEAO mette à la disposition des établissements de crédit un fichier ou un logiciel unique pour le calcul du TEG. Ainsi, les banques et SFD se chargeront uniquement de faire le renseignement du fichier ou logiciel afin d'obtenir leur TEG.

au taux effectif global ou TEG qui intègre de façon synthétique à la fois les frais de dossier, mais aussi les intérêts et les assurances (obligatoires et facultatives) que l'emprunteur va être amené à payer pendant toute la durée de son emprunt.

D'un point de vue pratique, le TEG est le taux d'actualisation j qui permet d'égaliser : d'une part le montant effectivement mis à la disposition de l'emprunteur. Ce montant noté M correspond au crédit mis en place dont le frais de dossier doivent être déduits d'autre part la somme des n flux de paiements futurs (y compris les assurances) actualisés à ce taux. Soit FP_t le flux de paiement prévu à la date t.

Par conséquent, j vérifie :

$$M = \sum_{t=1}^{n} \frac{FP_t}{(1+j)^t}$$

Exemple : en milliers FCFA.

Un particulier se voit proposer un crédit de 100 000 remboursable sur 3 ans par trimestrialités constantes. Le taux nominal est de 11%

Calculer le taux trimestriel et la trimestrialité constante

Le taux d'assurance décès invalidité (ADI) est de 0,66%. Dresser le tableau d'amortissement du crédit

Les frais de dossier sont de 1%. Ecrire la formule de l'équation à résoudre pour déterminer le TEG trimestriel

Vérifier que le TEG trimestriel est de 3,08%

En déduire le TEG équivalent annuel (ou TEG actuariel)

1/Le taux trimestriel est proportionnel au taux nominal de 11%. Il est donc égal à

$$\frac{11\%}{4} = 2,75\%$$

La trimestrialité constante p est alors égale à :

$$p = \frac{100.000x2,75\%}{1-(1+2,75\%)^{-4x3}} = 9897$$

2/Le taux d'ADI (assurance et décès invalidité) de 1% annoncé par la banque est nominal donc nécessairement annuel. Le taux d'ADI trimestriel est donc de

$$\frac{11\%}{4} = 2,75\%$$

Le tableau d'amortissement est donc le suivant :

Remboursement par trimestrialités constantes						
Trimestre	Reste à rembourser	Intérêts	Amortissements	Trimestrialités	ADI	Paiement total
(Montant mis à disposition)						(99 000)
1	100 000	2 750	7 147	9 897	165	10 062
2	92 853	2 553	7 343	9 897	153	10 050
3	85 510	2 352	7 545	9 897	141	10 038
4	77 964	2 144	7 753	9 897	129	10 026
5	70 212	1 931	7 966	9 897	116	10 013
6	62 245	1 712	8 185	9 897	103	10 000
7	54 060	1 487	8 410	9 897	89	9 986
8	45 650	1 255	8 641	9 897	75	9 972
9	37 009	1 018	8 879	9 897	61	9 958
10	28 130	774	9 123	9 897	46	9 943
11	19 006	523	9 374	9 897	31	9 928
12	9 632	265	9 632	9 897	16	9 913
Total			100 000	118 762	1 126	119 888

3 et 4/ Les frais de dossiers sont de 1% x 100 000 = 1 000. Le montant mis à disposition de l'emprunteur est donc de 100 000 – 1 000 = 99 000. Soit i le TEG trimestriel ; i vérifie :

$$99.000 = \frac{10.062}{(1+i)^1} + \frac{10.050}{(1+i)^2} + \ldots + \frac{9.913}{(1+i)^{12}}$$

Soit encore :

$$-99.000 + \frac{10.062}{(1+i)^1} + \frac{10.050}{(1+i)^2} + \ldots + \frac{9.913}{(1+i)^{12}} = 0$$

Cette équation est vérifiée pour i = 3,08%.

Pour déterminer i sous Excel, il convient d'utiliser la fonction TRI. Dans ce cas, on sélectionne l'ensemble des flux de la dernière colonne du tableau d'amortissement qui vont de de -99 000 à 9 913 et on entre un pourcentage au hasard, par exemple 10% (ou 0,1) pour permettre à Excel de réaliser les itérations nécessaires au calcul de i.

D'un point de vue syntaxique, la formule est :

i = TRI (-99000 :9913 ;0,1) et on obtient alors 3,08%

5/ Soit *r* le TEG équivalent annuel. La formule du taux équivalent est :

$$1 + r = (1 + \frac{i}{n})^n$$

où i est un taux nominal, donc nécessairement annuel et *n* le nombre de paiements par an. Ainsi, pour des paiements trimestriels, *i/n* est le taux trimestriel. Par conséquent, ici, le TEG trimestriel de 3,08% correspond à *i/n*. Ainsi, *r* vérifie :

$$1 + r = (1 + 3{,}08\%)^4 \text{ donc : } r = 1{,}0308^4 - 1 = 12{,}92\%$$

Par ricochet, le taux de sortie du crédit correspond au TEG sus-décrit majoré des impôts et taxes.

Le meilleur taux débiteur offert à la clientèle est le taux débiteur qu'un établissement de crédit applique à sa meilleure clientèle dans le cadre d'un accord de taux préférentiel. Il est déterminé par chaque établissement de crédit en rapport au taux moyen mensuel du marché monétaire (TMMM) qui est le taux de référence du marché monétaire. Il constitue pour un mois donné, la moyenne mensuelle pondérée du taux marginal des opérations principales d'injection de liquidités du mois précédent.

Enfin, le prêt usuraire se définit comme tout prêt ou toute convention dissimulant un prêt d'argent consenti, en toute matière, à un TEG excédant, à la date de sa stipulation, le seuil légal constitutif du délit de l'usure, fixé par le Conseil des ministres de l'UEMOA (15% depuis le 1er janvier 2014).

1.3. La convention de compte courant

1.3.1. Dispositions générales

Dans la pratique, avant tout déblocage de financement, une convention de compte courant est élaborée dans un office notarial entre la banque et son client pour rendre authentique toutes les opérations traitées directement entre la banque et son client ainsi que celles dans lesquelles ce dernier, sans être débiteur principal, se trouverait engagé comme coobligé ou à quelque titre que ce soit seront, de convention expresse, comprises dans le compte courant.

Ainsi, le compte courant est susceptible de comporter des dépôts et des avances, la remise d'effets à escompte et à l'encaissement, l'achat et la vente de titres côtés et non cotés, des avances sur marchandises et, plus généralement, toutes les opérations de banque.

Ce compte courant est ouvert pour une durée indéterminée. Cependant, la banque peut se réserver le droit de réclamer éventuellement, sans interrompre le fonctionnement du compte courant, l'apurement des comptes du client, et ce, à tout moment, au moyen d'une simple lettre recommandée énonçant son intention à cet égard, adressée au client dans les (15) quinze jours au préalable.

La convention deviendra, *de facto*, caduque, *illico presto,* en cas d'action de réalisation de la garantie du prêt liant la banque au client en vertu d'une convention de prêt.

La justification du montant de la créance de la banque sur son client résultera des mouvements contenus dans ses livres de compte, extraits et relevés.

1.3.2. Les garanties

Le remboursement des impayés résultant de la convention de compte courant et de toutes les sommes en principal, intérêts, frais et accessoires qui pourront être dues à la banque, passera par la réalisation des hypothèques constituées à cet effet.

L'inscription d'hypothèque au profit de la banque porte sur l'ensemble des droits, constructions et réalisations existant au jour de l'établissement de la convention et s'étend sur toutes nouvelles constructions et réalisations qui seraient effectuées postérieurement sur l'immeuble.

1.3.3. La caution solidaire

Le propriétaire de la société en plus de la constitution des garanties et sûretés au profit de la banque, peut se porter caution solidaire en son nom propre pour tous intérêts, frais et accessoires. Pour ce faire, il fera une déclaration de caution solidaire dont le modèle se trouve ci-après dans l'annexe.

Encadré 12 : Modèle de déclaration de caution solidaire

La caution solidaire s'engage de façon irrévocable et solidaire au remboursement de la somme de .... Francs CFA montant de la convention de compte courant, majoré des intérêts, frais et accessoires tel qu'il apparaîtra à la clôture du compte.

En s'obligeant solidairement, la caution reconnaît qu'il ne pourra pas invoquer les bénéfices de discussion et de division conformément au droit OHADA. En conséquence, la banque pourra demander à la caution tout paiement au titre du présent engagement et dans la limite de ce dernier, sans avoir à poursuivre préalablement l'emprunteur ni à exercer quelque poursuite que ce soit à l'encontre de tout tiers qui se serait porté garant de l'emprunteur sous quelque forme que ce soit.

La caution soussignée s'interdit d'invoquer toutes subrogations et de prendre toutes mesures qui auraient pour résultat de les faire venir en concours avec la banque tant que celle-ci ne sera pas remboursée de la totalité de sa créance sur l'emprunteur.

En cas de décès de la caution, il y aura solidarité entre tous ses héritiers et ayants droits, et indivisibilité à concurrence de l'engagement pris ci-dessus par elle.

En conséquence, la banque pourra demander à n'importe lequel des héritiers le paiement de la totalité des sommes qu'elle eût été en droit d'exiger du défunt sans qu'une division de ses recours puisse lui être imposée.

Le présent engagement deviendra exécutoire de plein droit et sans mise en demeure dès que la créance de la banque sur la société sera elle-même exigible, y compris les sommes dues par anticipation.

Tous les frais, droits et pénalités auxquels donneront lieu le présent engagement et son exécution seront supportés par l'emprunteur qui s'y oblige, y compris les frais d'enregistrement en cas d'accomplissement de cette formalité.

Signature de la banque Signature du client

Source : OHADA

2. La relation banque/entreprise dans le cadre des procédures collectives

En matière de procédures collectives[121], on distingue la prévention des difficultés de l'entreprise qui est une procédure de prévention, et le règlement des difficultés de l'entreprise qui conduit au règlement préventif avant la cessation de paiements, du redressement judiciaire et de la liquidation judiciaire des biens après la cessation de paiements.

2.1. La prévention des difficultés de l'entreprise

2.1.1. La procédure d'alerte

Quand la continuité de l'exploitation est en danger, les commissaires aux comptes, les associés, et les salariés de l'entreprise peuvent les dirigeants sociaux face à leur responsabilité en leur demandant des explications sur les faits et actes susceptibles de compromettre la vie de l'entreprise.

Dans ce cas, le dirigeant ou les dirigeants sociaux disposent d'un délai légal d'un (1) mois pour répondre à cette interpellation en donnant des éclaircissements sur les faits dénoncés et les mesures envisagées pour y remédier.

Cette alerte peut permettre au débiteur de recourir à la procédure de règlement préventif.

Parallèlement à cette procédure, le Ministère Public, les commissaires aux comptes, les associés et les institutions représentatives du personnel ont le pouvoir de faire constater par le juge les difficultés de l'entreprise en saisissant le Présent du Tribunal. Ce dernier fait convoquer le débiteur par exploit d'huissier à comparaître en audience non publique. En cas de comparution et de reconnaissance des faits dénoncés, le Président accorde un délai de 30 jours pour faire la déclaration et la proposition de concordant de redressement. En cas de non comparution, la juridiction compétente statue à la première audience publique utile.

2.1.2. La procédure d'expertise de gestion

C'est le droit reconnu par les dispositions du droit OHADA à tout associé même minoritaire de faire ouvrir une enquête sur une ou plusieurs opérations de gestion de l'entreprise. Pour ce faire, il suffit que le ou les associés demandeurs représentent les 1/5 du capital.

La demande est adressée et instruite par un juge du lieu du siège de l'entreprise. C'est ce dernier qui déterminera l'étendue du pouvoir de l'expert qui mènera l'expertise de gestion.

Le rapport est adressé au demandeur. Les frais d'honoraires de l'expert seront à la charge de l'entreprise.

[121] Cf. Procédures collectives d'apurement du passif en droit OHADA ; Guide juridique OHADA pour les entreprises au Mali.

2.2. Le règlement des difficultés de l'entreprise

Le droit a prévu trois (3) procédures pour le règlement des difficultés de l'entreprise : le règlement préventif avant cessation de paiements ; le redressement judiciaire ; et la liquidation des biens après cessation de paiements.

La cessation de paiements d'une entreprise se traduit par son incapacité d'honorer une ou plusieurs dettes certaines, liquides et exigibles qu'elles soient civiles ou commerciales. En terme comptable, l'entreprise n'arrive pas à faire face à son passif exigible avec son actif disponible (article 25). Cette notion se distingue des cas de difficultés passagères de l'entreprise et de l'insolvabilité. En effet, l'insolvabilité est caractérisé par un actif net négatif (l'actif total est inférieur au passif total). Toutefois, la plupart des cessations de paiement fait apparaître des situations d'insolvabilité.

2.2.1. La procédure de règlement préventif

Cette procédure permet à une entreprise en difficulté de saisir le Tribunal compétent à travers une déclaration aux fins d'obtenir la suspension des poursuites de ses créanciers et de proposer un concordat préventif c'est-à-dire un accord entre l'entreprise débitrice et sa kyrielle de créanciers). Ce faisant, cette procédure permet d'éviter à l'entreprise la cessation des paiements et d'aller vers le redressement (articles 2 et 5).

En effet, la déclaration doit exposer la situation économique et financière de l'entreprise et les perspectives de redressement et d'apurement du passif. Elle doit également indiquer les créances pour lesquelles l'entreprise demande la suspension des poursuites individuelles. Et, l'offre de concordat doit être déposée dans les 30 jours qui suivent (articles 5 et 7).

A la suite de ces éléments, le Président du Tribunal rend son arrêt de suspension des poursuites individuelles et désigne dans la foulée un expert rapporteur devant établir un rapport sur la situation économique et financière de l'entreprise et ses perspectives de redressement compte tenu des délais impartis et remises consenties (articles 8 et 9).

Cette procédure s'applique à toutes personnes physiques ou morales de droit privé, et aux commerçants ayant une situation économique et financière difficile mais non irrémédiablement compromise (article 2).

Quant à l'homologation du concordat préventif, elle doit respecter les conditions formelles de validité du concordant avec un délai maximal de 3 ans pour l'ensemble des créanciers et un an pour les créanciers salariés. Si le concordant ne comporte pas de requête de remise avec seulement une demande dont le délai ne dépasse pas 2 ans, alors le Tribunal peut rendre ce délai opposable aux créanciers ayant refusés tout délai et toute remise. Une fois homologué, le concordat s'impose à tous les créanciers antérieurs, cautions et coobligés. Les créanciers disposant de sûretés réelles ne perdent pas leurs garanties mais ils ne peuvent les réaliser qu'en cas d'annulation ou de résolution du concordant préventif qui intervient dans les mêmes formes que pour le concordat de redressement judiciaire (articles 15,16 et 18).

La décision de règlement préventif ou d'homologation du concordat met un terme aux prérogatives de l'expert rapporteur ouvrant ainsi la voie à la nomination d'un juge-commissaire, d'un syndic, et des contrôleurs (articles 16, 39 et 48).

En clair, le syndic est investi d'une mission de surveillance et de contrôle dans le but de favoriser le respect des engagements pris (paiement des créanciers ; mesures d'assainissement). A cet égard, il est chargé de signaler sans délai tout manquement au juge-commissaire (article 20).

Les contrôleurs sont chargés de surveiller l'exécution du concordat préventif dans les mêmes formes que celles prévues pour le concordat de redressement judiciaire.

Enfin, la désignation du syndic et des contrôleurs par le Tribunal est facultative étant donné que le juge-commissaire peut assumer leurs prérogatives susmentionnées.

2.2.2. La procédure de redressement judiciaire

Cette procédure est une excellente solution de sauvetage de l'entreprise en situation de cessation de paiements dans le dessein d'apurer son passif au moyen d'un concordat de redressement (article 2). Il s'agit d'un accord entre le débiteur et ses créanciers sur les délais et les remises de paiement de leurs dettes. Cet accord est décidé à la majorité des créanciers représentant au moins la moitié (50%) du montant des créances.

La proposition de concordat doit être déposée au plus tard dans les 15 jours qui suivent la déclaration de cessation de paiements ou de cessation d'activité (articles 27 et 119). Elle doit faire ressortir toutes les mesures juridiques, structurelles et financières (y compris la cession partielle de l'entreprise) pouvant permettre le rétablissement de son fonctionnement normal comme unité économique et sociale.

A la requête de redressement judiciaire formulée par l'entreprise, le Tribunal désigne un juge-commissaire chargé d'assurer le contrôle de l'exécution du concordat de redressement (articles 33, 35 et 39). Dans le cas où le concordat de redressement ne comporte aucune remise et ni délai n'excédant 2 ans, l'homologation peut être prononcée après réception des rapports du syndic ou du juge-commissaire et écouter les contrôleurs sans que les créanciers ne fassent de vote.

2.2.3. La procédure de liquidation des biens

Cette procédure consiste en la réalisation de l'actif du débiteur pour procéder à l'apurement de son passif (article 2). Elle a lieu lorsque le débiteur ne présente pas de concordat sérieux dans les délais légaux ; en cas de non homologation du concordat ; en cas d'annulation ou de résolution du concordat. Elle aboutit à la disparition de l'entreprise car la situation est irrémédiablement compromise.

Seul le syndic qui est chargé de réaliser l'actif mobilier et immobilier de l'entreprise sous le contrôle du juge-commissaire nommé par le Tribunal (article 39).

Il prévu un délai légal de 3 mois suivant l'arrêt de liquidation des biens au cours duquel les poursuites individuelles sont proscrites. Passé ce délai, si le syndic n'a pas pu liquider tous les biens de l'entreprise, les créanciers disposant de sûretés peuvent reprendre l'exercice de leur droit individuel de poursuite.

3. La clôture du compte commercial

La clôture du compte commercial peut avoir 3 raisons à savoir : la demande de clôture émanant de l'entreprise ; la clôture sur décision de la banque et la clôture pour cessation de paiements.

3.1. La clôture émanant de l'entreprise

L'entreprise peut fermer son compte dans une banque pour non satisfaction des services rendus ou si elle trouve une offre de service beaucoup plus alléchante dans une banque consœur.

Pour ce faire, elle dépose généralement une demande de clôture de compte. Certaines entreprises abandonnent les mouvements sur le compte qui va sortir débiteur ou créditeur.

Dans le cas d'une demande écrite de clôture, le banquier doit prendre les mesures suivantes :

- Demander la restitution des formules de chéquiers, de cartes monétiques et la clef du coffre-fort
- Faire l'état de la situation des engagements de l'entreprise
- S'assurer que tous les chèques et effets émis ont été présentés au paiement
- Eviter de passer des écritures après la fermeture du compte
- Procéder à la déclaration au niveau de la BCEAO
- Informer le guichetier pour éviter toutes opérations postérieures
- Si le solde est créditeur à la clôture, envoie d'un chèque de solde tout compte
- Si le solde est débiteur à la clôture, transmission du dossier au service recouvrement et contentieux.

3.2. La clôture sur décision de la banque

La banque peut souhaiter clôturer le compte de l'entreprise en cas d'incidents de paiement, de risques particuliers ou de non mouvements créditeurs significatifs.

En tous les cas, elle doit informer le client par courrier après plusieurs lettres de relances.

3.3. La clôture pour cessation de paiements

La cessation d'activité peut être volontaire ou à la suite d'une liquidation judiciaire. Pour toute clôture, la banque doit informer le client par courrier sous réserve de prendre toutes les précautions appropriées en la matière.

V. Le financement du cycle d'exploitation

Le mot crédit trouve son origine dans le mot latin « *credere* » qui veut dire croire ou confiance.

« Faire crédit c'est faire confiance ; c'est donner librement la disposition effective et immédiate d'un bien réel ou d'un pouvoir d'achat, contre la promesse que le même, ou un bien équivalent, vous sera restitué dans un délai, le plus souvent avec rémunération du service rendu et danger couru, danger de perte partielle ou totale que comporte la nature même de ce service » Georges Petit Dutaillis[122].

Cette définition met en relief :

- les trois supports du crédit : le temps, la promesse et la confiance
- la contrepartie de l'acte de crédit : la rémunération du service rendu et du danger couru
- le risque lié à l'opération : le danger de perte partielle ou totale

1. Généralités

La pression concurrentielle pousse les entreprises à accorder des délais de paiement à leurs clients. De ce fait, elles accusent des retards de règlements dans bien des cas et se trouvent du coup dans une situation de besoin en fonds de roulement appelé (excédent des emplois variables – principalement les stocks et créances clients - sur les ressources variables – principalement les dettes fournisseurs, dettes fiscales et sociales) pour assurer leurs approvisionnements auprès des fournisseurs. Et, ainsi, naissent des insuffisances de capitaux ou des tensions de trésorerie (fonds de roulement - FR : excédent des ressources stables c'est-à-dire les capitaux propres et dettes à long et moyen terme - sur les emplois stables c'est-à-dire les immobilisations) diminué des BFR sus expliqués.

Le financement du cycle d'exploitation d'une entreprise désigne les crédits d'exploitation (ou crédits à court terme, généralement inférieur à 2 ans) adossés au poste de l'actif circulant et la trésorerie-actif du bilan. Ils financent le besoin en fonds de roulement et la partie trésorerie de l'entreprise.

[122] Auteur du livre intitulé : Le risque du crédit bancaire, éditions Sirey, 1964.

Le remboursement de ces crédits, dont la durée est généralement inférieure à 2 ans, est assuré par les recettes d'exploitation issues de la vente de la production.

Pour le banquier, la solvabilité de l'entreprise sera le fil conducteur d'une étude de crédit d'exploitation. Pour cela, il va ausculter les ratios suivants : ratios de structure financière (FR et BFR) ; les ratios de rotation (stocks, client et fournisseurs) ; le ratio de solvabilité et le ratio de rentabilité.

Par ailleurs, ces crédits se concrétisent dans la pratique par des signatures de billets à ordre souscrits par ces bénéficiaires, billets qui peuvent être mobilisés sur le marché interbancaire sous forme d'effets mobilisables sous accord de classement de la BCEAO (cf. chapitre accord de classement de la BCEAO).

Il est à signaler qu'une bonne garantie immobilière ne doit pas seulement faire l'objet d'accord de crédit car la bonne garantie est la sécurisation des cash flows gage du remboursement de la dette sans défaillance.

Dans cette partie, nous allons mettre en exergue tour à tour les crédits par caisse, les crédits par signature et l'analyse financière du dossier par le banquier.

2. Les crédits par caisse

On appelle crédits par caisse, les crédits qui se traduisent une sortie de fonds chez le banquier sous la forme d'une immobilisation de capitaux au profit du client pendant une période préalablement définie.

Ces crédits peuvent être accordés sous forme de débit sur le compte du client, sous forme mobilisable par escompte d'effets (traite, billet à ordre ou warrant) ou sous forme de crédits amortissables sur une durée précise.

2.1. Financement global du poste d'actif circulant et de trésorerie-actif

2.1.1. La facilité de caisse

La facilité de caisse permet à une entreprise de faire face à des gênes momentanées de trésorerie c'est-à-dire de courts voire de très courts décalages entre ses dépenses et recettes.

Son trait de caractère réside dans sa durée qui ne dépasse pas généralement quelques jours par mois.

Le compte du client bénéficiant de ce type de concours dont les utilisations occasionnelles, doit avoir des successivement positions débitrices et créditrices. Les positions débitrices doivent être inférieures à une durée d'un mois.

En général, le montant de la facilité de caisse tourne autour de 65% du chiffre d'affaires mensuel de l'entreprise.

Dans la pratique, la facilité de caisse présente des similitudes avec le découvert.

2.1.2. Le découvert

Le découvert ou l'autorisation de découvert permet à une entreprise de financer temporairement la partie de ses fonds de roulement (BFR) dépassant les capacités de son fonds de roulement (FR).

C'est le concours le plus sollicité et le plus utilisé dans une banque commerciale quel que soit le type de client (particuliers et entreprises).

Pour la clientèle-salariés, il est positionné en pourcentage du salaire domicilié sur le compte (par exemple : 30%). Dans ce cas d'espèce, il peut être permanent tant que le salaire est régulièrement domicilié sur le compte.

Pour la clientèle-entreprises, il fait l'objet d'une étude du dossier de crédit à la suite de laquelle l'autorisation de découvert est donnée pour une durée ne dépassant pas généralement une année.

Pour le banquier, le découvert est accordé à l'entreprise en auscultant le niveau d'activité (chiffre d'affaires), la structure financière, et bien évidemment la confiance en ses dirigeants.

2.1.3. Le crédit relais

Le crédit relais est une forme de découvert adossée sur des rentrées prochaines de fonds sur le compte du client.

Dans la pratique, ce type de crédit peut prendre, comme son nom l'indique, le relais d'un crédit arrivé l'échéance sur une durée ne dépassant pas généralement une année (exemples : une lettre de crédit, une avance sur marchandise ou crédit spot).

2.1.4. Le crédit de campagne

Le crédit de campagne permet à une entreprise de financer ses activités saisonnières : soit le cycle de production, soit le cycle de commercialisation ou les deux successivement.

Ce type de concours permet à une exploitation agricole, une entreprise cotonnière, une entreprise industrielle ou une entreprise commerciale de faire face aux dépenses de plantation, d'ensemencement, de production et de stockage en attendant la vente de leurs produits sur le marché.

Le banquier appréciera le risque de ce type de crédit par une étude du marché en faisant ressortir la chance de réussite de la campagne et par ricochet son remboursement. Pour ce faire, le plan de financement de la campagne sera le document de base pour prendre une décision d'accord de financement. Ce plan doit mettre en relief les perspectives de ventes par mois devant absorber graduellement le besoin de financement objet de l'accompagnement de la banque. Donc, la fin de la campagne devra correspondre au remboursement total de la dette.

2.1.5. Le crédit d'embouche

Le crédit d'embouche est un type de crédit de campagne permettant à un exploitant-éleveur d'acheter du bétail, procéder à son engraissement en vue de le revente au bout de quelques mois.

Le banquier appréciera le risque de crédit en analysant les fluctuations du prix de la viande sur la période considérée ainsi que la probabilité de mortalité.

2.1.6. L'avance sur factures

L'avance sur factures est un concours de trésorerie accordé contre remise de factures visées par certaines grandes entreprises et/ou administrations publiques généralement domiciliées aux guichets de la banque prêteuse.

En général, l'avance ne dépasse pas 70% du montant de la facture.

2.1.7. La mobilisation des crédits à court terme

Il s'agit des crédits de trésorerie qui ont fait l'objet de mobilisation auprès de la banque centrale (BCEAO) sous forme de souscription de billets à ordre.

2.2. Financement des stocks

2.2.1. L'avance sur marchandises

L'avance sur marchandises est un crédit de trésorerie qui finance un stock, financement garanti par des marchandises remises en tierce détention. En effet, la convention de tierce détention est un contrat tripartite dans lequel le client ne peut accéder aux marchandises sous autorités de la société tierce détentrice que sur accord de la banque. Cet accord est essentiellement lié à la domiciliation des recettes de la vente de la portion de marchandises bénéficiant d'une main levée.

En outre, souvent certaines banques exigent la souscription d'une police d'assurance par le tiers détenteur, avant la signature du contrat de tierce détention, en vue de l'entiercement[123] des marchandises financées. Cette police d'assurance peut inclure une clause de délégation d'indemnité en faveur de

[123] L'entiercement consiste pour un débiteur de mettre un objet en gage chez un tiers détenteur pour qu'il soit conservé pour le compte d'un créancier (banque). Il peut, aussi, désigner l'action consistant à la saisie d'un bien mobilier en vue de le mettre entre les mains d'un tiers détenteur pour une conservation. Il donne, très souvent, lieu à la conclusion d'un contrat d'entiercement. Il est fréquemment utilisé dans le domaine informatique (accès aux codes sources par exemple). Par ailleurs, l'article 101 alinéa 2 relatif aux effets du gage de L'acte uniforme révisé portant organisation des sûretés (publié le 15/02/2011) dispose : « En cas d'entiercement, la propriété ainsi acquise par le créancier peut s'exercer sur les biens de même espèce et de même qualité détenus par le tiers convenu ».

la banque. Cela permet à la banque de sécuriser, par conséquent, ses opérations de tierce détention.

Le mécanisme de la tierce détention est beaucoup utilisé en zone UEMOA dont les banques financent en grande partie les produits issus du commerce général. Ces produits sont très souvent importés.

2.2.2. Le financement par escompte de warrant

Le warrant peut circuler par endossement comme un simple billet à ordre. Il peut être escompté auprès du banquier (cf. chapitre effet de commerce).

2.2.3. Le financement des marchés publics

Un marché public est un contrat passé entre un opérateur économique et une administration publique pour la fourniture de biens et services ou l'exécution de travaux publics. Ce contrat est régi par les dispositions du code de passation de marchés publics et de délégation de services publics.

En général, l'administration publique prend du retard dans le règlement des marchés publics en faveur des entreprises. Par exemple dans le secteur des BTP, ce problème de retard de règlement se pose avec acuité. Ce qui donne de gros problèmes de trésorerie aux entreprises concernées. Ces dernières se tournent vers leurs banques pour trouver des concours appropriés.

Ainsi, les opérateurs économiques détenant des marchés nantissables peuvent solliciter des cautions (crédits par signature étudiés dans la section suivante) ; ou des crédits de préfinancement (voir modèle de contrat de nantissement du marché).

Dans le règlement, il est prévu des acomptes, sous réserve d'une caution bancaire, aux entreprises contractantes pour approvisionnement. La banque peut être amenée à délivrer d'autres cautions en faveur de l'administration, cautions qui ont toutes pour objectif de faciliter la trésorerie des entreprises.

Les crédits de préfinancement sont accordés à hauteur de 75% du montant du marché sous réserve des prélèvements effectués par les créanciers privilégiés au moment du mandatement. C'est pourquoi le banquier est regardant de la situation fiscale et parafiscale de son entreprise cliente.

Encadré 13 : Modèle de contrat de nantissement de marché

CONTRAT DE NANTISSEMENT

Entre
La Banque, société anonyme au capital de [....milliards],
dont le siège est sis à.. représentée par
M.. agissant en qualité de ....
de ladite banque,
Ci-après dénommée "la Banque", d'une part,
Et
(personne physique)
M .... né(e) le .... à ....
titulaire de la Carte d'Identité Nationale ou permis de conduire n°...............
(fonction) .... demeurant à ....
(personne morale ou entrepreneur individuel)
L.............................. immatriculé(e) au RCCM de ....
sous le numéro............... dont le siège est à ....
représenté (e) par M............. agissant en qualité de ....
dûment habileté(e) à cet effet ;

Ci-après dénommé(e) "la caution" d'autre part,

Il a été convenu et arrêté ce qui suit :

Article 1 : Afin de garantir à la Banque le paiement complet et régulier en principal, intérêts et accessoires à échéances normales du crédit de .... FCFA qu'elle a octroyé à l'Emprunteur ainsi que le remboursement de tous droits, frais, honoraires et tous autres accessoires. M................. affecte dès maintenant au profit de la Banque qui accepte à titre de nantissement conformément aux Articles 91 et suivants de l'acte uniforme portant organisation des sûretés, le matériel ci-après :

...

Article 2 : Les conditions d'exigibilité de la dette ainsi garantie sont celles prévues par le contrat de prêt auquel sera annexé le présent nantissement.

Article 3 : Jusqu'à complet paiement de la totalité du crédit en principal, intérêts et accessoires, l'emprunteur restera gardien du matériel mais s'interdit formellement de le vendre, de le céder, d'en disposer ou de le remettre en gage sous quelques formes que ce soient, soit directement, soit par personnes interposées, sous peine des sanctions prévues par la loi. De même, l'Emprunteur s'interdit de sortir les biens présentement affectés en nantissement du territoire de la République [Etat] sans accord préalable de la Banque.

Article 4 : L'Emprunteur s'engage à entretenir le matériel correctement. Par ailleurs, la Banque ayant été étrangère au choix du matériel au moment de son achat, l'Emprunteur ne pourra en aucune circonstance opposer à celle-ci des exceptions qu'il pourrait éventuellement soulever.

Article 5 : L'Emprunteur autorise la Banque, ou son subrogé, à vérifier en toutes circonstances l'existence et l'état du matériel. Il devra déclarer à la Banque tout fait entraînant une dépréciation du matériel.

Article 6 : La Banque pourrait exiger de l'Emprunteur une police d'assurance "tous risques", auprès d'une compagnie d'assurances qu'elle aura désignée, garantissant pendant toute la durée du crédit, le matériel constitué en nantissement.

En cas de sinistre, la Banque sera subrogée dans tous les droits de l'Emprunteur, vis-à-vis de la compagnie d'assurances et l'Emprunteur autorise la Banque à informer ladite compagnie que le règlement des sinistres doit se faire entre ses mains. L'Emprunteur accepte que toute indemnité qui lui est due par la compagnie d'assurances servira à régler la somme qui restera due à la Banque.

L'Emprunteur restera seul responsable vis-à-vis de la compagnie de l'exécution du contrat d'assurance, cette subrogation ne faisant pas novation.

Article 7 : En cas de réquisition civile ou militaire, le propriétaire s'engage à déclarer à l'autorité qui procède à cette réquisition, ainsi qu'au mandatement que le matériel fait l'objet d'un nantissement au profit de la Banque. Il adressera le reçu constatant cette réquisition, dès sa délivrance, à la Banque, par lettre recommandée.

Dès à présent, l'Emprunteur donne tous pouvoirs à la banque pour toucher de toutes caisses publiques la totalité de l'indemnité de réquisition qu'elle conservera jusqu'à due concurrence du montant de la créance en principal, intérêts et accessoires.

En cas de solde créditeur, celui-ci sera remboursé à l'Emprunteur, mais s'il subsiste un solde débiteur, il sera tenu à son remboursement.

L'Emprunteur s'engage à renouveler son pouvoir dans les formes désirables, si un pouvoir notarié ou sous seing privé était exigé.

Article 8 : En cas de non-paiement des échéances prévues et en cas de déchéance du terme tel que prévu par le contrat de prêt, l'Emprunteur s'engage à remettre immédiatement à la Banque le matériel ci-dessus indiqué.

Dans le cas où l'Emprunteur défaillant n'obtempérerait pas à l'injonction qui lui sera faite, soit par lettre recommandée avec accusé de réception soit par acte extrajudiciaire, d'avoir à remettre le matériel nanti entre les mains de la Banque, celle-ci pourrait l'y contraindre par tous les moyens de droit et notamment par voie de référé ou par voie de saisie.

Article 9 : Dans tous les cas où la réalisation du gage ne suffirait pas à désintéresser complètement la Banque, celle-ci aura la faculté de réclamer par toutes les voies de droit le solde restant dû, y compris les intérêts de retard, les pénalités et tout autre frais du fait de la carence de l'Emprunteur, et ce dernier s'oblige à ces remboursements.

Article 10 : L'Emprunteur aura la faculté, dès qu'il aura intégralement rempli ses obligations, de faire opérer, à ses frais exclusifs, la mainlevée du présent nantissement.

Article 11 : Pour la signification éventuelle du présent contrat et le rendre opposable à tous autres créanciers, l'Emprunteur déclare que :
- ses biens sont libres de toute saisie ;
- son fonds de commerce n'est pas grevé de nantissement autre.

Article 12 : Tous frais d'inscription du présent nantissement sont à la charge de l'Emprunteur.

Article 13 : Les biens présentement affectés en nantissement seront au besoin revêtus, sur une pièce essentielle et d'une manière apparente, d'une plaque fixée à demeure, indiquant le lieu, la date et le numéro d'inscription de privilège dont ils sont gravés, plaque qui ne pourra être détruite, retirée ou recouverte avant l'extinction, ou la radiation du présent nantissement.

Article 14 : Les parties font élection de domicile à……………………………

Fait en autant d'exemplaires que de parties plus un pour l'enregistrement et un autre devant être déposé au Greffe du Tribunal compétent.

A ………………le ………………

La Banque *L'Emprunteur* (*)

Signature précédée de la mention "lu et approuvé, certifié exact"

Source : OHADA

2.2.4. Le financement des marchés privés

Un marché privé est un contrat passé entre un opérateur économique et une entreprise privée.

Le banquier appréciera la signature de la société privée en question pour prendre sa décision d'accompagnement.

2.3. Le financement du poste « clients »

2.3.1. L'escompte commercial

L'escompte commercial est une opération de crédit par laquelle la banque met à la disposition du porteur d'effet de commerce non échu le montant de cet effet en déduisant les intérêts et commissions contre le transfert à son profit de la propriété de la créance et de ses accessoires.

Il présente les avantages suivants : la solidarité des signataires (tireur, tiré, endosseurs) ; les avals ; et la mobilisation auprès de la banque centrale sous forme de réescompte.

2.3.2. Le crédit de mobilisation des créances commerciales

Cette forme de crédit n'a pas cours dans la zone UEOMOA. Elle est citée pour mémoire.

Il présente des similitudes avec l'escompte commercial. Il s'appuie à la fois sur les postes clients et effets à recevoir. Il donne lieu à la souscription par l'entreprise bénéficiaire d'un billet à ordre de sa banque, billet qui regroupe les créances nées pendant une période donnée (1 mois par exemple) et qui viennent à échéance à des dates voisines. La banque escompte alors ce billet représentatif de créances commerciales.

(*) Pour l'illettré, le faire assister, de deux personnes lettrées identifiées

3. Les crédits par signataire

Les crédits par signature n'engendrent pas de sortie de fonds (pas d'immobilisation de fonds) de la main du banquier contrairement aux crédits par caisse. Le banquier fait bénéficier à l'entreprise cliente la qualité de sa signature en se portant caution de sa solvabilité.

Toutefois, le banquier court tout de même le risque de devoir s'exécuter en cas de défaillance de l'entreprise, donc de transformer le crédit par signature en crédit par caisse.

Ainsi, avant de signer un acte de cautionnement, le banquier doit apprécier le profil de solvabilité de son entreprise cliente en s'assurant qu'elle est en mesure de réaliser le contrat. En tous les cas, elle demande un déposit ou dépôt bloqué (environ 20% selon les cas) et éventuellement des garanties immobilières en fonction de la taille du marché.

3.1. Cautions adossées aux créances fiscales

Les créances fiscales et sociales sont des créances privilégiées conformément aux dispositions de l'OHADA. Ainsi, les banques qui délivrent les cautions fiscales sont automatiquement subrogées dans les droits de l'administration bénéficiaire de ces cautions en matière de recouvrement.

3.1.1. Obligations cautionnées (impôts ; douane)

On appelle obligation cautionnée un engagement de la banque à apporter sa caution de solvabilité à l'administration fiscale ou douanière selon qu'ils s'agissent d'une obligation cautionnée « contributions directes » ou d'une obligation cautionnée « douane ».

En effet, l'obligation cautionnée contributions directes permet d'obtenir de l'administration fiscale le différé de paiement des taxes dont l'entreprise est redevable sur une durée ne dépassant pas généralement 4 mois.

Quant à l'obligation cautionnée douane, le différé de paiement concerne le règlement des droits de douane sur également une durée ne dépassant 4 mois.

3.1.2. Soumission de crédit à l'enlèvement

La soumission de crédit à l'enlèvement accordée par une banque sur une durée généralement une année, permet à un importateur de retirer ses marchandises à la douane avant la détermination des droits de douane à payer à l'administration douanière. Son plafond est fixé par l'administration douanière.

En outre, l'administration douanière peut accorder à un importateur un crédit à l'enlèvement dans le cadre d'une autorisation globale. Ce crédit lui permet de prendre possession de ses marchandises importées sans paiement immédiat des droits y afférents.

Toutefois, l'importateur s'engage à régler en retour dans les 15 jours qui suivent l'enlèvement de la marchandise le montant des droits de douane dus.

3.1.3. Caution pour admission temporaire

La caution pour admission temporaire a pour but de dispenser l'entreprise du paiement des droits de douane sur présentation de cette caution.

En effet, elle concerne les marchandises importées dans le but de subir une transformation pour être réexporter dans les 6 mois qui suivent leurs admissions temporaires. C'est aussi le cas pour les équipements destinés à la réalisation de travaux dans le cadre de grand marché public.

En cas de non réexportation, la banque est tenue de payer au titre de sa caution.

3.1.4. Caution pour entrepôt fictif

La caution pour entrepôt fictif permet à une entreprise d'obtenir de l'administration des douanes le différé de paiement des droits relatifs à des marchandises entreposées dans son local ou celui d'un tiers jusqu'à leur vente. Cet entrepôt est fictif.

3.2. Cautions adossées aux marchés publics

Les cautions bancaires adossées aux marchés publics sont les plus couramment utilisées. Ces cautions permettent à une entreprise d'obtenir des acomptes ou avances sur marchés. Elles garantissent à l'administration publique la restitution de ces avances ou acomptes par la banque en cas de l'inexécution du marché par le client cautionné.

Le banquier appréciera la situation financière du client et une estimation de ses capacités techniques et aptitudes à mener à terme le marché.

La durée de la caution est tributaire du délai d'exécution du marché et de la date de réception définitive. Les mains levées sur ces cautions sont fonction au fur et à mesure des paiements de décomptes mobilisés objet de pourcentage d'exécution du marché chez le maître d'ouvrage ou l'autorité contractante.

C'est le procès-verbal (PV) de réception définitive qui porte automatiquement main levée de la caution.

3.2.1. Caution pour soumission

La caution de soumission permet à une entreprise de participer à un appel à concurrence ou appel d'offres ou une adjudication de marché. Elle est souvent accompagnée par une attestation de capacité financière.

En cas d'adjudication du marché à son client, la doit envisager le financement de l'ensemble du marché par l'émission d'autres cautions que nous verrons au point suivant. Pour ce faire, la banque doit apprécier la solvabilité de l'entreprise et s'assurer que celle-ci dispose de moyens humains, techniques et matériels pour la réalisation de ce marché.

Encadré 14 : Modèle de caution de soumission et d'attestation de capacité financière

CAUTION DE SOUMISSION

A : l'autorité contractante

Intitulé du marché : ………………………………
Attendu que la « société » (ci–dessous désigné le Soumissionnaire) a soumis son offre en date du ……………, pour ……………………
au compte de la société ou du projet …………………………….
« ci–dessous désignée l'Offre ».

Nous soussignés, BANQUE……………,
ayant notre siège à ……………………(ci–dessous désignée comme la Banque),
sommes tenus à l'égard de la société ou projet ………….
(ci–dessous désignée comme l'autorité contractante)
pour la somme de ……………………. (………….. FCFA)
que la banque s'engage à régler intégralement audit Acheteur, s'obligeant elle–même, ses successeurs et assignataires.
Signée et authentifiée par ladite Banque le ……………………………….

Les conditions de cette obligation sont les suivantes :
1. Si le Soumissionnaire retire son offre pendant la période de validité stipulée par le soumissionnaire dans son offre ; ou
2. Si le Soumissionnaire, s'étant vu notifier l'acceptation de son offre par l'Autorité Contractante pendant la période de validité :
a) manque à signer ou refuse de signer le marché, alors qu'il est requis de le faire ; ou
b) manque à fournir ou refuse de fournir la garantie bancaire de bonne exécution, comme prévu dans la clause des Instructions aux soumissionnaires ;
Nous nous engageons à payer à l'Autorité Contractante un montant allant jusqu'au maximum de la somme stipulée ci–dessus dès réception de sa demande écrite, sans que l'Autorité Contractante soit tenue de justifier sa demande, étant entendu toutefois que, dans sa demande, l'Autorité Contractante notera que le montant qu'il déclare lui est dû parce que l'une ou l'autre des conditions ci–dessus ou toutes les deux (a été ou sont) remplie(s) et qu'il spécifiera quelle(s) condition(s) a (ont) joué.
La présente garantie demeurera valable jusqu'au trentième jour (30) inclus au-delà de la fin du délai de validité des offres ; toute demande de l'Autorité Contractante tendant à la faire jouer devra parvenir à la Banque.
Pays, le …………………………
Signature autorisée 1 Signature autorisée 2

Source : OHADA

ATTESTATION DE CAPACITE FINANCIERE
A : l'autorité contractante *Intitulé du marché : ……………………………….* *Nous soussignés, Banque ……………..,* *Société Anonyme à Conseil d'Administration au Capital de XOF ………………….* *ayant son siège, …………………………………,* *attestons par la présente que la « société » est domiciliée dans nos livres sous le numéro N°…………………………………………..* *et pourrait bénéficier à ce titre de facilités bancaires jusqu'à concurrence d'un montant maximum de …………………………..(………………… FCFA) FCFA* *dans le cadre du marché de ………………………………………………………………..* *En foi de quoi, nous lui délivrons la présente attestation pour servir et valoir ce que de droit.* *Pays, le ……………………………* *Signature autorisée 1 Signature autorisée 2*

Source : OHADA

3.2.2. Caution d'avance de démarrage

C'est une caution ferme qui vient automatiquement après l'attribution du marché à une entreprise. Le déposit ou montant à bloquer (environ 20%) est mobilisé à la réception des fonds dans les livres de la banque.

Pour la bonne gestion du marché, la banque pourrait demander à l'entreprise de lui communiquer un plan de financement qui va détailler mois par mois les dépenses et recettes. Et les décaissements se feront en fonction de plan de financement et les rapports de visites de chantier élaborés par le contrôleur (exemple : marché de BTP).

Encadré 15 : Modèle de caution d'avance de démarrage

CAUTION D'AVANCE DE DEMARRAGE
A : « l'autorité contractante » *Intitulé du marché :……………………………………………* *Nous soussignés, Banque ………………………………..,* *Société Anonyme à Conseil d'Administration au Capital de XOF ………………* *ayant son siège, à …………………………………………….,* *représentée par Monsieur ……………………………………* *Directeur General, déclarons nous porter caution personnelle et solidaire de la Société ………………………………., …………………………………….* *pour un montant de cautionnement d'avance de démarrage de …………. FCFA (………….. FCFA).* *Attendu que le contrat conclu entre vous pour le montant de …………… FCFA (…………………………………. de FCFA)*

stipule dans son article « X » (Modalité de paiement) que la société EFICA SA bénéficie d'une avance de démarrage de……………….. FCFA (…….de FCFA) représentant X% du montant du contrat de ……………………………………….. relatif aux travaux de ……………………………………………… dans le projet de ……………………………………………….
contre fourniture d'une garantie bancaire d'une banque de renom de premier ordre acceptée par l'autorité contractante pour le montant spécifié ici, conformément aux conditions du contrat.
Et que nous avons accepté de garantir le remboursement de l'avance de démarrage accordée à la Société ………………………..
En conséquence, nous Banque ……………………………………………………,
convenons de façon inconditionnelle et irrévocable de garantir le paiement à première demande de l'autorité contractante sans droit d'objection de notre part ou de la part de notre client et sans discussions toutes sommes dans les limites de ……………………………… FCFA (……………… de FCFA) ci-dessus stipulés.
La présente caution entre en vigueur à partir de la date de réception des fonds dans le compte N° ……………………. R.I.B……. ouvert dans nos livres au nom de ……………………………………………et demeurera valable jusqu'au remboursement total de l'avance de démarrage.
Elle fera l'objet de mains levées successives à l'occasion de chaque remboursement jusqu'au remboursement total du montant garanti.
Pays, le ……………………………
Signature autorisée 1 Signature autorisée 2

Source : OHADA

3.2.3. Caution de bonne fin d'exécution des travaux

Egalement appelée caution ferme ou caution définitive, la caution de bonne fin d'exécution des travaux garantit à l'administration publique qu'une entreprise a les moyens techniques et financiers de mener à terme la bonne exécution du marché pour lequel elle a été déclarée adjudicataire.

Encadré 16: Modèle de caution de bonne fin ou de bonne exécution

GARANTIE DE BONNE EXECUTION

A : l'autorité contractante
Intitulé du marché :………………………………..
Attendu que : Monsieur ……………………………………, représentant la Société ………………………………………….. et désigné dans ce qui suit comme « le Fournisseur » s'est engagé pour les travaux de ……………………………………………………………………. pour le compte du ……………………………………………………………………
Attendu qu'il est stipulé dans ce marché que le Fournisseur doit remettre à l'Autorité Contractante une Garantie bancaire d'une banque agréée, du montant stipulé ci–après, comme garantie de la bonne exécution de ses obligations, conformément aux dispositions du Marché.

Et que nous avons convenu de donner cette garantie au Fournisseur :
Dès lors nous affirmons par les présentes nous porter garants et responsables à l'égard de.. pour le compte du Fournisseur, pour un montant maximum de : .... FCFA (.. Francs CFA).
Et nous nous engageons à payer, dès votre première demande écrite, déclarant que le Fournisseur ne se conforme pas aux stipulations contractuelles du Marché précité, et sans argutie, ni discussions, toutes sommes dans les limites de : .... FCFA (... Francs CFA) ci-dessus stipulées sans que vous ayez à prouver ou à donner les raisons ni le motif de votre demande ou du montant indiqué ci–dessus.
La présente caution est valable jusqu'à la finition des travaux.
Pays, le ....
Signature autorisée 1 Signature autorisée 2

Source : OHADA

3.2.4. Caution de retenue de garantie

Egalement appelée caution de dispense de retenue de garantie, cette forme de caution permet à l'entreprise de percevoir l'intégralité des sommes dues.

En effet, une retenue de garantie est une somme prélevée par l'administration au moment du mandatement et conservée par devers elle pendant généralement une année. Cette somme sert à garantir les éventuelles malfaçons.

En cas de malfaçons, le banquier sera tenu de reverser à l'administration la somme qui aurait dû faire l'objet d'une retenue de garantie.

Encadré 17 : Modèle de caution de retenue de garantie

CAUTION DE RETENUE DE GARANTIE

A : « l'autorité contractante »
Intitulé du marché :..
Conformément aux dispositions du Marché susmentionné, la société................, ci-après dénommé « le fournisseur » déposera auprès de .... (autorité contractante) une caution de retenue de Garantie s'élevant à .... (... de FCFA) HT F CFA ; ce montant représentera le montant des sommes retenues en garantie dont la main levée interviendra à la fin de la durée de la garantie.
Nous, Banque ....,
conformément aux Instructions du fournisseur, convenons de façon inconditionnelle et irrévocable de garantir, en tant qu'obligataire principal et pas seulement en tant que garant, le paiement à ....(autorité contractante);

à première demande sans droit d'objection de notre part et sans sa première réclamation préalable à notre client, d'un montant de ………………
(……………………… de FCFA) HT F CFA.
Nous convenons en outre qu'aucun changement ou additif ou aucune modification aux conditions du Marché devant être exécuté au titre dudit marché, ou à l'un des documents du Marché, qui peut être établi entre l'autorité contractante et le fournisseur, ne nous libérera d'une obligation quelconque nous incombant en vertu de la présente garantie, et nous renonçons par la présente à la notification de toute modification, additif ou changement.
Cette garantie sera libérée sur présentation du certificat de réception définitive.
Pays, le ………………………………
Signature autorisée 1 Signature autorisée 2

Source : OHADA

3.3. Cautions adossées aux marchés privés

Les mêmes types de cautions susmentionnées (soumission, avance de démarrage, bonne fin et retenue de garantie) peuvent être délivrés par la banque dans le cadre de marché privé ou de gré à gré. Pour ce faire, la banque va apprécier la signature des entreprises soumissionnaire et contractante en faveur de laquelle la caution sera délivrée.

3.4. Cautions adossées aux marchés à l'étranger

Une entreprise étrangère peut solliciter une telle caution dans le cadre de l'exécution de ses marchés locaux pour lesquels des besoins de trésorerie peuvent apparaître.

Les banques locales avant de délivrer une telle caution exigent en général d'être couvertes par des cautions de banques étrangères (contre garantie) contre l'insolvabilité éventuelle de ces entreprises.

3.5. L'aval

C'est un engagement par lequel un tiers se porte garant du paiement d'un effet (traite ou billet à ordre). L'avaliste est solidaire du débiteur principal ou tiré. Il peut être donné pour le compte du tireur (traite ou chèque), ou pour le compte du souscripteur (billet à ordre).

4. Canevas d'étude et d'instruction d'un dossier de crédit d'exploitation

Le canevas d'étude et d'instruction d'un dossier de crédit d'exploitation est un précieux outil de travail pour le banquier exploitant ou analyste-crédit dans le cadre de son appréciation du risque de crédit.

Dans le souci d'harmonisation et de compréhension commune, cet instrument est élaboré en amont par chaque banque et mis à la disposition des exploitants ou analystes-crédit.

Ce type de canevas, peut se présenter de façon générale comme suit :

4.1. Partie I : Informations générales

Nom du client	
Comptes du client	
Adresse du siège social	
Forme juridique de la société	
Numéro d'immatriculation au Registre du commerce (RCCM)	
Secteur d'activité	
Date de création de l'entreprise	
Date d'entrée en relation avec la banque	
Date de dépôt de la demande	
Capital social	
Actionnaires	
Direction	
Engagements à la Centrale de Risques	
Cotation à la Centrale des Risques BCEAO	
Accord de classement BCEAO	
Montants des financements sollicités	
Nouvelles garanties	
Type de demande	
Montants des concours actuels et leurs dates d'échéance	
Garanties constituées	

4.2. Partie II : Présentation des dirigeants et de l'entreprise

Management et Direction	
- Les dirigeants	
- L'entreprise	
Historique, expérience des dirigeants	
Processus de production	
Produits, approvisionnements, clients, concurrents	
Capacité de l'équipe dirigeante dans la gestion des affaires	

4.3. Partie III : Relations bancaires

4.3.1. Soldes et mouvements

N° de Compte et Date d'ouverture compte	
Solde Actuel	
Mouvements débiteurs des 6 derniers mois	
Mouvements créditeurs des 6 derniers mois	
Solde débiteur le plus fort et date	
Solde créditeur le plus fort et date	

4.3.2. Profitabilité de la relation

Années	**N-2**	**N-1**	**N**
Chiffres d'affaires (CA)			
Cumul mouvements créditeurs (CMC)			
CMC/CA en % (activités confiées à la banque ou degré de fidélité du client)			
Intérêts reçus			
Commissions perçues			

4.3.3. Autres banques du client

Années	**N-2**	**N-1**	**N**
découvert			
Facilité de caisse			
Avances			
Engagements par signature			
Autres à préciser			
Cumul mouvements créditeurs (CMC)			
Degré de fidélité (CMC/CA) en %			

4.3.4. Renseignements commerciaux sur le client

- Renseignements obtenus des fournisseurs
- Renseignements obtenus des clients
- Renseignements des autres prêteurs
- Autres sources

4.4. Partie IV : Analyse financière (3 derniers états financiers certifiés)

4.4.1. Analyse de l'activité et de la rentabilité

COMPTE DE RESULTAT	N-2	N-1	N	*Variation (%) N/N-1*
CAHT				
Valeur Ajoutée				
Résultat d'exploitation				
Résultat Net				
Dotations aux amortissements				
Cash-flow (RN + dotations)				
Taux de rentabilité (RN/CAHT)				

4.4.2. Analyse de la structure financière

BILAN	N-2	N-1	N	*Variation (%) N/N-1*
ACTIF				
Actif Immobilisé				
Actif Circulant				
Trésorerie-Actif				
PASSIF				
Capital				
Capitaux propres				
Dettes Financières				
Capitaux permanents (capitaux propres + dettes financières)				
Passif Circulant				
Trésorerie-Passif				
Fonds de roulement (capitaux permanents - actif immobilisé)				
Besoins en Fonds de Roulement BFR (Stocks + Clients - Fournisseurs)				
BFR / CA				
BFR En jours de CA (x 360)				
Trésorerie nette (FR-BFR)				
Ratio de liquidité (Actif Circulant/Total bilan)				
Ratio de solvabilité (Fonds propres/Total bilan)				
Equilibre financier (FR/BFR)				
Gearing (Dettes totales/FP)				
Rentabilité financière (RN/FP)				
Couverture des dettes à terme par le Cash-flow (Dettes à terme/Cash-flow				

4.4.3. Situation par rapport aux normes du dispositif des accords de classement de la BCEAO

– a) Ratios de décision

LIBELLE	DEFINITION	NORME	ENTREPRISE
Autonomie financière	Total capitaux propres corrigés *(capital+ primes et réserves+ résultat net+ autres capitaux propres - actionnaires capital non appelé - distribution de dividende -charges immobilisées)* / Total général du passif du bilan	≥ 20%	
Capacité de remboursement	Dettes financières *(emprunts + dettes de crédit-bail et contrats assimilés + dettes financières diverses)* / Capacité d'Autofinancement Globale - CAFG *(Excédent brut d'exploitation - charges décaissables restantes + produits encaissables restants)*	≤ 4	
Rentabilité	Résultat net /Chiffre d'Affaires	> 0	
Liquidité générale	Total Actif circulant net incluant le total trésorerie-actif / Total Passif circulant net incluant le total trésorerie-passif	> 1	

– b) Ratios d'observation

LIBELLE	DEFINITION	NORME	ENTREPRISE
Rotation des stocks	Stock moyen x 360 / Chiffre d'Affaires hors taxes	Pas de norme	
Délai clients	(Clients - avances reçues de la clientèle) * 360 / Chiffre d'Affaires toutes taxes comprises	Pas de norme	
Délai fournisseurs	(Fournisseurs -avances versées sur commandes) * 360 / Achats toutes taxes comprises	Pas de norme	
Equilibre financier	Fonds de roulement / Besoin de financement global	60% pour les entreprises industrielles et 40% pour les autres entreprises	

4.5. Partie V : Appréciation des risques

4.5.1. Risques à la loupe (risquoscopie)

TYPES DE RISQUES	POINT POSITIF	POINT NEGATIF
RISQUES LIES A L'ACTIVITE 1)Produits 2)Marchés 3)concurrence 4)Structure Prix 5)Approvisionnement 6)Transaction objet de la demande		
RISQUES LIES AU MANAGEMENT ET L'ACTIONNARIAT 1)Modification de l'actionnariat 2)Modification de la Direction		
RISQUES LIES A LA SOLIDITE FINANCIERE 1)Régularité et sincérité des états financiers 2)Rentabilité 3)Liquidité et solvabilité 4)Equilibres financiers		
RISQUES LIES AUX GARANTIES		
RISQUES SOCIAUX ET ENVIRONMENTAUX		
RISQUES PAYS		
Autres risques 1)Détournement de l'objet du concours		
CONCLUSIONS		

4.5.2. Cotation des Risques

Selon le système interne de cotation des risques dans la banque en rapport avec le dispositif de Bâle II & Bâle III (utilisation d'un modèle standard ou éventuellement une méthode interne à développer par la Banque si nécessaire).

4.5.3. Rapport de solvabilité du BIC (Bureau d'Information sur le Crédit)[124]

Il fait ressortir les antécédents de crédit ou de paiement (et défaut de paiement) d'un emprunteur auprès des banques, des établissements finan-

[124] Voir sur le sujet la Loi Uniforme du 3 juin 2013 portant règlementation des Bureaux d'information sur le crédit dans les Etats membres de l'UMOA. C'est une obligation d'adhésion pour tous les établissements de crédit de la zone UEMOA et par contre un consentement pour les clients de ceux-ci. A ce titre, l'instruction n° 002-01-2015 - relative aux modalités d'obtention du consentement du client par les fournisseurs de données aux bureaux d'information sur le crédit (BIC) dans le cadre du système de partage d'information sur le crédit dans les Etats membres de l'UMOA- a pour objet de préciser les modalités d'obtention du consentement du client par les fournisseurs de données aux Bureaux d'Information sur le Crédit, dans le cadre du système de partage d'information sur le crédit dans les Etats membres de l'UMOA. Par ailleurs, les BIC vont probablement révolutionner les décisions d'octroi de crédit par les banques en réduisant l'asymétrie d'information qui existe entre les banques.

ciers et d'autres entités non bancaires (opérateurs télécoms, fournisseurs d'électricité et d'eau, détaillants, etc.).

4.5.4. Impact des concours sollicités sur les ratios prudentiels de la banque

RATIOS	NORMES	AVANT	APRES
Fonds propres effectifs			
Ratio de solvabilité : Fonds propres/Risques	8% minimum		
Ressources stables/ Emplois ML LT	75% minimum		
Coefficient de liquidité	75% minimum		
Crédits aux dirigeants et au personnel	20% maximum		
Coefficient de division du risque sur une seule signature	75% des FPE maximum		
Coefficient de division tous risques de plus de 25% des FPE	8 fois des FPE maximum		

4.6. Partie VI : Engagements auprès de la banque et concours sollicités

4.6.1. Justificatif de la demande

4.6.2. Concours actuels

Type de concours	Montant de la ligne	Encours	Taux d'intérêt	Fréquence de Remb.	Date d'échéance	Objet

4.6.3. Garanties actuelles

Concours	Garanties	Valeur	Date d'échéance	Observations

4.6.4. Nouveaux concours

Type de concours	Concours demandés par le client	Concours proposés par la banque	Taux d'intérêt	Fréquence de remb.	Date d'échéance	Objet

4.6.5. Nouvelles garanties

Concours	Garanties	Valeur	Date d'échéance	Observations

4.7. Partie VII : Décision des autorités de la banque

4.7.1. Avis de l'analyste-crédit

- Points forts du dossier
- Points faibles du dossier
- Recommandations

4.7.2. Décision du comité de crédit ou de la Direction Générale

4.7.3. Décision du Conseil d'Administration (pour certains gros engagements)

VI. Le financement des investissements

L'investissement est l'acquisition par l'entreprise de terrains, de construction, de matériels de production. D'une manière générale, il s'agit de l'ensemble des équipements ou d'outils dédiés à la production.

L'investissement est le moteur de la croissance dans une économie de marché. En effet, le financement des projets d'investissement structurant est source de création de richesse nationale, de création de valeur ajoutée, et de création d'emplois directs et indirects. A ce titre, Helmut Schmidt disait *: « les profits d'aujourd'hui sont les investissements de demain et les emplois d'après-demain*[125]*. »*. Par conséquent, le financement des investissements est le moyen privilégié de réduction du taux de chômage.

Dans la zone UEMOA, la problématique du financement des projets d'investissements se pose avec acuité dans la mesure où la plupart des banques ne disposent pas de ressources adéquates c'est-à-dire de ressources longues pour l'accompagnement de ces projets bancables. Donc, la mobilisation des ressources longues pour faire des emplois durables est la condition sine qua none pour accompagner un projet d'investissement.

Toutefois, le financement des investissements peut être assuré par les moyens suivants : l'autofinancement ; les concours bancaires ; le pool bancaire ; l'appel public à l'épargne et les aides publiques.

1. L'autofinancement

L'autofinancement est une opération par laquelle une entreprise finance ses investissements par des ressources propres sans avoir à faire un appel extérieur de capitaux.

Les ressources propres susceptibles de financer les investissements peuvent provenir des bénéfices ; des réserves ; et des amortissements des exercices antérieurs. Il est très similaire à l'épargne chez les particuliers.

---

[125] Formule appelée le Théorème de Schmidt dans la conduite de la politique économique. Chancelier Allemand de 1974 à 1982.

2. Les concours bancaires

Les concours bancaires à moyen et long terme financent les investissements ou l'actif immobilisé du bilan. Ces investissements permettent à l'entreprise d'assurer la réalisation de sa mission sociale.

Le plan d'Affaires (ou business plan) constitue le document de base pour le banquier dans l'étude et l'instruction du dossier de crédit.

2.1. Le crédit d'investissement à moyen terme

Le crédit d'investissement à moyen terme finance essentiellement les biens d'équipements amortissables de l'entreprise sur une durée variant de 3 à 7 ans.

Dans le domaine de l'agriculture, il finance le cheptel et/ou la plantation.

Le remboursement de ce type de crédit est assuré par les résultats dégagés par l'entreprise. Pour ce faire, le banquier passera au peigne fin le business plan de l'entreprise pour s'assurer que les hypothèses sont réalistes et par ricochet un optimisme sur les perspectives de remboursement.

Un différé de paiement de 3 à 6 mois est généralement accordé par la banque. En sus, un apport personnel de 20 à 30% est prévu dans le schéma de financement.

2.2. Le crédit d'investissement à long terme

Le crédit d'investissement à long terme finance essentiellement les immobilisations lourdes en l'occurrence les constructions, les grands travaux d'infrastructure routière, d'aménagement, et les grands projets. Sa durée varie de 8 à 20 ans.

Ce type de crédit est adossé sur des ressources d'emprunts obligataires. En plus de certaines banques primaires, les institutions partenaires au développement des pays membres (BOAD, BIDC, BAD, institutions financières spécialisées, Etc.) ont des guichets dédiés à ces genres de concours.

Comme pour le crédit d'investissement à moyen terme, le banquier fera l'appréciation du risque sur la base du business plan ou du plan d'affaires. Le remboursement sera assuré par les cash-flows dégagés.

Un différé de paiement (1 à 3 ans) pourrait être accordé en fonction de la réalité de chaque investissement. Il est généralement demandé la constitution d'un apport personnel de 20 à 30%.

3. Le crédit-bail ou leasing

Le crédit-bail ou leasing en anglais est une technique de financement des investissements née aux Etats-Unis. C'est une opération de location d'un bien mobilier ou immobilier assortie d'une promesse de vente au terme du contrat.

Ce n'est pas une vente à tempérament car l'utilisateur du bien n'est pas propriétaire du bien financé.

Ce n'est pas une simple location car le locataire dispose d'une faculté de rachat.

Ce n'est pas une location-vente car le locataire n'est pas obligé d'acquérir le bien loué après un certain délai.

Cette technique de financement met en relation 3 acteurs :

- Le locataire ou client, également appelé Preneur ;
- Le vendeur du matériel ou Fournisseur ;
- La société de crédit-bail ou Crédit bailleur, ou encore Bailleur.

3.1. Modalités pratiques[126]

3.1.1. Mécanisme

Le client identifie le matériel ou l'équipement dont il a besoin chez un fournisseur. Ensuite, il fait intervenir un crédit bailleur, qui va acquérir le matériel ou l'équipement et lui donner en location pendant une période définie.

Au terme de la période de location prévue dans le contrat, le bailleur propose au client la possibilité d'acheter le matériel ou l'équipement à une valeur résiduelle ou valeur de rachat du bien par le client locataire. Ainsi, le client locataire dispose d'une option d'achat c'est-à-dire la faculté de devenir propriétaire du matériel ou de l'équipement en payant la valeur résiduelle.

Le client dispose également de 3 options à l'issue du contrat :

- Racheter le matériel pour un montant déterminé au départ du contrat (valeur résiduelle)
- Poursuivre la location avec les loyers pouvant éventuellement être minorés
- Restituer le matériel ou l'équipement au crédit bailleur, quitte à lui de trouver un repreneur

3.1.2. Description synoptique du processus

1) Le client choisit son matériel chez un fournisseur
2) Le bailleur et le client signent un contrat de crédit-bail sur la base de la facture pro forma de l'équipement ou du matériel
3) Le bailleur commande et achète le matériel ou l'équipement pour le compte du client
4) Le fournisseur livre le matériel au client
5) Le fournisseur facture le bailleur

[126] Africa Leasing Facility de IFC (groupe banque Mondiale) : Guide du crédit-bail au Mali 2010.

6) Le bailleur établit un échéancier pour le client
7) Le client paye les loyers au bailleur
8) Au terme du contrat, le client paye la valeur résiduelle et devient propriétaire de l'équipement ou du matériel.

3.1.3. Les éléments caractéristiques

– Le prix de vente ou prix d'achat du matériel

C'est le prix auquel le bailleur achète le matériel ou l'équipement au fournisseur. Il est indiqué hors taxe et figure sur le contrat. Les loyers sont calculés sur la base de ce prix hors taxes appelé aussi « assiette du crédit-bail ». Il est librement négocié entre le client futur locataire et le fournisseur.

– La durée de l'opération

C'est la période prévue contractuellement entre le bailleur et le client pendant laquelle le matériel ou l'équipement sera loué. Cette durée est en principe irrévocable, mais le bailleur peut parfois déroger à ce principe et accepter un rachat anticipé. La durée varie selon les matériels ou équipements financés et toujours fonction de la durée de vie de ces biens.

– Les loyers ou redevances

On ne parle ni de remboursement d'échéance, ni d'intérêt en crédit-bail, mais de loyers. Ce sont les montants payés par le locataire à chaque échéance mensuelle, trimestrielle, semestrielle, annuelle en fonction du type de bien. Cela permet d'adosser le paiement des loyers aux rentrées cycliques ou régulières de chiffres d'affaires.

Les loyers sont généralement payées d'avance car le premier versement a lieu en même temps que la livraison du matériel.

– La valeur résiduelle ou option d'achat

C'est le prix convenu d'avance auquel le bailleur cèdera le matériel ou l'équipement au terme du contrat de location si le locataire souhaite l'acheter.

La valeur résiduelle ou option d'achat est un pourcentage du prix d'achat hors taxes, généralement compris entre 1% et 5%.

La valeur résiduelle n'est donc pas un montant en sus du principal payé mais plutôt une valeur déduite sur le principal de la valeur hors taxe de l'équipement ou du matériel.

– Les garanties exigées

La principale garantie du crédit bailleur repose sur la propriété du bien loué. Toutefois, pour des raisons de sécurité, des garanties complémentaires (réelles ou cautions) peuvent être sollicitées en fonction de la nature de l'opération.

3.2. Le crédit-bail mobilier

3.2.1. Aspects généraux

Comme sus mentionné dans les modalités pratiques, le client choisit le bien meuble à usage professionnel devant faire l'objet de l'opération de crédit-bail pour une durée de 7 ans généralement.

Le locataire, en sus du paiement des charges locatives, doit également assumer les charges relatives au coût de la livraison, aux assurances, à l'entretien et aux réparations.

Le client doit indiquer sur le bien loué une mention faisant ressortir la propriétaire du crédit bailleur. Le bien peut être modifié avec l'accord de ce dernier et toute avarie doit lui être signalée. Il se réserve le droit d'inspecter le bien.

A l'issue de la période irrévocable de location, le client a le choix entre les 3 options sus indiquées dans les modalités pratiques.

3.2.2. Aspects juridiques et fiscaux

Du point de vue juridique, l'opération de crédit-bail se présente essentiellement comme un contrat de location d'un bien pour une période irrévocable assortie d'une promesse unilatérale de vente.

Du point de vue fiscal, dans les comptes de la société de crédit-bail, le bien faisant objet du contrat de leasing donne lieu à des amortissements. Les redevances sont considérées comme des produits d'exploitation. Cependant, pour le locataire, ces redevances constituent des charges d'exploitation qui lui sont facturées avec la TVA (taxe sur la valeur ajoutée).

3.2.3. Aspects financiers

Le client remboursera périodiquement les redevances par les cash-flows (autofinancements) futurs de l'exploitation. Cette technique affectera alors la capacité d'endettement de l'entreprise puisque liée aux cash-flows futurs.

C'est un procédé souvent onéreux de financement des investissements.

3.2.4. Avantages du crédit-bail mobilier

Le bien est intégralement financé par le bailleur tandis que dans le crédit classique il faut mobiliser un apport personnel de l'ordre de 20 à 25%.

La durée est supérieure à celle des ventes à tempérament classiques.

C'est un moyen de financement par excellence pour les entreprises ne disposant pas de ressources longues.

3.3. Le crédit-bail immobilier

Le crédit-bail immobilier est une opération de location d'un bien immobilier à usage professionnel à une entreprise ; lequel bien est acheté ou construit par un crédit bailleur demeurant le propriétaire.

La durée des contrats varie de 15 à 25 ans suivant la nature des investissements. Le locataire n'a le droit ni à la révision triennale du loyer, ni de se prévaloir de la faculté de résiliation normale d'un bail commercial.

En France, les opérations de crédit-bail immobilier sont très encadrées par la Loi. Dans la zone UEMOA, ces types d'opération sont très rares. Les contrats y afférents sont régis par le droit commun OHADA.

3.4. Les autres opérations de crédit-bail

3.4.1. Le lease-back

C'est un montage permettant à une entreprise de céder ses immobilisations à une société de crédit-bail qui en retour lui laisse la jouissance dans le cadre d'un contrat de crédit-bail. En général, la cession est exempte de droit de mutations et le rachat en fin de contrat sera soumis au taux réduit.

Cette technique permet alors à l'entreprise de trouver des capitaux frais pour assurer son développement.

3.4.2. Le leasing adossé

C'est un montage par lequel une entreprise vend le matériel qu'elle produit à une société de crédit-bail qui le laisse à disposition dans le cadre d'un contrat de crédit-bail. Ensuite, l'entreprise sous loue le matériel en question dans des conditions similaires à celles d'un contrat de crédit-bail dont elle lui-même est bénéficiaire.

4. Le pool bancaire

Le financement par pool bancaire, également appelé crédit consortium, est essentiellement basé sur le principe sacro-saint de division ou de partage de risques.

Il permet à plusieurs banques ou institutions financières d'intervenir dans le financement d'une grande entreprise du secteur primaire (coton, cacao, pétrole, etc.) ou des grands projets étatiques ou privés ayant des besoins de financement dépassant très souvent la capacité d'intervention d'une seule banque.

Dans la pratique, il existe toujours un chef de file dans ce type d'opération. Exemples : financement de la campagne cotonnière ; financement de la campagne de culture de cacao ; etc.

5. Les aides publiques

Les aides publiques peuvent provenir de l'Etat et ses collectivités territoriales, ou de la commission de l'UEMOA pour aider une grande entreprise publique à financer ses investissements et par ricochet avoir un équilibre financier. Les financements sous forme d'aides publiques peuvent ainsi être assimilés aux subventions d'investissement, aux certificats d'investissement, etc.

6. L'appel public à l'épargne

L'appel public à l'épargne permet de combler le besoin en capitaux propres d'une entreprise quand ceux-ci ne suffisent pas à assurer le financement de ses investissements.

En clair, les sociétés peuvent faire appel au marché financier sous régional (MFR) en émettant des valeurs mobilières (actions, obligations et titres assimilés).

Aussi, une société peut augmenter ses capitaux propres en sollicitant l'apport des actionnaires actuels ou de nouveaux actionnaires. Elle peut également émettre un emprunt obligataire ou titres assimilés sous réserve du visa du CREPMF auprès du public (personnes morales et personnes physiques) sur une durée de 10 ou 15 ans.

D'autres techniques telles que le capital-risque, l'actionnariat des salariés ou une introduction à la bourse (BRVM) permettent à une société d'augmenter ses capitaux.

6.1. Les augmentations de capital en numéraire

Le capital social d'une entreprise peut être augmenté selon les dispositions de l'acte uniforme modifié en mai 2014 sur le droit des sociétés et GIE (OHADA ; articles 562, 565) :

- soit par émission d'action ordinaires ou d'action de préférence ;
- soit par majoration du montant nominal des actions existantes ;
- soit par exercice des droits attachés aux actions ;
- soit par incorporation de réserves, de bénéfices ou de primes d'apport, d'émission ou fusion.

L'augmentation de capital par incorporation de réserves, de bénéfices ou de primes d'apport, d'émission ou fusion est également appelé l'augmentation de capital à titre gratuit car elle n'apporte d'argent frais à la société pour réaliser des projets d'investissements et assurer le développement stratégique de la société.

En revanche, quand la société a besoin de capitaux frais pour réaliser ses projets comme sus indiqué, elle va procéder à l'émission de nouvelles actions. Dans ce cas, on parle d'augmentation de capital à titre onéreux ou d'augmentation de capital en numéraire.

6.1.1. Aspects juridiques

Le capital social doit être intégralement libéré, c'est-à-dire que les actionnaires ont effectivement apporté leurs fonds, avant l'émission de toutes actions à libérer en numéraire (article 572).

L'Assemblée Générale Extraordinaire (AGE) est la seule l'autorité compétente pour décider ou autoriser une augmentation de capital sur le rapport du Conseil d'Administration ou de l'Administrateur Général et sur le rapport du Commissaire aux Comptes (article 564).

L'AGE ne délibère valablement que si les actionnaires présents ou représentés possèdent au moins la moitié des actions, sur première convocation et le quart des actions sur deuxième convocation. Lors que le quorum n'est pas atteint, une troisième convocation se fera dans un délai maximum de 2 mois (article 553).

L'AGE statue à la majorité des deux tiers des voix exprimées (article 554).

Les actions comportent un droit préférentiel de souscription aux augmentations de capital. Ainsi, chaque actionnaire en possède proportionnellement au montant de ses actions (article 573). Ce droit est irréductible et négociable lors qu'il est détaché de l'action qui est elle-même négociable (article 574). Toutefois, l'AGE peut décider de sa suppression conformément aux dispositions de l'article 586. Dans ce cas l'augmentation de capital se fera avec suppression des droits préférentiels de souscription à titre réductible.

Conformément aux formalités de publicité visées à l'article 264 de l'acte uniforme, la décision d'augmentation de capital donne lieu à une insertion dans un journal d'annonces légales si la société fait appel public à l'épargne ; et le dépôt de l'AGE au RCCM (Registre de Commerce et du Crédit Mobilier). La note d'information sur l'émission doit au préalable avoir le visa du CREPMF (Conseil Régional de l'Epargne Publique et des Marchés Financiers), l'autorité de régulation et de contrôle du marché financier régional (MFR).

Les actionnaires ont droit au versement de dividendes en cas de bénéfices de la société.

6.1.2. Le modus operandi

– Emission au pair ou avec prime d'émission

On parle d'émission au pair quand l'action est émise pour sa valeur nominale, également appelée prix d'émission.

Quand le souscripteur de l'action verse un supplément en plus du prix d'émission, on parle alors de prime d'émission. L'objectif de ce supplément est de rétablir l'égalité entre les actionnaires. Elle profite à la société contrairement au droit préférentiel de souscription.

– Emission avec libération totale immédiate ou libération partielle

On parle de libération totale immédiate quand les actionnaires versent la totalité du capital souscrit.

Toutefois, ils peuvent se libérer immédiatement au moins du quart de la valeur nominale ou de la totalité de la prime d'émission des actions souscrites en numéraire lors de la souscription (article 604).

La libération du solde doit intervenir en une ou plusieurs tranches sur appel du conseil d'administration ou de l'administrateur général dans un délai de 3 ans à compter où l'augmentation de capital est effectivement réalisée (article 5).

– Augmentation de capital à titre irréductible ou à titre réductible

Les anciennes actionnaires disposent d'un droit préférentiel de souscription en cas d'augmentation de capital d'une société. La souscription est irréductible car la société ne peut refuser leur souscription à concurrence des droits dont ils disposent. Il y a autant de droit que d'action ancienne. Ce droit est ainsi négociable et irréductible (articles 573, 574).

Le délai légal de l'exercice de ce droit préférentiel de souscription ne peut être inférieur à 20 jours à compter de la date de l'ouverture de la souscription (article 577).

Comme indiqué ci-dessus l'AGE peut supprimer ce droit selon les dispositions de l'acte uniforme (article 586).

6.1.3. Le rôle des institutions financières

Les institutions financières (banques, BOAD, BIDC, etc.) conseillent la société sur l'opportunité et le volume de l'émission.

De ce fait, elles mènent une activité d'origination (syndication obligataire, augmentation de capital, introduction en bourse, privatisations) en mettant leurs guichets à la disposition de la société et dans certaines mesures en garantissant par prise ferme l'opération la bonne fin de l'opération (opération de portage). Tout ceci fait partie de l'ingénierie financière (intermédiation de marché) qui comprend également les activités de conseil et d'arrangeur.

Ces opérations de services financiers pour compte de tiers sont porteuses de commissions.

Dans la pratique, ces activités sont peu développées dans la zone UEMOA. Cependant, la création des SVT (Spécialistes en valeurs du Trésor)[127] et l'approfondissement du marché financier régional (MFR) laisse présager de belles perspectives quant à la finance directe ou l'intermédiation de marché.

6.2. Les émissions d'emprunts obligataires

Les obligations sont des titres négociables (valeur mobilière) qui pour une émission donnée, confèrent les mêmes droits de créance pour une valeur nominale (article 779).

6.2.1. Les aspects juridiques

Sont autorisées à une émission d'emprunts obligataires, les sociétés et GIE ayant 2 ans d'ancienneté avec 2 bilans régulièrement approuvés par les actionnaires (article 780).

Le capital doit être intégralement libéré (article 781).

L'Assemblée Générale Ordinaire (AGO) des actionnaires est compétente pour décider ou autoriser l'émission d'obligations (article 783).

La société doit procéder une publicité dans un journal d'annonces légales. Elle doit également soumettre la note d'information sur l'opération au visa du CREMPF.

Les obligataires ont droit au versement de coupons (revenus d'intérêt).

6.2.2. Le modus operandi

Les taux sont librement fixés en fonction du TMM (Taux Moyen du Marché Monétaire) de la BCEAO.

L'émission peut avoir lieu avec ou sans prime de remboursement. En effet, il y a prime de remboursement lors que l'obligataire est remboursé pour un montant supérieur à celui de la souscription.

La date de jouissance c'est-à-dire le point de départ du calcul des intérêts peut être immédiat ou différé.

Les modalités de remboursement peuvent se résumer ci-après :

- Avec ou sans différé : il y a différé lorsque l'emprunt n'est pas amortit pendant une certaine période au départ
- Annuités constantes : les remboursements annuels sont les mêmes (capital + intérêts)
- Amortissements constants : le capital amorti chaque année est toujours le même

[127] Les SVT font du market-making ou de l'animation du marché des titres publics en participant aux émissions d'emprunts des Etats (valeurs du Trésor) et s'engagent à afficher en permanence des cours acheteur/vendeur des titres émis par les Etats.

- Par rachats en bourse : pour rembourser l'emprunt la société se porte acquéreuse de ses titres sur le marché ; ce qui lui permet de bénéficier de cours favorables. Ces obligations sont annulées et ne peuvent être remises en circulation (article 784).
- In fine : remboursement en bloc à la fin de l'emprunt ; situation fréquente dans la pratique.

6.2.3. Le rôle des institutions financières

En la matière, les institutions financières font de l'origination et/ou du conseil comme sus mentionné dans la partie émission d'action.

6.3. Les autres techniques d'appel public à l'épargne

6.3.1. Le capital-risque

Egalement appelé en anglais private equity, le capital-risque vise à apporter des fonds propres aux PME/PMI non cotées.

On en distingue plusieurs formes :

- Le capital-risque création pour les start-up de moins de 3 ans d'existence.
- Le capital-risque développement pour les sociétés ayant faites leurs preuves.
- Le capital-risque transmission pour les transmissions d'entreprise aux salariés, aux dirigeants, aux investisseurs externes.

Sur ce dernier point c'est-à-dire le capital-risque transmission, la technique de rachat d'entreprise avec un fort effet de levier ou endettement bancaire appelée aussi opération de LBO (Leveraged Buy Out)[128] est souvent utilisée.

---

[128] Opération de type ingénierie financière définie comme un rachat d'une société cible par l'intermédiaire d'une société Holding qui reçoit des apports et contracte une dette bancaire pour financer l'acquisition. La dette est remboursée par les flux financiers (dividendes) que la société verse à la Holding. Il existe plusieurs formes de LBO :

- Le leveraged buy in (LBI) : Rachat d'une société cible avec de dirigeants repreneurs externes.

- Le leveraged management buy -out (MBO) : Rachat d'une société par son équipe de direction c'est à dire ses actionnaires.

- Le leveraged Management buy in (MBI): Acquisition d'une cible avec un ou plusieurs repreneurs externes à l'entreprise. Ces derniers s'appuient sur le management en place.

- Le buy in management buy out (BIMBO): Rachat d'une entreprise cible par un holding détenu conjointement par le dirigeant propriétaire actuel et des investisseurs financiers.

- Le leveraged build up (LBU) : LBO généralement monté avec un effet de levier modéré, dans lequel l'objectif des investisseurs et des managers est de développer rapidement l'entreprise, notamment par des acquisitions.

6.3.2. L'actionnariat des salariés

On peut distinguer les cas de figures suivantes :

- Plans épargnes entreprise grâce à une participation aux bénéfices
- Pour les sociétés cotées en bourse : rachat par les salariés des actions de leur entreprise ou participation aux augmentations de capital
- La technique des stocks options : conditions préférentielles dans les achats et souscriptions
- Rachat de l'entreprise par les salariés par la technique de LBO sus-mentionnée.

6.3.3. L'introduction en bourse ou IPO (Introduction of Public Offering)

Elle ne procure pas à priori de capitaux frais à l'entreprise mais instaure les conditions d'un appel au marché.

C'est une opération par laquelle un certain pourcentage (minimum 10% du capital) est cédé au public sur le marché.

Elle offre les avantages suivants :

- Notoriété de la société
- Accéder à des sources de financement complémentaire : augmentation de capital ou émission d'emprunts

L'introduction en bourse peut se faire selon les procédés ci-après :

- Ajustement du cours d'introduction en fonction de la demande du titre
- Offre publique de Vente à un prix déterminé
- Mise en vente des titres sur le marché.

7. Canevas d'étude et d'instruction d'un dossier de crédit d'investissement

	Observations
1-1.Informations Générales	
Présentation du Promoteur	
1- Personnes physiques	
• Nom et Prénoms .... • Date et lieu de naissance................. • Sexe :......................... • Situation de famille................................. • Profession............................... • Adresse personnelle............... • Formation académique et professionnelle.................	

2- Personnes morales	
• Objet social…………………………… • Dénomination sociale……………… • Forme juridique…………………….. • Date de création…………………….. • Siège social…… • Montant et répartition du capital social………….. • Composition du Conseil d'Administration.. • Nom, prénom et qualité du représentant de la société………	
<u>Présentation du Projet</u>	
• Description sommaire du projet (nature et objet) …………: • Lieu d'implantation : Zone rurale ou urbaine……………………… • Activités principales :……………………… • Description, état et évaluation des moyens de production et d'exploitation existants……… • Coût estimatif :……… • Montant du crédit sollicité :……… • Durée………………………………… • Garanties proposées :……………………	
1-2.Analyse du dossier	
<u>Analyse du Promoteur</u> **- 1) Personnes physiques** • Eligibilité au concours de la banque (Qualité du promoteur et domaine d'intervention) • Compétence et expérience du promoteur dans le domaine d'activité du projet • Niveau d'implication personnelle du promoteur	
• Date d'ouverture de compte à la banque ; • Total des mouvements à la banque et solde du compte à la date d'instruction du dossier • Autres relations bancaires (citer les concours éventuels obtenus de banques, institutions de micro finance ou organismes de financement extérieurs et leur dénouement) ; • Moralité du promoteur (respect des engagements avec la banque et/ou avec des tiers) • Risque de succession (régime matrimonial) **- 2) Personnes morales** • Eligibilité au concours de la banque • Expérience de la société dans le domaine d'activité concerné ; • Qualité de la gouvernance • Date d'ouverture de compte à la banque ; • Total des mouvements de compte à la banque et solde du compte à la date d'instruction du dossier • Autres relations bancaires (citer les banques, institutions de micro finance ou organismes de financements extérieurs ; • Situation des principaux ratios caractéristiques de gestion sur les 3 derniers exercices (si ancienne affaire) • Respect des ratios d'accord de classement (si ancienne affaire) • Forces et faiblesses de l'entreprise	**Observations**

Analyse du Projet	
Activité : • Nature et gamme des produits et services proposés ; • Analyse du marché potentiel : marché national et exportation ; principaux leaders et parts de marché ; facteurs clés de succès ; barrières à l'entrée • Positionnement et concurrence : SWOT de la concurrence (menaces et opportunités) ; • Processus de production et de commercialisation des produits : - Approvisionnement en matières premières - Cycle de production ; - Circuit de distribution des produits ; - Conservations des produits • Impact éventuel sur l'environnement • Volet partenariat - Commercial - Financier - Institutionnel **Evaluation de la viabilité économique et financière** • Résultats nets prévisionnels ; • Capacité d'autofinancement ou cash-flow ; • Valeur actuelle nette (VAN) • Taux de rentabilité interne (TRI) ; • Nombre d'emplois crées • Appréciation du tableau d'amortissement ; • Appréciation du plan de financement ; • Appréciation du plan de trésorerie prévisionnelle • Appréciation de la structure du bilan prévisionnelle	
1-3.Conclusions	Observations
Avantages et points forts du projet : Inconvénients et points faibles du projet Qualité et évaluation financière des garanties proposées ; Niveau de couverture des risques. **Proposition du Comité de crédit** • Montant du crédit à octroyer • Conditions du crédit (durée, taux, fréquence de remboursement) • Garanties à mettre en place • Autres conditions	

Encadré 18 : Les outils d'évaluation de la viabilité économique et financière d'un projet

Evaluation du projet

Investissement	En FCFA
Frais d'établissement	
Frais d'établissement	
Aménagement	
Sous Total 1	
Equipements	
Matériel production	
Matériel roulant	
Mobilier et matériel bureau	
Sous Total 2	
Total Investissements	
Total Fonds de Roulement	
TOTAL GENERAL	

Coût total du projet

Composantes	Montants	%
Investissements	0	#DIV/0!
Fonds de roulement	0	#DIV/0!
Total Projet	**0**	**100**

Le compte d'exploitation prévisionnel

DESIGNATION	1	2	3	4	5
Chiffres d'affaires					
Croissance					
Achats de matières prémières					
Marge Brute					
Autres achats(non stockables énergie, eau)					
FSE					
Valeur Ajoutée					
Charges de Personnel					
Excédent Brut d'Exploitation(E.B.E.)					
Amortissements					
Résultat d'Exploitation					
Croissance					
Marge d'exploitation					
Produits Financiers					
Frais Financiers					
Résultat Financier					
Résultat des Activités Ordinaires					
Impôts B.I.C.(35%)					
Résultat Net					
Croissance					
Marge nette					
Amortissements					
Capacité Maximum d'autofinancement (C.A.F.)					
Croissance					
Annuité de rembours. Des dettes					
Annuité de remb./CAF					
CAF cumulée					
Poids de l'endettement (Dettes à terme/CAF)					
Poids des charges financières (Charges fin./CAHT)					

Echéanciers des flux financiers

DESIGNATION	0	1	2	3	4	5	Valeur Résiduelle
Investissement & Renouvellement							
Frais d'établissement							
Aménagement							
Matériel production							
matériel roulant							
Mobilier et Matériel bureau							
Fonds de Roulement							
Total Investissement & Renouvellement							
Dépenses d'exploitation							
Achats							
Services extérieurs							
Charges de personnel							
Charges financières							
Dotation aux amortissements							
Total Dépenses d'exploitation (D)							
Total Invest&FDR& Dépenses Exploitation							
Récettes d'exploitation							
Chiffres d'affaires							
Valeur résiduelle							
Reprise FDR							
Total Récettes d'exploitation (R)							
Flux Financiers Nets (R-D)							
Flux Financiers Nets Cumulés							
VAN	Formule VAN sur excel						
TRI	Formule TRI sur excel						

DESIGNATION	Montant	%
Investissement	**0**	**#DIV/0!**
Fonds de Roulement	**0**	**#DIV/0!**
Coût Total du Projet	**0**	
Récupération Investissement	**Année 5**	
VAN		
TRI		
Indice de Profitabilité	**VAN/Total Invest**	

Plan de trésorerie prévisionnelle

DESIGNATION	0	1	2	3	4	5
Ressources						
Fonds Propres						
Structure partenaire						
Emprunts						
Capacité maximum d'autofinancement						
Total Ressources						
Emplois						
Investissement & Renouvellement						
Dotation Fonds de Roulement						
Remboursement Principal						
Total Emplois						
Solde de Trésorerie (Emplois - Ressources)						
Solde de Trésorerie Cumulé						

Schéma de financement

DESIGNATION	Montant	%
Coût Total du Projet		
Fonds Propres		
Structure garante		
Emprunts Bancaire		
Taux d'Intérêt		
Durée		
Annuités	Formule VPM sur Excel	

Tableau des Amortissements

DESIGNATION	0	1	2	3	4	5	Valeur residuelle
Frais d'étalissements							
Aménagement							
Matériel de production							
Matériel roulant							
Mobilier et matériel de bureau							
Total Amortissements	0	0	0	0	0	0	

Remboursements

DESIGNATION	0	1	2	3	4	5
Emprunt						
Capital restant dû						
Intérêts						
Principal						
Annuités						

Tests de sensibilité

En faisant une diminution de 10% du chiffre d'affaires et en gardant les charges constantes, nous obtenons des cash flows positifs ou négatifs avec un TRI de X %.
En faisant une augmentation de 10% des charges et en gardant les recettes constantes, nous obtenons des cash flows positifs ou négatifs avec un TRI de X %.
Ces tests indiquent la capacité de l'entreprise à pouvoir faire face aux différents chocs qui pourraient survenir, pendant la vie du projet.

VII. Le financement du commerce extérieur

Depuis le 19ème siècle, la croissance du commerce international appelé également négoce international est très souvent plus rapide que celle de la production en période d'expansion économique. Le commerce international connaît aujourd'hui un important essor dans le monde malgré les soubresauts de la crise financière internationale apparue en Août 2007. Cette dynamique pousse la majorité des pays qui y sont contraints à s'ouvrir vers l'extérieur et s'intégrer dans le processus de mondialisation, ce choix est capital car il est irréversible.

Dans cette optique, le rapport 2015 de la CNUCED (Conférence des Nations Unies sur le Commerce et le Développement) plaide, également, en faveur de la libération du potentiel du commerce des services en Afrique pour booster la croissance et le développement. Ce rapport constate, de facto, que la croissance des services a été extrêmement dynamique en Afrique, avec un taux plus de deux fois supérieur au taux moyen pour le monde sur la période 2009-2012[129].

Contrairement au commerce local, le commerce international présente des difficultés en matière de mode de transport, formalités douanières qui diffèrent d'un pays à l'autre ainsi que le risque de paiement et de change.

Les opérations effectuées avec l'étranger, appelées opération du commerce extérieur, sont rendues très complexes du fait de l'éloignement qui comporte de l'incertitude dans le paiement, des problèmes de langues qui peut entraîner des erreurs d'interprétation sur les modalités de transaction, des usages, des monnaies et des disparités de législation.

Importateurs et exportateurs doivent disposer de moyens spécifiques à leurs activités. Dans ce domaine et en plus de ses prérogatives institutionnelles, la banque commerciale est dotée d'une double délégation : celle du contrôle des changes et celle du commerce extérieur.

Les engagements en devises que la banque est amenée à prendre sur ses clients sont instruits dans le cadre de la même démarche et de la même approche en matière de gestion de risques et règles prudentielles que celles qui prévalent dans le domaine des crédits internes.

---

[129] CNUCED 2015, Op.cit., pp.2.

Elle doit donc s'assurer de la solvabilité des importateurs et se prémunir contre le risque de change en formalisant notamment les contrats d'engagement en devises fortes. Pour enlever ses marchandises, l'acheteur doit être en possession d'un certain nombre de document : Domiciliation de l'intention Titre de transport, certificats divers, documents douaniers.

L'exportateur qui veut être assuré de ne livrer la marchandise qu'en contrepartie du paiement adressera ces documents à la banque de l'acheteur qui ne pourra les remettre à ce dernier que contre paiement (règlement comptant ou par acceptation d'une traite). Cette procédure semble apporter toutes garanties au vendeur (qui sera assuré d'être payé en cas de paiement comptant ou par traite avalisée par la banque) ainsi qu'à l'acheteur (qui sera sûr d'obtenir des marchandises).

Toutes fois, le vendeur ne peut envoyer les documents qu'après expédition des marchandises et il court alors le risque de voir l'acheteur ne pas pouvoir payer ou ne pas vouloir des marchandises. En cas de défaillance de l'acheteur le vendeur n'a alors que deux solutions : rapatrier les marchandises à ses frais ou trouver un autre acheteur sur place si la qualité de la marchandise le lui permet.

Le besoin de sécuriser les activités commerciales entre pays a conduit les banques à mettre au point les techniques formalistes du financement du commerce extérieur à savoir : l'encaissement documentaire, le crédit documentaire, l'avance en devises, les cautions dans le cadre du financement de l'importation, les préfinancements, les financements de la commercialisation, les avances en devises dans le cadre du financement de l'exportation.

Pour assurer l'opération à l'acheteur (importateur) comme au vendeur (exportateur) il faut que son partenaire remplisse les obligations des techniques de paiements internationaux qui ont été mises en place. Parmi les systèmes les plus répandus, nous traiterons le crédit documentaire dans lequel l'engagement de la banque est nettement plus important que celui de l'encaissement documentaire.

De ce fait, il sera opportun de développer les principales procédures pratiques que l'importateur et l'exportateur devraient connaître et suivre aussi bien pour soutenir financièrement leurs efforts industriels et commerciaux, que pour se garantir contre tout événement de nature à perturber ou mettre en péril leurs transactions. On s'intéressera principalement à l'analyse de la technique du crédit documentaire.

Après avoir mis en exergue les différents documents utilisés dans le commerce international, nous passerons bien évidemment au peigne fin le financement des importations ainsi que le financement des exportations.

1. Documents utilisés dans le commerce international

Le vendeur doit préciser ce qu'il vend et l'acheteur connaître ce qu'il achète, on utilisera pour cela, les documents suivants.

En apportant tout le soin nécessaire à la préparation et au traitement des documents, vous pourrez vous évitez bien les retards et des dépenses inutiles. En plus de ces documents, votre banquier vous demandera systématiquement la domiciliation de vos intentions d'importation ou d'exportation.

Cette liste de contrôle permettra de minimiser les erreurs dans la préparation des documents commerciaux.

1.1. Les documents de prix

1.1.1. La facture pro forma

La facture pro forma se définit comme une offre commerciale qui comprend toutes les spécificités nécessaires : natures des produits, délais de validité de l'offre, base de révision des prix, etc.

Elle peut être requise, dans certain cas, pour obtenir une licence d'importation ou autoriser le transfert des fonds, du pays importateur vers le pays exportateur.

1.1.2. La facture commerciale

Le rôle de la facture commerciale est multiple : elle matérialise la créance née de la vente, permet l'établissement de la déclaration de sortie du pays, assure le dédouanement des marchandises à destination, c'est un document indispensable pour le paiement des marchandises, mais également pour le calcul des droits et taxes dans le pays importateur.

Par exemple selon les législations des pays membres de la zone UEMOA, toute facture intégrée dans la comptabilité d'une société doit être rédigée en français, langue officielle de travail.

Pour l'exportation, la rédaction de la facture en deux langues s'impose ; par ailleurs, des mentions obligatoires doivent apparaître et des mentions facultatives sont fortement recommandées telles que :

- Elle doit être libellée dans la même devise que le crédit.
- L'adresse du demandeur doit être la même que celle figurant sur le crédit.
- Les éléments figurant sur la facture (description des marchandises, valeur totale, prix unitaires et conditions de livraison, s'il y'a lieu) doivent être identiques à ceux du crédit.
- Le cas échéant, la facture doit être signée et comporter certaines mentions confirmations et authentifications spéciales, signées également.
- La facture doit comporter les éléments suivants : Marques/conditions de livraisons agréées par les partenaires commerciaux, poids et numéro de licence d'importation (le cas échéant).

De plus, la réglementation du pays de destination peut imposer des mentions supplémentaires : Coût du fret et de l'assurance, déclarations relatives à l'authenticité des prix, etc.

Dans certains cas, la facture peut être soumise au visa d'un ou plusieurs organismes : la chambre de commerce et d'industrie dont relève l'exportateur le ministère des affaires étrangères, le cas échéant, la chambre de commerce franco-arabe et le consulat du pays d'exportation.

Dans les deux factures (commerciales et pro forma), le prix unitaire ou total doit être précisé avec l'INCOTERM choisi.

- 1.1.2.1. Principes clés

Les incoterms (International commercial terms ou termes commerciaux) sont élaborés et révisés périodiquement par la Chambre de Commerce Internationale afin d'éviter toute ambiguïté concernant la répartition, entre acheteur et vendeur, des frais et des risques liés à l'acheminement des marchandises.

Les incoterms précisent donc :

- Le transfert de frais : jusqu'où le vendeur supporte-t-il les frais d'acheminement ?
- Le transfert de risques : jusqu'où les risques sont-ils encourus par le vendeur ?
- Les documents à fournir : qui, de l'acheteur ou du vendeur doit fournir les documents nécessaires à l'acheminement des marchandises ?

On distingue deux catégories d'incoterms :

- Vente au départ : les risques du transport principal sont supportés par l'acheteur
- Vente à l'arrivée : les risques du transport principal sont supportés par le vendeur

Les incoterms[130] sont présentés par des sigles. Il est impératif de préciser, derrière le sigle de l'incoterm, un lieu géographique précis.

Le choix de l'incoterm résulte de la négociation commerciale. Il doit tenir compte des pratiques commerciales sur un marché donné et des capacités organisationnelles de l'entreprise.

---

[130] Ils sont révisés périodiquement par la Chambre de Commerce Internationale sise à Paris.

- 1.1.2.2. Les quatre groupes d'incoterms

Tableau 29 : les quatre groupes d'INCOTERMS

Groupe E		Incoterm d'obligation minimum pour le vendeur	EXW
Groupe F	Free ou Franco	Le vendeur n'assume ni les risques, ni les coûts du transport principal	FCA..., FAS..., FOB...
Groupe C	Cost or carriage, Coût ou port	Le vendeur assume les coûts du principal, mais pas les risques	CFR..., CIF..., CPT..., CIP...
Groupe D	Delivered ou rendu	Le vendeur assume les coûts et les risques du transport principal	DAF..., DES..., DEQ..., DDU..., DDP...

Source : Règles et Usances Uniformes (RUU)

1.1.3. La facture consulaire

La facture consulaire, établie lors de l'envoi de marchandises à destination de quelques pays d'Amérique du sud (panama, Honduras), s'ajoute à la facture commerciale.

Elle est destinée à fournir aux autorités douanières du pays d'importation un certain nombre d'informations sur la nature de la marchandise, son origine, son prix, les frais annexes relatifs à l'expédition, etc.

Cet imprimé est généralement fourni, à titre onéreux, par les consulats des pays concernés et visés par ces mêmes organismes.

1.1.4. La facture douanière

Appelée en anglais « customs invoice », la facture douanière est réclamée principalement par certains pays membres du Commonwealth et par quelques autres Etats (Gambie, Ghana, Guyana, Malawi, etc.).

Elle ne remplace pas la facture commerciale qui doit être établie en sus.

Elle a pour but de fournir aux services douaniers de l'Etat d'importation un certain nombre d'informations destinées à permettre la taxation de la marchandise.

Aucun visa n'est requis ; la signature d'une ou de deux personnes de la firme exportatrice suffit.

1.1.5. La note de frais

Elle détaille certains frais supportés par le vendeur qui sont déjà inclus dans la facture commerciale établie selon le contrat de vente conclus entre les deux parties (acheteur et vendeur).

1.2. Les documents de transport

1.2.1. Le transport maritime

- 1.2.1.1. Le connaissement maritime

Le connaissement (appelé en anglais Bill of Lading) maritime est un document essentiel. En le délivrant, le capitaine d'un navire, ou son agent, reconnaît avoir reçu les marchandises qui y sont mentionnées et s'engage à les transporter aux conditions convenues et à les délivrer à destination conformément aux instructions reçues moyennant le paiement du fret. Le connaissement est émis en exécution d'un contrat de transport. Il donne droit à la délivrance et donc à la possession des marchandises à destination. Ainsi, s'il constitue le support matériel du contrat de transport. Le connaissement est de plus un titre représentatif de la propriété des marchandises. Il est doté d'une valeur particulière, qui le caractérise des autres modes de transport.

En effet, il revêt un triple aspect, car il est à la fois :

- Récépissé d'expédition remis au chargeur.
- Contrat de transport.
- Document indispensable pour échanger la marchandise.
- Et un titre de propriété transmissible par voie d'endossement.

Cette dernière particularité permet au vendeur de conserver le contrôle de la marchandise jusqu'au paiement ou un engagement quelconque de règlement.

Elle permet également à la banque qui détient un tel document d'exercer un droit de gage sur la marchandise.

Le connaissement maritime peut être :

- à ordre : Transmissible par simple endos. C'est le cas le plus utilisé en particulier dans le cadre du crédit documentaire.
- A personne dénommée : Le document devient non négociable
- On board : Il atteste le changement effectif de la marchandise à la date de signature.
- Reçu pour embarquement : Il atteste la prise en charge de la marchandise en bon état apparent.
- Surchargé : Des réserves portées par la compagnie sur la quantité ou l'état des marchandises chargées atténuent la responsabilité du transporteur. Le connaissement maritime est établi par l'agent de la compagnie maritime.

Trois originaux sont émis par transport.

- 1.2.1.2. Le connaissement de transport combiné

Il sera établi s'il y'a au moins deux types de transport, dont le transport maritime. Il permet généralement de couvrir une expédition depuis la sortie des usines du fournisseur jusqu'au magasin du client. Ce document peut apparaître dans les contrats avec les incoterms.

- 1.2.1.3. La lettre de transport maritime (LTM)

La lettre de transport maritime (LTM) quant à elle n'est pas un acte de possession. Elle constitue uniquement le contrat de transport passé entre le chargeur et la ligne maritime et représente le reçu de la marchandise. Comme telle, elle se compare de préférence à la lettre de voiture internationale et à la lettre de transport aérien (LTA) : Elle n'est en effet, pas négociable. Ce document a été mis au point pour permettre au chargeur d'en communiquer les éléments au destinataire par télématique dès le chargement de la marchandise afin que ce dernier puisse immédiatement prendre toutes les dispositions nécessaires pour en effectuer le dédouanement et la réception.

- 1.2.1.4. Le dédouanement de transport multimodal

Il s'agit d'un document de transport couvrant au moins deux modes de transport. On retrouve dans cette catégorie le connaissement de transport combiné ou CTBL (combined transport bill of lading). Ce document couvre des transports combinés dont la partie principale est maritime.

- 1.2.1.5. La charte-partie (« charter-party »)

Ce document intervient dans le cadre d'un contrat d'affrètement (location d'un moyen de transport pour un voyage, pour une période donnée par le chargeur) en transport maritime. Elle énumère les obligations de chacune des parties.

1.2.2. Le transport aérien

Le document utilisé est la lettre de transport aérien (LTA) (en anglais Air way Bill - AWB). S'il s'agit d'un envoi de détail la LTA est émise par l'agent de la compagnie aérienne. S'il s'agit d'un envoi en groupage la Air Way Bill est établie par le groupeur de fret aérien. Elle est ensuite signée par la compagnie aérienne avant l'embarquement effectif de la marchandise, et mise au chargeur. Cette signature engage la responsabilité du transporteur. La LTA est à la fois la preuve du contrat de transport, la preuve de la prise en charge de la marchandise et le justificatif des prix. La TLA certifie l'expédition effective une fois que la compagnie y a porté la date et le numéro du vol. Cependant, elle est émise sous forme non négociable.

1.2.3. Le transport routier

Le document utilisé est la lettre de voiture (contrat de transport international de marchandises par route - CMR). Elle atteste la prise en charge des marchandises en bon état et l'expédition dès la signature par le transporteur. Elle est la matérialisation d'un contrat de transport de marchandises qui existe indépendamment de celle-ci. Elle doit être établie dans la forme prévue par la « convention relative au contrat de transport international de marchandises par route » (CMR).

1.2.4. Le transporteur ferroviaire

Le document utilisé est la lettre de voiture internationale (LVI). Ce document est établi par l'expéditeur et la compagnie de chemin de fer. Il y'a contrat de transport dès l'instant où la compagnie a accepté de transporter la marchandise. Cette acceptation est constatée par l'opposition sur la lettre de voiture du timbre à date de la gare expéditrice. Cette lettre de voiture doit être établie sur un formulaire conforme au modèle prévu par la « convention internationale concernant le transport de marchandises par chemin de fer » (CIM).

1.2.5. Le transport fluvial

Les expéditions par voie d'eau donnent lieu à l'établissement :

- Soit d'une lettre de voiture (comme pour le transport routier) et valant reconnaissance de prise en charge par le transporteur.
- Soit d'un connaissement fluvial, document qui s'apparente au connaissement maritime car il est négociable à ordre et est transmissible par simple endossement.

1.2.6. Le transport postal : (Récépissé postal)

Il n'est établi qu'à une personne dénommée, et le banquier peut demander que la marchandise soit expédiée à son adresse.

Il est émis par le service des postes pour les expéditions n'excédant pas le poids de 20 kg.

1.3. Les documents d'assurance

- La nature du document d'assurance (police ou certificat) doit être conforme aux conditions du crédit.

- L'assurance sert à couvrir les risques prévus par le crédit, dans la devise du crédit et pour le montant prescrit.
- La date de la police ou du certificat d'assurance ne doit pas être postérieure à la date du document de transport.
- Les documents figurant sur le document d'assurance doivent correspondre à ceux des autres documents : description, poids et marque des marchandises, mode de transport et itinéraire.
- Tous les exemplaires émis par la compagnie d'assurance doivent être joints et, le cas échéant, endossés.

1.3.1. Le certificat d'assurance

Il est en principe établi par la compagnie d'assurance généralement pour 100 à 110% de la valeur de la marchandise.

1.3.2. La police d'assurance

Il existe deux types de police d'assurance :

- La police de voyage

Elle est souscrite pour un chargement déterminé. Elle est conclue affaire par affaire et donne naissance à une police d'assurance qui constitue elle-même le document justificatif. La police au voyage convient aux entreprises dont les transactions commerciales avec l'étranger sont limitées.

- La police flottante ou police d'abonnement

C'est un contrat global par lequel la compagnie d'assurance prend en charge automatiquement toutes les expéditions faites pour le compte de l'assuré, chaque expédition doit être déclarée à la compagnie qui remet à l'assuré un certificat d'assurance qui constitue le document justificatif. Le terme « flottant « signifie marchandises non déterminées. Dans les deux cas, il est essentiel que le document justificatif soit transmissible, c'est-à-dire qu'il permette la délégation du bénéfice de l'assurance en faveur du porteur des documents.

1.3.3. La nature des risques

Les marchandises transportées par voie maritime encourent les risques suivants :

- Avaries particulières :

Détériorations, pertes subies par une marchandise déterminée au cours de son transport.

– Avaries communes :

Dommages subis volontairement par le navire et par la cargaison pour la sauvegarde du navire et du reste de la cargaison.

Les modes de couvertures peuvent être :

– Tous risques :

Ce type d'assurance couvre les avaries particulières à l'exception de certains risques exclus des risques de guerre civile ou étrangère, de grèves, d'émeutes, mais peuvent être couverts moyennant paiement d'une partie de prime complémentaire.

– FAP sauf (France d'avarie particulière sauf) :

Dans ce mode de couverture, les avaries particulières ne sont pas couvertes sauf en cas d'abordage, échouement, naufrage, explosion, incendie, etc.

Les risques de guerre, grèves et vols peuvent être couverts moyennant une prime.

La valeur assurée et l'étendue de la garantie sont :

– Valeur assurée :

Selon les dispositions des règles uniformes, elle doit être au minimum égale à la valeur « CAF » des marchandises majorée de (10%, 20% et même plus) ou dans l'impossibilité de la déterminer au montant du paiement ou à celui de la facture, en se référant au plus élevé des deux.

– Etendue de la garantie :

L'assurance doit garantir au minimum la totalité du prix mentionné sur le document de transport.

Certains types de police couvrent cependant la marchandise depuis le magasin du vendeur jusqu'au magasin de l'acheteur.

La police au voyage doit être datée au plus tard de la date du document d'expédition alors qu'un certificat ou un avenant pourra porter une date postérieure à l'expédition, à condition bien entendu que la police flottante elle-même ait été souscrite en temps voulu.

1.4. Les documents annexes

1.4.1. Le certificat sanitaire ou phytosanitaire

De nombreux pays importateurs exigent un certificat phytosanitaire pour tout produit agricole. Le certificat, délivré par les autorités locales de l'exportateur, atteste que les produits du pays exportateur sont sains et ne contiennent ni insectes nuisibles, ni germes pathogènes et / ou ne viennent pas de régions atteintes d'une épidémie ou autre.

1.4.2. Le certificat d'analyse

Pour certaines marchandises, telles que les produits pétroliers, les produits chimiques, certaines matières premières, certains produits d'origine agricole comme le vin, l'alcool etc., l'acheteur peut aussi exiger la présentation d'un certificat d'analyse. Ce certificat peut être établi et signé soit par le fabriquant lui-même, soit par un laboratoire indépendant ou un laboratoire d'Etat. Il constate la teneur et le titrage de la marchandise, afin d'en déterminer la qualité spécifique.

1.4.3. Le certificat d'origine

Le certificat d'origine est utilisé dans les échanges avec les pays non communautaires ; il n'est, en principe, plus nécessaire dans les relations intracommunautaires, sauf si la marchandise doit faire l'objet d'une réexpédition ultérieure à partir d'un autre Etat membre.

Les pays de la communauté utilisent le même formulaire de certificat d'origine ; celui est libellé en plusieurs langues (anglais, Espagnol, Arabe et Chinois).

Il est visé par la chambre de commerce et d'industrie dont relève l'exportateur ; puis éventuellement, par un consulat. Pour certains pays arabes, la chambre de commerce franco-arabe intervient après la CCI.

Les formulaires de certificats d'origine sont en vente dans les chambres de commerce et d'industrie.

1.4.4. La liste de colisage

C'est un état récapitulatif des marchandises contenues dans chaque colis, caisse, conteneur, etc.

Elle permet, non seulement aux différents transporteurs et autres prestataires de services, mais aussi au destinataire de s'assurer par exemple que l'expédition est bien complète.

Son rôle est également de faciliter les contrôles physiques des marchandises que peut juger utile d'effectuer tel ou tel service des douanes.

1.4.5. Le bordereau d'instruction bancaire

La liste de contrôle suivante a pour but d'aider l'exportateur à préparer les documents nécessaires à un encaissement sur l'étranger. Il est important de s'y reporter pour minimiser les erreurs.

- Nom de la succursale locale et date.
- Date et échéance de la lettre de change.
- Nom et adresse du tiré.
- Devise et valeur de la lettre de change.

- Nombre de documents afférents au recouvrement. Des doubles de la lettre de change doivent être fournis si les documents doivent être transmis en deux exemplaires.
- Indiquer si les documents doivent être remis contre paiement ou contre acceptation et s'ils doivent être conservés jusqu'à ce que les marchandises arrivent au port.
- Instructions de protêt. Toujours apposer la mention sans protêt, à moins que le mandat soit prêt à assumer les frais.
- Instructions relatives aux charges d'intérêt pour retard de paiement (ou aux escomptes pour paiement anticipé).
- Indiquer si le déroulement du recouvrement doit être notifié par courrier aérien ou par câble par la banque chargée du Credoc
- Modalités de transmission du paiement par la banque chargée du Credoc.
- Si le vendeur dispose d'un agent spécialement habilité dans le pays de l'acheteur, en aviser la banque chargée du Credoc.
- En fonction de la réglementation sur le change en vigueur dans le pays de l'acheteur, il sera être nécessaire d'autoriser la banque chargée du Credoc à accepter un acompte en monnaie locale jusqu'à ce que le paiement soit officiellement autorisé.
- Compte à créditer au pays exportateur. Si le paiement a été libellé dans une devise étrangère, vous pouvez autoriser la banque à le convertir au taux en vigueur ou à un taux convenu d'avance.
- Dans l'espace réserve aux instructions spéciales, ajoutez les renseignements supplémentaires nécessaires au Credoc et n'ayant pas encore été mentionnés.
- Signez les instructions et, si vous le souhaitez, indiquez un numéro de référence tel que le numéro de la facture.

2. Le financement des importations

2.1. L'encaissement documentaire ou la Remise documentaire

Il s'agit d'opération où l'importateur a besoin d'être rassuré sur la réalité de l'expédition des marchandises sans qu'il soit nécessaire de faire un paiement d'avance ou de fournir une garantie de paiement.

L'exportateur cherche une sécurité : Les documents ne seront délivrés que contre paiement ou acceptation d'effet de la part de l'importateur.

Contrairement au crédit documentaire, l'encaissement documentaire prévoit que le vendeur fournisse une prestation sous forme de production et l'expédition de marchandises ou sous forme de prestation de sans que le paiement en soit garanti. C'est pourquoi l'encaissement documentaire n'est indiqué que si :

- Le vendeur (exportateur) et l'acheteur (importateur) entretiennent des relations de confiances ;
- La volonté de payer et la solvabilité de l'acheteur ne font aucun doute ;
- La situation politique, économique et juridique est stable dans le pays importateur ;
- Le trafic international des paiements du pays importateur n'est pas entravé ou menacé par un contrôle des changes ni par des restrictions analogues.

2.1.1. Principes

L'importateur et l'exportateur conviennent dans un contrat que leurs transactions commerciales soient réglées par un encaissement documentaire. Celui-ci consiste pour l'exportateur à remettre à sa banque les documents relatifs à une expédition de marchandises. L'exportateur prépare la marchandise, il réunit auprès des organismes concernés les documents nécessaires (certificat d'origine, certificat sanitaire etc.). Il établit la facture commerciale, ensuite il charge un transitaire pour l'expédition de la marchandise.

Il récupère les documents de transports (connaissement ou Bill of lading).

Il remet l'ensemble des documents à sa banque avec l'instruction de contacter la banque de l'importateur pour le charger de lui remettre les documents contre paiement ou acceptation d'une traite à échéance. Avec les documents d'expédition, la banque « remettante » transmet à son correspondant une traite établie par le vendeur tirée sur l'acheteur. Cette traite reflète les conditions de ventes convenues elle peut être à vue ou à échéance.

Les opérations de remise documentaire sont soumises aux règles et usances uniformes (RUU) relatives aux encaissements publiées régulièrement par la chambre de commerce international servant de référence dans de nombreux pays.

2.1.2. Mécanisme

Cette technique fait intervenir quatre partie (parfois seulement trois).

– Le Donneur d'ordre (ou remettant)

C'est le vendeur qui donne mandat à sa banque. Il rassemble les documents relatifs à l'encaissement et les transmet à sa banque avec l'ordre d'encaissement.

– La banque remettante

Il s'agit de la banque du donneur d'ordre. Elle contrôle les documents remis au vendeur et les transmet à la banque chargée de l'encaissement selon la lettre d'instruction du donneur d'ordre. La responsabilité de la banque remettante se limite à la bonne exécution des instructions données. Elle n'assure aucun engagement ni responsabilité dans l'hypothèse où les instructions qu'elle transmettrait ne seraient pas suivies. Il en va de même en ce qui concerne les retards, les pertes en cours de transmissions, la qualité des traductions, la qualité de la banque remettante, etc.

C'est ce point fondamental qui distingue la remise documentaire du crédit documentaire. Dans le cadre du crédit documentaire, il s'agit d'un réel engagement d'une banque qui se porte garante en cas de défaut de paiement de l'acheteur. Pas ici !

– La banque présentatrice

C'est la banque à l'étranger chargée de l'encaissement.

Cette banque effectue la présentation des documents à l'acheteur et reçoit son règlement ou sa traite, conformément aux instructions reçues de la banque remettante.

– Le tiré

C'est celui à qui doit être faite la traite selon l'ordre d'encaissement. Il s'agit de l'importateur.

Le rôle de la banque remettante peut s'avérer inutile dans le cadre d'affaires régulières. L'exportateur s'adresse directement à la banque présentatrice pour remettre les documents et la lettre d'instructions.

2.1.3. Le déroulement de l'encaissement documentaire

– Schéma simplifié de la remise documentaire

Le meilleur moyen de la schématisation est de donner un exemple :

Supposant qu'un exportateur ait reçu une commande d'un de ses clients habituels ; cet exportateur fabriquera les produits demandés et les expédiera en faisant établir les documents nécessaires

Par la suite, celui-ci (exportateur) confiera les documents à son banquier en lui demandant de les présenter à son client. Pour se faire, il précisera au banquier les coordonnées de son client, les conditions de vente convenue et les montants à encaisser. A son tour le banquier se chargera, soit lui-même de la présentation s'elle est installée sur la place de l'importateur soit elle fera par l'intermédiaire de son correspondant à ses guichets.

Pour régler la somme facturée contre paiement effectif ou contre acceptation de la lettre de change et ensuite pour retirer les documents qui lui permettent de prendre sa marchandise, ainsi le banquier après avoir reçu les fonds ou l'acceptation de la traite pourra créditer le compte de son client du montant correspondant.

Figure 20 : Déroulement d'une remise documentaire

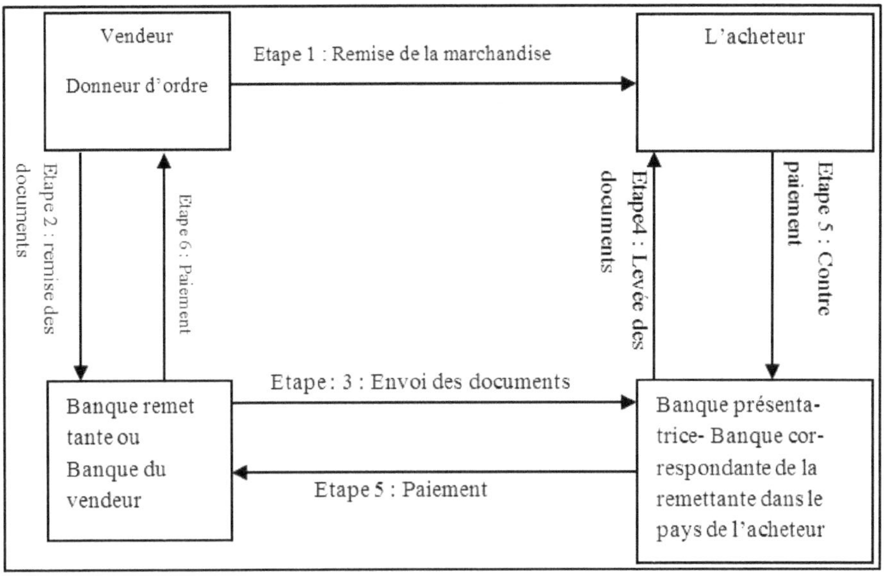

Source : Legrand et Martin, Management des opérations de commerce international, Edition Dunod.

– Déroulement de l'opération

1- L'exportateur expédie les marchandises comme convenu.

2-Il remet à sa banque les documents demandés par l'importateur, généralement :

- La facture, qui détaille la marchandise expédiée, le prix, les conditions,
- Le document de transport : connaissement lettre de transport aérien, lettre de voiture qui atteste la réalité de l'expédition et mentionne la date de départ.
- La liste de colisage qui donne le détail du conditionnement.
- La traite dans le cadre des documents contre acceptation.

En même temps, l'exportateur précise ces instructions, à savoir que les documents devront être délivrés à l'importateur contre paiement comptant ou contre acceptation par l'importateur d'un ou plusieurs effets à échéance.

3- Vérification des documents par la banque s'ils sont conformes c'est-à-dire tels qu'ils sont mentionnés sur la lettre d'instructions, puis il les expédie à sa banque correspondante.

4- La banque correspondante demande en échange des documents le paiement de la facture.

5- La banque correspondante envoi les fonds à la banque de l'exportateur.

6- La banque de l'exportateur crédite le compte de son client.

Contrairement au crédit documentaire la banque n'a dans la formule de la remise documentaire, aucune obligation de résultat : Dans cette procédure, les banques n'interviennent que comme mandataires de leurs clients. La remise documentaire est donc différente du crédit documentaire, dans lequel c'est une banque (ou les deux, en cas de confirmation irrévocable) qui s'engage (nt) à payer le vendeur.

2.1.4. Typologie de l'encaissement documentaire

– Documents contre paiement D/P :

La banque présentatrice ne remet les documents au tiré que contre paiement immédiat, à moins que ne s'y oppose des lois ou ordonnances nationales, régionales ou locales d'un pays auxquelles les parties ne peuvent pas se soustraire.

Il se pourrait, par exemple, que la loi prescrive que les documents ne peuvent être remis que contre paiement dans la monnaie du pays (voir demande d'autorisation de conversion dans les pays soumis au contrôle des changes).

Dans la pratique, l'acheteur attend souvent l'arrivée de la marchandise pour se faire remettre les documents et effectuer le paiement à moins que les parties n'aient convenues dans de vente : « paiement à première présentation des documents ». Cette clause doit aussi figurer dans l'ordre d'encaissement.

– Document contre acceptation D/A :

La banque présentatrice remet les documents contre acceptation d'un effet qui échoue, par exemple de 60 à 180 jours après présentation (traite à tant de jour de vue), ou à une date déterminée (traite à terme). Le tiré entre donc en possession de la marchandise avant la date effective de paiement, il peut aussi la revendre immédiatement et se procurer les fonds nécessaire au paiement de l'effet. Le vendeur accorde donc à l'acheteur un délai de paiement et ne reçoit en contrepartie, à titre de garantie que l'acception du tiré qu'il fera valoir à l'échéance. Il supporte, par conséquent, le risque de non-paiement à l'échéance de l'effet.

Pour plus de sécurité, il peut demander que la banque présentatrice ou à une autre banque de premier ordre avalise ou garantisse l'effet.

– Document contre lettre d'engagement

La banque chargée de l'encaissement remet les documents à l'acheteur contre une lettre d'engagement, dont l'énoncé est fixé par la banque remettante ou par le donneur d'ordre.

Pour que la créance soit juridiquement valable, il est très important que la lettre d'engagement soit rédigée de façon claire et sans équivoque.

– Acceptation avec remise des documents contre paiement à l'échéance

Bien que cette forme ne soit plus guère utilisée, elle se déroule comme suit : dans cette sorte d'encaissement documentaire, le remettant prescrit que le tiré accepte une lettre de change, libellée par exemple à 60 jours, à dater de la présentation, mais les documents ne devront être remis à l'acheteur qu'après paiement de la traite.

2.1.5. La mise en œuvre de la remise documentaire

– La gestion de la remise documentaire à l'importation

L'acheteur d'une marchandise payable au moyen d'encaissement documentaire sera avisé par la banque présentatrice dès que les documents lui seront parvenus. L'avis, les indications principales sur la nature des documents et la marchandise expédiée. Ainsi, l'acheteur pourra, le cas échéant, déterminer si les documents en possession de la banque présentatrice permettent de prendre livraison de la marchandise et de la dédouaner. Par exemple : vous souhaitez importer des marchandises. Le transport se fait dans la plupart des cas par voie maritime. Vous ne souhaitez pas avoir recours à des crédits documentaires ou des lettres de crédits stand-by, car elles sont consommatrices de lignes de crédit. Votre fournisseur exige un moyen de paiement rapide et sûr, nous vous proposons la remise documentaire qui est un moyen de paiement permettant à un exportateur étranger de faire encaisser par la banque remettante le montant de la facture que vous devez régler. En même temps, la banque remettante sera chargée de vous remettre les documents représentant la créance.

– a- Fonctionnement

- accords préalables sur les conditions de paiement et le contrat de vente entre vous et votre fournisseur.
- votre fournisseur donne l'ordre d'encaissement à sa banque, accompagné des documents et de l'effet de commerce à vue ou à échéance.
- la banque de votre fournisseur transmet l'ordre d'encaissement et les documents à la banque remettante.
- La banque remettante vous remet les documents après paiement ou acceptation de l'effet.

– b- Avantages

- procédure simple et peu onéreuse.
- paiement plus sécurisé pour votre vendeur.
- remise donnant des documents à l'acheteur contre paiement dû ou acceptation d'une lettre de change.

– La gestion de la remise documentaire à l'exportation

Avant de choisir l'encaissement documentaire pour recouvrir une créance, il est important de prendre les précautions ci-après :

- avant la négociation du contrat de vente, déterminez le paiement souhaité.
- Solvabilité et honorabilité de l'acheteur.
- Expériences faites avec le pays de l'acheteur.
- Situation politique, économique et juridique dans le pays importateur.
- Contrôle des changes et restrictives aux importations dans le pays de l'importateur.
- Possibilité de trouver un nouvel acheteur ou rapatrier la marchandise au cas où l'acheteur refuserait d'en prendre livraison et frais qui pourraient en résulter.

Après avoir choisi l'encaissement documentaire pour recouvrir une créance, il est également important de prendre les précautions ci-après :

- si la marchandise doit être délivrée contre acceptation d'une traite payable à 180 jours par exemple, la solvabilité de l'acheteur et sa volonté de payer revêtent une importance plus grande. La marchandise sera peut-être déjà revendue ou utilisée, et la seule sécurité reste l'acceptation de l'acheteur. Par exemple, vous souhaitez exporter des marchandises. Les renseignements sur votre acheteur étranger sont bons, mais vos relations sont récentes. Vous cherchez un moyen de paiement pour vous assurer que votre acheteur ne pourra prendre possession des documents permettant de retirer les marchandises, qu'après paiement ou acceptation d'une lettre de change à l'échéance, éventuellement avalisé par sa banque si celle-ci y accepte à convenance. Nous vous proposons la remise documentaire qui est un instrument adéquat si votre acheteur étranger a effectivement besoin des documents pour retirer la marchandise. Le contenu de la remise varie selon le contrat ; à titre d'exemple :
  - lettre de change
  - facture
  - document d'expédition
  - liste de colisage
  - certificat d'origine
  - certificat d'assurance etc.

– c- Fonctionnement

- accords préalables sur les conditions de vente des marchandises, objet de la commande entre vous et votre acheteur

- vous expédiez les marchandises et faites établir les documents d'expédition ainsi que les autres documents nécessaire à l'importation des marchandises. Vous émettez une lettre de change tirée sur votre acheteur étranger (tiré)
- vous remettez ensuite à la banque remettante les documents et la (les) lettre(s) de change à vue ou à échéance accompagnés d'une lettre d'instruction pour la remise des documents au tiré contre son acceptation ou son paiement.
- La banque remettante adresse à la banque de l'acheteur des documents accompagnés du bordereau d'instruction qui reprend vos ordres.

– d- Rôle du correspondant : présentation de la remise documentaire

Aussitôt que la banque domiciliataire a reçu les documents, elle avise votre acheteur (tiré) par écrit des conditions de remises des documents stipulés sur le bordereau d'inscription.

- document contre paiement D/P
- document contre acceptation D/A
- document contre acceptation D/A et aval de la banque du tiré : les documents ne sont remis au tiré que contre acceptation d'une lettre de change tirée sur lui, payable à une échéance donnée et avalisée par la banque domiciliataire.

– e- Paiement de la remise documentaire

Votre acheteur donne instruction de payer ou accepter la lettre de change. La banque correspondante, si les conditions du bordereau d'inscription sont remplies, remet les documents au tiré (votre acheteur) qui peut ainsi faire procéder au retrait et au dédouanement des marchandises.

Le transfert de fonds a lieu après paiement de la lettre de change à vue ou à échéance ; le cas échéant après accords des autorités monétaires si un contrôle de change est en vigueur dans le pays.

La banque remettante reçoit les fonds et crédite votre compte (compte local ou compte en devise)

2.1.6. Risques de l'encaissement documentaire

L'encaissement documentaire ne comporte aucun risque pour les banques, car elles ne sont pas engagées de payer l'exportateur, elles ne jouent dans ce cas que le rôle de mandataire. Remettre les documents et encaisser le montant de la remise auprès de l'importateur.

– Risque de l'importateur

Le risque est lié à la marchandise qui peut être non conforme à sa commande.

– Risque de l'exportateur

Le risque est plus important pour lui, il risque de ne pas être payé par l'importateur. Dans ce cas, la banque lui retourne les marchandises avec les frais à sa charge. La banque peut également sur instruction de l'exportateur vendre la marchandise avec un rabais et transférer le montant de la vente à son compte.

2.1.7. Les motifs de non-paiement de la banque

- les conditions de délivrance des documents ne sont pas conformes aux stipulations du contrat commercial.
- le montant facturé est supérieur à celui de la commande
- la marchandise n'est pas conforme à la commande ou elle a été expédiée tardivement ou avant la date prévue ou n'est pas encore arrivée à destination.
- les documents sont parvenus à l'acheteur étranger après l'arrivée de la marchandise lui occasionnant ainsi des frais qu'il ne veut pas supporter.
- l'acheteur souhaite inspecter la marchandise avant de donner son accord éventuel au paiement.
- il manque des documents indispensables au dédouanement (certificat phytosanitaire).
- La licence d'importation n'a pas été encore obtenue.
- Le jeu de connaissements est incomplet.

Notons que si la marchandise est acheminée par bateau, elle ne peut être livrée à l'acheteur que contre remise du connaissement. En revanche, dans le cas des autres modes de transport, elle risque d'être livrée à l'acheteur, s'il n'y a que le destinataire sans que celui-ci ait nécessairement à remettre le moindre document, et par conséquent, sans qu'il y ait préalablement paiement ou acceptation de traite par l'acheteur.

D'autre part, malgré le règlement de l'acheteur à sa banque, le vendeur est tributaire du risque politique de non transfert. Celui-ci peut être couvert par une assurance COFACE.

2.1.8. Comptabilisation de la remise documentaire import

Les écritures comptables sont générées automatiquement :

Ecriture hors bilan/valeurs reçues

Débit	Crédit
961300 Valeurs à l'encaissement reçues de la clientèle non disponibles	9614 Compte des Correspondants étrangers exigibles après encaissement

Règlement de la remise/débit compte client

Débit	Crédit
2511 Client	371320 comptes de valeurs à imputer 702900 Commissions acquises 332118 TAF 332119 Taxes Trésor

Crédit du compte correspondant et extourne des écritures hors bilan

Débit	Crédit
371320	1141 Banques et correspondants
9615 Compte des Correspondants étrangers exigibles après encaissement	961300 Valeurs à l'encaissement reçues de la clientèle non disponibles

2.1.9. Le coût

Le coût, à titre purement indicatif, se situe 0,1 à 1% du montant de la vente, avec un plafond maximum et minimum. Les frais et commissions d'encaissement sont à la charge du vendeur sauf stipulation contraire entre les parties dans le contrat.

2.2. Le crédit documentaire

Dans le cadre du commerce international, les montants et l'éloignement des partenaires ont nécessité la création d'un instrument de paiement spécifique appelé « crédit documentaire » ou plus familièrement « Credoc ». Tout en conciliant l'intérêt du vendeur (être payé) et celui de l'acheteur (recevoir dans les qualités, les quantités et les délais contractuels, la marchandise commandée) il permet d'apporter la sécurité de paiement recherchée par le vendeur.

La difficulté réside dans les positions diamétralement opposées de l'acheteur et du vendeur. La situation idéale pour le premier est « je reçois la marchandise, je paye », alors que la situation idéale pour le second s'exprime par « vous payez, j'envoie la marchandise ». Le crédit documentaire est une technique qui permet de satisfaire ces deux exigences ! Le crédit documentaire est l'engagement d'une banque de payer un montant défini au fournisseur d'une marchandise ou d'un service, contre la remise, dans un délai déterminé, de documents énumérés qui prouvent que les marchandise ont été expédiées ou que les prestations ou services ont été effectués. L'objet de ces documents est de rendre vraisemblable l'exécution correcte des obligations de l'exportateur. Ces documents seront ensuite transmis par la banque à l'acheteur contre remboursement, pour que ce dernier puisse prendre possession de la marchandise.

Ainsi, l'acheteur ne transmet aucuns fonds au vendeur tant qu'il n'a pas reçu les documents pour prendre possession de la marchandise, et le vendeur reçoit le paiement dès qu'il l'a expédiée, pour peu que les obligations documentaires aient été respectées. La technique du crédit documentaire répond donc à une double exigence :

- Faire bénéficier l'exportateur d'un engagement bancaire émanant de la banque de l'importateur, et distinct du paiement effectif de l'importateur (la banque s'engagement à payer, même si l'importateur éprouve une quelconque difficulté à le faire) ;
- Donner l'assurance à l'importateur que la garantie bancaire ne sera levée que si le vendeur peut monter qu'il a correctement exécuté ses propres obligations contractuelles.

2.2.1. Définition

Le crédit documentaire est l'engagement pris par la banque de l'importateur de garantir à l'exportateur le paiement des marchandises (ou l'acceptation d'une traite) contre la remise des documents attestant de l'expédition et de qualité des marchandises prévue au contrat.

2.2.2. Les intervenants

- Le donneur d'ordre : C'est l'acheteur qui a négocié un contrat commercial avec un fournisseur étranger, il donne à sa banque des instruments d'ouverture du crédit documentaire en faveur de son fournisseur.
- La banque émettrice : C'est la banque de l'acheteur qui, après avoir reçu des instruments de son client, émet le crédit documentaire, c'est-à-dire procède à son ouverture.
- La banque notificatrice : C'est la correspondante de la banque émettrice dans le pays du vendeur. Elle va notifier au vendeur l'ouverture du crédit documentaire en sa faveur. Cette banque n'est pas forcement la banque habituelle du vendeur.

- Le bénéficiaire : C'est le vendeur qui est bénéficiaire de l'engagement d'être payé.

2.2.3. Les formes du crédit documentaire

- 2.2.3.1. Le crédit documentaire révocable

Ce type de crédit peut être annulé ou amendé par la banque émettrice à tout moment sans que le bénéficiaire en soit averti au préalable il n'offre donc aucune garantie pour le vendeur avant présentation des documents

- 2.2.3.2. Le crédit documentaire irrévocable

Contrairement au crédit documentaire révocable, le crédit documentaire irrévocable comporte un engagement ferme de la part de la banque émettrice, cet engagement ne peut être amandé ou annulé sans l'accord de toutes les parties intéressées, le fournisseur à en principe s'assurance d'être payé s'il se conforme aux conditions du crédit documentaire.

- 2.2.3.3. Le crédit documentaire irrévocable et confirmé

C'est la forme la plus sûre et la plus pratiquée dans les banques. En effet, lorsqu'une banque confirme un crédit documentaire à un vendeur, elle s'engage à payer ce dernier contre documents conformes présentés dans les délais. Dans ce cas, le vendeur reçoit un double engagement, le premier de la banque émettrice, le second une promesse de paiement de sa propre banque dans son pays. Ainsi, sont éliminés (pour le vendeur) les risques politiques et de non transfert qui sont reportés sur la banque confirmatrice

- 2.2.3.4. Le crédit documentaire irrévocable et notifié

Dans cette formule, la banque correspondante joue uniquement un rôle d'intermediaire se contentant de notifier le crédit documentaire à l'exportateur.

Le crédit documentaire est une remise de document. La négociation des marchandises est une opération distincte dans laquelle la banque n'a pas à intervenir.

- 2.2.3.5. La lettre de crédit « stand-by »

Garantie de paiement. Elle n'est utilisée que si la prestation convenue n'a pas eu lieu ou n'a pas été correctement réalisée.

Il existe aussi d'autres formes particulières de crédit documentaire, utilisées pour les opérations « import-export »

- 2.2.3.6. Le crédit documentaire transférable

Il est le meilleur outil bancaire pour résoudre les divers problèmes d'un intermédiaire qui souhaite monter des opérations sans encourir lui-même de risques.

- 2.2.3.7. Le crédit « back to back »

Il arrive qu'on ne puisse pas transférer un crédit documentaire pour différentes raisons (devises différentes, lieu d'embarquement différent, etc.) dans ce cas, on ouvre un nouveau crédit documentaire qui viendra s'appuyer sur le premier.

2.2.4. La réalisation du crédit documentaire

Le crédit peut être realisé de plusieurs façons :

- 2.2.4.1. Le paiement à vue

Dans ce cas la banque correspondante paie immédiatement le vendeur dès la présentation des documents. Elle envoie ceux-ci à la banque émettrice qui la règle aussi tout de suite.

- 2.2.4.2. Le paiement par négociation

La banque correspondante négocie un effet de commerce accepté par la banque émettrice. Le vendeur est règle immédiatement, déduction faite des agios d'escompte courus entre la date de l'escompte et de date de réception des fonds versés par la banque émettrice.

Il s'agit d'une lettre de crédit payable chez la banque émettrice plutôt qu'une ouverture de crédit payable chez la banque correspondante.

- 2.2.4.3. Le paiement par acceptation

Une traite à échéance remplace le paiement. Cette formule permet d'accorder un délai de règlement à l'importation. Cette traite documentaire, tirée par le vendeur sur l'acheteur, sur la banque émettrice ou la banque la banque notificatrice est acceptée contre remise des documents. Le bénéficiaire peut escompter cette traite auprès de sa banque.

- 2.2.4.4. La réalisation par paiement différé

Un délai de paiement sans traite est convenu à une date mentionnée au préalable dans le crédit documentaire sur présentation des documents conformes, le vendeur obtient de la banque émettrice ou de la banque notificatrice l'engagement écrit qu'elle effectuera le paiement à l'expiration du délai

- 2.2.4.5. La réalisation par paiement anticipé

Paiement effectué avant la présentation des documents

En plus de crédit documentaire réalisable ; il existe le crédit « *revolving* » crédit documentaire qui se renouvelle par lui-même. Il permet de ne pas trop encombrer les lignes de l'acheteur ;

2.2.5. Les documents commerciaux

Il s'agit de tous les documents qui devront être présentés dans le cadre du crédit documentaire, c'est-à-dire :

- Les documents de transports (connaissement maritime, lettre de voiture…)
- La facture commerciale et éventuellement
- Le certificat d'assurance
- La note de poids et de colisage
- La domiciliation de l'intention d'importation
- Le certificat d'inspection
- Le certificat sanitaire
- Le certificat d'origine etc.…

2.2.6. Les risques du crédit documentaire

L'opération n'est pas exemple du risque pour les parties du contrat. Il existe deux types de risque, les risques documentaires et le risque cde non-paiement.

- 2.2.6.1. Risque documentaire

Le risque documentaire provient d'une différence entre les mentions portées sur les documents et la marchandise réellement expédiée.

- Mauvaise qualification des produits.
- Escroquerie sur la marchandise.
- Erreur de déchiffrage des documents.

En cas de doute au moment de la vérification du document, le banquier du bénéficiaire ou son correspondant doit interroger l'acheteur afin d'obtenir son accord ceci malgré d'éventuelle irrégularité dans les documents.

Toutefois, si le banquier est responsable de la vérification des documents, il ne l'est pas de la non-conformité des marchandises reçues avec celles qui sont annoncées dans les documents.

- 2.2.6.2. Risque de non-paiement

Le banquier correspond, en payant le vendeur, court le risque de ne pas être remboursé par son donneur d'ordre (le banquier de l'importateur). Il peut en effet par exemple, y avoir des difficultés de transfert du pays vendeur vers le pays acheteur au risque d'insolvabilité de l'importateur.

Le banquier de l'importateur risque, en tout état de cause de ne pas être remboursé par son client sauf s'il a pris la précaution de bloquer les fonds correspondant à ce risque, il faut ajouter éventuellement le risque de change si une couverture à terme n'a pas été prévue.

2.2.7. Déroulement du crédit documentaire

Figure 21 : Déroulement d'un crédit documentaire

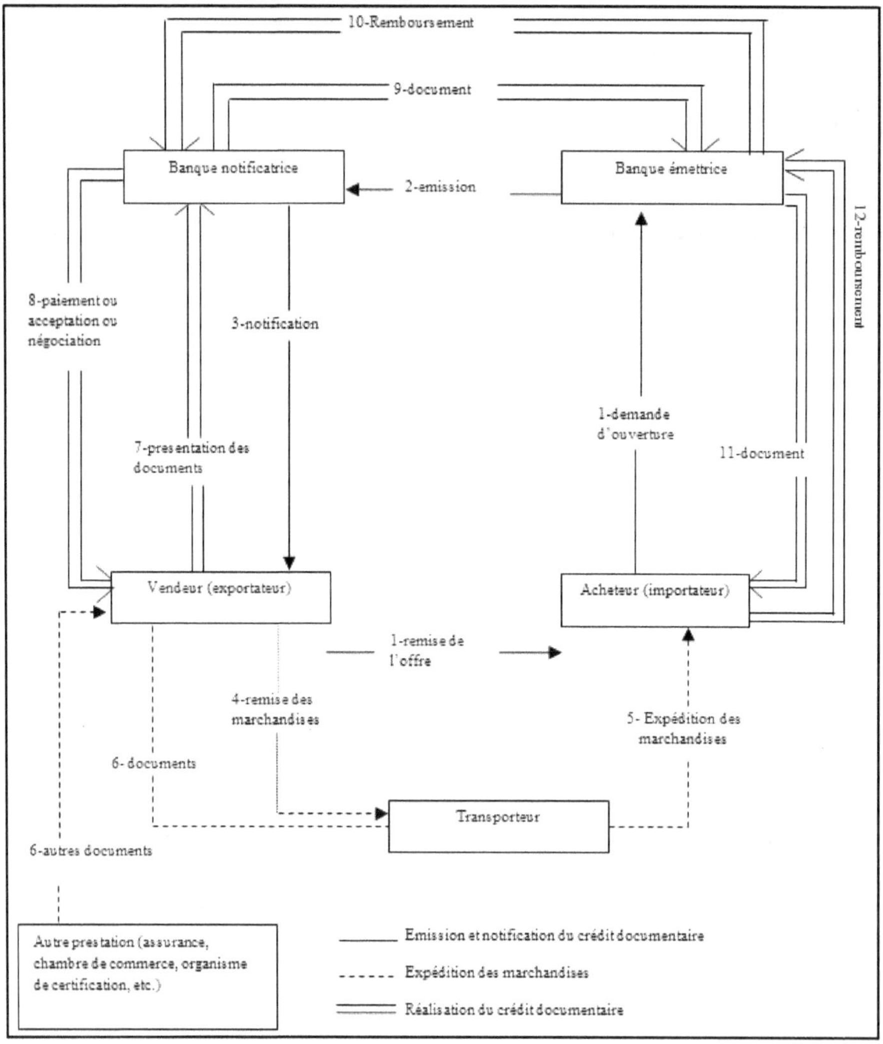

Source : A. Bacher, J. Duboin « *exporter, pratique du CI* » édition foucher 2000.

Explications des étapes

1. L'importation conclut avec son fournisseur étranger un contrat prévoyant un paiement par crédit documentaire, les conditions doivent être négociées avec précision et incorporer dans le contrat commercial.
2. L'importateur ordonne à sa banque d'émettre un crédit documentaire en faveur de son fournisseur. Cette demande doit préciser toutes les mentions comme (le nom, l'adresse du fournisseur, etc.).
3. La banque de l'importateur procède à l'ouverture du crédit par demande à la banque notificatrice.
4. La banque notificatrice informe l'exportateur et les conditions et en cas de besoin, il se rapproche de l'importateur pour lui demander de procéder à d'éventuelles modifications.
5. L'exportateur satisfait du crédit ouvert en sa faveur procède à l'expédition de la marchandise.
6. L'exportateur adresse à la banque notificatrice les documents requis pour la réalisation du crédit documentaire.
7. La banque vérifie la conformité des documents à la stipulation du crédit documentaire et si la vérification est satisfaisante elle paye l'exportateur.
8. La banque notificatrice adresse les documents à la banque émettrice.
9. La banque émettrice vérifie la conformité des documents aux stipulations indiquées à l'ouverture du crédit. En cas de conformité elle procède au paiement de la banque notificatrice.
10. La banque émettrice remet les documents à l'importateur qui vérifie leurs conformités.
11. L'importateur satisfait de la conformité des documents, verse les fonds à la banque émettrice.
12. L'importateur remet le document de transport au transporteur qui procède à livraison de la marchandise

2.2.8. Comptabilisation du crédit documentaire import

Les écritures comptables sont générées automatiquement :

Ouverture du crédit documentaire

Débit	**Crédit**
90344 Engagement CDI Client	980344 Contrepartie / Engagement CDI en (Devise)
12714 Provision /Crédoc	11414 Compte correspondant
2511 Compte client	2511 Déposit / Client 0707131 Commission d'ouverture 3321118 TAF /commission

Augmentation de l'engagement
Schéma comptable identique à celui de l'ouverture,
seules les commissions à prélever diffèrent.
Modification des termes

Débit	Crédit
2511 Client	707131 Commission d'ouverture 3321118 TAF /commission

Régularisation engagement et provision Credoc

Débit	Crédit
1141 Banques et correspondants étrangers	90344 Engagement CDI Client
980344 Contrepartie / Engagement CDI en (Devise)	12714 Provision /Crédoc

Règlement du crédit du Credoc et des frais

Débit	Crédit
2511 Compte client	011141 Banques et correspondants étrangers
3757 Position de change en Devise	37584 Contrevaleur Position change CFA 707131 Commission /utilisation 3321118TAF /commission 3321119 Taxe Trésor (Si zone hors UEMOA)

Restitution déposit

Débit	Crédit
2541 Déposit / Client	2511 Client

2.2.9. Avantages et inconvénients

Pour l'acheteur (importateur) :

- Avantages
  - Sécurité de ne payer le vendeur que s'il a rempli ses obligations
  - Financement éventuel

- Inconvénients
  - Coût : l'acheteur supporte les frais de la banque émettrice

Pour le vendeur (exportateur) :

– Avantages
- Sécurité : il est couvert du risque commercial
- Gestion de trésorerie : il déclenche le payement en présentant les documents requis

– Inconvénients
- Rigidité : il faut souvent procéder à des modifications
- Coût : il supporte les coûts de la banque qui lui a notifié le crédit ou qui l'a confirmé

3. Le financement des exportations

3.1. Les crédits fournisseurs

Ce sont des crédits consentis aux importateurs par des fournisseurs étrangers.

Les durées de ces crédits peuvent aller jusqu'à 10 ans pour les crédits fournisseurs de Long Terme.

Ces crédits sont garantis par des organismes spécialisés tels que la COFACE[131] en France, HERMES en Allemagne et la SACCE en Italie.

Ces compagnies d'assurance-crédit couvrent les risques politiques, les risques monétaires, les risques liés à une catastrophe naturelle et les risques de non-transfert.

Le crédit fournisseur à moyen terme préfinance un plan de financement de marché en fonction des perspectives de dépenses et de rentrées dans le cadre du contrat commercial.

Les crédits fournisseurs à long terme finance les exportations de gros équipements, d'usines, ou des grands chantiers.

3.2. Les crédits acheteurs

L'objectif des crédits acheteurs est de permettre le paiement comptant du fournisseur par l'acheteur pour le décharger de tout souci de financement.

Dans ce type de financement, il existe 2 contrats : un contrat commercial et un contrat de crédit.

Le contrat commercial définit les obligations respectives de chaque partie, essentiellement les prestations à fournir et le paiement au comptant. Il est

[131] Leader de l'assurance-crédit en France, détaille clairement pour de nombreux pays du monde les moyens de paiement utilisés, les réglementations et procédures en matière de recouvrement de créance, les taux d'impayés par rapport à la moyenne mondiale, le nombre de faillites, les principaux indicateurs économiques, l'appréciation du risque pays, etc.

prévu dans ce contrat une police d'assurance dite « risque de fabrication » qui couvre le fournisseur à hauteur de 90% contre le risque d'interruption et de non-paiement du fait de l'acheteur.

Le contrat de crédit est une mise à disposition de fonds permettant à l'acheteur d'honorer ses engagements au moment opportun. Il est prévu dans ce contrat une police d'assurance dite « risque de crédit » qui couvre la banque à hauteur de 95% contre le risque non remboursement de la mise à disposition de fonds.

3.3. L'avance en devises à l'exportation

L'avance en devises à l'exportation peut être accordée dans le cadre d'une mobilisation de créances nées à l'étranger ou toutes autres créances similaires.

Le taux appliqué est celui du marché de la devise et la durée libre conformément au contrat commercial qui est le document de référence dans le commerce international.

Il existe également l'avance en devises à l'importation.

3.4. Les crédits de trésorerie spécialisés

Parmi ces panoplies de crédits, on peut retenir :

- Les crédits de prospection à l'étranger : il est lié à l'existence d'un contrat d'assurance prospection
- Le financement de stocks détenus à l'étranger
- Les rachats de créances
- Affacturage : la banque rachète les créances et supporte le risque e non-paiement
- Forfaitage : escompte d'effets commerciaux tirés sur un acheteur étranger et acceptés par lui ; le tireur ne restant pas garant du paiement.

4. Les critères de choix des instruments et techniques de paiement international

Quel instrument et quelle technique de paiement international choisir ?

Pour vous aider à répondre à cette question, nous vous proposons un tableau récapitulatif présentant les avantages et les inconvénients des instruments et techniques de paiement à l'international répondant au mieux à vos besoins.

De plus, une comparaison en fonction d'un critère particulier, à savoir la sécurité en matière de paiement, vous est proposée. Ce facteur étant souvent un facteur décisionnel fondamental pour les entreprises.

- Tableau comparatif des instruments et techniques de paiement[132]
- Schéma comparatif des instruments et techniques de paiement sous l'angle de la sécurité de paiement.

[132] Source : Exportateur COFACE

- Le choix d'un instrument et d'une technique de paiement sous l'angle des usages et réglementations locaux.

4.1. Tableau comparatif des instruments et techniques de paiement

Le tableau suivant reprend des avantages et inconvénients des différents modes de règlement du point de vue de l'exportateur. Il peut vous aider à choisir une technique de règlement en fonction de vos critères. Il est donné à titre indicatif. En commerce international, chaque opération a ses caractéristiques propres, qui peuvent conduire à des solutions différentes de celles qui paraissent a priori les mieux adaptées notamment au travers du jeu de la négociation.

4.1.1. Instruments de paiement

Tableau 30 : Instruments de paiement dans le commerce international

	Sécurité délai de paiement	**Garantie de paiement**	**Gestion administrative**	**Coût**	**Acceptabilité client**	**Mode financement**
Virement SWIFT	Peu sûre Initiative de paiement laissée à l'importateur (sauf si paiement à la commande ou à la facturation)	Nulle Ne constitue pas une garantie de paiement sauf si envoyé avant expédition des marchandises	Légère Utilisation très facile	Très faible	Bonne	Non (sauf si paiement à la commande)
Chèque	Peu sûre Initiative de paiement laissé à l'importateur (sauf si paiement à la commande ou à la facturation) Temps d'encaissement long	Variable Bonne si chèque de banque Mauvaise si chèque d'entreprise non certifié ou visé Le chèque peut être perdu, volé ou falsifié	Moyenne Nombreux intermédiaires statut juridique du chèque différent de pays à pays + usage parfois limité par réglementation des changes	Assez élevé	Bonne	Non Possibilité de réduire le délai de paiement si acceptation du chèque par la banque « sauf bonne fin »
Lettre de change	Complexe Temps d'encaissement long car nombreux intermédiaires	Variable Sécurité de paiement si la traite est avalisée par une banque	Moyenne Nombreux intermédiaires	Assez élevé	Moyenne	Oui Peut-être escomptée auprès d'une banque transmise par endos

Source : COFACE

4.1.2. Techniques de paiement

Tableau 31 : Techniques de paiement dans le commerce international

	Sécurité délai de paiement	**Garantie de paie-ment**	**Gestion administra-tive**	**Coût**	**Acceptabilité client**	**Mode de finance-ment**
Encaisse-ment direct	Peu sûre Initiative de paiement laissée à l'acheteur Sûre Dans le cas d'un paie-ment à la commande	Peu sûre Initiative de paie-ment laissée à l'acheteur Sûre Dans le cadre d'un paiement à la com-mande	Légère	Faible	Bonne Sauf si paie-ment à la commande avant livraison	Non Sauf si paiement à la com-mande avant livraison
Contre rembour-sement	Sûre Temps d'encaissem ent dépend de la durée du transport	Peu sûr l'acheteur peut refu-ser les marchan-dises sans les avoir payées	Légère	Elevé	Bonne	Non
Crédit documen-taire	Très sûr Si crédoc irrévocable Totale Si crédoc irrévocable et confirmé	Très Importante si la banque se porte garante de l'impor-tateur	Très lourde Gestion documentaire très lourde	Moyen Prix variant selon le nombre d'intermédiai res et le type de garantie apportée par les banques	Moyen Certains clients évitent le crédit documentaire à cause des formali-tés« lourdes » qu'il apporte	Oui L'exportate ur reçoit le montant de la transac-tion dès que les documents commer-ciaux sont acceptés par la banque

	Sécurité délai de paiement	Garantie de paiement	Gestion administrative	Coût	Acceptabilité client	Mode de financement
Remise documentaire	Peu sûre Temps d'encaissement long car de nombreux intermédiaires interviennent. L'acheteur peut refuser les marchandises sans les avoir payées.	Faible Si remise documentaire D/P Elevé si remise documentaire D/A	Légère Gestion documentaire beaucoup plus souple que dans le cadre du crédoc	Moyen	Moyenne	Oui
Affacturage	Très sûr La société d'affacturage paie l'exportateur avant de recevoir le paiement des créances qu'elle a accepté de couvrir	Totale La société d'affacturage supporte le risque de non-paiement	Légère La gestion administrative est ultra simplifiée étant donné que la société d'affacturage qui gère les créances	Elevé	Moyenne à mauvaise Les sociétés d'affacturage sont très rigoureuses au niveau du recouvrement des factures. Elles laissent peu de place à la négociation en cas de retard de paiement	Oui Crédit octroyé dont le plafond évolue en fonction du montant des factures couvertes (80% en crédit les 20% restant lors de la réception du paiement)
Compte à l'étranger	Relative Dépend de l'instrument de paiement qui est associé	Relative Dépend de l'instrument de paiement qui est associé	Relative Dépend de l'instrument de paiement qui est associé	Relative Dépend de l'instrument de paiement qui est associé	Bonne Frais minimum pour l'acheteur	Relative Dépend de l'instrument de paiement qui est associé

Source : COFACE

4.1.3. Schéma comparatif des instruments et techniques de paiement sous l'angle de la sécurité de paiement

Le schéma ci-après donne un aperçu de la plus ou moins grande sécurité apportée par les différents instruments et techniques de paiement. Si vous disposez d'une marge de manœuvre dans ce domaine et que le rapport de force avec votre interlocuteur vous le permet, vous pourrez adapter vos conditions de règlement au risque encouru.

Figure 22 : comparaison des instruments et techniques de paiement dans le commerce international

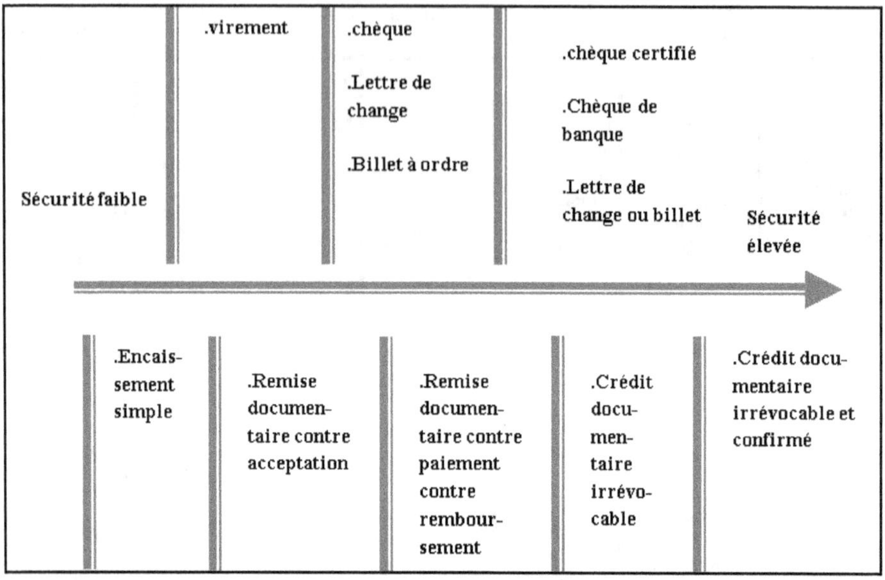

Source : COFACE

NB : *Nous constatons, cependant, que le crédit documentaire irrévocable et confirmé ne protège pas de tout et qu'un risque politique notamment de non transfert peut toujours intervenir et serait supporté par la banque confirmatrice.*

VIII. Le financement islamique

1. L'avènement de la finance islamique[133]

Malgré ses racines théoriques lointaines, la Finance Islamique est une construction contemporaine. Durant des siècles, en effet, il n'y eut pas véritablement un système financier islamique complet. Il n'y eut que l'interdiction du Riba (intérêt illicite). On ne proposa pas des modes de financement alternatifs ni n'imagina d'organisations financières adaptées. Sans les structures et les produits, on ne peut évidemment pas parler de finance proprement dite.

Les premières expériences modernes dans ce domaine datent des années 1960 avec l'expérience des caisses rurales MitGammar en Egypte et du « Piligrim's Management Fund » (Tabung Hadjji) en Malaisie. Ces institutions avaient comme objectif de réduire l'exclusion bancaire et de promouvoir le développement des couches de population défavorisées. Leur activité qui avait essentiellement un objectif de développement, restait confinée au niveau local. Ainsi, de nombreux économistes, sans ignorer ces premières expériences, s'accordent à considérer comme véritable date de naissance de la Finance Islamique moderne le début des années 1970, au carrefour de la montée du panislamisme et du boom pétrolier. Selon certains observateurs, le développement spectaculaire de la Finance Islamique à partir des années 1970 est une conséquence directe de la mise en exploitation des gisements du pétrole dans le Golfe Persique et des richesses que cette industrie a générées.

En 1970, la création de l'Organisation de la Conférence Islamique (OCI) regroupant un grand nombre de pays musulmans remet les préceptes économiques de l'Islam à l'ordre du jour. En 1973, dans la foulée du quadruplement des prix du pétrole et de l'embargo pétrolier arabe, l'OCI décida la création de la Banque Islamique du Développement (IDB). Basée à Djeddah, cette institution posa les jalons d'un système d'entraide fondé sur des principes islamiques.

133 Cf. « Rapport Jouini et Pastré sur les enjeux et opportunités de développement de la finance islamique pour la place de Paris page 24-72».

Deux ans plus tard, en 1975, la Dubaï Islamic Bank (DIB), la première banque universelle privée islamique, voit le jour. En 1979, apparaît également la première compagnie d'assurances islamique, Islamic Insurance Company of Soudan.

Au cours de la décennie suivante, le nombre des institutions financières islamiques et le volume de leurs actifs croissent de manière ininterrompue et ces opérateurs commencent, pour la première fois, à étendre leur activité au-delà des frontières physiques du Moyen Orient (en Asie de Sud-Est, dans un premier temps, vers l'Afrique de Nord par la suite). Les banques islamiques continuent à consolider leur base de dépôts et les différents opérateurs profitent des innovations financières afin d'élargir leur offre de produits.

Au cours des années 1990, la croissance des actifs islamiques, largement alimentée par l'explosion de la rente pétrolière, s'accélère. Cette fois, l'accent est mis sur la recherche de solutions concrètes permettant à la fois le respect des normes coraniques et la rémunération des capitaux investis et de l'expertise de la banque. Ces années sont également marquées par une extension de la banque de détail islamique et par un début, même timide, de désintermédiation dans la Finance Islamique. Les règles de fonctionnement des institutions financières islamiques deviennent plus raffinées et les premières tentatives d'homogénéisation de ces normes, certes encore à l'échelle locale ou régionale, ont lieu. Ainsi, en 1991, une organisation chargée d'élaborer des standards comptables appropriés pour les institutions financières islamiques, l'Accounting and Auditing Organization for Islamic Finance Institution (AAOIFI), est créée.

Cette croissance se poursuit au cours des années 2000, mais, plus important, l'intérêt pour la Finance Islamique dépasse pour la première fois les frontières géographiques du monde musulman pour devenir un enjeu mondial (ci-après la taille du marché bancaire islamique).

Tableau 32 : Le marché bancaire islamique potentiel (2005)

Zone géographique	Population musulmane (millions)	Rang	PIB / habitant ($)	PIB « musulman » (milliards de dollars)	Taux de bancarisation potentiel*	Marché bancaire islamique potentiel (milliards de dollars)	Rang ajusté
Indonésie	229	1	3580	820	75%	615	1
Pakista N	158	2	2180	344	50%	172	10
Afrique sub-saharienne	151	3	850	128	50%	64	15
Afrique du Nord	145	4	3100	450	75%	337	5
Inde	142	5	2900	412	75%	309	7
Bangladesh	129	6	1300	168	50%	84	13
Asie centrale (hors Pakistan)	96	7	5250	504	50%	252	8
Turquie	71	8	7890	560	75%	420	4
Iran	63	9	6900	435	75%	326	6
Péninsule arabique	55	10	12480	686	75%	515	2
Levant (y.c. Irak)	57	11	2000	114	50%	57	16
Russie	22	12	9870	217	75%	163	11
Chine	18	13	5080	91	75%	69	14
Europe (y.c. Balkans)	15	14	31250	469	100%	469	3
Malaisie	14	15	9500	133	75%	100	12
Amérique du Nord	6	16	39500	237	100%	237	9
Total	**1371**			**5768**	**70%**	**4188**	

Actifs Islamiques Effectifs : 400. Taux de pénétration de la Finance Islamique : 9%

* Hypothèse : 50% pour les pays en développement, 75% pour les pays émergents, 100% pour les pays développés

Source : Standard & Poor's, 2006.

2. La finance islamique en zone UEMOA

Les marchés de produits financiers islamiques en zone UEMOA sont encore très peu profonds et liquides, en comparaison avec leurs équivalents conventionnels. Certains compartiments de ces marchés (comme le marché monétaire) ne sont pas encore développés et l'absence de marchés secondaires sur certains segments (comme le marché des sukuk ou obligations islamiques) freine leur développement. Ici, l'exposé sera focalisé sur les pratiques internationales en la matière pour éclairer les lanternes du lecteur sur les possibilités d'innovations financières qu'offrent ces instruments financiers islamiques.

L'affirmation des institutions financières islamiques en tant qu'acteurs importants dans le financement des économies musulmanes soulève également de nombreux défis pour les autorités de supervision et de réglementation financière (BCEAO). L'ampleur du phénomène appelle, en effet, à une réflexion sur l'approche en matière de réglementation financière à adopter. Jusqu'à quel point les règles du jeu doivent-elles être identiques pour les institutions financières islamiques et leurs homologues conventionnels afin de ne pas fausser la concurrence entre les deux ? Et jusqu'où faut-il différencier la réglementation concernant les institutions islamiques afin de créer les filets de sécurité nécessaires compte tenu des risques spécifiques à l'industrie financière islamique ?

3. Le clivage entre « finance islamique » et « finance conventionnelle »

L'objectif ultime de tout système financier est la mobilisation des ressources financières et leur allocation entre différents projets d'investissement. En faisant une revue de la théorie bancaire classique, cette dernière nous indique que la banque islamique pourrait opérer comme une banque universelle, et quand elles font cela, elles s'exposent à une petite dose de sélection adverse et d'aléa moral[134].

Cependant, les principes de fonctionnement d'un système financier islamique sont différents des principes sacro-saints de la finance traditionnelle ou de la finance conventionnelle.

En effet, la théorie financière classique nous enseigne que la norme qui préside aux décisions d'un homo-economicus (agent économique rationnel) est l'optimisation du couple rendement-risque de son portefeuille de placements tandis que cette notion de profitabilité n'est pas l'unique ni le principal critère de décisions des agents des opérateurs islamiques.

Dans la religion musulmane, les règles de la Charia[135] régissent toute l'activité humaine (politique, sociale, économique et culturelle). Elle est tirée de cinq sources :

- *Le Coran – le livre sacré des musulmans est la source principale du Droit Islamique.*
- *La Sunna, ce terme désignant l'ensemble des dires et des actions du Prophète ainsi que son approbation des dires et des pratiques de quelqu'un d'autre.*

---

[134] Mabid, A.-J. (2007). Op. cit., pp.1-24.
[135] Mabid, A.-J. (2007). Op. cit., pp.1-24.

- *Les Qyas, ou l'analogie, - une forme de raisonnement utilisée par les juristes musulmans pour déterminer la solution d'un problème de droit (fiqh) non prévu par les textes du Coran et de la Sunna.*
- *L'Ijtihad, qui est l'effort de réflexion personnelle basée sur les principes généraux de l'Islam. Il est pratiqué par les muftis (juristes) ou les mujtahids (savants).*
- *L'Ijma, procédure juridique dans le droit musulman qui essaie d'établir une règle en se basant sur un consensus des spécialistes du domaine dont il est question. Une règle de droit prise par ce procédé ne peut en aucun cas contredire le Coran ou la Sunna.*

Une des conséquences immédiates de la divergence de vision entre la Finance Islamique et la Finance Conventionnelle est l'interdiction de la riba. Ce terme vient du verbe « raba » qui signifie « augmenter ». Il désigne donc une augmentation de valeur et correspond à deux notions bien distinctes dans la terminologie de la Finance Conventionnelle : l'usure et le taux d'intérêt. Le Coran interdit explicitement, à plusieurs reprises, la pratique de la riba. A ce titre, il dit ceci :

« Ceux qui mangent [pratiquent] de l'intérêt usuraire ne se tiennent (au jour du Jugement dernier) que comme se tient celui que le toucher de Satan a bouleversé. Cela, parce qu'ils disent : "Le commerce est tout à fait comme l'intérêt" Alors qu'Allah a rendu licite le commerce, et illicite l'intérêt[136]*. Celui, donc, qui cesse dès que lui est venue une exhortation de son Seigneur, peut conserver ce qu'il a acquis auparavant ; et son affaire dépend d'Allah. Mais quiconque récidive... alors les voilà, les gens du Feu ! Ils y demeureront éternellement » Coran, Sourate 2, verset 275.*

« Allah anéantit l'intérêt usuraire et fait fructifier les aumônes. Et Allah n'aime pas le mécréant pécheur » Coran, Sourate 2, verset 276.

« O les croyants ! Craignez Allah ; renoncez au reliquat de l'intérêt usuraire, si vous êtes croyants ». Coran, Sourate 2, verset 278.

La perception d'une rémunération fixe, fonction uniquement de l'écoulement du temps et complètement déconnectée de la rentabilité réelle du projet d'investissement sous-jacent, est contraire à l'éthique musulmane, car considérée comme socialement destructrice (prohibition de taux d'intérêt). D'où la promotion des projets d'investissement viables avec le partage des profits et des risques.

Le commerce d'argent n'est donc pas comparable aux autres commerces. L'éthique musulmane cautionne ainsi le commerce de marchandises mais

[136] Ce n'est pas seulement l'usure qui est interdite, mais le moindre prêt à intérêt. Toute transaction à base d'intérêt est défendue, c'est-à-dire tout gain à risque unilatéral : par exemple, prêter de l'argent à un commerçant ou à un industriel et exiger un intérêt sans participer aux risques et aux pertes éventuelles du débiteur. Par contre, le prêt avec participation aux gains et aux risques est parfaitement licite : il s'agit alors d'une véritable association.

considère comme haram (« impie ») tout profit tiré d'une transaction purement « financière ».

De cette vision particulière émanent deux autres impératifs de la loi islamique. Premièrement, la thésaurisation est interdite car elle détourne les fonds des activités productives. Ensuite, ce qui est encore plus fondamental, toute opération financière doit être adossée à un actif réel. La spéculation ainsi que le jeu de hasard sont de facto condamnés. A ce titre, le Saint Coran nous enseigne : *« à ceux qui thésaurisent l'or et l'argent et ne le dépensent pas dans le sentier de Dieu, annonce un châtiment douloureux. » Coran, Sourate 9, verset 34.*

Il faut remarquer que l'intérêt est licite ou illicite en fonction de la destination et l'utilisation du prêt par le bénéficiaire. Par exemple, tout prêt à un nécessiteux en situation précaire pour la satisfaction d'un besoin non lucratif (consommation) est un intérêt illicite (Riba). Cependant, si le prêt est accordé dans un but industriel et commercial à un opérateur économique ayant accepté les conditions de la banque (taux, commissions) dans un but lucratif est tout à fait permis et encouragé. L'intérêt d'une telle pratique est licite (Ribhou). Par conséquent, le taux d'intérêt bancaire entre dans le cadre du bénéfice licite dont toutes les parties gagnent mutuellement. Cette idée est avancée par Mahamoudou Aoualo, imam à la mosquée d'Awliya à Gao (Mali) dans son ouvrage intitulé : la banque islamique pour la prospérité et l'équité. Dans ce livre, il incite également les musulmans à recourir aux banques classiques car l'intérêt qui y ait appliqué est licite et parfaitement légal. Il pense réveiller la conscience des musulmans restés réticents envers les banques à recourir aux banques pour faire des activités socio-économiques licites. Cela n'engendre pas de péché à l'égard de la loi islamique selon l'imam de Gao.

Par ailleurs, la Finance Islamique interdit, aussi, l'investissement dans certaines activités économiques (des activités « haram » comme l'industrie du jeu, de l'alcool, de l'armement, etc.) mais aussi dans des sociétés qui transgressent les principes fondamentaux de la Charia (par exemple, les sociétés à fort levier d'endettement).

L'univers de la Finance Islamique paraît hétérogène d'une région à une autre par une diversité marquée. Par exemple, l'Iran et le Soudan ont-ils entièrement islamisé leur secteur financier alors que le sultanat d'Oman a interdit la Finance Islamique et qu'en Egypte, l'Université d'Al Azhar a émis une fatwa qui justifie, à certaines conditions, l'utilisation de taux d'intérêt, gommant un peu plus les différences entre Finance Conventionnelle et Finance Islamique.

Il en est ainsi du mécanisme de fonctionnement des sukuk (les « obligations islamiques »), créées dans les années 1970 en Malaisie, qui ont été, dans un premier temps, vivement condamnées par les pays du Moyen Orient pour être, par la suite, très largement adoptées par ces mêmes pays.

En somme, la finance islamique procède donc des préceptes susmentionnés de l'Islam (soumission dans la religion musulmane) et s'organisent autour de trois principes fondamentaux :

- Interdiction de certaines formes de commerce (commerce d'argent) et de profit (tout taux d'intérêt usuraire ou non également appelé en arabe « riba »)
- Partage du profit ou des éventuelles pertes résultant d'investissement
- Promotion des investissements productifs, créateurs de richesses et d'emplois.

4. Les instruments financiers islamiques

Le nombre de produits financiers islamiques a invariablement augmenté au cours des trente dernières années et les principes islamiques ont été déclinés dans la plupart des domaines financiers. L'assurance islamique, takaful, est apparue ainsi au cours des années 1980 et la décennie suivante a été témoin de l'arrivée des premiers produits islamiques structurés.

Si la plupart des produits financiers islamiques répondent aux mêmes besoins que les instruments financiers traditionnels, ils s'appuient sur des mécanismes financiers élémentaires propres à la Finance Islamique. L'essentiel des instruments financiers islamiques sont structurés en utilisant des combinaisons différentes de ces mécanismes.

A l'intérieur des diverses techniques de financement islamiques on peut distinguer deux grandes familles qui s'apparentent aux deux principaux modes de financement en finance conventionnelle : le financement en fonds propres et la dette. Le poids relatif de ces deux classes d'instruments financier est également proche de la répartition que l'on peut observer dans un système financier classique. Si, en théorie, la Finance Islamique préconise l'utilisation de techniques de financement participatives, en pratique, les instruments de financement, comme la mourabaha, sont privilégiés par les acteurs : la mourabaha représente près de 60% des activités financières islamiques, alors que les deux principaux instruments participatifs (la moudarabah et la moucharakah) en représentent moins de 20%.(cf. Graphique).

Figure 23 : Parts des produits financiers islamiques

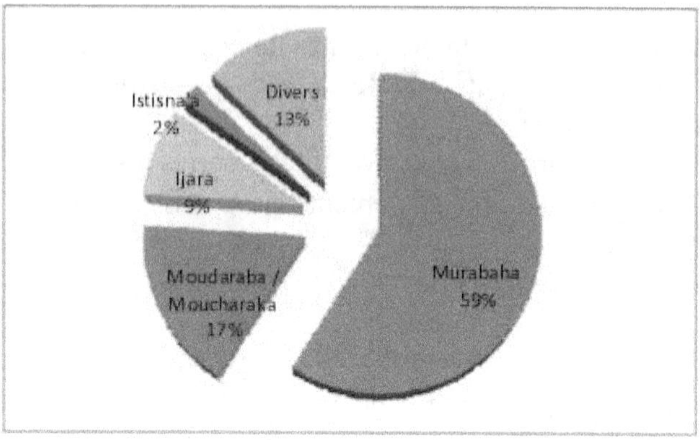

Source : Rapport moral sur l'argent dans le monde (2005), Association d'Economie Financière.

4.2. Les instruments financiers islamiques participatifs

Les instruments participatifs sont ceux qui se rapprochent le plus de l'esprit de la Finance Islamique en matière de répartition des risques et des rendements. A l'intérieur de ce groupe, les deux principaux mécanismes utilisés sont la moudarabah et la moucharakah.

4.2.1. Moudarabah

Cette opération met en relation un investisseur (Rab el Mal) qui fournit le capital (financier ou autre) et un entrepreneur (Moudarib) qui fournit son expertise. Dans cette structure financière, proche de l'organisation de la société en commandite, la responsabilité de la gestion de l'activité repose entièrement sur l'entrepreneur. Les bénéfices engrangés sont partagés entre les deux parties prenantes selon une répartition convenue à l'avance après que l'investisseur a recouvré son capital et que les frais de gestion de l'entrepreneur ont été acquittés. En cas de perte, c'est l'investisseur qui en assume l'intégralité, l'entrepreneur ne perdant que sa rémunération (c'est en ce point que la moudarabah diffère de la société par commandite).

Les projets d'investissement qui bénéficient des financements moudarabah doivent, par ailleurs, remplir certaines conditions. Ils ne doivent pas avoir trait à des activités haram (alcool, jeu du hasard, etc.). Mais en plus, la loi islamique interdisant toute activité qui se rapporte, de près ou de loin, au riba, l'investissement dans une société qui utilise activement, paie ou perçoit des intérêts ne devrait pas être acceptable selon la plus stricte interprétation de la Charia. Toutefois, appliquer cette règle à la lettre impliquerait exclure automatiquement la quasi-totalité des entreprises existantes. Les spécialistes en loi islamique ont, donc, progressivement établi des seuils de tolérance en matière d'endettement ou de revenus d'intérêt. Si les instruments financiers à taux représentent une fraction mineure du financement ou des revenus d'une entreprise, alors elle est considérée comme éligible pour recevoir un financement islamique.

Figure 24 : Principe de fonctionnement du Moudarabah

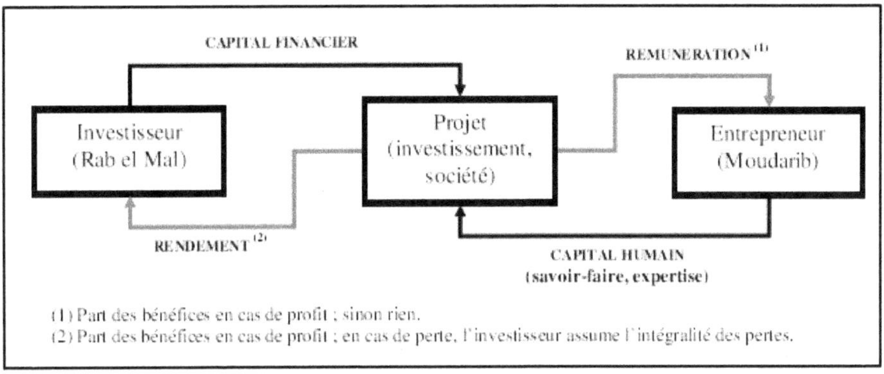

Source : Rapport Jouini et Pastré sur les enjeux et opportunités de développement de la finance islamique pour la place de Paris (2008).

Une variante de la moudarabah, la moudarabah à deux volets (« moudarabah two tiers »), permet aux banques islamiques de jouer un rôle d'intermédiation proche de celui des banques conventionnelles. Dans cette structure, la banque joue simultanément le rôle d'investisseur et d'entrepreneur. Du côté du passif, en tant que moudarib, elle gère des dépôts qui lui sont confiés par ces clients. Du côté de l'actif, elle met les fonds ainsi collectés à la disposition d'autres investisseurs.

Instrument financier prisé par les institutions bancaires, les contrats financiers basés sur la moudarabah ont néanmoins un coût de gestion plus élevé que leurs équivalents conventionnels. Ils impliquent également une répartition différente des risques entre les différentes parties prenantes et nécessitent dont une approche spécifique en matière de gestion de risque. Cependant, l'utilisation de la mouradabah peut également présenter certains avantages par rapport aux instruments financiers à taux fixe (comme le dépôt bancaire ou le contrat de dette classique).

Dans ce type de contrat financier la rémunération de l'emprunteur dépend directement du rendement de son projet d'investissement, ce qui l'incite à gérer au mieux les fonds qui lui sont confiés. Il contient donc un mécanisme de contrôle interne qui permet de réduire les coûts d'agence pour l'investisseur final.

Par ailleurs, en théorie, les produits financiers basés sur la moudarabah mettent l'accent non pas sur la solvabilité globale de l'emprunteur mais sur le potentiel économique (la rentabilité) du projet d'investissement concerné.

Ils paraissent donc particulièrement adaptés au financement des petites entreprises innovantes (notamment dans le domaine de l'immatériel), car, si la solidité financière est souvent positivement corrélée avec la taille de l'entreprise, la rentabilité ne l'est pas. Dans la pratique, toutefois, l'introduction de contrats de financement islamiques n'a pas, pour le moment, significativement augmenté le volume des financements à destination des PME. Des études sur le financement des PME dans certaines économies islamiques montrent que les financements alloués aux petites entreprises demeurent souvent insuffisants. Une partie de l'explication de cette contradiction entre théorie et réalité tient au fait qu'il est pratiquement impossible, dans la pratique, de dissocier la solidité financière d'une entreprise de la viabilité d'un projet d'investissement individuel que cette entreprise développe.

Enfin l'utilisation de ce type de contrat par les banques modifie, comme on le verra plus loin, leur statut : à leur rôle originel d'intermédiaire financier s'ajoutent les fonctions d'investisseur qui doit s'impliquer plus activement dans la gestion et la supervision des projets qu'il finance.

Cette exigence peut, toutefois, être aussi une source de problèmes en raison de l'asymétrie d'information qui existe entre le créancier (la banque) et le débiteur (l'entrepreneur).

4.2.2. Moucharakah

Dans cette opération, deux partenaires investissent ensemble dans un projet et s'en partagent les bénéfices en fonction du capital investi. Dans l'éventualité d'une perte, celle-ci est supportée par les deux parties au prorata du capital investi. La nature de cette opération s'apparente finalement à une joint-venture.

Figure 25 : Principe de fonctionnement du Moucharakah

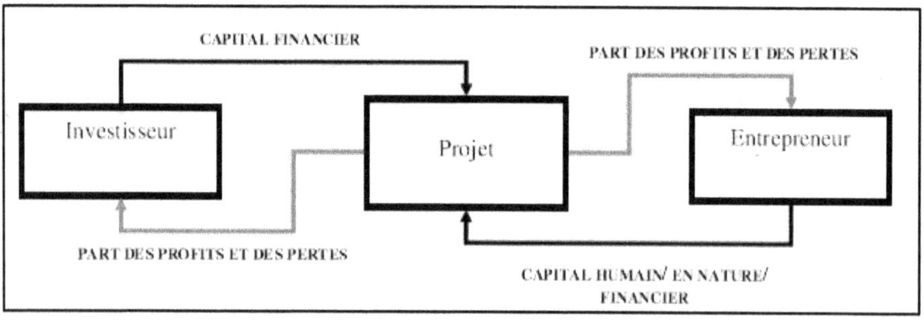

Source : Rapport Jouini et Pastré sur les enjeux et opportunités de développement de la finance islamique pour la place de Paris (2008).

Il n'y a pas une forme unique de moucharakah : la loi islamique ne prévoit pas en détail toutes les modalités de cette opération mais en précise uniquement les grands principes. Il existe donc des formes diverses de moucharakah et de nouvelles variantes pourraient être imaginées. Les principales techniques peuvent, toutefois, être regroupées dans deux catégories :

- Moufawadah. Toutes les parties prenantes à l'association ont la même contribution initiale, jouissent des mêmes privilèges, et reçoivent la même part dans les profits/pertes.
- Inan. La contribution initiale des associés est différente, leurs droits et leur part dans le bénéfice sont également différents, proportionnel ou non à leur participation initiale.

Une forme intéressante de la moucharakah est la moucharakah dégressive (diminishing musharakah) : une opération où la part de l'un des associés dans l'association est progressivement rachetée par les autres associés. Les modalités du rachat de la part du premier associé correspondent économiquement au remboursement du principal et au paiement des intérêts au prêteur.

Si les spécialistes s'accordent à dire que la moucharakah est probablement l'instrument financier islamique le plus fidèle aux préceptes fondamentaux de l'Islam, cette techniques de financement est, dans la réalité, très peu utilisée. Elle est utilisée essentiellement dans des projets d'investissement à petite échelle.

4.3. Les instruments financiers islamiques de financement

Même si l'application des mécanismes du contrat de dette classique n'est pas autorisée par l'Islam, il existe, en Finance Islamique, des instruments dont le fonctionnement se rapproche de celui des mécanismes de crédit bancaire traditionnels. Avec quelques différences importantes toutefois. La structure des instruments de financement islamiques prévoit une répartition différente des risques et exclut l'utilisation d'un taux d'intérêt comme moyen de rémunération. Les contrats de financement islamiques les plus répandus sont :

4.3.1. Mourabaha

Cette transaction suppose que le créancier (la banque) achète un actif donné pour le compte d'un client (le débiteur). Par la suite, le créancier revend cet actif au débiteur moyennant un (des) paiement(s) (échelonnés ou non sur une période donnée) à un prix convenu d'avance entre les deux. Certains spécialistes contestent le caractère islamique des opérations de mourabaha. Car, en substance, ce produit financier se rapproche singulièrement d'un contrat de dette classique. Même si cette opération rappelle singulièrement un contrat de dette classique, elle s'en distingue, néanmoins, sur quelques points essentiels.

Premièrement, la banque est, au début, propriétaire effectif de l'actif sous-jacent (l'opération est réellement adossée à un actif réel). Il ne s'agit donc pas d'un prêt, mais d'une opération de vente à crédit.

Par ailleurs, dans cette opération, la banque supporte donc les risques liés à la détention de l'actif. Deuxièmement, il n'y a pas de référence explicite à un taux d'intérêt. Le créancier se rémunère par le biais d'une commission (majoration du prix d'achat du bien). La rémunération du créancier ne compense pas l'utilisation de l'argent mais correspond plutôt à la rémunération du service rendu par la banque. Enfin, le montant de la marge bénéficiaire ne varie pas dans le temps : il est fixé au préalable et ne varie pas durant la durée du délai de paiement accordé.

Figure 26 : Principe de fonctionnement du Mourabaha

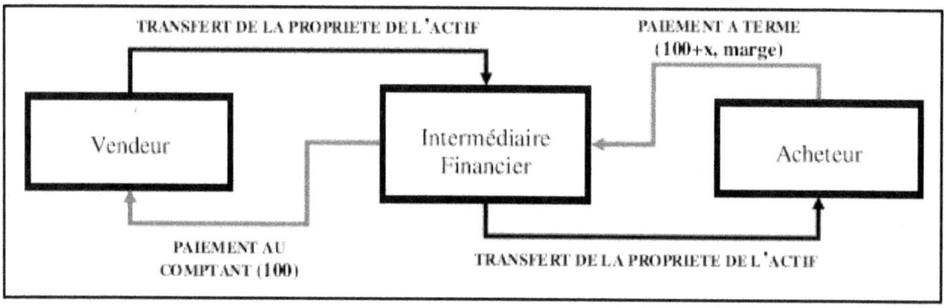

Source : Rapport Jouini et Pastré sur les enjeux et opportunités de développement de la finance islamique pour la place de Paris (2008).

La mourabaha est un instrument financier très flexible et facilement adaptable. Elle est à la base d'une grande variété de montages financiers islamiques, allant du financement immobilier au financement de projets. Traditionnellement, la mourabaha a été utilisée pour le financement du commerce. Aujourd'hui, on la retrouve dans des structures financières complexes, bien loin de son utilisation d'origine. Ainsi, est-elle utilisée par les banques islamiques pour placer leur trésorerie dans des instruments liquides à court terme, équivalents islamiques des créances interbancaires.

C'est un des instruments financiers les plus utilisés par les institutions financières islamiques, même si, au cours des dernières années, face à l'accroissement de la taille et de la sophistication des opérations de ces institutions financières, son importance a quelque peu décliné.

4.3.2. Salam

La vente al-Salam est une vente à terme, c'est-à-dire une opération où le paiement se fait au comptant alors que la livraison se fait dans le futur. La Finance Islamique interdit, en principe, la vente d'un bien non-existant car celle-ci implique le hasard (gharar). Mais, pour faciliter certaines opérations, notamment dans l'agriculture, des exceptions ont été accordées.

Le contrat de salam est actuellement utilisé pour remplacer les produits dérivés, tels les contrats à terme ou les options, qui ne sont pas transposables en l'état dans la Finance Islamique étant donné qu'ils contiennent des éléments de gharar. La différence entre ces derniers et le salam consiste dans l'articulation des opérations paiement – livraison : dans un contrat à terme, rien n'est échangé avant l'expiration du contrat, alors que dans un contrat Salam le paiement est effectué au moment de la signature du contrat.

4.3.3. Istisna'a

Ce contrat financier permet à un acheteur de se procurer des biens qu'il se fait livrer à terme. A la différence du salam, dans ce type de contrat, le prix, convenu à l'avance, est payé graduellement tout au long de la fabrication du bien. Les modalités concrètes du paiement sont déterminées par les termes de l'accord passé entre l'acheteur et le vendeur (en l'occurrence la banque). Cette structure de financement est essentiellement utilisée dans l'immobilier.

4.3.4. Ijara

Cette opération s'apparente à une location-vente ou à un crédit-bail. Le créancier (la banque) achète des biens qu'il loue à un client avec, pour celui-ci, une possibilité de rachat au terme du contrat.

Figure 27 : Principe de fonctionnement de l'Ijara

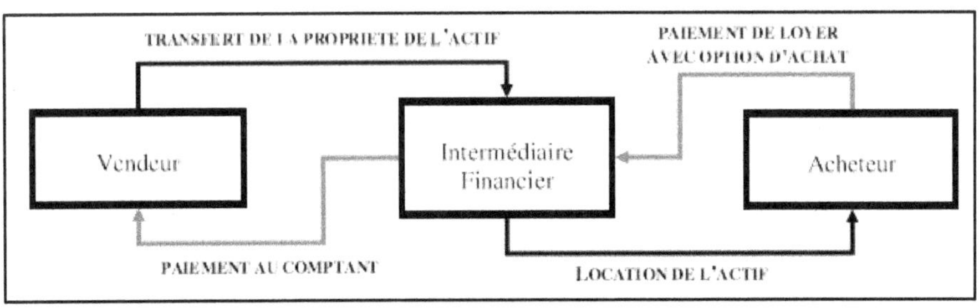

Source : Rapport Jouini et Pastré sur les enjeux et opportunités de développement de la finance islamique pour la place de Paris (2008).

Si l'ijara est très proche, dans la forme et dans l'esprit, d'un contrat de crédit-bail, il y a cependant quelques différences, certes de détail, mais importantes :

- Dans un crédit-bail, en cas de retard dans les paiements, le contrat prévoit des pénalités (sous forme de pourcentage de la somme due). Cette condition est inapplicable dans un contrat islamique, pour deux raisons au moins. D'abord, parce que la pénalité fixe est assimilable à un taux d'intérêt. Mais aussi, parce que la philosophie musulmane réprouve toute provision dans un contrat financier qui pénalise un débiteur de bonne foi déjà en difficulté.

- Dans un contrat de crédit-bail, il est possible, en cas de besoin, de rééchelonner les paiements. Selon la loi islamique, le caractère d'un contrat est sacré : toute modification des termes contractuels ne peut se faire qu'au travers de la signature d'un nouveau contrat.

Dans un contrat d'ijara, les paiements ne peuvent pas commencer avant que le preneur ait pris possession du bien en question. A l'opposé, dans un contrat de crédit-bail, les paiements peuvent commencer à partir du moment où le bailleur achète l'actif sous-jacent.

Dans un crédit-bail conventionnel, le risque de destruction ou de perte de l'actif peut être porté par le bailleur ou par le preneur (généralement c'est le preneur).

Dans un contrat d'ijara, c'est le bailleur qui continue à avoir la responsabilité du bien, sauf cas de malveillance ou négligence du preneur.

En cas de disparition de l'actif sous-jacent, certains contrats de crédit-bail prévoient le maintien des paiements. Cette clause est contraire aux principes islamiques : contrat financier et actifs sous-jacents sont inextricablement liés ; la disparition du dernier entraîne automatiquement la nullité du premier.

Dans un contrat d'ijara, il est possible de déterminer le montant de chaque paiement non pas préalablement mais à la date où la livraison de l'actif sous-jacent est prévue.

Cette flexibilité rend cet instrument particulièrement utile dans le cas de financement de projets, une activité où l'incertitude sur la rentabilité future d'un projet d'investissement peut être importante.

Enfin, la dernière différence concerne les modalités d'une éventuelle titrisation des contrats. Contrairement à certains présupposés, cette opération est tout à fait possible en ce qui concerne les contrats islamiques, mais les conditions de sa mise en œuvre sont différentes. Dans le cas du crédit-bail, la société peut titriser la créance sans pour autant perdre la propriété de l'actif sous-jacent. Dans une ijara, la créance et l'actif étant indissociables, toute opération de titrisation doit donc porter sur les deux.

4.3.5. Qard-hasan

Le prêt sans intérêt, s'apparente plus à une aide qu'à un crédit commercial. Cette technique et rarement utilisée par des établissements commerciaux. En revanche elle peut être utilisée dans des situations spécifiques (en cas de difficultés d'un individu ou une entreprise, ou lorsqu'on souhaite favoriser le développement de secteurs naissants).

4.4. Les instruments financiers islamiques d'assurance : takaful

La notion takaful signifie « un ensemble de personnes qui s'assurent mutuellement ». Le fonctionnement des compagnies d'assurance islamiques – les compagnies takaful – est donc proche de celui d'une mutuelle d'assurance, à quelques différences près (cf. Tableau ci-après).

Tableau 33 : Comparaison des modèles Takaful, mutuelle et assurance conventionnelle

	Takaful	**Mutuelles**	**Assurance conventionnelle**
Contrat	Donation et/ou contrat mutuel	Contrat mutuel	Contrat d'échange
Responsabilité de la compagnie	Paiement sur les fonds collectés ; en cas d'insuffisance peut emprunter sans *riba*	Paiement sur les fonds collectés	Paiement sur les fonds collectés ; en cas d'insuffisance sur les fonds propres
Responsabilité des assurés	Paient des contributions	Paient des contributions	Paient des primes
Capitaux propres	Les fonds des participants	Le capital apporté par les participants	Le capital apporté par les actionnaires
Conditions d'investissement	*Shariah compliant*	Pas de restrictions autres que prudentielles	Pas de restrictions autres que prudentielles

Source : Rapport Jouini et Pastré sur les enjeux et opportunités de développement de la finance islamique pour la place de Paris (2008).

L'assurance islamique repose sur le principe d'assistance mutuelle (Taawun) volontaire. Elle se distingue de l'assurance conventionnelle sur, au moins, quatre points :

- L'assistance mutuelle : les membres d'une compagnie d'assurance takaful sont à la fois assureurs (« propriétaires » des fonds gérés par la compagnie) et assurés (bénéficiaires en cas de sinistre). Tout comme une mutuelle d'assurance, une compagnie takaful permet de mutualiser les risques et de repartir les pertes éventuelles entre l'ensemble des assurés.
- Propriété des fonds gérés : les assurés takaful apportent les fonds nécessaires à la couverture des risques futurs, participent aux bénéfices engrangés par la société, mais sont également tenus à la recapitaliser

en cas de pertes. Ils sont donc, de facto, les propriétaires des fonds collectés, la compagnie takaful jouant le rôle de gestionnaire et se rémunérant par le biais de commissions.

- Absence d'incertitude : afin d'éviter les problèmes de gharar associés aux contrats d'assurance conventionnelle, les contrats takaful ne spécifient pas un bénéfice monétaire prédéterminé.
- Gestion des fonds : comme pour l'ensemble des institutions financières islamiques, les assureurs islamiques doivent se conformer aux préceptes de la Charia. La composition de leur portefeuille d'investissements va donc différer de celui d'une société d'assurance classique. Les grandes compagnies d'assurance conventionnelles investissent leur capitaux dans des instruments financiers très divers et très sophistiqués, allant des obligations aux actions et autres produits dérivés. Dans l'allocation d'actifs typique d'une compagnie de takaful, les actions représentent plus de la moitié du portefeuille, l'immobilier – au moins un dixième, le solde étant placé dans des produits plus liquides.

Il n'existe pas, pour le moment, un modèle unique pour structurer les produits d'assurance islamique. La plupart des sociétés d'assurance takaful s'organisent selon deux modèles, wakala et moudarabah, la principale différence entre les deux étant le mode de détermination de la rémunération de l'opérateur takaful.

Figure 28 : Modèle Wakala de l'assurance takaful

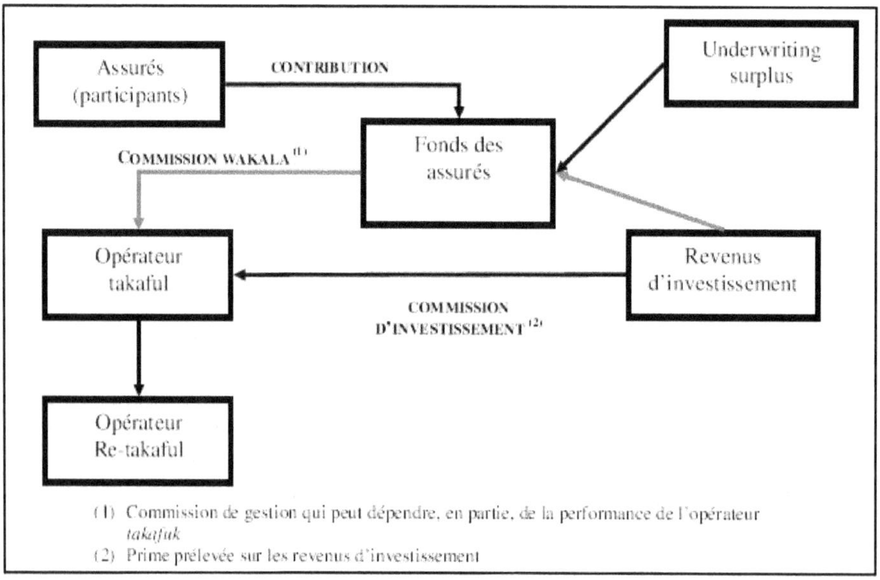

Source : Rapport Jouini et Pastré sur les enjeux et opportunités de développement de la finance islamique pour la place de Paris (2008).

Figure 29 : Modèle Moudarabah de l'assurance takaful

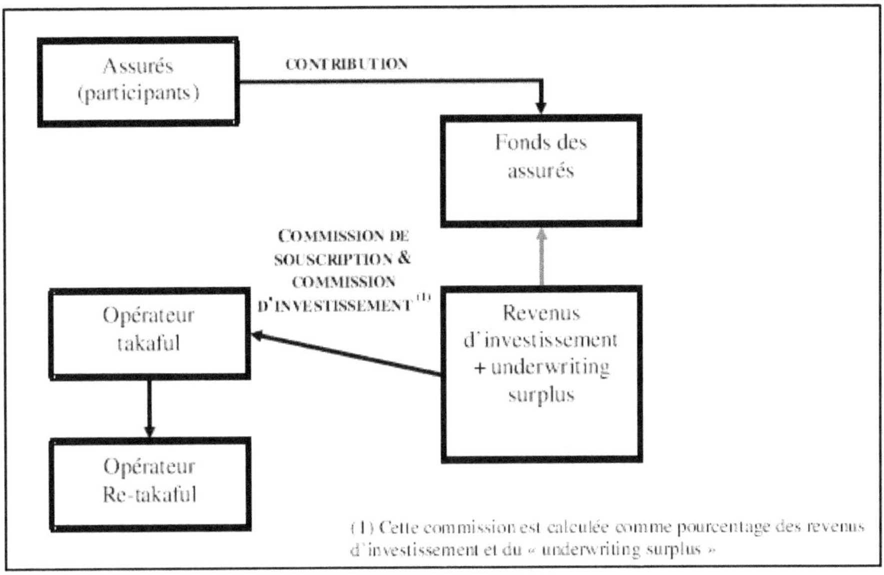

Source : Rapport Jouini et Pastré sur les enjeux et opportunités de développement de la finance islamique pour la place de Paris (2008).

5. Le rôle du Shariah Board

Toute institution financière islamique est dotée d'une structure de gouvernement bicéphale.

D'un côté, il y a les structures de direction classiques qui veillent à la gestion quotidienne de la société. De l'autre, il y a une entité spécifique aux institutions financières islamiques, le Shariah Board. Cette institution, composée de membres à la fois compétents pour interpréter la jurisprudence islamique et avec des connaissances suffisantes en matière de finance et d'ingénierie financière, veille à la conformité aux normes de la Charia des produits proposés aux clients mais aussi des modalités de fonctionnement de la société elle-même.

Il serait erroné toutefois, de considérer que le Shariah Board est exclusivement préoccupé par des considérations religieuses, au détriment de tout objectif commercial ou financier. Le Shariah Board prend ses décisions en fonction de trois préoccupations :

- Est-ce que les termes du contrat financier sont compatibles avec les principes de la Charia ?
- Est-ce que cet investissement est optimal pour le client ?
- Est-ce que cet investissement crée de la valeur pour le client mais aussi pour la communauté?

Les Shariah Board ne sont en aucune façon des entités passives. Ils peuvent avoir, au contraire, une influence forte sur le développement des institutions financières islamiques qu'ils conseillent.

Comme nous l'avons d'ores et déjà évoqué, les textes sacrés musulmans fournissent uniquement les principes généraux de l'organisation de la vie économique et financière de la société musulmane. Il faut donc transposer ces normes éthiques dans des situations concrètes, parfois inédites. La jurisprudence joue donc un rôle prépondérant dans la Finance Islamique.

Elle explique également, en grande partie, l'hétérogénéité de l'univers des produits islamiques. Certes, l'ensemble des spécialistes en droit musulman s'accordent sur les grands principes fondamentaux, mais de nombreuses divergences existent sur certains points de détail. En effet, les opinions et les interprétations avancées par les différents shariah scholars peuvent différer fortement, empêchant de ce fait l'harmonisation des produits ou des procédures financières islamiques. Cette diversité d'opinions parmi les shariah scholars qui composent ces comités religieux pourrait se révéler un des plus grands défis à relever par la Finance Islamique.

Les deux grands centres actuels de la Finance islamique – le Golfe Persique et la Malaisie – ont abordé différemment cette situation qui pourrait à terme soulever d'importantes difficultés mais qui est porteuse également de grandes opportunités :

- En Malaisie : création d'un Shariah Board central – rattaché à la Banque Centrale – qui statue sur la conformité des produits financiers – chaque institution peut avoir son propre Shariah Board, mais elle doit, en premier lieu, se conformer aux normes édictées par ce Shariah Board central.
- Pays du Golfe : chaque établissement a son propre Shariah Board qui statue sur la conformité des produits qu'il propose. Une certaine homogénéité est toutefois assurée par le fait que la plupart des shariah scholars siègent dans plusieurs Shariah Boards à la fois.

Enfin, en matière de Shariah Board, les institutions financières islamiques doivent faire face à un autre problème de taille : la rareté du capital humain. Il y a moins d'une centaine de shariah scholars dans le monde suffisamment formés et compétents pour siéger dans un Shariah Board. Pour contourner cette difficulté, ces spécialistes en droit islamique multiplient les mandats dans différents Shariah Boards. Cela permet, certes, d'assurer, de manière indirecte, une plus grande homogénéité dans les décisions des différents comités islamiques.

Mais cela ne peut être qu'une solution temporaire et, par ailleurs, cela peut engendrer des situations de conflits d'intérêts.

6. Les perspectives de la finance islamique

Depuis ses débuts, au milieu des années 1970, la Finance Islamique a réussi à affirmer progressivement sa place dans le système financier de nombreux pays musulmans. Loin de demeurer un simple phénomène de mode, elle s'est également affranchie du statut d'industrie de niche, pour devenir un rouage important dans les circuits de financement de ces économies.

Comme toute autre industrie naissante, au fur et à mesure qu'elle a pris de l'ampleur, la Finance Islamique a dû relever de nouveaux défis et trouver des réponses à de multiples interrogations. Pour affirmer la place qu'elle a réussi à conquérir à ce jour et poursuivre son développement, il lui reste encore d'importantes difficultés à surmonter. Cinq grands sujets reviennent régulièrement dans les nombreux travaux, publications ou discussions sur le sujet en l'occurrence la transparence, la liquidité, la règlementation et la supervision financière, la formation et l'innovation.

Par rapport à ce dernier point, l'innovation est ainsi au cœur du futur développement de la Finance Islamique et la capacité des institutions financières islamiques d'assumer un rôle plus actif dans le processus de création de nouveaux produits financiers déterminera, in fine, leur place dans le système financier mondial.

La partie suivante élucide les différentes activités qu'une banque peut mener sur le Marché Financier Régional (MFR).

QUATRIÈME PARTIE

La relation banque & le marché des capitaux

Le banquier est un intermédiaire financier qui pratique la finance indirecte. En effet, il est prestataire de services : il collecte des dépôts des détenteurs de capitaux et les utilise pour son propre compte en opérations de prêts aux emprunteurs ultimes. De manière générale, l'activité des banques consiste à s'endetter pour prêter. Elles transforment les caractéristiques intrinsèques des actifs qu'elles acquièrent tant au niveau des échéances qu'au niveau des risques.

Dans une économie, lorsque l'intermédiation bancaire est privilégiée et que les agents ont recours au crédit pour se financer, on parle alors « d'économie d'endettement ou finance indirecte[137] ».

Par contre, lorsque la finance directe est privilégiée et les agents ont davantage recours au marché financier, il y a désintermédiation financière et on parle dans ce cas « d'économie de marché financier ou finance directe». En effet, la transaction entre un emprunteur ultime et un prêteur ultime par émission de titres dits primaires. Les titres primaires représentent un droit de propriété remboursable à date indéterminée (actions et titres représentatifs) ou un droit de créance remboursable à terme (obligations et titres assimilées). Ils sont soumis au risque de défaut de paiement si l'émetteur fait faillite ou ne peut pas rembourser à l'échéance.

En clair, l'intermédiation de marché (finance directe) consiste à réaliser des opérations spéculatives ou d'arbitrage sur les marchés financiers ou de réaliser des montages financiers avec pour objectif de réaliser des plus-values. On distingue 3 grands types d'intermédiation de marché : le trading (opérations spéculatives sur les titres, le changes ou les taux ainsi que les instruments qui leur sont dérivés ; opérations d'arbitrage sur les mêmes supports) ; le market-making (la banque intervient sur les marchés en tant qu'animateur de marché. Elle affiche des cours à l'achat et la vente

[137] En se fondant sur l'intermédiation de bilan classique reprise par Gurley et Shaw (1960), on distingue deux formes de financement de l'économie : la finance directe et la finance indirecte.

d'instruments financiers. Elle exerce une activité de marché en assumant les risques. Exemple : SVT - Spécialistes en Valeurs du Trésor) ; et le portage (la procédure de prise ferme lors d'une introduction d'action en Bourse ou lors d'une émission d'emprunt obligataire par un syndicat bancaire peut conduire la banque à conserver les titres si elle n'arrive pas à les placer dans le public. Dans ces cas de figure, la banque assume le portage de ces titres.

Dans cette partie, nous allons passer au crible tour à tour : la généralité sur la monnaie, les marchés de capitaux, le CREPMF, les valeurs mobilières, la BRVM et la gestion de portefeuille de titres financiers.

I. Généralité sur la monnaie

Pour satisfaire ses besoins, un agent économique doit pouvoir se procurer les biens ou services qu'il ne produit pas lui-même. Nos sociétés utilisent un bien particulier, la monnaie, pour faciliter les échanges entre les différents agents économiques.

1. La monnaie

Les échanges entre individus ne se font pas forcément par l'intermédiaire d'une transaction de type monétaire. Le troc, c'est à dire l'échange d'un bien contre un autre bien, est aussi un moyen de satisfaire ses besoins. Néanmoins, l'introduction d'un instrument facilitant les échanges est un élément de simplification et de développement des relations entre les agents économiques.

La monnaie est un bien économique : il a une utilité et il doit être produit (il n'est pas disponible naturellement dans la nature) par un agent économique spécifique.

La monnaie est un actif qui permet à son détenteur d'acquérir un bien ou un service.

La monnaie comprend l'ensemble des moyens de paiement à la disposition des agents économiques leur permettant de réaliser des transactions.

1.1. Les fonctions de la monnaie

La monnaie est un instrument d'échange : la monnaie est un intermédiaire. Ce n'est pas un bien convoité pour lui-même, mais parce qu'il permet d'acquérir des biens et services finaux.

La monnaie est un étalon de mesure : la monnaie permet d'évaluer la valeur de tout bien ou service échangeable sur un marché. La monnaie permet donc de comparer la valeur des différents biens économiques. Chaque bien et service est donc évalué par un prix d'échange qui représente la quantité de monnaie qu'un individu doit fournir en contrepartie de l'acquisition de ce bien.

La monnaie est une réserve de valeur : la monnaie est une réserve de valeur qui peut être utilisée n'importe quand dans le temps. Elle permet donc à son détenteur de conserver un pouvoir d'achat qu'il pourra mobiliser au moment de son choix. L'évolution des prix (l'inflation) vient diminuer la valeur d'échange de la monnaie puisque la hausse des prix augmente la quantité de monnaie nécessaire à l'acquisition d'un bien.

1.2. Les formes de la monnaie

- Monnaie divisionnaire : c'est la monnaie métallique, c'est-à-dire l'ensemble des pièces en circulation dans une économie.
- Monnaie fiduciaire : c'est la monnaie « papier », c'est-à-dire l'ensemble des billets détenus par les agents économiques.
- Monnaie scripturale : ensemble des soldes positifs des comptes à vue dans les banques, des comptes postaux ou des comptes du Trésor Public.

1.3. La circulation de la monnaie

La monnaie divisionnaire ou fiduciaire est directement échangée entre deux individus par le biais d'un paiement au comptant lors d'une transaction. Par contre, la monnaie scripturale est transférée d'un compte à un autre compte par le biais d'instruments spécifiques (le chèque, la carte bleue, le virement, etc.).

L'augmentation des échanges et l'importance croissante prise par la monnaie scripturale entraîne une dématérialisation de la monnaie. Tout d'abord, la monnaie fiduciaire a pris le pas par rapport à la monnaie divisionnaire. Puis, le développement de la monnaie scripturale s'est traduit par une diminution du poids de la monnaie divisionnaire et fiduciaire dans les échanges économiques.

Le développement du porte-monnaie électronique et des virements bancaires devraient accentuer ce phénomène dans les années à venir.

2. La création monétaire

La monnaie est un instrument indispensable à l'activité économique puisqu'elle facilite les transactions. La masse monétaire en circulation représente le pouvoir d'achat dont dispose les agents économiques à un moment donné. L'accroissement de la masse monétaire est donc synonyme de croissance économique puisqu'il permet l'augmentation des échanges.

2.1. Le processus de création monétaire

Le processus de création monétaire repose sur des acteurs spécifiques qui sont les institutions financières, c'est à dire les banques. Le principe est le suivant :

- 1. Un agent économique souhaite satisfaire un besoin mais ne dispose pas d'un pouvoir d'achat suffisant (la quantité de monnaie dont il dispose est insuffisante).
- 2. Il va donc chercher à accroître son pouvoir d'achat en se procurant une quantité de monnaie supplémentaire auprès de l'agent économique autorisé à créer de la monnaie : une banque.
- 3. Ce supplément de monnaie lui est accordé si la banque lui fait crédit. Le crédit est donc l'instrument de la création monétaire.
- 4. Ce crédit se retrouve sur le compte du bénéficiaire sous la forme d'un dépôt (somme qui apparaît au crédit du compte du bénéficiaire) : on dit alors que « les crédits font les dépôts ».

La banque, ayant accordé un crédit, rémunère ce service en faisant payer à l'emprunteur un intérêt proportionnel au montant emprunté.

L'agent économique rembourse par la suite ce crédit, ce qui entraîne la destruction de la monnaie ainsi créée.

2.2. Les acteurs de la création monétaire

Les institutions financières : créent de la monnaie grâce aux crédits qu'elles accordent aux différents agents économiques ayant des besoins de financement.

- La Banque Centrale : émet la monnaie fiduciaire et refinance les banques commerciales.
- Le Trésor Public : émet la monnaie divisionnaire.
- La Banque Centrale à la responsabilité du contrôle de la masse monétaire en circulation dans l'économie. Comme ce sont les banques commerciales qui créent de la monnaie par le biais du crédit, la Banque Centrale ne peut agir que par l'intermédiaire du contrôle de l'émission de la monnaie fiduciaire. Les banques commerciales, même si elles ne créent que de la monnaie scripturale, doivent en effet disposer d'un certain volume de monnaie fiduciaire pour satisfaire aux besoins de liquidités de la part de ses clients. Ce besoin de liquidité permet à la Banque Centrale de réguler la création monétaire de la part des banques commerciales.

3. La masse monétaire et ses contreparties

La masse monétaire disponible à un moment donné dans un système économique donne la mesure du pouvoir d'achat des agents économiques. Il est donc nécessaire de pouvoir la définir le plus précisément possible pour que la Banque Centrale puisse mettre en place une politique monétaire appropriée.

3.1. Définition

La masse monétaire représente la quantité de monnaie en circulation dans une économie. Elle regroupe l'ensemble des avoirs détenus par les agents économiques non financiers.

3.2. La composition de la masse monétaire

Les avoirs détenus par les agents économiques non financiers sont constitués de divers éléments. On définit donc différents agrégats monétaires qui vont rendre compte de la composition des avoirs des agents économiques non financiers.

- M 1 = monnaie divisionnaire + monnaie fiduciaire + monnaie scripturale.
- MI reprend donc l'ensemble des avoirs liquides des agents économiques non financiers.
- M 2 = M1 + dépôts sur les comptes sur livret. Les comptes sur livrets contiennent des avoirs qui ne peuvent directement être utilisés comme moyen de paiement.
- M 3 = M2 + ensemble des titres de placement émis par les institutions de crédit (part dans les FCP, titres de créances négociables, dépôts à terme…). M2 + ensemble des titres de placement émis par les institutions de crédit (part dans les FCP, titres de créances négociables, dépôts à terme…).
- M 4 = M3 + ensemble des titres émis par le Trésor Public et les entreprises (bons de trésorerie, bons du Trésor).

Les agrégats monétaires regroupent donc les avoirs en fonction de leur degré de liquidité, du plus liquide (les liquidités détenues par les agents économiques) au moins liquides (avoirs détenus sous la forme de bons du Trésor ou de bons de trésorerie). Cette notion de masse monétaire ne se limite donc pas aux formes liquides de la monnaie. La masse monétaire doit aussi inclure l'ensemble des actifs constituant une réserve de pouvoir d'achat rapidement mobilisable par les agents économiques pour financer des dépenses de consommation ou d'investissement.

Voilà pourquoi, en dehors de ces agrégats monétaires, on définit aussi des agrégats de placement qui reprennent les différents types de placement financiers détenus par les agents économiques non financiers.

- P 1 = les placements sous la forme d'épargne contractuelle (PEL).
- P 2 = essentiellement les titres obligataires.
- P 3 = les actions et part de SICAV actions.

La Banque Centrale suit donc l'évolution de ces agrégats monétaires pour évaluer l'évolution de la masse monétaire en circulation dans l'économie.

Elle utilise l'un de ces agrégats comme référence pour définir sa politique monétaire : l'indicateur principal retenu est M 3.

3.3. Les contreparties de la masse monétaire

La création monétaire opérée par les banques ne se fait pas sans contreparties.

Elle n'est possible que parce que les émetteurs de monnaie ont acquis un certain nombre d'actifs soit auprès d'agents économiques nationaux, soit auprès d'agents économiques étrangers. Il s'agit essentiellement :

- des créances sur l'étranger : ensemble des devises détenues par les institutions financières. L'acquisition de ces devises étrangères se traduit par de la création de monnaie nationale.
- du crédit interne : ensemble des créances détenues par les institutions financières
- sur l'Etat et l'économie. Les établissements de crédits assurent aujourd'hui la majorité du financement de l'activité économique.

II. Généralité sur le marché des capitaux

Dans la littérature économique, le marché de capitaux constitue un secteur d'activité où l'objet recherché et échangé est la monnaie. En d'autres termes, il s'agit d'un marché sur lequel les agents économiques qui disposent d'une capacité de financement prêtent à ceux qui ont un besoin de financement.

Le marché de capitaux est composé, stricto sensu, de 2 grands : le marché monétaire ou le marché des capitaux à court terme ; le marché financier ou le marché des capitaux à long terme. Toutefois, avec le développement du secteur financier, on peut y adjoindre, lato sensu, 2 autres marchés en l'occurrence le marché des changes (devises) et le marché hypothécaire (immobilier). Quant aux marchés des dérivés, les sous-jacents peuvent être des actions, taux d'intérêt ou devises.

En clair, l'architecture du marché des capitaux peut se schématiser ci-après :

Figure 30 : Architecture du marché des capitaux

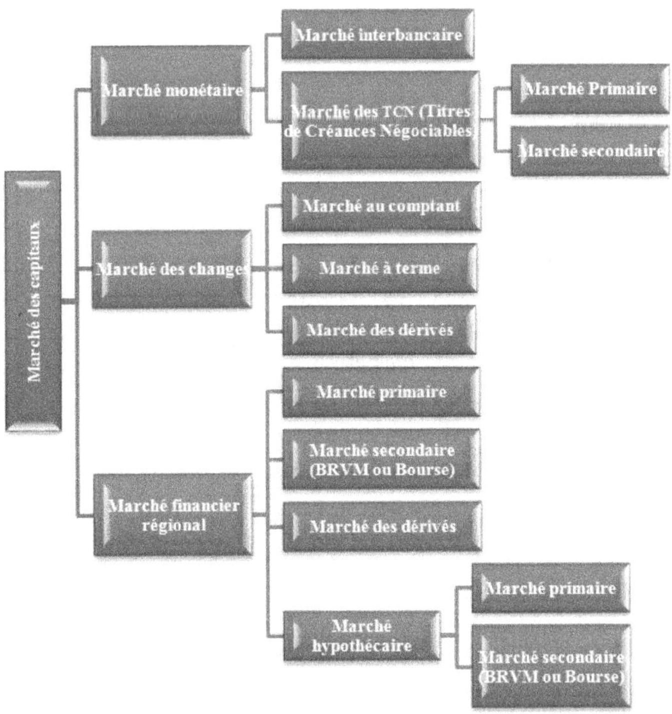

1. Le marché monétaire

Le marché monétaire peut être défini comme le marché des capitaux à court terme.

C'est un marché sur lequel les institutions financières habilitées échangent des liquidités avec la Banque Centrale (BCEAO) ou entre elles. Il comprend des appels d'offres ou enchères régionales d'injonction et de reprise de liquidités de la BCEAO ainsi que le marché interbancaire[138].

En clair, il se compose d'un marché interbancaire réservé aux seuls professionnels et un marché des TCN ouvert à tous les agents économiques.

1.1. Le marché interbancaire

C'est un marché sur lequel les établissements de crédit[139] échangent entre eux des liquidités et d'autres titres financiers à court terme. La BCEAO peut intervenir pour apporter ou reprendre des liquidités dans les conditions de marché, notamment dans le but de corriger une évolution non souhaitée des taux d'intérêt ou d'équilibrer le bilan des banques en cas de crise de liquidités[140].

Pour ce faire, ces guichets d'intervention sont de 2 types :

- Les opérations d'open market ;
- Le refinancement sur les guichets de prêt marginal et d'avance d'intra-journalière

1.1.1. Les intervenants

– Les opérateurs

Les participants admissibles aux guichets d'intervention de la BCEAO, en qualité de demandeurs de ressources sont les établissements de crédits assujettis au dispositif des réserves obligatoires et les institutions communautaires de financement (BOAD par exemple).

Pour mémoire, les établissements financiers à caractère bancaire sont classés en cinq (05) catégories, conformément à l'instruction N°011-12/2010/RB relative au classement, aux opérations, et à la forme juridique des établissements financiers à caractère bancaire, selon la nature des opérations qu'ils sont autorisés à effectuer :

- catégorie 1 : établissements financiers de prêts ;
- catégorie 2 : établissements financiers de crédit-bail ou de location avec option d'achat ;

---

[138] Décision N°397/12/2010 portant règles, instruments et procédures de mise en œuvre de la politique de la monnaie et du crédit de la BCEAO.
[139] Ils sont composés des banques et des établissements financiers à caractère bancaire au sens des dispositions des articles 2 et 4 de la Loi portant règlementation bancaire.
[140] Idem note 52.

- catégorie 3 : établissements financiers d'affacturage ;
- catégorie 4 : établissements financiers de cautionnement ;
- catégorie 5 : établissements financiers de paiement.

Les participants admissibles aux appels d'offres (guichet d'open market) sur le marché en qualité d'offreurs de ressources sont :

- Les établissements de crédit
- Les établissements communautaires de financement
- Les caisses nationales d'épargne disposant d'une autonomie de gestion
- Les établissements financiers de capital-risque ou d'investissement en fonds propres
- Les SFD (Systèmes Financiers Décentralisés) disposant d'un compte de règlement ou d'un compte ordinaire à la BCEAO
- Les Trésors Publics des Etats membres de l'UMOA

Quant aux guichets de prêt marginal et d'avance intra-journalière, la BCEAO peut à tout moment fournir aux établissements de crédit, aux institutions communautaires de financement et à tout autre intervenant éligible, à leur demande, des liquidités d'appoint sur le guichet de prêt marginal et celui des avances intra-journalières.

Les opérateurs peuvent intervenir soit en tant que prêteur ou soit en tant qu'emprunteur ou soit les deux à la fois.

Les prêts interbancaires (PIB) sont peu développés. A défaut d'intermédiaires agrées, la Banque centrale reste la principale animatrice de ce marché.

Toutefois, la BCEAO peut choisir parmi les intervenants et selon les conditions qu'elle précise, des opérateurs principaux de marché au guichet des appels d'offres, chargés de centraliser les soumissions et de servir d'intermédiaires entre elle et les autres participants du marché monétaire (article 4 de la décision N°397).

La BCEAO établit la liste nominative des participants à ses guichets d'intervention. Sur le guichet des appels d'offres, elle peut écarter d'une ou plusieurs adjudications les soumissionnaires qui ne sont en règle vis-à-vis de la règlementation bancaire, de la règlementation prudentielle, et de la règlementation des relations financières extérieures.

Les règlements des transactions s'effectuent via le système de transfert automatisé et de règlement de l'UEMOA communément appelé STAR-UEMOA. En effet, il constitue l'infrastructure par l'intermédiaire de laquelle sont effectués les paiements de gros montants entre établissements participants et les échanges de titres conservés à la BCEAO.

- Les intermédiaires

Il n'existe pas d'intermédiaire de facto. Contrairement, c'est les entreprises d'investissement en France qui fournissent des services d'investissement en tant que véritable animatrice du marché sous le contrôle de l'AMF (Autorité des Marchés Financiers). Cependant, comme susmentionné au point précédent, la BCEAO peut, *de jure*, en choisir un parmi les participants.

- Le taux de rémunération des dépôts à la BCEAO

Les dépôts des trésors publics des Etats membres de l'UMOA et de la BOAD dans les livres de la BCEAO sont rémunérés sur une base trimestrielle à des taux d'intérêt fixés par le Comité de Politique Monétaire.

En outre, les dépôts en devise des organismes financiers régionaux dans les livres de la BCEAO peuvent être rémunérés à des conditions fixées par convention entre elle et chaque titulaire de compte.

Les réserves obligatoires constituées par les établissements de crédit peuvent être rémunérés par la BCEAO à un taux d'intérêt fixé par le Comité de Politique Monétaire. Le montant des dépôts excédant les réserves obligatoires requises n'est pas rémunéré.

Les autres dépôts constitués dans les livres de la BCEAO ne sont pas rémunérés.

1.1.2. Les opérations

Les concours au titre des opérations d'open market et du guichet de prêt marginal sont consentis par la BCEAO sous forme de prises en pension, d'achats ou de ventes d'effets et de titres publics ou privés admissibles au refinancement de la BCEAO.

Les effets et titres pris en pension doivent répondre aux critères d'admissibilité des valeurs au portefeuille de la BCEAO et avoir à la date de valeur de l'opération de refinancement une échéance supérieure à sa durée.

La procédure de prise en pension est matérialisée par un transfert des titres et effets au profit de la BCEAO.

Les opérations d'appels d'offres d'injection de liquidités sont assorties d'un taux d'intérêt minimum de soumission. Ce taux est fixé par le Comité de Politique Monétaire[141]. La durée minimale et maximale des opérations d'appels d'offres est respectivement d'un (01) jour et de deux (02) ans.

[141] Ce Comité de Politique Monétaire comprend :
- le Gouverneur de la Banque Centrale,
- les Vice-Gouverneurs de la Banque Centrale,
- un membre proposé par chacun des Gouvernements des Etats membres de l'UMOA et nommé par le Conseil des Ministres,
- un membre nommé par l'Etat assurant la garantie de la convertibilité de la monnaie commune,

Le taux d'intérêt applicable aux ressources fournies par le guichet de prêt marginal est égal au taux d'intérêt minimum de soumission pour les opérations d'appels d'offres d'injection de liquidités, augmenté d'une marge fixée par le Comité de politique Monétaire. La durée minimale et maximale des opérations de prise en pension est respectivement d'un (01) jour et de sept (07) jours.

1.2. Le marché des Titres de Créances Négociables (TCN)

1.2.1. Les caractéristiques communes

Ce sont des titres émis au gré de l'émetteur, négociables sur le marché monétaire, qui présentent chacun un droit de créance pour une durée déterminée.

Ils sont émis sous forme matérialisés ou dématérialisé. Ils sont stipulés au porteur ou tenus en compte ordinaire auprès d'un intermédiaire habilité ou d'un Dépositaire central/Banque de règlement qui est agrée par le Conseil Régional de l'Epargne Publique et des Marchés Financiers (CREPMF).

1.2.2. Les différents types de TCN

Il existe différents types de TCN. Ils se présentent ci-après :

- Les bons de la BCEAO
- Les bons du Trésor
- Les billets de trésorerie ou commercial paper (pour les entreprises)
- Les certificats de dépôts (pour les banques)
- Les bons des établissements financiers
- Les bons des institutions financières régionales (par exemple la BOAD)

Les TCN ont été créés suite une décision du Conseil des Ministres de l'UMOA en la date du 21 décembre 1995. Cette même décision fait également suite à une résolution du Conseil d'Administration de la BCEAO en la date du 20 décembre 1995.

Leurs modalités d'émission sont consignées dans les règlements N°96-02 et N°96-03 de la BCEAO.

- quatre autres membres ressortissants des Etats membres de l'UMOA, nommés intuitu personae par le Conseil des Ministres.

Tableau 34 : La règlementation des TCN : émission et maturité

Instruments TCN	Emetteurs	Durée
Bons du Trésor	Etat membre UMOA	7 jours – 2 ans
Billets de trésorerie ou commercial paper	Entreprises	7 jours – 2 ans
Bons des établissements financiers	Institutions financières	7 jours – 7 ans
Certificats de dépôts	Banques commerciales	7 jours – 7 ans
Bons des institutions financières	BOAD	7 jours – 7 ans

Source : BCEAO

Tableau 35 : La règlementation des TCN : conditions et valeur nominale

Instruments TCN	Conditions	Valeur nominale
Bons du Trésor	-	1.000.000 FCFA
Billets de trésorerie ou commercial paper	Capital au moins de 100 millions de FCFA et bénéficier d'un accord de classement ou garantie	1.000.000 FCFA
Bons des établissements financiers	L'encours des bons doit être inférieur à 25% de de leur emploi	1.000.000 FCFA
Certificats de dépôts	Respect du dispositif Prudentiel	1.000.000 FCFA
Bons des institutions financières	L'encours des bons doit être inférieur à 25% de de leur emploi	1.000.000 FCFA

Source : BCEAO

Le marché primaire des TCN est celui de la première émission. Ces titres (court ou moyen terme) sont cotés et négociés sur la base d'un taux et non du prix. Ce qui veut que c'est à partir du taux qu'on détermine le prix.

Les taux sont utilisés pour les opérations à court terme généralement inférieur à 1 an sont proportionnels alors que ceux utilisés à moyen et long terme sont des taux actuariels exacts.

Les intérêts peuvent être postcomptés c'est-à-dire payés à la fin ou à l'échéance ou précomptés c'est-à-dire payés au départ.

Seuls les titres ayants une durée de vie à l'émission égale à un an au plus peuvent donner lieu au paiement d'intérêts précomptés. Au-delà de cette durée le paiement des intérêts s'effectue par coupons ou à l'échéance in fine (postcomptés).

A ce titre, les TCN peuvent faire l'objet de remboursement anticipé.

Le marché secondaire des TCN est celui des titres d'occasion. Pour ce faire, les TCN sont négociés au taux du marché auquel une prime de risque s'ajoute en fonction de la qualité de signature.

1.2.3. La valorisation des TCN[142]

La valeur d'un titre correspond à la somme des flux de trésorerie actualisés qu'il doit procurer à son propriétaire.

La renonciation à l'utilisation immédiate de la trésorerie disponible conduit les agents économiques à exiger une rémunération de leur épargne. Cette rémunération est obtenue dans le cadre d'un placement financier qui porte intérêt.

Deux modes de calcul de la rémunération sont envisageables : d'une part l'intérêt simple (pour les placements d'une durée maximale d'un an) qui est illustré par un cas de valorisation d'un titre de créance négociable, d'autre part l'intérêt composé (pour les placements à plus d'un an, par exemple en actions ou en obligations).

La notion d'intérêt composé est également utilisée pour déterminer le montant des paiements constants d'un emprunteur à moyen ou long terme. C'est le cas, par exemple, d'un crédit immobilier sur 20 ans.

– Valeur future par capitalisation

Lorsqu'une somme d'argent est placée pendant une durée maximale d'un an, la rémunération est calculée selon le principe de l'intérêt simple : les intérêts sont, en principe, payés en une seule fois lorsque les fonds sont remboursés à l'investisseur.

Le taux d'intérêt annoncé à l'investisseur est un taux nominal, nécessairement annuel. Si la durée du placement est d'un an, alors la rémunération est égale au produit du taux nominal par le montant du placement. En revanche, si la durée du placement est inférieure à un, il convient de calculer une rémunération proportionnelle à cette durée. Ainsi, si la durée du placement est d'un mois, il est légitime que la rémunération soit 12 fois plus faible que la rémunération d'un placement sur un an.

Pour les opérations de trésorerie (placements et emprunts d'une durée maximale d'un an), les banques considèrent une année de 360 jours. Seules les banques de Grande Bretagne et des anciens pays du Commonwealth font l'hypothèse d'une année de 365 jours.

Soit V0 le montant placé au taux nominal i pendant n jours et Vn la valeur du patrimoine de l'investisseur au bout de n jours. Vn porte ne nom de valeur acquise.

[142] Ingénierie financière et fiscale, City and York, 1995, Olivier LEVYNE, Diplômé de l'ESCP, Docteur en Sciences Economiques HDR en Science de Gestion Professeur des Universités (site http://levyne.free.fr).

$$V_n = V_0 + i.V.\frac{n}{360}$$

Donc :

$$V_n = V_0(1 + \frac{ni}{360})$$

– Valeur présente par actualisation

Inversement, si l'on connaît la valeur acquise Vn d'un placement au bout de n jours, il est possible d'en déduire sa valeur actuelle (ou valeur actualisée) V0 :

$$V_0 = \frac{V_n}{1 + \frac{ni}{360}}$$

On peut en déduire :

- Le rendement (annualisé) *i* d'un placement pendant *n* jours ; *i* vérifie :

$$i = \frac{360}{n}(\frac{V_n}{V_0} - 1)$$

- La durée en jours *n* qui permet à un capital initial V_0, placé au taux nominal (nécessairement annuel) *i*, de devenir V_n. En inversant les places de *i* et *n* dans l'égalité ci-dessus, *n* vérifie :

$$n = \frac{360}{i}(\frac{V_n}{V_0} - 1)$$

Ces formules sont notamment utilisées pour valoriser des titres de créances négociables (TCN). Ces titres sont émis par des entreprises qui souhaitent s'endetter sans recourir à l'endettement bancaire. Dans ce cas, elles se tournent vers des investisseurs (particuliers, entreprises, SICAV, fonds communs de placements…) qui disposent d'excédents de liquidités qu'ils souhaitent placer pendant une période correspondant à la durée du besoin de financement de l'entreprise émettrice.

Ces titres ne sont pas cotés sur un marché organisé. L'investisseur peut toutefois revendre son TCN s'il a besoin de récupérer ses liquidités avant la date d'échéance de son placement. Dans ce cas, le prix de revente du titre est déterminé par une méthode de marché décrite dans l'exemple ci-après. Le nom du TCN varie selon le type d'émetteur :

- billet de trésorerie (commercial paper) lorsque l'émetteur est une entreprise industrielle ou commerciale ;
- certificat de dépôt (certificate of deposit) lorsque l'émetteur est une banque ;
- Bon du Trésor (Treasury Bill) lorsque l'émetteur est l'Etat.

Exemple : Relation taux requis-valeur dans le cas de l'intérêt simple (application à la valorisation des titres de créances négociables).

Un investisseur qui dispose de 1 M FCFA de liquidités à placer pour 3 mois achète un billet de trésorerie émis par la société S. Les caractéristiques du titre sont les suivantes :

– Valeur nominale : 1 M FCFA :

- *Il s'agit du montant ; emprunté par la société S*
- *C'est donc la somme qui devra être remboursée à la date d'échéance ;*

– Taux facial : 5%

- *Ce taux est également appelé taux nominal*
- *C'est le taux sur la base duquel les intérêts seront payés à la date d'échéance par la société S au porteur du billet de trésorerie. Quelle que soit l'évolution des taux d'intérêt sur le marché monétaire, la rémunération du placement est calculée sur la base de ce taux de 5% ;*

– Durée de vie : 3 mois.

- *On parle également de maturité de 3 mois*
- *Cela signifie que la date d'échéance du billet de trésorerie se situe 3 mois après sa date d'émission.*

Au bout d'un mois, des besoins de liquidités conduisent l'investisseur à revendre le billet de trésorerie. A cette date, le taux de référence du marché monétaire est de 6%. On se propose de déterminer le prix auquel le billet peut être revendu et le rendement effectif du placement.

– a) Détermination montant perçu par S si le TCN est conservé jusqu'à l'échéance

Soit V_n le montant perçu par l'investisseur si le TCN est conservé jusqu'à l'échéance.

V_n correspond au remboursement du principal augmenté des intérêts dus au titre du placement pendant 3 mois et calculés selon le principe de l'intérêt simple. En d'autres termes, à l'échéance, l'investisseur reçoit une somme égale à la capitalisation au taux de 5% (proratisé sur 90 jours) de son capital initial de 1 000 000 FCFA. Ainsi :

$$V_n = 1000000.\left(1+\frac{5\%x90}{360}\right) = 1\ 012\ 500 \text{ FCFA}$$

– b) Détermination du prix de revente du TCN au bout d'un mois

Soit *P* ce prix de revente au bout d'un mois.

P doit être fixé de telle sorte que le rendement qui sera procuré à l'acheteur soit le même que celui qu'il obtiendrait à partir d'un placement sur le marché monétaire (soit 6%) sur la même période que celle qui reste jusqu'à l'échéance (soit 60 jours).

En outre, dans la mesure où la société émettrice du TCN verse au porteur du titre la somme de 1 012 500, P vérifie :

$$P.\left(1+\frac{6\%x60}{360}\right) = 1\ 012\ 500 \text{ FCFA}$$

Donc :

$$P = \frac{1012500}{1+\frac{6\%x60}{360}} = 1\ 002\ 475 \text{ FCFA}$$

– c) Détermination du taux de rendement du placement pendant 1 mois

Le souscripteur a finalement placé 1 000 000 FCFA pendant 30 jours et récupéré 1 002 475 FCFA en revendant le TCN. Soit *i* le rendement de son placement ; *i* vérifie :

$$1000000(1+\frac{30i}{360}) = 1\ 002\ 475 \text{ FCFA}$$

Donc :

$$i = \frac{360}{30}(\frac{1002475}{1000000}-1) = 2{,}97\%.$$

La hausse des taux conduit le souscripteur à obtenir un rendement plus faible que celui qu'il aurait obtenu en conservant son titre jusqu'à l'échéance.

En revanche, si à la date d'échéance le taux de référence avait été ramené à 4%, le prix *P'* de revente du TCN aurait vérifié :

$$P'x\left(1+\frac{4\%x60}{360}\right)= 1\ 012\ 500.$$

$$\text{Donc : } P'=\frac{1012500}{1+\frac{6\%x60}{360}}= 1\ 005\ 795 \text{ FCFA}$$

Soit *i'* le rendement du placement ; *i'* vérifie :

$$1000000(1+\frac{30i}{360})= 1\ 005\ 795$$

$$\text{Donc : } i' = \frac{360}{30}(\frac{1005795}{1000000}-1)= 6{,}95\%.$$

La baisse des taux profite au souscripteur qui obtient ainsi un rendement plus élevé en revendant son TCN qu'en le conservant jusqu'à l'échéance.

1.3. Les instruments de la politique monétaire de la BCEAO

Le dispositif de gestion de la monnaie et du crédit de la BCEAO s'appesantie sur des mécanismes de marché et des instruments indirects de régulation de la liquidité, notamment les taux d'intérêt et le système des réserves obligatoires.

La politique des taux d'intérêt, mise en œuvre dans le cadre des guichets de refinancement de l'Institut d'émission, vise le pilotage des taux de court terme sur le marché monétaire. Ce pilotage des taux qui est assuré à travers la réalisation d'opérations d'open market et le refinancement sur le guichet de prêt marginal permet à la BCEAO de viser l'atteinte de l'objectif de stabilité des prix. Le taux d'intérêt minimum de soumission aux opérations d'open market (appels d'offres) et le taux d'intérêt applicable sur le guichet de prêt marginal (taux de pension), dont les niveaux sont fixés, par le Comité de Politique Monétaire constituent les deux principaux taux directeurs de la BCEAO.

Le dispositif des réserves obligatoires permet à la BCEAO de réduire ou de développer la capacité de distribution de crédit du système bancaire. Ainsi, toutes les banques et les établissements financiers distributeurs de crédit, autorisés à recevoir des dépôts du public et les établissements de financement de ventes à crédit, sont assujettis à la constitution de réserves obligatoires auprès de la Banque Centrale. Le dispositif de réserves obligatoires est utilisé par la BCEAO comme un instrument visant à renforcer l'efficacité de la politique des taux d'intérêt.

En d'autres termes, toutes ces mesures (taux directeurs et réserves obligatoires) sont appelées dans le jargon des banquiers centraux des « mesures conventionnelles de politique monétaire ». Mais dans certaines situations de crise, ces instruments habituels de la politique monétaire peuvent s'avérer inefficaces et contre productifs. En clair, les canaux de transmission de la politique monétaire (le canal des taux d'intérêt et le canal du crédit bancaire) ne fonctionnent plus de manière satisfaisante. C'est pourquoi les banques centrales sont alors enclines à utiliser des mesures dites « non conventionnelles ».

En effet, ces mesures non conventionnelles[143] susceptibles d'être combinées, sont de trois grandes catégories :

- Augmenter massivement la quantité de monnaie en circulation dans l'économie. On parle alors de « quantitative easing » ou assouplissement quantitatif.
- Agir sur la pente de la courbe des taux en s'engageant sur la trajectoire future des taux directeurs de façon à orienter les anticipations des agents.
- Débloquer les marchés de crédit en achetant directement des titres sur ces marchés afin de peser sur les primes de risque. On parle dans ce cas de « credit easing » ou assouplissement des conditions de crédit.

Il faut rappeler que ces mesures non conventionnelles ne sont pas inscrites de façon explicite dans les textes règlementaires de la BCEAO. Elles sont citées ici pour mémoire.

Conformément à l'article 8 des statuts de la BCEAO, l'objectif prioritaire de la politique monétaire de la BCEAO est d'assurer la stabilité des prix.

Sans préjudice de cet objectif, la BCEAO apporte son soutien aux politiques économiques de l'UEMOA, en vue d'une croissance saine et durable.

En clair, dans le but d'atteindre cet objectif statutaire de la stabilité des prix, la BCEAO a recours aux instruments[144] suivants : les opérations d'open market ; le refinancement sur les guichets de prêt marginal et d'avance intra-journalière ; les réserves obligatoires et le guichet de refinancement des créances susceptibles d'être admises au refinancement de la BCEAO.

Par ailleurs, la Banque centrale est actuellement dans un processus de réforme institutionnelle, dans l'optique d'adopter une approche explicite de ciblage de l'inflation. Par ricochet, cette réforme vise à accroître

[143] Banque de France, focus N°4 du 23 avril 2009.

[144] Décision N°397/12/2010 portant règles, instruments et procédures de mise en œuvre de la politique de la monnaie et du crédit de la BCEAO et instruction N°001/03/2011 relative aux modalités d'intervention de la BCEAO dans le cadre de la conduite de la politique monétaire.

l'indépendance de l'institution hors de la sphère d'influence des gouvernements.

1.3.1. Les opérations d'open market

La BCEAO peut initier les opérations d'open market suivantes :

- Les opérations principales d'injection de liquidités ;
- Les opérations d'injection de liquidités de maturité longue ;
- Les opérations ponctuelles de réglage ;
- Les opérations de retrait de liquidités ;
- Les opérations de cessions temporaires ou définitives de titres sur le marché interbancaire des changes

• 1.3.1.1. Les opérations principales d'injection de liquidités

Ces opérations consistent en des apports de liquidités de fréquence régulière, sous forme de prises en pension de supports admissibles au portefeuille de la BCEAO. Elles sont effectuées hebdomadairement (par semaine) par voie d'appels d'offres ouverts à l'ensemble des intervenants éligibles.

Les enchères ou adjudications s'effectuent en général à taux d'intérêt variable. La BCEAO peut également procéder à des adjudications à taux d'intérêt fixe.

Le taux d'intérêt minimum de soumission aux adjudications d'injections de liquidités est fixé par le Comité de Politique Monétaire.

Le montant maximum mis en adjudication peut être annoncé à l'avance. La BCEAO peut aussi annoncer à l'avance un montant maximum de soumission par intervenant.

La durée de cette opération est fixée à une (01) semaine.

Encadré 19 : Mécanisme de l'adjudication a taux multiples

L'adjudication à taux multiple ou à taux demandés est un appel à sens unique. Elle s'adresse soit aux offreurs de ressources, soit aux demandeurs de ressources.

Les soumissions (offres de montants) sont assorties de propositions de taux. Ces taux doivent être fonction des taux de rémunération de l'épargne sur le marché. Les soumissions sont retenues et rémunérées aux taux proposés par les différents soumissionnaires dans l'ordre croissant des taux d'intérêt et dans la limite du montant mis en adjudication.

L'avantage majeur de la procédure des enchères est de laisser s'exprimer les forces du marché.

Exemple pratique :

Soit, l'adjudication à taux multiples de bons du Trésor ayant entre autres, les caractéristiques suivantes :

Valeur nominale unitaire : 5 000 000 F CFA

Montant mis en adjudication : 10 000 000 000 F CFA

X a souscrit pour un montant total de 6 milliards de F CFA ;
1 milliards de F CFA à 4,5000%
2 milliards de F CFA à 4,7500%
3 milliards de F CFA à 5,0000%
Y a souscrit pour un montant total de 7 milliards de F CFA ;
4 milliards de F CFA à 5,0000%
3 milliards de F CFA à 6,5000%

Les soumissions retenues permettant d'obtenir le montant de 10 milliards de F CFA sont celles effectuées à un taux variant entre 4,5000% et 5,0000% {10M=1M (à 4,5000%) +2M (à 4,7500%) +3M(à 5,0000%) +4M (à 5,0000)}

Ainsi, toutes les soumissions de X sont acceptées. Par contre, seule la première soumission de Y est retenue. La deuxième soumission de Y est rejetée car le montant proposé permet d'avoir un cumul de montant de 13 milliards de F CFA qui est supérieur au montant mis en adjudication.

Le taux pour lequel le montant cumulé égale ou excède le montant mis en adjudication est appelé le taux marginal. Dans l'ensemble, le taux marginal est de 5,0000%.

Lorsque plusieurs soumissions sont exprimées au taux marginal, elles sont servies proportionnellement au montant nécessaire pour absorber le montant mis en adjudication.

- 1.3.1.2. Les opérations d'injection de liquidités de maturité longue

Elles sont effectuées sous forme de prise en pension de supports admissibles au portefeuille de la BCEAO. Elles s'effectuent également par voie d'appel d'offres à taux variable ou à taux fixe.

Dans le cadre d'une adjudication à taux variable, un taux minimum de soumission peut être fixé. Le montant maximum d'injection de liquidités peut être annoncé à l'avance.

La BCEAO peut annoncer un montant maximum d'offre par intervenant.

La durée de cette opération est comprise entre un (01) et douze (12) mois.

- 1.3.1.3. Les opérations ponctuelles de réglage

Ce sont des adjudications de retrait ou d'injection de liquidités, au profit de l'ensemble des intervenants ou d'une catégorie limitée d'intervenants ou des transactions bilatérales.

Elles sont réalisées sous forme de prise ou de mise en pension, soit d'achat ou de vente ferme de titres ou d'effets.

Elles sont effectuées par voie d'appels d'offres rapides dont le délai d'organisation, entre l'heure d'annonce de l'opération et celle de notification des résultats, n'excède pas vingt-quatre (24) heures.

La date de valeur, la durée ainsi que les volumes sont communiqués par la BCEAO au moment de l'annonce de l'opération d'adjudication.

- 1.3.1.4. Les opérations de retrait de liquidités

Les retraits de liquidités sont effectués par appels d'offres de reprise de liquidités à travers une émission de bons de la BCEAO.

Les bons de la BCEAO sont des titres de créance émis par la BCEAO dans le cadre de la régulation de la masse monétaire en circulation. Ils sont négociables sur l'étendue du territoire des Etats membres de l'UEMOA.

La souscription primaire des bons est ouverte à tous les intervenants admissibles aux opérations de politique monétaire de la BCEAO en qualité d'offreurs de ressources.

Ainsi, les émissions de bons BCEAO sont dématérialisées et tenues en compte-titres dans ses livres. Elles sont réalisées par voie d'adjudication à taux variable. Un taux d'intérêt maximum de soumission peut être fixé par la BCEAO.

La valeur nominale unitaire des titres est fixée à cinquante millions (50.000.000) de francs CFA. Les bons sont assortis d'une rémunération payable d'avance et précomptée sur leur valeur nominale.

Leur durée (les bons) varie d'une (01) à quatre (04) semaines. Toutefois, le Comité de Politique Monétaire peut instituer d'autres maturités pouvant aller jusqu'à deux (02) ans.

- 1.3.1.5. Les opérations de cessions temporaires ou définitives de titres sur le marché interbancaire

Les interventions de la BCEAO sur le marché interbancaire peuvent revêtir un caractère temporaire ou définitif. Elles s'effectuent selon les formes suivantes :

- Prêts ou emprunts de liquidités adossés à des titres de créances négociables ;
- Cessions ou acquisitions fermes de titres de créance négociables.

La BCEAO intervient également sur le marché interbancaire en fonction de la pratique, les modalités et règles en vigueur sur ce marché.

Elle peut également prendre toute initiative pouvant permettre une organisation efficace, le renforcement de la sécurité ainsi que la transparence des opérations.

- 1.3.1.6. Le refinancement sur les guichets de prêt marginal et d'avance intra-journalière

Le guichet de prêt marginal est celui sur lequel les établissements admissibles peuvent accéder, à leur initiative, à tout moment, pour mettre en pension auprès de la BCEAO des titres et effets admissibles en vue d'obtenir des liquidités.

Les durées minimale et maximale de cette opération de prise en pension de la BCEAO sont respectivement d'un (01) jour et de sept (07) jours.

Le taux d'intérêt y afférent est fixé par le Comité de Politique monétaire et les intérêts sont versés au dénouement de l'opération.

Quant au guichet des avances intra-journalières, il s'agit des concours garantis par des dépôts d'effets et de titres de créance, remboursable le même jour, octroyés aux participants aux échanges sur le STAR-UEMOA (Système de Transfert Automatisé et de Règlement de l'UEMOA) en vue de leur permettre de faire face à un besoin ponctuel de trésorerie au cours de la journée d'échange.

Ce guichet est disponible uniquement pendant les jours ouvrables sur la base du calendrier STAR-UEMOA. Les avances doivent être dénouées au plus tard en fin de journée. Elles ne sont pas productives d'intérêt. Et en cas de non dénouement, l'avance intra-journalière sera assortie d'une pénalité égale au taux de prêt marginal augmenté de 5 points de pourcentage. Cette pénalité est applicable bien évidemment à l'avance intra-journalière non dénouée.

Pour ce faire, les participants au STAR-UEMOA sont tenus de conserver en portefeuille à la BCEAO ou auprès d'un conservateur qu'elle agrée, un volume d'effets et de titres mobilisables d'une valeur suffisante en prévision d'éventuelles avances intra-journalières. Pour certains établissements, ces avances peuvent l'objet de plafonnement quotidien sur décision de la BCEAO.

1.3.2. Le dispositif des réserves obligatoires

L'assiette de calcul des réserves obligatoires à constituer par les établissements assujettis (dont la liste est fournie par la BCEAO) est déterminée par le Comité de Politique Monétaire. Un coefficient de réserves obligatoires positif ou nul s'applique à tous les éléments de l'assiette de réserves obligatoires. Ces réserves sont susceptibles d'être rémunérées par la BCEAO. La fixation de ce taux est du ressort du Comité de Politique Monétaire. Et la BCEAO est chargée de notifier ce taux aux établissements assujettis.

Enfin, le taux de pénalité pour insuffisance de constitution de réserves obligatoires est égal au taux du guichet de prêt marginal de refinancement de la BCEAO majoré de cinq (05) points de pourcentage.

En cas de récidive, cette majoration est portée à sept (07) points de pourcentage sur le taux du guichet de prêt marginal de refinancement.

1.3.3. Le guichet de refinancement des créances

Les refinancements de la BCEAO en faveur des établissements de crédit et autres intervenants éligibles sont adossés aux créances admissibles des structures suivantes :

- les Trésors Publics et collectivités locales ou tous autres organismes publics des Etats membres de l'UMOA ;
- les entreprises et les particuliers installés dans l'UMOA ;
- les établissements de crédit ;
- les SFD ;
- les institutions régionales de financement, et
- toute autre institution financière régionale.

Les supports représentatifs de ces créances sont les suivantes :

- Les bons du Trésor ainsi que les autres titres et valeurs émis ou garantis par les Trésors Publics, les collectivités locales et tous autres organismes publics des Etats membres de l'UMOA après accord du Comité de Politique Monétaire ;
- Les titres de créance négociables (TCN) émis par les établissements de crédit, les institutions financière régionales, et les entreprises ;
- Les effets de commerce émis par les entreprises ;
- Les traites et obligations cautionnées souscrites à l'ordre des Trésors Publics et présentées par les établissements de crédit ;
- Les billets de mobilisation globale émis par les établissements de crédit ;
- Tous autres supports déclarés admissibles par le Comité de Politique Monétaire.

Ces supports mobilisables doivent être détenus par l'intervenant éligible pour son propre compte.

Les titres et effets émis par l'intervenant éligible ne sont pas admissibles au portefeuille de la BCEAO.

La limitation des billets de mobilisation globale et de certaines catégories d'actifs dans le total des refinancements ou des concours accordés par la BCEAO est du ressort du Comité de Politique Monétaire.

Les titres émis dans un Etat membre sont admissibles au refinancement de la BCEAO sur toute l'étendue du territoire de la zone UEMOA.

La liste des titres et effets admissibles aux opérations de politique monétaire est publiée par la BCEAO.

Les titres et effets admissibles doivent être revêtus de deux (02) signatures notoirement solvables (émetteur et cédant). Aussi, pour les traites et obligations cautionnées, la solvabilité de signature de la caution bancaire est exigée.

En effet, la qualité de la signature de l'établissement de crédit émetteur ou de l'intervenant éligible s'apprécie au regard de leurs ratios de solvabilité conformément au dispositif prudentiel. Pour les entreprises non financières, cette appréciation se base sur le bénéfice d'un accord de classement[145] délivré par la BCAO. Ensuite, les institutions financières régionales sont appréciées à partir de leurs situations financières. Enfin, quant à la signature de l'émetteur public (Etats membres) est réputée être solvable c'est-à-dire le risque zéro.

La maturité des créances admissibles en support des refinancements est comme suit :

- Court terme pour les créances d'une durée de 2 ans au maximum ;
- Moyen terme pour les créances d'une durée comprise entre 2 ans et 10 ans au maximum ;
- Long terme pour les créances n'ayant plus que 20 ans à courir quel que soit la durée initiale.

Concernant, les effets de commerce, ils doivent être tirés sur une durée n'excédant pas 360 jours. Pour les traites et obligations cautionnées, elles doivent être tirées au maximum à 120 jours.

Les titres et effets servant de support au refinancement doivent être préalablement déposés à la BCEAO ou transférés à son profit. Lorsqu'ils sont dématérialisés, ils doivent être tenus en compte dans les livres de la BCEAO ou auprès d'un dépositaire de titres agréé par la BCEAO.

Les effets de commerce ainsi que les traites et obligations cautionnées sont pris à leur valeur nominale dans le portefeuille de la BCEAO dans la limite des montants restant à rembourser.

Les titres sont également pris à leur valeur nominale pour les titres à intérêts post comptés ou au prix d'émission pour les titres à intérêts précomptés.

Pour les titres négociables côtés à la BRVM, ils sont admis pour leur valeur nominale ou leur prix d'émission sous réserve que ces valeurs soient inférieures à la valeur de transaction. Sinon, le bénéficiaire du refinancement devra faire un dépôt additionnel sous forme de titres ou d'espèces afin de couvrir cette décote.

La quotité susceptible d'être refinancée est définie en appliquant une décote à la valeur de référence.

La quotité mobilisable des créances admissibles au refinancement (TCN ; bons et obligations du Trésor et autres actifs admissibles) est fixée à 90% de la valeur résiduelle de la créance.

La quotité maximale de refinancement accordé par la BCEAO à un même bénéficiaire est fixée à 35% des emplois pour les établissements de crédit et également 35% des recettes fiscales nationales, constatées au cours de l'avant-dernier exercice fiscal, de l'Etat bénéficiaire pour les Etats membres.

[145] Pour plus de compréhension sur ce point, voir la partie consacrée au dispositif des accords de classement de la BCEAO.

2. Le marché des changes

Le problème de change apparaît dans les opérations de commerce international (importations et exportations), les opérations financières, les opérations de transfert de fonds, etc.

Les transactions en devises de ces opérations constituent la contrepartie des transactions qui existent sur les marchés des biens et services et des actifs financiers.

Concernant, la zone UEMOA, les activités sur le marché interbancaire des changes se limitent principalement aux transactions de gré à gré en fonction du fixing ou cotation officielle[146]. En effet, dans la pratique, les banques achètent ou vendent mutuellement des devises moyennant des marges avoisinant en général ±2% sur le fixing (cotation officielle).

La BCEAO peut effectuer des opérations sur le marché interbancaire des changes[147] avec des contreparties établies dans l'UEMOA. Pour ce faire, elle peut prendre toute initiative visant à organiser le marché interbancaire des changes.

Le franc CFA (XOF) suit un régime d'indexation fixe sur l'euro. Il n'est pas négocié en-dehors de l'UEMOA, mais il est totalement convertible en euros. Le taux de change est actuellement fixé à 655,957 XOF pour 1 EUR.

Tous les pays membres de l'UEMOA respectent l'article VII des Statuts du FMI. Par conséquent, le compte courant est totalement libéralisé. Le compte de capital, en revanche, ne l'est qu'en partie. Les flux de capitaux sont autorisés, sauf en ce qui concerne l'épargne des résidents et les investissements dans des comptes bancaires étrangers.

Les exportations d'or sont également limitées. Toutes ces transactions exigent une autorisation préalable du ministère des Finances.

Les réserves de change sont centralisées par la BCEAO et détenues dans un compte d'opération du Trésor français.

Le contrôle des changes ne s'applique pas aux investisseurs étrangers et il n'existe pas de marché du XOF en-dehors de sa zone de négoce. Le graphique ci-dessous représente l'évolution historique du XOF par rapport à l'USD.

Par conséquent, dans un souci pédagogique, nous allons éclairer les lanternes de nos lectures sur les points qui nous semblent important à comprendre concernant le marché des changes de façon universelle.

[146] En marge du marché de gré, subsiste une procédure bien spécifique de cotation : le fixing ; et depuis peu sont apparus les marchés organisés. Les fixings (ou cotation officielle) se tiennent à des heures précises dans un lieu géographique déterminé : à Paris au siège de la bourse. Autour d'une corbeille sont successivement cotées contre la monnaie nationale les devises admises au fixing. Ces marchés ne représentent qu'une importance marginale, les banques n'y échangeant que des petits montants.

[147] Le change manuel ne constitue qu'une très faible part du marché des changes. Il est le fait des touristes. La règlementation dans la zone UEMOA limite le montant à 2 millions FCFA au maximum avec une commission maximale pour les banques de ±2% sur le fixing.

2.1. Définitions

Le marché des changes est un marché sur lequel s'échangent les devises soit sur le marché au comptant (appelé spot market dont la durée maximale est généralement de 2 jours), ou sur le marché à terme (appelé forward market). Ce marché est standardisé (délais et montants).

Quant au marché des dérivés y afférent, c'est un marché sur lequel on échange des contrats sur devises (droits d'acheter ou droit de vente) et non des devises ; on dit alors que la devise est sous-jacent. Ce marché est un marché de gré à gré (OTC : Over The Counter) c'est-à-dire non standardisé au niveau des délais et des montants.

Le marché des changes est un pan important de la finance internationale. En effet, en 2001, sur les marchés spot et forward, les échangent annuels étaient respectivement de 387 milliards de dollar et 131 milliards de dollar. Tandis que sur le marché des dérivés, les opérations journalières étaient de 1.387 milliards de dollar[148].

2.2. L'organisation du marché des changes et son fonctionnement

2.2.1. Caractéristiques du marché des changes

Par opposition aux marchés boursiers qui ont une localisation géographique précise, le marché des changes ne connaît pas de frontières. Il y a un seul marché des changes dans le monde. En effet, grâce au décalage de fuseaux horaires, les transactions sur une devise, le dollar par exemple se font aussi bien et en même temps à Paris, à Londres, à New York ou à Tokyo. La confrontation des offres et des demandes n'implique pas de rencontre physique. Ils communiquent à partir des informations tirées sur les terminaux de salle de marché. Ceux-ci sont des supports de télétraitement (Reuter, télérate, Bloomberg, Datastream, etc.) qui relient le monde comme un village. Ainsi le marché des changes fonctionne en continu sur les principales places financières (Europe, Amérique, Asie). Les cours de change sont cotés 24h/24h.

Toutefois, l'association des cambistes internationaux publie chaque année un calendrier Forex (Foreign Exchange) qui tient compte des jours de fermeture des principales places financières.

2.2.2. Les différents intervenants

Le marché des changes est réservé aux banques et institutions financières qui traitent soit directement entre elles, soit par l'intermédiaire de courtiers.

[148] Le vieux débat sur la taxe Tobin trouve son origine sur ces montants faramineux. En son temps, le secrétaire au Trésor américain du nom de Tobin disait de taxer les transactions sur le marché des changes en disant que cette taxe permettra de mettre un grain de sable dans les rouages de la finance internationale. Depuis lors le débat a fait long feu dans le milieu financier. En outre, le dollar est la principale monnaie de référence ou monnaie dominante sur le marché des changes.

Les opérations sont effectuées pour compte propre ou dans le cadre de leurs activités commerciales avec des grands groupes étrangers.

Parmi ces intervenants, on peut retenir :

– Les banques centrales

Elles ont pour rôle de réguler le marché et d'exécuter des ordres de des banques primaires, de l'administration et des organismes internationaux.

– Les banques commerciales et d'affaires

Elles interviennent par l'intermédiaire de spécialistes appelés cambistes. Ceux opèrent sur le marché pour compte de la clientèle ou de la banque.

– Les courtiers ou brokers

Ces intermédiaires rémunérés à la commission. Ils centralisent les cotations et confrontent l'offre à la demande. Ils sont utilisés par les banques lorsqu'elles souhaitent ne pas dévoiler leurs positions. Ils jouent aussi un rôle informatif important.

– Les grands groupes industriels ou commerciaux

Ils interviennent très rarement car l'essentiel des entreprises par les cambistes de leurs banques.

– Les investisseurs institutionnels (ou zinzins)

Dans cette catégorie, on peut retrouver les trusts funds anglo-saxons, les grandes compagnies d'assurance ou, les organismes de placements collectifs en valeurs mobilières (OPCVM) que sont les SICAV (Sociétés d'Investissements à capital variable) ou les F.C.P. (Fonds communs de placement).

2.2.3. La typologie des activités sur le marché des changes

Les motivations des entreprises, banques, investisseurs sont en trois catégories :

- La couverture (hedge)
- L'arbitrage
- La spéculation

– La couverture (hedge)

Elle consiste à éliminer le risque en liquidant une position existante ou en créant une position strictement symétrique, les gains de l'une compensant les pertes de l'autre.

Ainsi par exemple, une entreprise dont la monnaie de référence est le franc CFA ayant obtenu un contrat d'exportation de cacao pour 1 000 000 £

et se trouvant donc en risque à la baisse du sterling peut chercher à obtenir le paiement immédiat de son client afin de revendre au comptant ses sterling et annuler sa position de change. Bien entendu, pour des raisons commerciales évidentes, il lui sera généralement difficile d'obtenir de ses clients étrangers des paiements immédiats.

L'entreprise peut couvrir son risque de change en créant une position symétrique : emprunt de sterling et vente comptant contre CFA, elle touche alors un certain montant de CFA qui est la contre-valeur certaine de son contrat d'exportation et remboursera son emprunt à réception des fonds en sterling de son client. La combinaison d'un emprunt et d'une vente de sterling a bien créé une position inverse à celle générée par le contrat d'exportation.

– L'arbitrage

C'est la réalisation d'un profit sans risque effectué par un opérateur généralement parfaitement informé et assez expérimenté pour tirer parti des imperfections d'un marché.

– La spéculation

Souvent confondue avec l'arbitrage, elle consiste à conserver ou créer une position dans le but d'en tirer profit. Un investisseur haussier sur le dollar achètera celui-ci dans l'espoir de le revendre plus cher dans le futur. Une telle prise de position ne va pas sans risque : si ses anticipations se révèlent erronées, il peut être contraint de les revendre à un prix inférieur et supporter une perte.

2.3. Le cours de change et le taux de change

Le change désigne l'ensemble des opérations d'achat et de vente portant sur des monnaies.

On distingue le cours de change et le taux de change :

– Le cours de change :

Le cours de change est le prix relatif d'une monnaie par rapport à une autre monnaie noté S_{ij} (cours de change entre le pays i et le pays j). On peut l'exprimer de deux façons :

+ A l'incertain :

S_{ij} retourne le nombre d'unité en monnaie i pour obtenir une unité en monnaie étrangère j. Le cours de change à l'incertain représente 97% des cotations.

Par exemple : 1$=1, 02€

+ Au certain :

La cotation au certain en vigueur dans certains pays anglo-saxons (Royaume Uni et Etats Unis) donne une unité de la monnaie nationale par rapport aux monnaies étrangères.

On peut utiliser la formule suivante pour passer d'une cotation au certain à une cotation à l'incertain et vice versa : cours certain= 1/cours incertain ou encore

$$\text{Sji} = \frac{1}{Sij}$$

Par ailleurs, les cours de change sont représentés dans une fourchette :

1$ → 0,9330€ (achat euro/vente dollar)

1$ → 0,9345€ (vente euro/achat dollar)

Le cours d'achat est toujours inférieur au cours de vente. La différence entre ces cours s'appelle « le spread » ou marge ou l'écart entre le cours acheteur et le cours vendeur. Le spread est souvent exprimé en pourcentage. La cotation est souvent donnée avec quatre chiffres après la virgule soit quatre décimales. Pour les cambistes, un point est égale à 1/10 000. Donc, le cours vendeur = cours acheteur + X points.

Deux théories tentent d'expliquer ce spread. La première, explique le spread comme reflétant le degré d'incertitude sur la monnaie : plus il y a incertitude sur la monnaie, plus le spread s'ouvre et inversement. La deuxième théorie pense que l'agent qui se porte acquéreur d'une monnaie cherche à maximiser son profit et minimiser le coût en ayant un portefeuille optimal. Et, les travaux sur la microstructure des marchés financiers cherchent à expliquer pourquoi le spread évolue à très court terme.

Les cours de change bilatéraux : pour passer d'une monnaie à une autre, la règle est de faire une parité croisée.

– Exemple 1 :

Les marchés interbancaires ne traitent pratiquement que contre dollar, les banques sollicitées pour coter des prix exprimés en d'autres devises vont donc « fabriquer » elles-mêmes des cours reflétant le coût de leur couverture.

Ainsi une banque qui achète à l'un de ses clients du yen contre l'euro, effectue deux opérations sur le marché :

- l'une en USD/yen : achat d'USD/Vente de yen
- l'autre en USD/euro : vente d'USD/Achat d'euro.

Si à ce moment, le marché cote :
$/¥ : 129,10 - 129,30 (achat yen/vente dollar)
$/€ : 0,9330 - 0,9345 (achat euro/vente dollar)

La banque devra acheter le $/¥ à 129,30 et vendre le $/€ à 0,9330, le prix auquel elle pourra céder le ¥/€ sur le marché est donc de :

¥/€= ? $/€ = 0,9330 $/¥ = 129,30

$$¥/€ = \frac{0,9330}{129,30} = 0,00721$$

A l'inverse, le prix auquel elle pourrait acheter le ¥/€ ressort à :

$$¥/€ = \frac{0,9345}{129,10} = 0,00723$$

La cotation du yen est donc 0,0O721 à 0,00723. On remarque que ces prix ont été obtenus en croisant les cours de l'euro et du yen contre dollar.

$/¥ : 129,10 - 129,30 (achat yen/vente dollar)

$/€ : 0,9330 - 0,9345 (achat euro/vente dollar)

De là vient l'expression « cours croisés ».

– Exemple 2 :

Le calcul est différent si l'une des monnaies est cotée au certain :

$/€ : 0,9330 - 0,9345

£/$: 1,980 - 1,9810

£/€= ?

Pour passer d'une cotation au certain à la cotation à l'incertain, il suffit de faire l'inverse, ce qui correspond :

$/£ = 1/1,980 - 1/1,9810 = 0,5050 - 0,5047

$/£ = 0,5047 - 0, 5050 (achat livre sterling - vente livre sterling)

Par conséquent, on aura :

$/€ : 0,9330 - 0,9345

$/£ = 0,5047 - 0, 5050

En faisant le croisement, on peut obtenir les cours suivants :

$$£/€ = \frac{0,9345}{0,5047} = 1,8515 \text{ (cours de vente de l'euro)}$$

$$£/€ = \frac{0,9330}{0,5050} = 1,8475 \text{ (cours d'achat de l'euro)}$$

In fine, la cotation de l'euro est £/€ : 1,8475 - 1,8515

– Le taux de change :

Le taux de change correspond à la somme pondérée des différents cours de change. En d'autres termes, il s'agit du prix relatif d'une monnaie par rapport à un panier de monnaie.

Le taux de change réel tient compte de la PPA (parité du pouvoir d'achat). C'est outil théorique qui mesure la quantité de biens achetés par 2 monnaies.

La formule du taux de change réel est :

S_{ij} (taux de change nominal entre le pays i et le pays j)

$$\text{Sijr} = \text{Sij x } \frac{Pj\ (niveau\ des\ prix\ étrangers)}{Pi\ (niveau\ des\ prix\ nationaux)}$$

$S_{ij}^{r} = 1$; le taux de change nominal reflète exactement le niveau des prix

$S_{ij}^{r} > 1$; la monnaie du pays j est surévaluée et i est sous-évaluée

$S_{ij}^{r} < 1$; la monnaie du pays i est surévaluée et j est sous-évaluée

2.4. Le risque de change et la gestion du risque de change

Le risque de change dépend de deux facteurs : le caractère aléatoire du change et le degré d'exposition au risque.

La gestion du risque de change entre le cadre de l'optimisation de la fonction trésorerie. Ce qui fait la trésorerie un centre de profit autonome.

Quant au degré d'exposition au risque, il concerne 3 types d'activité :

- Les activités commerciales de la firme (existence d'un décalage)
- Les opérations financières de prêts et emprunts
- Les IDE (investissements directs étrangers)[149]

Le degré d'exposition d'une firme par rapport au risque s'apprécie à travers un document comptable qui s'appelle la position de change.

C'est un document qui recense devise par devise et maturité par maturité le montant des devises à recevoir et le montant des devises à donner. On peut distinguer deux positions dans ce document :

Une position opérationnelle : donne lieu à des prévisions des flux prévisibles des opérations commerciales.

Une position structurelle : concerne les activités faites par la firme à long terme (investissement à LT, IDE) dont les flux sont incertains.

Concernant, le degré d'exposition au risque dans une position opérationnelle, on distingue 2 types de soldes :

[149] Il s'agit des investissements de capitaux effectués en vue de la création, de l'extension d'entreprises, de formation de sociétés mixtes et d'achat de sociétés étrangères ou fusion avec celles-ci. Ils sont un caractère durable et dépasse 10% de participation ; sinon on parlera dans ce cas d'investissement de portefeuille.

La position est dite fermée : alors pour une devise donnée ou pour une maturité donnée les flux à recevoir et les flux à donner s'équilibrent.

Certains grands groupes cherchent à fermer le risque de change chaque soir après les activités.

La position de change est ouverte lors que les flux ne s'équilibrent pas. Dans ce cas, 2 situations se dégagent :

- La position courte

Dans ce cas, le montant des devises à livrer est supérieur au montant des devises à recevoir.

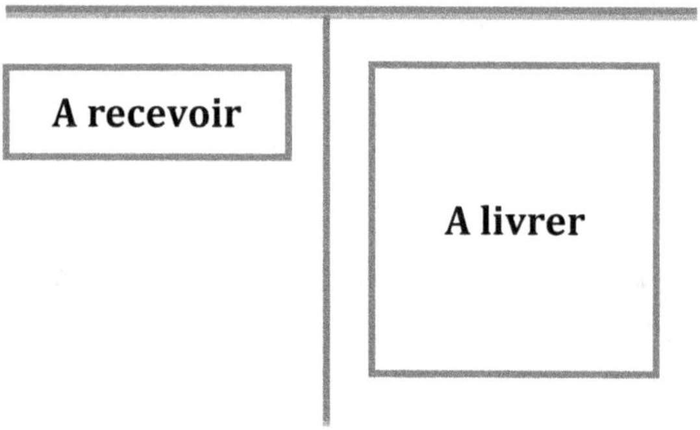

La position courte concerne généralement un importateur. Ce dernier cherche à éliminer une appréciation de la devise étrangère.

- La position longue

C'est le cas où les devises à recevoir excèdent les devises à livrer.

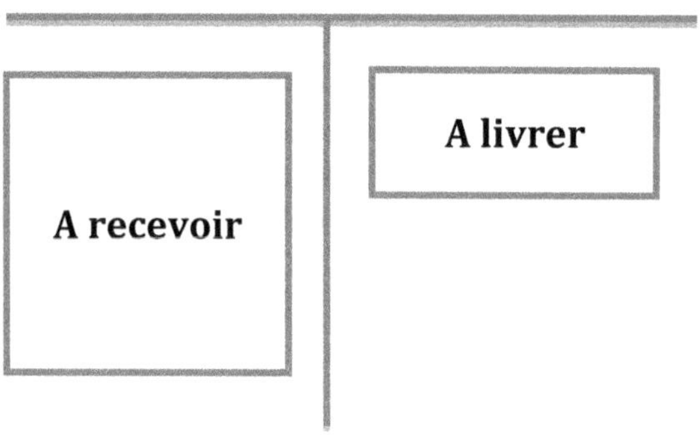

La position longue concerne généralement un exportateur. Ce dernier cherche à éliminer une dépréciation de la devise étrangère.

En résumé, on peut récapituler dans le tableau suivant :

Tableau 36 : Conséquence de l'évolution du cours de change

Position de change	Evolution du cours de change	Conséquence
courte	cours → hausse	Perte
	cours → baisse	Gain
longue	cours → hausse	Perte
	cours → baisse	Gain

Dès que la firme est en position courte, elle encourt un risque de change. Dans ce cas, elle a 3 choix :

- elle constate la position et n'assure pas sa position. Elle laisse sa position ouverte. Le motif fondamental peut être la spéculation si elle anticipe une baisse du cours.
- Elle réduit le risque de change par des procédés de couvertures internes (techniques internes)
- Elle assure sa position en cherchant à éliminer le risque de change par des procédés de couvertures externes (marché externe).

Dans la pratique, cette dichotomie est artificielle car les firmes combinent ces 3 outils susmentionnés.

2.4.1. Les techniques internes de gestion du risque de change

- 2.4.1.1. La monnaie de facturation

La facturation des exportations en devises étrangères génère un risque de change pour l'exportateur. Il cherche alors à libeller ses créances dans les monnaies dont il anticipe appréciation. Inversement, les importateurs tenteront d'exprimer leurs dettes dans les monnaies susceptibles d'être déprécier.

- 2.4.1.2. Le termaillage

C'est une procédure qui vise à faire varier les termes des paiements afin de profiter de l'évolution favorable des cours.

Si l'exportateur anticipe une appréciation de la devise de facturation, il tentera de retarder les encaissements de ses créances pour bénéficier d'un cours plus avantageux. Sachant que l'importateur se trouve dans une problématique contraire.

- 2.4.1.3. Le netting

C'est une pratique courante dans les grandes firmes multinationales qui permet de réduire le nombre et le montant des transferts entre filiales du groupe.

Dans la pratique, la date à laquelle les règlements intra groupes doivent s'effectués est fixée une semaine en avance. C'est à cette date que la compensation entre les flux de dettes et de créances est effective. En effet, le trésorerie du groupe connaît ainsi le solde de chaque filiale dans toutes les devises et peut mettre en place les couvertures de change appropriées. Donc, le coût des couvertures concerne les soldes et non les flux financiers.

2.4.2. Les techniques de couverture externe

- 2.4.2.1. Le marché à terme

Sur ce marché, on vend et on achète des devises dans X mois à un cours fixé dès le jour de la négociation.

On peut noter le cours à terme (forward « F » versus spot « S ») par la formule suivante :

$$F_{ij} = S_{ij} + \begin{cases} + \text{Report} \\ - \text{Deport} \end{cases}$$

Nous allons illustrer cette partie des cas pratiques ci-après :

– 1er cas : position longue (exportateur de cacao par exemple)

Un exportateur de cacao qui exporte en dollar et qui doit être payé dans X mois, est donc en position longue. Il anticipe une dépréciation du dollar. Il va ainsi vendre à terme ses dollars à une banque pour éliminer ce risque de dépréciation. Il transfère ainsi ses risques sur la banque[150]. Et la banque va initier une triple opération pour se couvrir elle-même contre le risque de change :

---

[150] C'est le principe d'aversion au risque. Ici la banque est moins averse au risque, donc elle prend ce risque qu'elle va le gérer par ses instruments de couverture. Ainsi, on peut penser à la métaphore suivante en gestion de risque : en finance, rien ne se perd, rien ne se crée mais tout se transfère à l'image au prix Nobel de Chimie Lavoisier qui disait : rien ne se perd, rien se crée mais tout se transforme. Par conséquent, le risque ne disparaît pas sur le marché mais il est transféré en fonction des niveaux d'aversion au risque. Ce qui fait dire à certains spécialistes en finance que sans la spéculation il n'y aurait pas de marché financier car elle joue en termes d'aversion au risque un rôle primordial dans le transfert de risques.

A la date t=0 → 1. emprunte en $; 2. Change en € sur le marché spot ; 3. prête les € à une firme

A l'échéance t= X → 1. rembourser son emprunt ; 2. Remboursement du prêteur en € (la firme)

Exemple 1 : un exportateur de cacao vend à terme à une banque un million de dollar dans 3 mois. A cette période les informations disponibles sur le marché sont les suivantes :

1$ = 1,02 €

$I_\$ = 5\%$

$I_€ = 6\%$

En appliquant notre formule susmentionnée, l'opération se présente comme suit :

A la date t=0

1.)

$$\frac{1000000}{(1 + 0,05 * \left(\frac{90}{360}\right))} = 987\ 654,321\ \$$$

2.)

$$987\ 654,321 * 1,02 = 1\ 007\ 407,40$$

3.) prête :

$$1\ 007\ 407,40 \text{ à } 6\%$$

A l'échéance t= 3

1.)

$$987\ 654,321 * \left(1 + 0,05 * \left(\frac{90}{360}\right)\right) = 1\ 000\ 000\ \$$$

2.)

$$1\,007\,407,40 * \left(1 + 0,06 * \left(\frac{90}{360}\right)\right) = 1\,022\,518,51\text{ €}$$

Par conséquent le débouclage de l'opération va donner :

$$\frac{1\,022\,518,51}{1\,000\,000} = 1,0225\text{ €}(cours\ forward\ ou\ cours\ \text{à}\ terme)$$

Ainsi, in fine le dollar cote un report :
1$ = 1,0225€
1,0225 = 1,02 + 0,0025 (report égal à 25 point de base)
Pour rappel 1 point = 1/10 000
Enfin, ce report (0,0025€ par 1$) est au bénéfice de la banque comme gain de change. La banque vend les 1000000$ à 1022518,51€.

Exemple 2 : un exportateur de cacao vend à terme à une banque 100 000$ dans 6 mois. A cette période les informations disponibles sur le marché sont les suivantes :
Cours spot (cours au comptant) : $/€ = 1,018 - 1,022
$I_\$$ = 1,675%
$I_€$ = 3,5%
A la date t=0
1.)

$$\frac{100\,000}{\left(1 + 0,01675 * \left(\frac{180}{360}\right)\right)} = 99\,169,45\ \$$$

2.)

$$99\,169,45 * 1,018 = 100\,954,50$$

3.) prête :

100 954,50 à 3,50%

A l'échéance t= 6
1.)

$$99\,169,45 * \left(1 + 0,01675 * \left(\frac{180}{360}\right)\right) = 100\,000\ \$$$

2.)

$$100\,954,50 * \left(1 + 0,035 * \left(\frac{180}{360}\right)\right) = 102\,721,20\text{ €}$$

Par conséquent le débouclage de l'opération va donner :

$$\frac{102\,721,20}{100\,000} = 1{,}0272\ €(cours\ forward)$$

Ainsi, in fine le dollar cote un report :
1$ = 1,0272€
1,0272 = 1,018€ + 0,0092 (report égal à 92 point de base)
Pour rappel 1 point = 1/10 000

Enfin, ce report (0,0092€ par 1$) est au bénéfice de la banque comme gain de change. Et, la banque vend les 100 000$ à 102 721,20€ à notre exportateur.

En cas de déport c'est-à-dire cours spot < cours forward, la banque engrange une perte de change. Ce qui correspond au contraire de notre cas.

– 2ème cas : position courte (importateur d'équipement par exemple)

Un importateur d'équipement qui importe en dollar et qui doit payer dans X mois, est donc en position courte. Il anticipe une appréciation du dollar. Il va acheter à terme ses dollars à une banque pour éliminer ce risque de change.

Et la banque va initier une triple opération pour se couvrir elle-même contre ce risque de change :

A la date t=0 {
1. emprunte en $
2. Change en € sur le marché spot
3. prête les € à une firme

A l'échéance t= X {
1. rembourser son emprunt
2. Remboursement du prêteur en € (la firme)

Exemple 1 : un importateur d'équipement doit livrer un million de dollar dans 3 mois (opération d'achat). A cette période les informations disponibles sur le marché sont les suivantes :
1$ = 1,02 €
$I_{\$} = 5\%$; $I_{€} = 6\%$
Pour ce faire, il s'adresse à sa banque pour acheter ces dollars à terme.

A la date t=0

1.)

$$\frac{1000000}{(1+0{,}05*\left(\frac{90}{360}\right))} = 987\,654{,}321\ \$$$

2.)

$$987\,654{,}321 * 1{,}02 = 1\,007\,407{,}40$$

3.) prête :

$$1\,007\,407{,}40 \text{ à } 6\%$$

A l'échéance t= 3

1.)

$$987\,654{,}321 * \left(1 + 0{,}05 * \left(\frac{90}{360}\right)\right) = 1\,000\,000\ \$$$

2.)

$$1\,007\,407{,}40 * \left(1 + 0{,}06 * \left(\frac{90}{360}\right)\right) = 1\,022\,518{,}51\ €$$

Par conséquent le débouclage de l'opération va donner :

$$\frac{1\,022\,518{,}51}{1\,000\,000} = 1{,}0225\ €(cours\ forward\ ou\ cours\ à\ terme)$$

Ainsi, in fine le dollar cote un report :
1$ = 1,0225€
1,0225 = 1,02 + 0,0025 (report égal à 25 point de base)
Pour rappel 1 point = 1/10 000
Enfin, ce report (0,0025€ par 1$) est au détriment de la banque comme perte de change. Pour éviter cette situation, la banque va vendre 1 000 000$ contre 1 022 518,51€ à la firme afin de se couvrir contre ce risque.

Exemple 2 : un importateur doit livrer 100 000$ dans 6 mois (opération d'achat). A cette période les informations disponibles sur le marché sont les suivantes :
Cours spot (cours au comptant) : $/€ = 1,018 - 1,022
$I_{\$}$ = 1,675%
$I_{€}$ = 3,5%

A la date t=0

1.)

$$\frac{100\,000}{(1 + 0{,}01675 * \left(\frac{180}{360}\right))} = 99\,169{,}45\ \$$$

2.)

$$99\,169{,}45 * 1{,}018 = 100\,954{,}50\ €$$

3.) prête

$$100\,954{,}50 \text{ à } 3{,}50\%$$

A l'échéance t= 6

1.)

$$99\,169{,}45 * \left(1 + 0{,}01675 * \left(\frac{180}{360}\right)\right) = 100\,000\ \$$$

2.)

$$100\,954{,}50 * \left(1 + 0{,}035 * \left(\frac{180}{360}\right)\right) = 102\,721{,}20\ €$$

Par conséquent le débouclage de l'opération va donner :

$$\frac{102\,721{,}20}{100\,000} = 1{,}0272\ €(cours\ forward)$$

Ainsi, in fine le dollar cote un report :
1$ = 1,0272€
1,0272 = 1,018 + 0,0092 (report égal à 92 point de base)
Pour rappel 1 point = 1/10 000

Enfin, ce report (0,0092€ par 1$) est au détriment de la banque comme perte de change. Pour cette situation, la banque va céder ses 100 000$ à la firme contre 102 721,20 afin de gérer ce risque de change.

En cas de déport c'est-à-dire cours spot < cours forward, la banque engrange un gain de change. Ce qui est le schéma contraire de ce qui vient d'être présenté.

En récapitulatif de ces différentes opérations, on peut faire les tableaux suivants :

Tableau 37 : Schémas d'interventions sur le marché des changes à terme

Banque	Vente à terme (exportateur)	Achat à terme (importateur)
Sur le spot (au comptant)	Vente de devise étrangère contre devise nationale	achat de devise étrangère contre devise nationale
Prêt/emprunt	Prêt en € Emprunt en devise	Prêt en devise Emprunt en €

La devise cote :	Vente à terme (exportateur)	Achat à terme (importateur)
Report (Spot<forward)	Favorable	Défavorable
Déport (spot > forward)	Défavorable	Favorable

Le cours à terme se comprend ainsi :
F : cours à terme (forward)
S : cours au comptant (spot)
ie : taux d'intérêt sur la devise étrangère
in : taux d'intérêt sur la devise nationale
j : nombre de jours sur 360

$$\mathbf{F} = \boldsymbol{S} * \frac{\left(\mathbf{1} + \boldsymbol{ie} * \left(\frac{j}{\mathbf{360}}\right)\right)}{\left(\mathbf{1} + \boldsymbol{in} * \left(\frac{j}{\mathbf{360}}\right)\right)}$$

Taux de report ou de déport :

$$\frac{\boldsymbol{F} - \boldsymbol{S}}{\boldsymbol{S}} = \boldsymbol{in} - \boldsymbol{ie}$$
$$(\boldsymbol{différentielle\ de\ taux\ d'intérêt})$$

Ou

$$\frac{\boldsymbol{F} - \boldsymbol{S}}{\boldsymbol{S}} = \frac{\boldsymbol{in} - \boldsymbol{ie}}{\mathbf{1} + \boldsymbol{ie}}$$

« Parité des taux d'intérêt couverts en change »

Le marché à terme ne permet pas de profiter de l'évolution favorable du marché tout en se protégeant ou de spéculer purement et simplement comme certains gros investisseurs le font. Cette situation a donné la naissance d'un autre marché moins rigide et très souple appelé le marché des produits dérivés en change.

- 2.4.2.2. Le marché des produits dérivés de change[151]

Le marché des produits dérivés est un marché sur lequel on échange des contrats sur devises typiquement les futures, les options et les swaps. Ces instruments de couverture sont dits de 1ère génération.

Ce marché est un marché de gré à gré ou OTC (Over The Counter).

Le marché des dérivés n'existe pas dans la zone UEMOA.

– Les futures

Les futures sont des contrats à terme adossés sur les matières premières (commodities). Ainsi, un exportateur va vendre des futures pour se prémunir contre le risque de dépréciation de la devise. Contrairement, un importateur va acheter des futures pour se couvrir contre le risque d'appréciation de la devise.

– Les options

Une option retourne le droit et non l'obligation d'acheter ou de vendre un montant déterminé de devise à une date donnée ou pendant une certaine période à un certain cours.

Le cours qui est fixé dans le contrat s'appelle prix d'exercice (cours à terme). Le prix de l'option s'appelle la prime.

Les options sont utilisées pour couvrir 2 types d'opération : couverture et spéculation.

Les options se distinguent par 3 choses :

- La nature de la devise
- Le sens de l'opération (droit d'acheter (call) ; droit de vendre (put))
- Les modalités d'exercice

On distingue deux types d'option :

1.) option européenne

On ne peut l'exercer qu'à la date ou à la maturité de l'option

2.) option européenne

On peut l'exercer pendant toute la durée de vie du contrat

Sur le marché, on distingue 4 types d'opération :

- Achat d'un call (droit d'acheter une monnaie A et de livrer la monnaie B)
- Vente d'un call (il doit livrer A et acheter B)
- Achat put (achat d'un droit de vendre la devise A contre la devise B)
- Vente put (il doit acheter la devise A contre la devise B)

[151] Pour approfondir ce volet marché des produits dérivés en change, se référer au livre d'Henri BOURGUNAT, Finance Internationale. Ici, par souci de pédagogie, on se limite aux fondamentaux à apprendre.

Entre le vendeur et l'acheteur, la situation est asymétrique c'est-à-dire le vendeur doit livrer (obligatoire) quand l'acheteur exercice son droit.

Soit PE = prix d'exercice et Spot=cours comptant.

Si PE=Spot alors on dira que l'option est ATM (At The Money)

Si PE<Spot, l'option est ITM (In The Money)

Si PE>Spot, l'option est OTM (out The Money)

En résumé, les règles de décision sont les suivantes :

Tableau 38 : Règles de décision pour les options de change

Call	Put	Règle de décision
ATM (PE= spot)	ATM (PE= spot)	Exercée
ITM (PE<Spot)	PE>Spot	Exercée
OTM (PE>Spot)	PE<Spot	Non exercée

– Les swaps

Les swaps consistent à échanger les dettes par une double opération de prêt et d'emprunt. Ils permettent à la fois de gérer dans une certaine mesure le risque de change et le risque de taux.

On distingue trois types de swaps de devises suivant la structure de l'endettement en taux fixe ou taux variable :

Swap taux fixe – taux fixe (ou fixed rate currency swap) : emprunt taux fixe et prêt taux variable.

Swap taux fixe – taux variable (fixed to floating currency swap): emprunt taux fixe fixe et prêt taux variable.

Swap taux variable – taux variable (basis swap): emprunt taux variable et prêt taux variable.

Enfin, Il existe des instruments de 2ème génération dont le but est de fournir une couverture à un coût encore plus bas. Nous les citons ici pour mémoire :

- les options sur moyenne ;
- les options sur options ;
- les options à barrière ; et
- le change avec intéressement.

3. Le Marché Financier Régional (MFR)

La décision de création d'un marché financier régional a été entérinée par les autorités de l'UEMOA en 1993 en application des dispositions du Traité du 12 mai 1962 instituant l'UMOA et révisé le 14 novembre 1973.

La Convention portant création du Conseil Régional de l'Epargne Publique et des Marchés Financiers (CREPMF) a été adoptée le 03 juillet 1996 par décision du Conseil des Ministres de l'UMOA. Le 18 décembre 1996, la Bourse Régionale des Valeurs Mobilières (BRVM) et le Dépositaire Central / Banque de Règlement (DC/BR) ont été constitués sous forme de sociétés anonymes.

Les premiers membres du CREPMF ont été installés le 20 novembre 1997 et une fois le cadre réglementaire de base mis en place, la BRVM et le DC/BR ainsi que les premiers intervenants commerciaux du marché, notamment les Sociétés de Gestion et d'Intermédiation (SGI), agréées en décembre 1997, ont effectivement démarré leurs activités le 16 septembre 1998.

Aujourd'hui le marché financier régional (MFR) dispose de 15 ans de fonctionnement et d'expérience.

Plusieurs acteurs interviennent sur le MFR.

3.1. Les acteurs du Marché Financier Régional

Le marché financier régional (MFR) de l'UMOA, à l'image des autres places financières, est un marché réglementé et structuré. Sa particularité trouve sa source dans son statut communautaire et intégrateur des économies des Etats membres de l'Union.

Il est organisé autour de deux pôles essentiels que sont d'une part, le pôle public qui est symbolisé par le Régulateur communautaire du marché en l'occurrence le CREPMF et d'autre part, le pôle privé qui est symbolisé par les structures centrales du marché (la BRVM et le DC/BR) ainsi que les intervenants commerciaux (Société de Gestion et Intermédiation - SGI, Banque Teneur de Comptes et Conservateur - BTCC, Société de Gestion d'OPCVM ou d'OPC - SGO, Organisme de Placement Collectif - OPC).

3.1.1. L'autorité de tutelle : le CREPMF

- 3.1.1.1. Missions et attributions

Le CREPMF est l'organe de tutelle et de contrôle du marché. Il est placé sous l'autorité du Conseil des Ministres de l'Union. Il est membre de l'OICV (Organisation Internationale des Commissions de Valeurs) qui édicte les objectifs et principes de régulation financière considérés comme des standards internationaux.

Le Conseil Régional de l'Epargne Publique et des Marchés Financiers (CREPMF) a pour principales missions :

- la protection de l'épargne investie en valeurs mobilières et tout autre véhicule de placement donnant lieu à l'appel public à l'épargne,
- l'information des investisseurs,
- le bon fonctionnement du marché.

Le CREPMF a pour attributions :

- l'organisation de l'appel public à l'épargne,
- l'habilitation, le contrôle des structures de marché et des intervenants commerciaux,
- le contrôle de la régularité des opérations de bourse.

Pour remplir ses missions, le CREMPF est investi de plusieurs attributions. En effet, le CREMPF est l'entité qui :

- réglemente le marché financier de l'UMOA à travers l'élaboration de la réglementation du marché et sa mise à jour ;
- autorise toutes les opérations financières de levées de ressources sur le marché financier et d'introduction en bourse ;
- surveille les transactions à la Bourse Régionale des Valeurs Mobilières (BRVM) et aussi habilite les Structures Centrales du marché et des intermédiaires commerciaux agréés (SGI, Organismes de Placement Collectifs, Conseils en investissements boursiers) et contrôle leurs activités ;
- sanctionne le non-respect des règles du marché.

Par ailleurs, dans l'exercice de ses pouvoirs d'attributions, le CREPMF a :

- agréé différentes catégories d'acteurs et d'intervenants du marché financier régional ;
- autoriser plusieurs opérations de marché ayant permis de lever des ressources importantes pour le financement des économies de l'Union ;
- conduit le Projet de Développement du Marché Financier Régional qui a permis des réformes structurantes sur la période 2005 à 2011, portant aussi bien sur le cadre règlementaire que sur l'infrastructure des systèmes d'information :
- au plan réglementaire, celles-ci concernent :
    - ✓ la revue générale des textes du marché financier régional ;
    - ✓ la mise en place de Règles Comptables Spécifiques applicables aux acteurs agréés du marché ;
    - ✓ la réforme des garanties et l'introduction d'un système de notation ;
    - ✓ la création d'un marché hypothécaire et de la titrisation ;
    - ✓ la réforme de la gestion collective ;
    - ✓ l'harmonisation de la fiscalité des valeurs mobilières au sein de l'UEMOA ;
    - ✓ la revue de la tarification du marché ;
    - ✓ la définition d'une législation pénale en vue de prévenir et de sanctionner les infractions boursières ;
- au niveau de l'infrastructure des systèmes d'information :
    - ✓ la mise en place de la Gestion Électronique des Données (GED) ;

- ✓ la mise en place d'un système automatisé de surveillance des activités du marché secondaire ;
- ✓ la mise en ligne de « FINBASE-UEMOA », la base de données du MFR.

Par ailleurs, le CREPMF délivre des cartes professionnelles dont les conditions d'obtention sont les suivantes :

- la réussite aux tests d'aptitude professionnelle ou examen dont l'organisation et la gestion relèvent du Conseil Régional ;
- la production d'un extrait de casier judiciaire et d'un curriculum vitae.

Les cartes professionnelles sont renouvelables chaque année, dans les quinze premiers jours du mois de janvier de l'année nouvelle.

- 3.1.1.2. Fonctionnement

Le CREPMF dispose, sur le plan organisationnel, d'un organe délibérant au sein duquel siègent, d'une part, les représentants de chaque Etat membre de l'UEMOA et, d'autre part, les représentants des institutions de l'Union que sont la BCEAO, la Commission de l'UEMOA, la Cour de Justice et la Cour des Comptes de l'UEMOA. Il est présidé, à tour de rôle, par un représentant des Etats membres.

Le CREPMF est doté d'un Secrétariat Général dirigé par un Secrétaire Général.

- 3.1.1.3. Les enjeux

Conformément à son plan stratégique 2014-2021, le CREPMF entend mettre en œuvre les chantiers suivants :

- l'ancrage institutionnel et l'amélioration de la visibilité du Régulateur dans l'UEMOA
- l'atteinte de l'autonomie financière et le renforcement de l'indépendance du Régulateur ;
- la consolidation des ressources humaines et de l'organisation du Secrétariat Général du CREPMF pour une meilleure efficacité.
- Le renforcement de la coopération avec les régulateurs au niveau régional et international.

3.1.2. La BRVM et le DC/BR

- 3.1.2.1. Missions et attributions

La Bourse Régionale des Valeurs Mobilières (BRVM) et le Dépositaire Central/Banque de Règlement (DC/BR) constituent les structures centrales du marché. Ils ont démarré leurs activités le 16 septembre 1998.

La BRVM est une société anonyme ayant les fonctions suivantes conformément au règlement général de la BRVM[152] :

- l'organisation du marché boursier,
- la diffusion des informations boursières, et
- la publicité des transactions boursières

Quant au DC/BR, il est chargé de conserver et de faire circuler sous forme scripturale les valeurs mobilières. Il gère le cycle de règlement / livraison des opérations réalisées sur la BRVM et le dénouement des Evénements Sur Valeurs (ESV).

A cet égard, conformément au Règlement Général du Conseil Régional de l'Epargne Publique et des Marchés Financiers, le Dépositaire Central/Banque de Règlement assure les missions suivantes (article 6 des dispositions du règlement général du DC/BR) :

En sa qualité de dépositaire :

- il centralise la conservation et assure la circulation scripturale des valeurs mobilières pour le compte de ses Adhérents afin de simplifier la circulation et l'administration des titres. A cet effet :
- il ouvre des comptes courants aux émetteurs et aux intermédiaires habilités à détenir des valeurs mobilières,
- il enregistre les mouvements initiés par les adhérents et procède à son initiative, sur la base des informations reçues de la bourse, aux virements des titres consécutifs aux achats / ventes de titres et à certains événements sur les valeurs.

Concernant les titres détenus par les investisseurs étrangers à la suite d'opérations réalisées sur le marché financier régional, le Dépositaire Central / Banque de Règlement peut être également dépositaire des titres, dans le cadre d'accords bilatéraux signés avec des organismes dépositaires ou de compensation étrangers ou internationaux.

Les dossiers de demande d'admission en bourse auxquels le Dépositaire Central / Banque de Règlement entend donner une suite positive sont transmis au Conseil Régional dans les deux mois suivant la production d'un dossier complet.

En sa qualité de Banque de Règlement du marché financier :

Il effectue l'enregistrement de l'ensemble des virements espèces consécutifs aux engagements pris sur le marché, à l'achat ou à la vente, par les intermédiaires, ainsi que les règlements au crédit, par le débit des émetteurs ou de leurs mandataires, des intermédiaires lors d'événements sur valeurs générateurs de mouvements espèces.

---

[152] Le Règlement Général de la BRVM fixe, après avis conforme du CREPMF, les règles applicables au fonctionnement du marché boursier, aux intervenants commerciaux et aux adhérents du marché boursier.

En sa qualité d'agence de codification :

Le Dépositaire Central / Banque de Règlement a seul la responsabilité de déterminer et d'affecter les codes relatifs aux adhérents et aux valeurs afin de permettre leur identification lors des opérations réalisées sur le marché, des traitements administratifs consécutifs à ces opérations, d'émission de titres ou d'événements sur valeurs.

Le Règlement Général du Dépositaire Central / Banque de Règlement fixe, pour les valeurs admises à ses opérations, les règles et les modalités relatives :

- aux organismes teneurs de comptes titres ;
- aux conditions d'inscription en compte et de circulation des valeurs mobilières ;
- au dénouement et au règlement des opérations ;
- aux dispositions financières des activités du Dépositaire Central / Banque de Règlement
- aux relations avec les organismes étrangers

Le DC/BR dispose d'un fonds de garantie spécial qui peut être utilisé en cas de défaillance de la part d'une institution financière. Ce mécanisme doit empêcher la contagion des défaillances et/ou la propagation de la panique sur les marchés.

- 3.1.2.2. Le fonctionnement du marché boursier

La BRVM est un marché au comptant. Dès qu'une négociation est réalisée, l'acheteur est redevable des capitaux : il doit être en mesure d'exécuter immédiatement son obligation de payer le prix d'achat. Le vendeur, pour sa part, est redevable des titres ; il doit être en mesure d'exécuter immédiatement son obligation de livrer la quantité de titres vendus.

La SGI qui intervient pour un donneur d'ordre peut exiger de celui-ci qu'il rende disponible, avant la transmission de l'ordre à la Bourse Régionale, les espèces ou les titres requis pour l'exécution de l'obligation résultant de l'ordre.

L'exécution d'une obligation résultant d'un ordre est garantie par la SGI qui agit pour le compte du donneur d'ordre. Une SGI est tenue d'exécuter l'obligation résultant d'un ordre en cas de défaillance de son client.

Les SGI ne sont pas autorisées à prêter à leurs clients des titres ou des espèces aux fins de leur permettre d'effectuer des opérations sur valeurs. Par conséquent, les comptes sur marge et les ventes à découvert sont interdits[153].

---

[153] Le compte sur marge : un compte sur lequel une SGI prête au client une certaine somme afin qu'il puisse acheter des titres.
La vente à découvert : l'opération par laquelle un donneur d'ordre vend des titres qu'il ne possède pas en spéculant sur une baisse du cours de manière à racheter lesdits titres à un prix inférieur

La BRVM dispose d'une Antenne Nationale de Bourse (ANB) dans les Etats membres de la zone UEMOA.

En vertu du principe de la transparence, toutes les informations et transactions boursières sont publiées au Bulletin Officiel de la Cote (BOC).

Les émissions, le processus d'Appel Public à l'Epargne requiert l'intervention d'une SGI, d'un cabinet comptable et d'un juriste. La SGI sera le principal conseiller de la société car elle guidera toutes les étapes du processus auprès de la BRVM et gérera les souscriptions du Public (étude faisabilité de l'Appel Public à l'Epargne, l'audit de la société, élaboration des documents exigés par la BRVM, l'obtention du visa du CREPMF, souscription des titres, le registraire, et l'introduction en bourse avec la signature obligatoire d'un contrat de liquidité avec une SGI pour l'animation des titres). Le cabinet comptable travaillera en étroite collaboration avec la SGI pour élaborer la note d'information ainsi que les autres documents requis notamment les états financiers certifiés et prévisionnels, documents préalables d'information exigés par le CREPMF et la BRVM. Quant au cabinet juridique, il préparera l'ensemble des documents légaux (dont le contrat avec la SGI) et devra mettre à jour les contrats et documents existants afin d'identifier et corriger toutes les incompatibilités avec les Lois et Règlements relatifs à l'appel Public à l'épargne.

En plus, les investissements sur la BRVM se font par l'intermédiaire d'une SGI. Celle-ci exécute les ordres d'achat et de vente qui lui sont transmis, effectue la tenue du compte et conseille dans la gestion de portefeuille. Les titres échangés sont comptabilisés auprès de la SGI ou du conservateur. Le compte auprès de la SGI est appelé compte titre ; il est similaire à un compte de dépôt ordinaire dans une banque commerciale sauf qu'il est destiné à recevoir des titres.

L'instruction N°20/99 relative à la convention d'ouverture de compte-titre mentionne que l'ouverture d'un compte-titres par les SGI et les banques agréées en qualité de teneur de comptes et de compensateur doit faire l'objet d'une convention de compte conclue entre cette société et son client.

En plus, l'article 2 stipule in extension que : la Convention de compte-titres doit préciser les mentions obligatoires suivantes :

- 1) les mentions concernant les parties à la convention

- l'identité et l'adresse des parties au contrat,
- la confidentialité incombant à la société gestionnaire de compte,
- la responsabilité des parties à ladite convention,
- la loi applicable,
- l'élection de domicile,
- la signature obligatoire de la convention par la société gestionnaire du compte et le titulaire du compte.

– 2) les mentions portant sur les titres et les comptes titres

- la forme et la nature des titres inscrits en compte,
- la disponibilité des titres à première demande,
- les obligations fiscales relatives aux titres inscrits en compte,
- obligation de communication des tarifs,
- la transmission d'un exemplaire du contrat de mandat de gestion titres, s'il s'agit d'un mandat de gestion,
- les conditions de fonctionnement des comptes indivis,
- les conditions de clôture du compte titres,
- les conditions de résiliation de la convention.

– 3) les mentions relatives aux ordres et à leur exécution

- la périodicité du relevé de compte-titres,
- les conditions d'exécution des opérations de bourse :
- transmission et réception des instructions, provision préalable,
- l'information relative à l'exécution des instructions,
- le traitement des produits des titres inscrits.

Les ordres d'achat et de vente saisis par la SGI à l'ANB (Antenne de Bourse Nationale) de l'un des pays de l'UEMOA sont acheminés dans le système de négociation au site central via le réseau satellite.

Le circuit de traitement des ordres d'achat et vente se schématise comme suit :

Figure 31 : circuit de traitement des ordres d'achat et de vente

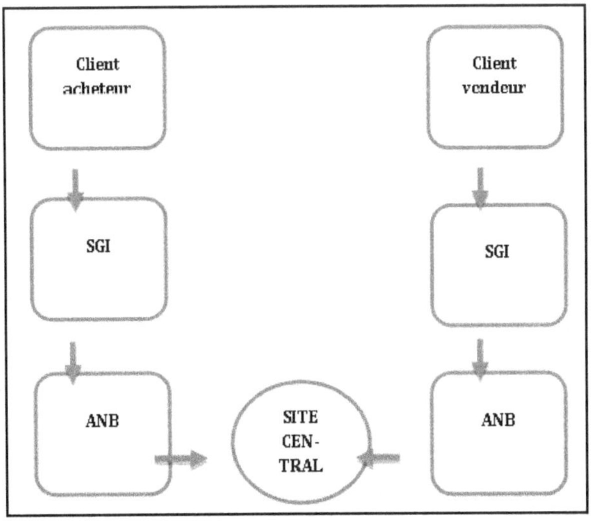

Source : BRVM

– Cheminement d'un ordre d'achat ou de vente d'une

1) Communication de l'ordre d'achat ou de vente à une SGI

2) Enregistrement et saisie par la SGI de l'ordre dans le système de négociation à l'ANB

3) Centralisation au site central de tous les ordres d'achat et de vente venus de toutes les ANB

4) Après confrontation des ordres d'achat et de vente et détermination des prix (confrontation de l'offre et la demande selon la Loi du marché), la transaction est enregistrée puis confirmée successivement par courrier par la BRVM à la SGI, puis par la SGI au client

- 3.1.2.3. Les types d'ordres

Tout ordre de bourse doit comporter l'indication du sens de l'opération (achat ou vente), la désignation ou les caractéristiques de la valeur sur laquelle porte la négociation, le nombre de titres à négocier, une indication quant au prix, la durée de sa validité, les références du donneur d'ordre et, d'une manière générale, toutes les précisions nécessaires à sa bonne exécution.

Tout ordre doit indiquer s'il s'agit d'un ordre client ou d'un ordre non-client. Un ordre client est un ordre donné pour le compte d'un client d'une SGI, personne morale ou personne physique. L'ordre non-client est un ordre donné par une SGI pour son compte propre, pour le compte de l'un des membres de son personnel ou un membre du personnel de la Bourse Régionale, du Dépositaire Central/Banque de Règlement ou du Conseil Régional.

Il existe les types d'ordres suivants

– Les ordres à cours limité

L'ordre à cours limité est celui par lequel l'acheteur fixe le prix maximal qu'il est disposé à payer et le vendeur le prix minimal auquel il accepte de céder ses titres. Il est exécuté si le marché le permet. Le prix indiqué sur l'ordre à cours limité est désigné par l'expression « limite ». En cas de non-exécution ou d'exécution partielle de l'ordre, l'ordre à cours limité est présenté à la séance suivante si sa validité le permet. Il conserve son horodatage-bourse et son numéro d'ordre.

– Les ordres au marché ou ordres au mieux

L'ordre au marché anciennement appelé ordre au mieux n'est assorti d'aucune indication de prix. Le donneur d'un ordre d'achat ne fixe pas de prix maximal tandis que le donneur d'un ordre de vente n'établit pas de prix minimal. L'ordre au marché est exécuté au cours coté, en principe issu de la cotation par fixing. L'ordre est exécuté pour tout ou partie, voire ne reçoit aucune exécution, en fonction des ordres en carnet.

En cas de non-exécution ou d'exécution partielle de l'ordre, l'ordre ou la fraction de l'ordre non exécuté est présenté à la séance suivante si sa validité le permet. Il conserve son horodatage-bourse et son numéro d'ordre. Les ordres au marché sont prioritaires sur les ordres à cours limité tandis qu'ils ont la même priorité que les ordres à la meilleure limite (Cf. instruction N°18 – 2012/BRVM/DG).

– Les ordres à la meilleure limite

Ce sont des ordres qui ne comportent pas limite de prix. Ils sont exécutables au mieux de l'offre ou de la demande du marché à un instant donné. Ces ordres sont recevables uniquement pendant la phase de pré ouverture. Ils n'acceptent que les dates de validité « jour ». Ils ne peuvent être des ordres tout ou rien ou à quantité minimale. Les ordres à la meilleure limite sont prioritaires sur les ordres à cours limité tandis qu'ils ont la même priorité que les ordres au marché (Cf. instruction N°19 – 2012/BRVM/DG).

– Les ordres à quantité minimale

Ce sont des ordres exécutables à un prix donné pour un volume minimum du titre demandé.

– Les ordres tout ou rien

Un ordre peut être assorti de la stipulation d'exécution spéciale « tout ou rien ». L'ordre tout ou rien est exécuté en totalité, pour toute la quantité indiquée de titres : il ne peut faire l'objet d'une exécution partielle. À défaut d'être exécuté en totalité, l'ordre tout ou rien est maintenu sur le carnet d'ordres pour la prochaine séance de bourse pour autant que sa validité le permette. Il conserve son horodatage-bourse et son numéro d'ordre.

– Les ordres exécutés ou éliminés

Les ordres sont servis en totalité dans la mesure où le marché le permet. A défaut d'exécution totale et immédiate, ces ordres sont éliminés.

- <u>3.1.2.4. Le système de cotation</u>

– Dates clés de la cotation

- 18 décembre 1996 : Assemblée Générale Constitutive de la Bourse Régionale des Valeurs Mobilières (BRVM) à Cotonou au Bénin.
- 16 septembre 1998 : Démarrage officiel des activités de la Bourse Régionale des Valeurs Mobilières (BRVM) et du Dépositaire Central / Banque de Règlement (DC/BR).
- 24 mars 1999 : Cotation Electronique Décentralisée (CED).
- 12 novembre 2001 : Passage de trois (3) à cinq (5) jours ouvrables de cotation par semaine.

- 02 juillet 2007 : Passage de J+5 à J+3 du délai de Règlement / Livraison.
- 16 septembre 2013 : Passage à la cotation en continu[154]

La mise en place de la cotation en continu constitue une innovation majeure pour un marché boursier. Au fil du temps, elle est devenue un indicateur de performance des bourses de valeurs mobilières. Après 15 années de cotation au "fixing", la Bourse Régionale des Valeurs Mobilières (BRVM) a décidé d'adopter la cotation en continu comme mode de cotation pour l'ensemble de ses valeurs cotées. Cette innovation répond à l'objectif de la BRVM de dynamiser son marché par l'amélioration de son attractivité et de sa liquidité ainsi que de son positionnement international.

– Le système de cotation au fixing

Le fixing est un processus visant à déterminer le cours coté d'une valeur donnée. Tous les ordres d'achat et de vente participent à ce processus, y compris les ordres à stipulation spéciale. Pendant le fixing, aucune négociation sur valeur n'est effectuée et aucun ordre ne peut être saisi dans le système de négociation. Le fixing a lieu pendant l'étape de cotation d'une séance de bourse.

Le cours établi par fixing correspond au niveau de prix qui produit le plus grand volume de titres négociés compte tenu de la composition du carnet d'ordres à la fermeture de l'étape de saisie des ordres. Le cours établi est alors appelé "cours d'équilibre". Selon l'état du marché, la Bourse Régionale peut également décider d'établir un cours avec réduction.

Le cours coté d'une valeur est unique pour une séance de bourse donnée. Il est valide pour toute la durée de la séance de bourse et s'applique à toutes les négociations se déroulant pendant celle-ci. La Bourse Régionale peut cependant déterminer d'autres modalités relatives au cours coté en vigueur pendant une séance de bourse ou une portion de celle-ci.

– Le système de cotation en continu

La cotation en continu résulte de la confrontation simultanée des ordres de bourse. Elle favorise un plus grand nombre d'échanges.

La cotation en continu offre de nombreuses opportunités d'achat et de vente sur une valeur donnée, permet la réalisation de transactions à différents cours pour la même valeur durant une journée de cotation et permet de connaitre, en temps réel, l'état du marché d'une valeur en établissant plusieurs cours.

Elle permet l'exécution rapide des ordres et accroit la liquidité du marché boursier.

---

[154] Voir avenant au règlement général BRVM, septembre 2013. Trois articles nouveaux y figurent.

Le passage à la cotation en continu marque un tournant important dans le positionnement du Marché Financier Régional en général et de la BRVM en particulier. Pratiquée par la grande majorité des places financières de renommée mondiale, la cotation en continu permettra :

- un élargissement et une diversification des investisseurs de la BRVM ;
- une amélioration de la visibilité et de la notoriété de la BRVM ;
- une amélioration de l'attractivité de la BRVM pour les émetteurs et les investisseurs.

- 3.1.2.5. Déroulement d'une journée de cotation

Depuis le 16 septembre 2013, les journées de bourse se déroulent comme suit :

Figure 32 : Schéma de déroulement de la séance de cotation continue

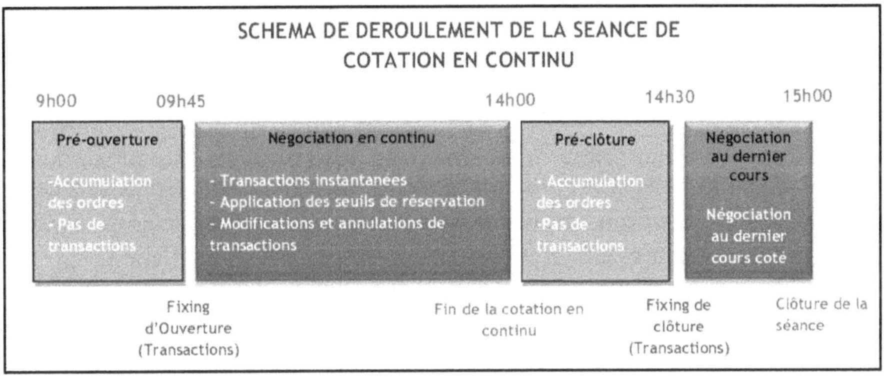

Source : BRVM

– Phase de pré ouverture

Pendant cette phase, les ordres saisis par les SGI dans le système de cotation de la BRVM sont enregistrés dans le carnet d'ordres central sans donner lieu à des transactions. Le carnet d'ordres central, le cours théorique d'ouverture et les volumes susceptibles d'être échangés à ce cours sont actualisés chaque fois qu'un ordre est introduit dans le système et sont diffusés en temps réel.

– Fixing d'ouverture

A l'ouverture, le système de cotation confronte, pour chaque valeur, les ordres en vue de leur appariement.

Au début de la phase de détermination du cours, le carnet d'ordres central est momentanément gelé pendant que l'algorithme d'appariement s'exécute. A ce moment, il n'est plus possible de saisir des ordres dans le système de cotation et les ordres déjà saisis ne peuvent être modifiés, ni annulés.

Si l'appariement se fait l'intérieur des seuils dynamiques de réservation autorisés, un cours d'ouverture est établi et diffusé au marché. Par contre, si l'appariement se fait dehors des seuils dynamiques de réservation, la valeur concernée est réservée pour une période dont la durée est fixée par instruction. Un cours d'ouverture est déterminé à l'issue de la période de réservation si les conditions sont réunies.

Le cours d'ouverture est le dernier cours théorique avant l'appariement. En absence de cours de fixing d'ouverture, le cours d'ouverture est le cours de référence.

Les ordres sont exécutés dans le Carnet d'Ordres Central en application du principe de priorité d'exécution défini par Instruction de la BRVM.

– Négociation en continu

Une fois le fixing d'ouverture effectué, la phase de négociation en continu débute.

Tous les ordres non exécutés ou résiduels à l'issue du fixing d'ouverture sont transférés à la phase de négociation en continu.

Durant cette phase, il est possible d'enregistrer, de modifier ou d'annuler les ordres. Chaque nouvel ordre enregistré est immédiatement confronté aux ordres disponibles en sens inverse dans le Carnet d'Ordres Central afin de vérifier si son exécution est possible. Les ordres déjà présents dans le Carnet d'Ordres Central déterminent le cours d'exécution. Les transactions se réalisent au fur et à mesure que les ordres de sens inverse le permettent.

Les ordres sont exécutés dans le Carnet d'Ordres Central en application du principe de priorité d'exécution défini par Instruction de la BRVM.

– Phase de pré-clôture

La phase de pré-clôture intervient après la phase de négociation en continu. Les ordres saisis sont automatiquement enregistrés dans le Carnet d'Ordres Central sans donner lieu à des transactions. Le Carnet d'Ordres Central, le cours théorique de clôture et les volumes susceptibles d'être échangés à ce cours sont remis à jour chaque fois qu'un ordre est introduit dans le système de cotation et sont diffusés en temps réel.

– Fixing de clôture

Le processus de fixing de clôture est identique à celui décrit pour le fixing d'ouverture. Le système de cotation confronte les ordres d'achat et de vente pour déterminer un cours de clôture qui sera appliqué pour tous les ordres exécutés sur un titre donné.

– Négociation au dernier cours

Le fixing de clôture fait place à la négociation au dernier cours. Pendant cette phase, il est possible de saisir des ordres en contrepartie des ordres résiduels existants. Ils seront exécutés uniquement au cours de clôture. Toutes les valeurs cotées participent à cette phase. Celles, qui n'ont fait l'objet d'aucune cotation durant les phases précédentes, sont négociées à leur cours de référence.

– Encadrement des variations des cours

Le seuil de variation maximal de ±7,5% pour la journée de bourse est maintenu, ce seuil est qualifié de statique. Le passage à la cotation continu est accompagné d'un seuil de réservation dynamique de ±2%. Ce seuil dynamique intervient uniquement pendant la phase de négociation en continu. Il permet de mieux encadrer les évolutions de cours par une meilleure maîtrise et une plus grande visibilité de l'évolution des cours durant cette phase. Un titre dont le cours d'équilibre se situe en dehors de ce seuil de ±2% (±3% pour les titres dont le pas de cotation est inférieur à 5 FCFA) est réservé pendant 5 minutes.

– Les cours retenus

Avec le passage en cotation continu, de nouveaux cours apparaissent sur le Bulletin Officiel de la Cote :

- Cours d'ouverture : C'est le cours issu du fixing d'ouverture ou le premier cours de la séance de bourse, le cas échéant.
- Cours de clôture : C'est le cours issu du fixing de clôture ou le dernier cours coté pendant la séance de bourse, le cas échéant.
- Cours moyen : moyenne des cours (pondéré par le volume des transactions) auxquels ont été échangés le titre durant la séance de bourse.

Le cours de référence demeure le cours de clôture de la dernière séance de cotation (ajusté éventuellement dans le cas d'Opération Sur Titres).

- 3.1.2.6. Le règlement des transactions

– Ordre d'achat

Le donneur d'ordre doit obligatoirement avoir en compte auprès de la SGI les fonds nécessaires au règlement de la transaction. Celle-ci entraînera simultanément le crédit du compte-titre et le débit du compte espèce et ce pour permettre à la SGI d'honorer ses obligations vis-à-vis du DC/BR le 3ème jour ouvré suivant le jour de la transaction.

– Ordre de vente

Le donneur d'ordre de vente doit avoir les titres en compte auprès de la SGI, au moment de passer son ordre. La transaction entraînera le débit du compte-titre et le crédit du compte espèces, ceci à la suite du virement ordonné par le DC/BR, le 3ème jour ouvré suivant le jour de la transaction.

- 3.1.2.7. Les tarifications

Pour les émetteurs les coûts initiaux sont : les honoraires des conseillers juridiques et des experts comptables, la rémunération des SGI, les frais d'obtention du visa du CREPMF, la commission d'introduction en bourse ainsi que les frais d'impression du prospectus. De même certains frais récurrents sont à considérer tels que les honoraires de la SGI et de l'agente chargé des services financiers (registraire), les frais liés à la règlementation, la diffusion de l'information ainsi que les commissions payées à la BRVM. Ces frais sont fonction des dossiers à traiter.

En application des dispositions des articles 15 et suivants du Règlement Général relatif à l'organisation, au fonctionnement et au contrôle du marché financier régional de l'UMOA, les cahiers des charges relatifs à la concession de service public à la BRVM et au DC/BR ont été approuvés par le Conseil des Ministres de l'Union du 12 septembre 2011. Ces cahiers des charges sont entrés en vigueur le 1er janvier 2012 et visent à garantir la continuité des activités de ces structures.

Les tarifs, redevances et autres frais que perçoit la Bourse Régionale en rémunération des services d'intérêt général qu'elle assure, sont fixés par elle-même.

Ces tarifs, redevances et autres frais sont publiés au Bulletin Officiel de la Cote.

Ces tarifications concernent d'une part les valeurs inscrites à la cote et celles non cotées (inscrites au DC/BR) d'autre part[155].

Les tarifs des SGI sont libres et peuvent varier d'une SGI à une autre. Toutefois, chaque SGI est tenue faire homologuer par le CREPMF le barème de l'ensemble de ses commissions et frais et de le remettre au client. Par exemple, la SGI exigera une commission de valorisation annuelle basée sur la valeur des titres inscrits au compte du client ainsi qu'un droit de courtage sur chaque transaction basé sur la valeur des titres acquis ou cédés.

- 3.1.2.8. Les offres publiques

L'Offre Publique d'Achat "OPA" : la procédure par laquelle une personne physique ou morale fait connaître publiquement qu'elle s'engage à acquérir à un prix déterminé une quantité de titres d'un émetteur ;

L'Offre Publique d'Echange "OPE" : la procédure par laquelle une personne physique ou morale fait connaître publiquement qu'elle s'engage à acquérir une quantité de titres d'un émetteur en payant avec d'autres titres plutôt qu'en numéraire ;

L'Offre Publique de Retrait "OPR" : la procédure d'offre publique d'achat qui vise les actionnaires minoritaires d'une société, avec l'objectif

---

[155] Voir le document de Tarification BRVM et DC/BR mise à jour le 1er juillet 2010 publié sur le site de la BRVM.

avoué de faire procéder par les actionnaires majoritaires à la radiation des titres de cet émetteur de la cote ;

L'Offre Publique de Vente "OPV" : la procédure par laquelle un (ou plusieurs) détenteur(s) de titres fait connaître publiquement son intention de céder une quantité déterminée de titres à un prix ferme et définitif ;

Tout projet d'offre publique d'acquisition ou d'échange de titres donnant ou non accès au capital et cotés à la Bourse Régionale, par une personne physique ou morale, agissant seule ou de concert, doit faire l'objet d'un visa préalable du Conseil Régional.

- 3.1.2.9. Les indices boursiers

L'indice boursier exprime les tendances soit à la hausse soit à la baisse du marché. La BRVM a développé deux indices phares qui agissent comme des baromètres du marché boursier[156].

Si les cours des titres montent, l'indice augmentera et vice versa. Ces indices régulièrement publiés par la BRVM sont :

Le BRVM10 : composé des 10 titres les plus actifs ou en d'autres termes, les 10 premières capitalisations boursières[157] comme le cas des indices européens et américains. Par exemple, le CAC40 regroupe les 40 premières capitalisations boursières de la bourse de Paris ; le Dow Johns américains (DJ30) concernent les 30 premières capitalisations de la bourse de New York.

Le BRVM10 est révisé chaque tous les trimestres.

Le BRVM composite : représente l'ensemble des actions ordinaires cotées[158].

La base de chacun des indices a été établie à 100 lors du démarrage des activités de la BRVM le 16 septembre 1998. Ainsi, lorsque l'indice est à 120 par exemple cela signifie que le marché est en hausse de 20% ou si l'indice est à 95, cela signifie bien évidemment que le marché est en baisse 5%.

- 3.1.2.10. Comment lire la cote dans les journaux

Les cotations sont publiées dans les plus grands quotidiens de l'UEMOA, le plus souvent dans les pages « économies » sous la forme suivante :

[156] On parle de baromètre de l'économie quand la financiarisation de l'économie est basée sur la finance directe (marchés des capitaux). En ce moment les indices boursiers peuvent être considérés comme des baromètres de l'économie.

[157] Valeur d'une action en bourse obtenue en multipliant le cours de bourse par le nombre d'actions.

[158] Contrairement à une action privilégiée qui accorde à son détenteur le droit de recevoir un dividende fixe avant les actions ordinaires et une somme fixe en cas de liquidation.

Tableau 39 : comment lire la cote dans les journaux

Sym	Titre	Cours	Vol	Val	Cours préc.	Var	Haut	Bas
ABSS	ABS Séné-gal	17,000	020	0340,000	15,500	1,500	18,000	14,000
ZECC	ZEC Côte Ivoire	23,000	180	4,140,000	22,000	1,000	25,000	20,000

Explications :
Sym : symbole, correspond à l'abréviation du nom de la société
Titre : le titre de la société
Virgule : affichage à l'américaine (point ou espace)
Cours : le prix de clôture du titre
Vol : volume, la quantité des titres échangés
Val : valeur, le montant en FCFA
Cours préc. : Cours précédent, le dernier prix du titre
Var : variation, variation absolue du cours par rapport au cours précédent
Haut : le meilleur prix de vente enregistré au cours de la dernière année
Bas : le meilleur prix d'achat enregistré au cours de la dernière année

- 3.1.2.11. Les enjeux[159]

En dépit de la bonne évolution générale des activités depuis sa création, la BRVM ne présente pas d'attraction particulière pour les entreprises régionales. En effet, le nombre de sociétés cotées n'a pas connu une évolution significative. Après 15 ans d'exercice, il se situe à 37 contre 35 au démarrage des activités de la BRVM, dont 31 sont issues de la Côte d'Ivoire. Aucun accès particulier n'a été donné aux PME/PMI alors que celles-ci constituent l'essentiel du tissu économique de l'Union. Les Antennes Nationales de Bourse (ANB) ne semblent pas avoir atteint leurs objectifs de promotion de la culture boursière.

L'absence d'un plan de promotion et de développement du marché secondaire et de mesures d'accompagnement des sociétés à la cote peuvent être un facteur explicatif de cette situation, en dehors de la tarification.

En ce qui concerne le DC/BR, il est à noter également que malgré l'absence de suspens sur les transactions boursières depuis la reprise des activités au niveau régional, le processus de dématérialisation des titres issus de l'ex-BVA (Bourse des Valeurs d'Abidjan) n'a pas été conduit à son terme et celui de gestion des ESV est à améliorer.

En outre, le rôle du DC/BR dans la conservation des titres n'est pas suffisamment connu par les émetteurs et les investisseurs et plus généralement par les sociétés opérant dans l'Union. En effet, de nombreux titres (moné-

[159] Conformément au plan stratégique 2014-2021 du Marché Financier Régional.

taires et autres non cotés) sont conservés auprès de divers acteurs sans qu'ils ne soient inscrits en compte auprès du DC/BR qui est habilité pour la codification et la dématérialisation des valeurs mobilières.

Le DC/BR est toujours placé sous la même direction que la BRVM et ne dispose pas d'équipements propres à l'exception du logiciel d'exploitation. Cette situation ne s'accommode pas avec les meilleures pratiques au niveau international qui recommandent une muraille de chine entre les Structures Centrales du marché. Elle ne favorise pas non plus une bonne visibilité du Dépositaire Central.

Par ailleurs, l'organisation et la gouvernance ainsi que le système d'information des structures centrales devront être significativement améliorés au regard des insuffisances relevées lors des missions d'inspection du CREPMF.

Enfin, les structures centrales doivent se doter d'une stratégie pour s'adapter à l'évolution technologique en matière de plateformes boursières et de conservation / circulation ainsi qu'un Plan de Continuité des Activités avec une tolérance négligeable au risque de perte des données.

3.1.3. Les intervenants commerciaux du marché[160]

- 3.1.3.1. Les réalisations

Depuis le démarrage des activités du marché financier régional, le nombre des intervenants commerciaux est en constante croissance d'année en année. De treize (13) intervenants agréés (uniquement des Sociétés de Gestion et d'Intermédiation) en 1997, leur nombre est passé à quatre-vingt-neuf (89) à fin juin 2013 et détaillé de façon ci-après :

- Vingt-une (21) Sociétés de Gestion et d'Intermédiation (SGI) ;

Etablissement financier, soustrait expressément de la règlementation bancaire, constitué en société anonyme, agrée par le CREPMF selon certains critères notamment techniques, financiers, et déontologiques. La SGI négocie les valeurs mobilières. En outre, elle gère la tenue de compte, gère des portefeuilles sous mandat et exerce l'activité de conseil en ingénierie financière.

Conformément aux dispositions de l'article 48 du règlement général du CREPMF, les SGI doivent assurer l'indépendance comptable entre leurs activités suivantes : teneur de compte ; négociateur ; gestionnaire de comptes de titres et conseil en ingénierie financière.

[160] Ibid. MFR.

– Treize (13) Sociétés de Gestion d'OPCVM et d'OPC (SGO) ;

Conformément aux dispositions de l'article 72 du règlement général CREPMF, les banques, les SGI peuvent créer des OPCVM qui sont regroupés en SICAV et FCP.

– Une (01) Société de Gestion de Patrimoine (SGP) ;

Personne morale agréée par le CREPMF, réputée exercer à titre principal une activité de gestion de titres sous mandat à caractère privé. Elles peuvent créer et gérer des OPCVM.

– Six (06) Banques Teneurs de Comptes / Conservateurs (BTCC) ;

Conformément aux dispositions de l'article 31 du règlement général DCBR, toute banque de l'UMOA, conservateur de titres tant en son propre nom que pour le compte de ses clients est Adhérent de plein droit au DCBR.

Les banques/conservateurs s'engagent à respecter l'ensemble des dispositions édictées par le DCBR, au même titre que les Sociétés de Gestion et d'Intermédiation, tant pour ses activités de dépositaire des valeurs mobilières que pour ses activités de Banque de règlement.

– Sept (07) Apporteurs d'Affaires (AA) ;

Les Apporteurs d'affaires sont des personnes physiques ou personnes morales qui mettent en relation un client avec une SGI ou une Société de Gestion de Patrimoine pour :

a) l'ouverture d'un compte de titres ;
b) les conseils en placement ou la gestion sous mandat ;
c) transmettre les ordres de leurs clients.

– Trente-sept (37) Organismes de Placement Collectif (OPC) ;

Sociétés agréées par le CREPMF et ayant pour activités le placement collectif pour compte de tiers ou pour compte propre.

– Deux (02) Garants ;

Sociétés agréées par le CREPMF et ayant comme activités la garantie des opérations.

– Deux (02) Agences de Notation (AN).

Société de rating agréées par le CREPMF ayant comme activités la notation des sociétés émettrices.

Par ailleurs, il est prévu une activité de démarcheur dans le règlement général du CREPMF.

Ainsi, selon les dispositions de l'article 101 du règlement général CREPMF : « *Sont considérées comme activités de démarchage, toutes opé-*

rations auxquelles se livre celui qui se rend habituellement soit au domicile ou à la résidence des personnes, soit sur leurs lieux de travail, soit dans les lieux ouverts au public et non réservés à de telles fins en vue de conseiller la souscription, l'achat, l'échange, la vente de valeurs mobilières ou, la participation à des opérations sur ces valeurs.

Sont également considérées comme activités de démarchage, les offres de service faites ou les conseils donnés, de façon habituelle, en vue des mêmes fins que celles visées à l'alinéa précédent, au domicile ou à la résidence des personnes ou sur les lieux de travail par l'envoi de lettres ou circulaires, ou par communication téléphonique.

Est prohibée toute forme de colportage des valeurs mobilières qui consiste à se rendre au domicile ou à la résidence des personnes ou sur leur lieux de travail ou dans des lieux publics pour offrir ou acquérir des valeurs mobilières avec livraison immédiate des titres et paiement immédiat total ou partiel sous quelque forme que ce soit ».

Quant à l'évolution, celle la plus significative des trois (03) dernières années (2010 à 2012) concerne les acteurs de la gestion collective et les Banques Teneurs de Comptes/ Conservateurs.

Cette évolution est la résultante de la prise en 2011 de nouvelles Instructions par le Conseil Régional en vue de moderniser le cadre réglementaire de la gestion collective, d'une part, et la prise en compte de la volonté des investisseurs étrangers qui souhaitent confier leurs avoirs-titres et espèces aux banques de renommée internationale, à travers l'agrément délivré aux banques commerciales en qualité de Banques Teneurs de Comptes / Conservateurs, d'autre part.

- 3.1.3.2. Les enjeux

Le développement des intervenants commerciaux du marché financier régional ne se fait pas sans obstacles propres à chaque catégorie.

Outre la question de l'adéquation des fonds propres par rapport au montant des actifs gérés, les SGI se tournent de plus en plus vers les opérations du marché monétaire et les montages financiers au détriment des opérations de la bourse.

S'agissant de la gestion collective, les SGO jugent leur activité insuffisamment rentable. Ce segment doit être dynamisé avec des actions de proximité vis-à-vis des investisseurs particuliers de la classe moyenne. En outre, les textes réglementaires pourraient être améliorés notamment en ce qui concerne les règles d'allocation d'actifs de certains produits tels que les Fonds Communs de Placement d'Entreprise (FCPE).

Si le nombre des SGI et des SGO n'a cessé d'augmenter, celui des SGP est insignifiant avec une seule en activité depuis 2010. Les principales raisons sont la réticence des investisseurs à confier la gestion de leur patrimoine à un professionnel et la concurrence des SGI qui disposent d'un spectre d'activités plus large incluant la gestion individuelle.

La situation est identique pour les Apporteurs d'Affaires qui n'arrivent pas à convaincre les investisseurs.

Par ailleurs, il est constaté une répartition inégale des intervenants commerciaux au sein de l'Union. En effet, plus de la moitié des intervenants agréés est basée en Côte d'Ivoire alors qu'il y en a un seul au Niger et aucun en Guinée Bissau depuis la création du marché financier régional.

Enfin, des actions doivent être menées dans le sens de la refonte des différentes catégories d'acteurs, de la professionnalisation du personnel des intervenants commerciaux du marché financier et de la poursuite de l'encadrement des tarifs des intervenants commerciaux afin de rendre plus compétitif le marché financier régional.

3.1.4. Les émetteurs et les investisseurs[161]

Au démarrage des activités, la BRVM a hérité de trente-cinq (35) sociétés cotées de l'ex-Bourse des Valeurs d'Abidjan (BVA). A cette date, la capitalisation boursière du marché était estimée à 836 milliards de FCFA.

L'indice de l'ensemble des valeurs du marché « BRVM Composite » a été fixé à 100 points le 15 septembre 1998.

Depuis cette date, onze (11) nouvelles admissions ont été enregistrées sur le marché des actions, cinq (5) sociétés ont été retirées de la cote et quatre (4) sociétés ont été absorbées par voie de fusion, portant le nombre de sociétés cotées à 37 avec une capitalisation boursière de 5 104,0 milliards de FCFA (+ 510,5 %) et une valeur de l'indice composite à 210,90 points au 30 juin 2013.

S'agissant des investisseurs, la base s'est élargie au fil des années aussi bien pour les résidents que les non-résidents. Bien que les investisseurs régionaux soient les plus nombreux, les investisseurs étrangers détiennent 10,49 % du flottant des sociétés cotées au 31 décembre 2012.

3.1.5. Les autres acteurs : organismes de garantie et agences de notation[162]

Depuis 2007, le Conseil Régional a entrepris une réforme des garanties pour introduire la notation sur le MFR. Cette réforme visait à revoir l'exigence de garantie et les conditions d'intervention des garants lors des émissions de titres de créances sur le marché afin de permettre un accès plus élargi aux entreprises, tout en préservant la sécurité des épargnants.

Cependant, depuis l'entrée en vigueur, le 23 novembre 2009, de l'Instruction n°38/2009 relative à l'approbation des garants, deux garants ont

[161] Ibid. MFR.
[162] Ibid. MFR.

été approuvés par le Conseil Régional. Ils ne sont pas encore notés conformément à l'article 6 de ladite Instruction.

Par ailleurs, à la faveur de l'introduction de la notation comme alternative à la garantie, deux structures ont été approuvées par le Conseil Régional en 2012 en qualité d'Agence de Notation.

Toutefois, il convient de noter que SHELTER Afrique, la Société Financière Internationale (SFI) et l'Agence Française de Développement (AFD) ont déjà utilisé leurs notations dans le cadre d'une opération financière sur le marché.

Récemment, la société de la zone a émis pour une valeur de 35 milliards de FCFA, des obligations sur la base de sa note attribuée par une agence de notation agréée par le CREPMF.

3.1.6. Rôle des banques commerciales sur le MFR

Les SGI sont une catégorie d'établissements financiers expressément soustraite par les dispositions du Règlement Général du CREPMF à la réglementation bancaire.

Toutefois, toute banque de l'UEMOA, conservateur de titres tant en son nom propre que pour le compte de ses clients est adhérent de plein droit au DC/BR (article 31 du règlement général du DCBR).

Par conséquent, conformément aux dispositions de l'article 37 du règlement Général du CREPMF, les banques commerciales (ou banques primaires) de l'UEMOA sont autorisées à exercer les activités de teneur de compte et de compensateur pour le compte des clients. Pour ce faire, elles doivent recevoir au préalable l'agrément du CREPMF. Par contre, elles ne sont pas autorisées d'exercer les activités de négociateur.

Dans le cadre d'Appel Public à l'épargne, les banques peuvent être désignées par la société émettrice en collaboration avec la SGI partenaire comme agent chargé des services financiers ou registraire. Elles seront chargées d'assurer les services financiers tels que le paiement des dividendes et l'envoi des avis de convocation d'Assemblées Générales des actionnaires.

En outre, les banques peuvent créer des OPCVM (Organismes de Placement Collectif en Valeurs Mobilières). Les OPCVM sont regroupés :

- a) Sociétés d'Investissement à Capital Variable (SICAV),
- b) Fonds Communs de Placement (FCP), copropriété de valeurs mobilières.

La souscription primaire de bons et d'obligations du Trésor est réservée dans une certaine mesure aux banques, ainsi qu'aux institutions financières nationales et régionales qui disposent d'un compte de dépôt auprès de la Banque centrale. Les sociétés de gestion d'actifs et de courtage ont également accès au marché primaire.

Les banques commerciales sont les principaux investisseurs en bons et obligations du Trésor ; elles ont aisément accès aux émissions primaires.

La Banque centrale n'acquiert pas de titres pour son propre compte. Cependant, et sous certaines conditions, elle peut jouer le rôle de dépositaire de bons du Trésor.

Tous les investisseurs peuvent accéder au marché primaire de manière directe ou indirecte (par le biais de courtiers et de négociants). Les investisseurs étrangers peuvent participer au marché par le biais des banques locales.

3.2. Le marché primaire

La Banque centrale émet des bons et obligations du Trésor pour le compte des États membres de l'UEMOA. La Banque ouest-africaine de développement constitue le principal émetteur privé du marché. Quelques entreprises jouent également un rôle significatif sur le marché des émissions.

3.2.1. Les réalisations

Depuis le début des activités sur le marché financier régional, plus de 265 opérations financières ont été réalisées et elles ont permis de mobiliser au 30 juin 2013, un montant de 3 241,5 milliards de FCFA.

3.2.2. L'évolution du marché primaire[163]

Le montant des émissions d'emprunts obligataires s'élève à 2 611,4 milliards de FCFA et se répartit entre les interventions des Etats à 1 700,3 milliards de FCFA (52,45 %) et les émissions des émetteurs privés et publics ainsi que les institutions financières régionaux et internationaux à 911,6 milliards de FCFA (22,1 %). En ce qui concerne les opérations sur titres de capital, elles se situent à 630,0 milliards de FCFA composées de 621,9 milliards de FCFA (19,18 %) d'Offres Publiques et 8,1 milliards de FCFA (0,2 %) de placements étrangers. Au 30 juin 2013, la BRVM dénombre 37 sociétés cotées et 29 lignes obligataires. S'agissant du DC/BR, 13 lignes obligataires non cotées y sont inscrites. Les valeurs inscrites au DC/BR sont pour la plupart les obligations émises par placement privé ou celles en transition avant leur admission à la cote de la BRVM.

3.3. Le marché secondaire

Toutes les transactions sur le marché secondaire doivent avoir lieu par le biais d'intermédiaires certifiés tels que des banques, des institutions financières non bancaires, des institutions financières régionales ou encore des sociétés de gestion d'actifs ou de courtage.

---

[163] Ibid. MFR.

La plupart des investisseurs achètent les titres pour les conserver jusqu'à échéance, ce qui limite le développement d'un marché secondaire actif.

Le marché secondaire concerne les valeurs mobilières non cotées à la BRVM et les valeurs mobilières cotées à la BRVM.

Concernant, les valeurs mobilières non cotées à la bourse régionale, leurs refinancements peuvent s'effectuer soit par le mécanisme de la titrisation, soit par des émissions des obligations sécurisées (appelées en anglais covered bond), ou soit la CRRH (Caisse Régionale de Refinancement Hypothécaire). Ces points feront l'objet d'un approfondissement dans la partie marché hypothécaire et de la titrisation ci-dessous.

Quant aux valeurs mobilières cotées, la BRVM dispose de plusieurs compartiments pour leurs négociations.

3.3.1. Les compartiments du marché secondaire

Depuis le démarrage de ses activités, la BRVM dispose de deux compartiments pour les actions et d'un compartiment pour les emprunts obligataires.

- Critères d'admissibilité pour le 1er compartiment action :

• Présenter une capitalisation boursière de plus de 500 millions de FCFA
• Avoir une marge nette sur chiffre d'affaires (CA) sur chacune des trois dernières années de 3%
• Présenter 5 années de comptes certifiés
• S'engager à signer un contrat d'animation de marché
• Diffuser dans le public au moins 20% de son capital dès l'introduction en bourse
• S'engager à publier les estimations semestrielles de chiffre d'affaires (CA)

- Critères d'admissibilité pour le 2nd compartiment action :

• Présenter une capitalisation boursière de plus de 200 millions de FCFA
• Présenter 2 années de comptes certifiés
• S'engager à signer un contrat d'animation de marché
• S'engager à diffuser dans le public au moins 20% de son capital dans un délai de 2 ans, ou 15% en cas d'introduction par augmentation de capital
• S'engager à publier les estimations semestrielles de chiffre d'affaires (CA)

- Critères d'admissibilité pour le compartiment obligataire - titres de créance : accessible aux emprunts obligataires
  - Le nombre minimal de titres à l'émission est de 25 000
  - La valeur nominale minimale de l'émission est de 500 millions FCFA.

3.3.2. Les réalisations

Depuis le démarrage de ses activités, la BRVM a globalement connu une importante progression de ses principaux indicateurs de performance. En particulier, la capitalisation boursière du marché a considérablement augmenté, passant de 836 milliards de FCFA, le 16 septembre 1998, à 5 104,0 milliards de FCFA, à fin juin 2013.

3.3.3. L'évolution du marché secondaire (BRVM)[164]

S'agissant de l'indice « BRVM Composite » qui regroupe l'ensemble des valeurs cotées à la BRVM, il ressort, à la même date, à 210,9 points contre 103,85 points à la première cotation de la bourse, atteignant même un sommet à 226,34 points le 22 novembre 2007.

En réalité, s'il est vrai qu'en termes de capitalisation boursière et d'indice, le marché affiche une tendance haussière, il n'en demeure pas moins qu'à l'instar de la plupart des bourses africaines, la BRVM continue d'être un marché très peu liquide, peu profond avec des coûts de transactions encore élevés.

En effet, le marché secondaire de la BRVM a enregistré, entre 1998 et 2012, moins d'un quart de milliard (202,011 millions) de titres échangés pour une valeur totale de 1 083,904 milliards de FCFA. Une grande partie de cette performance a été réalisée entre 2007 et 2012 avec 89,17 % du volume total échangé et 70,88 % de la valeur totale.

Par ailleurs, le turnover (ratio de rotation = Volume échange / flottant) reste inférieur à 10 % depuis le démarrage des activités de la Bourse. En 1998, la liquidité du marché est passée d'à peine 1 % à 5,34 % l'année suivante avec 14 469 transactions. En 2008, avec 42,85 millions de titres échangés pour 231 milliards de FCFA, le turnover s'est affiché à 6,03 %. Cette année 2008 a enregistré, d'ailleurs, le taux le plus élevé depuis le démarrage des activités de la BRVM.

[164] Ibid. MFR.

3.4. Le marché hypothécaire et de la titrisation

3.4.1. Généralités

L'architecture du marché hypothécaire et de la titrisation s'articule autour de 3 composantes : la titrisation ; les obligations sécurisées ; et la caisse de refinancement.

Le marché hypothécaire concerne, lato sensu, tous les crédits garantis par des hypothèques. De ce fait, on distingue deux types de crédits : les crédits classiques adossés sur des hypothèques et les crédits immobiliers dont l'objet du financement est en général l'acquisition de logement sur le moyen et long terme.

Le marché hypothécaire est donc la combinaison de plusieurs offres de financements hypothécaires proposées par les établissements de crédit face à une multitude de clients demandeurs de logements.

En général, ce marché immobilise les ressources financières. Ce qui complique les interventions des établissements de crédits qui disposent très souvent de ressources à court terme. D'où un problème d'adéquation des maturités entre leurs emplois et leurs ressources.

A cet égard, dans un souci d'approfondissement du marché financier secondaire en général et du marché hypothécaire secondaire en particulier, les autorités de la zone UEMOA ont apporté des mécanismes de refinancements innovants : la CRRH, la titrisation et les obligations sécurisées.

3.4.2. Le marché hypothécaire primaire

Le marché hypothécaire primaire concerne tous les octrois de crédits hypothécaires par les institutions financières.

Les principaux acteurs sont les banques, et les établissements financiers.

Les banques disposent d'un gisement ou matelas de créances adossées sur des hypothèques. Ainsi, la présence d'instruments de rehaussement de ces créances c'est-à-dire des assurances hypothécaires est un dispositif essentiel pour le marché secondaire. En effet, le rehaussement permet de garantir la qualité des titres hypothécaires en circulation sur le marché secondaire et minimiser du coup les risques des investisseurs.

3.4.3. Le marché hypothécaire secondaire : le refinancement

Le marché hypothécaire secondaire permet aux institutions financières de refinancer leurs créances hypothécaires par divers mécanismes afin de disposer de liquidités dans le cadre d'une gestion actif/passif.

Les mécanismes de refinancement sont : la Caisse Régionale de Refinancement Hypothécaire (CRRH-UEMOA) ; la titrisation ; et les émissions d'obligations sécurisées par les EFOS (Etablissements Financiers pour l'émission d'Obligations sécurisées).

- 3.4.3.1. La CRRH-UEMOA

Créée en juillet 2010, la CRRH-UEMOA est un établissement financier constitué sous forme de Société Anonyme avec Conseil d'Administration. Elle est inscrite sur la liste des banques et établissements financiers le 12.08.2011 sous le numéro T 0165 N. Son siège social est situé dans l'immeuble de la Banque Ouest Africaine de Développement (BOAD) à Lomé au Togo.

Son actionnariat est exclusivement composé d'institutions financières et bancaires opérant dans la zone UEMOA.

Conformément à ses statuts, la CRRH-UEMOA a pour objet le refinancement des prêts au logement des établissements bancaires de la zone UEMOA. Pour ce faire, elle mobilise des ressources sur le marché financier à travers des emprunts obligataires. Elle a déjà mobilisé environ 52 milliards FCFA sur le marché financier régional à travers 3 émissions d'emprunts obligataires. Ces montants mobilisés sont distribués 29 banques de la zone UEMOA.

De façon spécifique, la CRRH-UEMOA a pour objet de :

- refinancer au profit exclusif de ses actionnaires, les prêts au logement consentis par ceux-ci ;
- émettre, en contrepartie de ces emplois, des obligations et valeurs mobilières ayant des caractéristiques analogues au refinancement accordé ;
- proposer, à ses actionnaires, des solutions de refinancement de leurs prêts au logement ;
- participer au développement du marché financier et favoriser l'octroi du crédit hypothécaire, en permettant aux banques et établissements financiers de la zone UEMOA d'exercer cette activité dans des conditions de liquidité et de garanties favorables et ce, dans un contexte concurrentiel ;
- contribuer à la standardisation des procédures de distribution et de refinancement des prêts au logement ;
- et généralement toutes opérations mobilières et immobilières se rattachant à l'objet ci-dessus ou à tous objets similaires ou connexes ou susceptibles d'en faciliter la réalisation.

Les garanties requises par la CRRH-UEMOA concernent des hypothèques de premier rang sur Titres Fonciers. Le montant maximum refinancé est de 100 millions sur le Capital Restant Dû (CRD) maximum. La couverture requise pour un portefeuille de créances hypothécaires est d'un montant au moins égal à 120% du montant du refinancement. Aussi, la signature de billets à ordres (BO) couvrant toutes les échéances des prêts (capital et intérêts) est systématique dans tous les refinancements.

En résumé, le schéma d'intervention de la CRRH-UEMOA et la sécurisation des opérations se présente ci-après :

Figure 33 : Schéma d'intervention de la CRRH-UEMOA

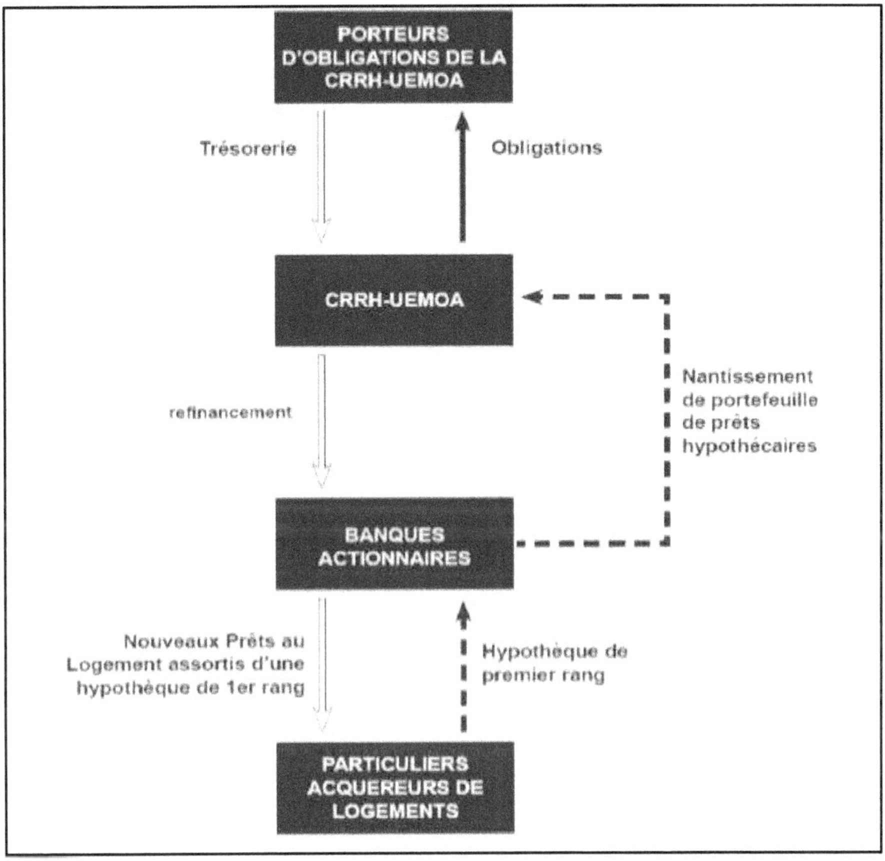

Source : CRRH-UEMOA

- 3.4.3.2. La titrisation en zone UEMOA

Conformément au Règlement n° 02/2010/CM/UEMOA relatif aux fonds communs de titrisation de créance (FCTC) et aux opérations de titrisation dans L'UEMOA, le souci des autorités en la matière est d'offrir au marché financier régional un instrument adéquat de refinancement, susceptible d'apporter une contribution significative à son approfondissement et de dynamiser le financement de l'économie, en particulier le secteur du logement.

– Définition

Le règlement susmentionné défini la titrisation comme suit : *« c'est une opération par laquelle un Fonds commun de titrisation de créances (FCTC) acquiert, soit directement auprès de tiers cédants, soit par l'intermédiaire d'un autre organisme habilité pour ce faire, des créances, ainsi que les sûretés, garanties et accessoires y afférents, en finançant cette acquisition par l'émission de titres négociables représentatifs desdites créances, dont la souscription et la détention est ouverte aux investisseurs qualifiés ou au public* ».

De cette définition, on déduit que les sous-jacents des titres représentatifs de créances peuvent être : les créances commerciales des grandes entreprises ; et les créances financières des institutions financières qui peuvent être scindées en : prêts immobiliers commerciaux ; et prêts immobiliers résidentiels (logement ou habitat).

L'objet de la titrisation est de transformer des actifs ou créances généralement illiquides sur des tiers par une technique financière bien rodée en titres de créances négociables sur le marché financier régional (MFR) ; ce qui permet au cédant de retrouver de la liquidité et gérer son bilan.

– Les participants ou intervenants

En vertu des dispositions de l'article 2 du règlement, les intervenants sont :

- Le tiers cédant qui détient les créances titrisables (peut être aussi le gestionnaire des créances) ;
- le FCTC est le véhicule dédié à l'opération de titrisation ;
- la Société de Gestion du FCTC qui est la société qui cofonde le FCTC ;
- le Dépositaire des actifs du FCTC qui est l'établissement responsable de la conservation des actifs du FCTC ;
- le Gestionnaire des créances du FCTC, qui désigne l'entreprise qui cède les créances au FCTC ou tout autre gestionnaire chargé en tout ou partie du recouvrement desdites créances ;
- les Agences de notation, qui sont des sociétés commerciales dont l'activité principale et régulière consiste à émettre des notations ;
- les Arrangeurs de l'opération de titrisation, qui sont les entités chargées de la structuration des opérations de titrisation ;
- la Banque Centrale des Etats de l'Afrique de l'Ouest, la Commission Bancaire et le Conseil Régional sont les autorités de supervision et de régulation des opérations de titrisation réalisées au sein de l'UEMOA à l'aide du FCTC.

– Les instruments

Dans le but de mener à bon port les opérations inhérentes à la titrisation, les intervenants ont recours aux instruments et actes juridiques suivants :

- le bordereau de cession, qui est un instrument permettant, selon un mode simplifié, de transférer la propriété des créances du cédant au cessionnaire ;
- les parts, qui sont des valeurs mobilières émises par le FCTC ;
- les titres de créances, qui sont des valeurs mobilières émises par le FCTC ;
- le Règlement du FCTC, qui fixe et détermine notamment les conditions de son fonctionnement ;
- le Compte spécialement affecté, qui est un compte comportant un mécanisme d'affectation spéciale qui permet d'empêcher les recours et actions des créanciers du Gestionnaire des créances sur ce compte.

– Les actifs titrisables

Les créances éligibles à l'actif du FCTC peuvent être :

- Les créances déjà existantes ou futures
- Les créances immobilisées, douteuses ou litigeuses
- Les créances hypothécaires
- Les crédits-bail
- Les crédits à la consommation
- Les avances à court ou moyen terme
- Les primes d'assurance
- Les revenus de concession, etc.

– Le FCTC

– Définition

Conformément aux dispositions de l'article 3.1 du règlement sur la titrisation, le FCTC est une copropriété qui a pour objet d'acquérir des créances et leurs accessoires. Il peut émettre des parts et des titres de créances représentatifs de ces créances, inscrits à l'actif de son bilan.

– Quelques traits caractéristiques du FCTC

- Le règlement du FCTC définit et décrit son objectif de gestion (y compris la comptabilité).
- Le FCTC n'est pas une société et n'a pas la personnalité morale. Les dispositions relatives à l'indivision et aux sociétés en participation ne lui sont pas applicables (article 3.2 du règlement sur la titrisation). Par conséquent, il a la forme d'un GIE (Groupement d'Intérêt Economique) selon le droit OHADA.
- Le FCTC est à l'abri de la faillite car la société de gestion de titrisation est propriétaire des actifs (indépendance de l'opération par rapport au cédant). En d'autres termes, même si le cédant tombe en faillite, la société de gestion de titrisation continuera à exister et les inves-

tisseurs sont certains d'avoir accès aux flux financiers générés par le portefeuille d'actifs cédés. Et les créanciers du cédant ne pourront plus récupérer les actifs qui n'appartiennent plus au cédant.

- Le FCTC peut être fractionné en plusieurs compartiments. Chaque compartiment donne lieu à l'émission de parts, qui sont représentatives des actifs du FCTC qui lui sont affectés, et de titres de créances, destinées à financer l'acquisition de ces actifs.
- La société de gestion peut procéder à la liquidation du FCTC ou d'un compartiment du FCTC
- Des liquidités peuvent être détenues par le FCTC auprès d'une banque dans la limite des besoins liés à son objectif de gestion
- L'actif du FCTC comprend : créances ; liquidités ; et actifs qui sont transférés
- Le passif du FCTC comprend : un minimum de 2 parts ; emprunts d'espèces ou subordonnés ; produit de l'émission des parts et titres de créances du FCTC
- La couverture des risques est assurée par l'existence de sûretés, garanties et accessoires attachés aux créances, et d'autres garanties (banques ou assurances)
- Le FCTC dispose d'une possibilité de rechargement c'est-à-dire acquérir des créances et émettre de nouvelles parts et de nouveaux titres de créances afin de financer cette acquisition à tout moment après l'émission initiale des parts ou des titres de créances qui était destinée à financer sa première acquisition de créances.
- Le FCTC ne peut nantir les créances qu'il détient par suite de leur acquisition auprès d'un ou de plusieurs cédants.

Figure 34 : Le schéma synoptique de la titrisation en zone UEMOA

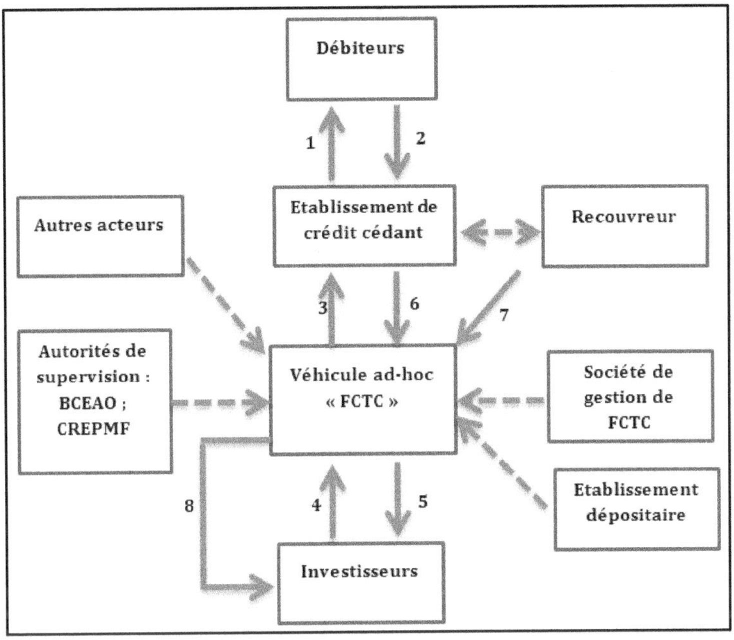

Source : Règlement n° 02/2010/CM/UEMOA.

Les étapes sont mises en exergue comme suit :

- 1. l'établissement de crédit cédant octroie des prêts aux débiteurs (clients) ;
- 2. les débiteurs versent à l'établissement cédant les échéances des prêts obtenus (capital et intérêts) ;
- 3. l'établissement de crédit cède à une entité spécialement établie pour l'opération appelée FCTC (Fonds commun de titrisation de créance) ou SPV (Special Purpose Vehicule en anglais) les titres de créances ;
- 4. le FCTC émet et place auprès des investisseurs les titres ou parts du fonds de titrisation ;
- 5. les investisseurs paient au FCTC le produit de l'émission.
- 6. le FCTC transfert à l'établissement de crédit le produit de la vente du portefeuille de créances ;
- 7. l'établissement recouvreur, responsable de la collecte des échéances des prêts, transfert au FCTC les flux recouvrés ;
- 8. la société de gestion de FCTC se charge du remboursement, à échéance, du principal et des intérêts des parts des investisseurs.

Le tableau suivant donne également des explications complémentaires sur les rôles et responsabilités des différents acteurs dans l'opération de titrisation :

Tableau 40 : Rôles et responsabilités des intervenants dans la titrisation

INTERVENANTS OU ACTEURS	ROLES & RESPONSABILITES
Cédant	• La société qui dispose des créances titrisables dans son bilan • Elle peut également être le gestionnaire des créances
FCTC (Fonds Commun de Titrisation de Créances)	• Copropriété créée à l'initiative de la société de gestion et du dépositaire et matérialisé par le règlement du FCTC • Véhicule ad-hoc qui acquiert les créances du cédant par émission de titres de créances pour financer cette opération • Cette entité intermédiaire entre le cédant et les investisseurs est aussi une garantie de bonne fin de l'opération de titrisation en cas de défaillance du cédant.
Société de gestion de FCTC	• Crée le FCTC et gère ses activités • Entreprise qui gère l'opération de titrisation ainsi que sa comptabilité jusqu'à son terme. • Etablit une note d'information avec le dépositaire décrivant l'opération de titrisation à destination des souscripteurs • Peut créer et gérer plusieurs FCTC.
Dépositaire	• Banque de la zone UEMOA responsable de la conservation des créances acquises par le FCTC (identité des créances et bordereaux de cession) • Détient la trésorerie et les créances acquises par le FCTC • Participe avec la société de gestion à l'initiative de la création du FCTC • Etablit une note d'information avec la société de gestion décrivant l'opération de titrisation à destination des souscripteurs
Gestionnaire des créances du FCTC ou recouvreur	• Entité responsable du suivi des créances, de la collecte des flux financiers provenant des créances et des démarches nécessaires au recouvrement de celles-ci en cas d'impayés ou de défauts. • Peut-être le cédant
Arrangeur	• Banque d'investissement ou banque d'affaires responsable de la coordination de l'exécution l'opération de titrisation entre le cédant, les cabinets juridiques, les agences de notation et les autres tiers. • Effectue les vérifications (audit) nécessaires concernant les actifs à titriser et la capacité du recouvreur. • Responsable de la mise en place de la structure juridique de l'opération (identification des solutions à de potentiels problèmes comptables et fiscaux) • Responsable de la préparation d'une note d'information ou d'un prospectus préalable à l'introduction en bourse ou à l'admission à la cote des titres concernés (appel public à l'épargne) • Responsable du montage financier et du placement des titres du FCTC • S'assurer que la transaction se conforme aux exigences réglementaires locales (intervient à toutes les étapes du processus de titrisation).
Autorités de supervision	• BCEAO, Commission Bancaire et notamment le CREPMF • Le CREPMF émet les agréments pour la Société de Gestion et le FCTC, ainsi que le visa pour la note d'information
Autres acteurs ou intervenants	• Avocats : conseil juridique pendant la phase de montage • Commissaires aux Comptes : conseil fiscal en phase de montage, audit annuel de la Société de Gestion et du FCTC • Agences de notation : responsable de l'évaluation du risque de crédit des titres de créances émis. L'agence de notation évalue la probabilité de défaut et le montant récupérable en cas de défaut de chaque classe de titre émis et donne une note correspondante au risque de crédit quantifié. Cet exercice est répété chaque année jusqu'à la maturité des titres • Sociétés de rehaussement de crédit : fournir des garanties au FCTC afin d'améliorer le degré de sécurité des actifs qui lui sont cédés. Il s'agit de rehausser la notation des titres émis par le FCTC. Le rehaussement peut être intérieur (surdimensionnement, émission de titres seniors (prioritaires) et subordonnés (payés après les seniors) ou extérieur (ligne de liquidité, garanties)).

Source : Règlement n° 02/2010/CM/UEMOA

- Intérêt pour le cédant

- Diminution de consommation en Fonds Propres et amélioration des ratios prudentiels (Bâle II et III)
- Sortie d'actifs non stratégiques
- Meilleure gestion Actif/Passif par la déconsolidation des actifs titriser
- Financement sans endettement (sans impact sur le ratio d'endettement)
- Gestion des risques : liquidité ; crédit
- Diversification des sources de financement : accès au marché financier régional sans utiliser sa propre signature, captage de ressources longues, financement moins cher en cas de titrisation récurrente qu'une émission obligataire classique
- L'opération de titrisation exige souvent une mise à point des systèmes et procédures internes, notamment en ce qui concerne l'octroi et la gestion des emprunts et la gestion des bases de données

- Intérêt pour l'investisseur

- Meilleures rémunérations que les bonds souverains comparables
- Investissement de qualité car la structure ad-hoc FCTC est une structure transparente et à l'abri de faillite
- Accès à une nouvelle gamme d'instruments obligataires
- Choix parmi plusieurs profils de risque/rendement et de maturité (titres seniors et titres subordonnés)
- Accès à des titres représentatifs de créances généralement non négociables
- Des mécanismes de rehaussement de crédit conférant un niveau de sécurité supplémentaire

Encadré 20 : La titrisation et la crise des subprimes aux USA

NOTE

Titrisation et crise financière : complice, pas coupable

Par Gilles de Margerie, Le 18 novembre 2008 ? Fondation Terra Nova

Président du *think tank* En temps Réel

Crise financière : à qui la faute ? Dans cette recherche de responsabilités, la titrisation est souvent considérée comme le coupable principal.

Qu'est-ce que la titrisation ? Pour pouvoir prêter de l'argent à l'économie (aux entreprises, aux particuliers), les banques ont besoin de liquidités. Elles trouvent ces liquidités dans les dépôts qu'elles gèrent, ainsi que dans les emprunts interbancaires qu'elles contractent. Mais ces sources sont limitées. Or les banques ont dans leurs actifs des créances qui intéressent les investisseurs : créances hypothécaires, crédits à la consommation, financement de voitures, encours des cartes de crédit... Les banques ont développé une technique leur permettant de vendre ces créances, sous formes de titres négociables : c'est la titrisation. C'est un instrument utile dans son principe car il élargit le refinancement bancaire.

La titrisation a joué un rôle d'amplificateur de la crise par son utilisation débridée et non maîtrisée : refinancement massif du crédit hypothécaire américain par la titrisation des crédits subprimes (les ABS), re-titrisation des ABS dans le cadre de produits complexes (les CDO), diffusion de ces titres à travers l'ensemble du système financier international. Avec le retournement du marché immobilier américain, le risque de crédit sur les subprimes s'est dénoué : les défauts de paiement se sont accumulés, entraînant la suspicion sur les titres qui y étaient adossés (ABS et CDO), puis leur effondrement avec la montée de la panique bancaire. La panique a gagné tous les types de titrisation. Elle a tari une source de financement désormais au cœur du fonctionnement global de la liquidité bancaire – d'où la nécessité d'un volet « liquidités » dans les plans de sauvetage. Elle a aussi créé des « trous » dans les bilans des institutions financières détenant ces titres dont la valeur de marché était anéantie, puisque plus personne ne voulait en acheter – d'où un besoin de recapitalisation immédiate et la nécessité d'un volet « fonds propres » dans les plans de sauvetage.

Quelles réformes pour demain ? D'abord, comme souvent, il ne faut pas jeter le bébé avec l'eau du bain : la technique de la titrisation, si elle est maîtrisée, est utile pour l'économie. L'utilisation débridée de la titrisation s'explique par une erreur majeure d'analyse des risques par les banquiers. Elle a été rendue possible par l'absence de régulation de ces produits financiers, et des véhicules qui les portaient. La réforme passe donc par la régulation. Régulation interdisant les produits les plus complexes, non maîtrisables. Régulations prudentielles nouvelles pour intégrer ces produits titrisés dans le calcul des ratios prudentiels bancaires. Régulations comptables clarifiées pour éviter leur effet pro-cyclique.

Les symptômes de la crise financière ont commencé à se voir en août 2007. Le mois d'octobre 2008 aura été, jusqu'ici, sa période la plus intense. Les interventions massives des gouvernements de la plupart des grands pays du monde ont fait comprendre à ceux qui ne l'avaient pas compris que le danger était, lui aussi, massif.

Depuis plus d'un an, au fur et à mesure que se déroule la crise, ont fleuri de très nombreuses interprétations de ses causes. La plupart de ces interprétations s'efforcent de lui trouver une cause principale : excès des marchés financiers non régulés, goût débridé du profit des banquiers et autres financiers dans un monde aux exigences de rentabilité des capitaux toujours plus élevées et toujours moins durablement soutenables, déséquilibres macro-économiques massifs (l'Amérique vivait à crédit, et le reste du monde finançait le maintien de son niveau de vie), politiques monétaires exagérément laxistes. La simple lecture de cette liste très partielle suffit à montrer que la réalité ne peut se résumer à une cause principale.

Le développement extraordinairement rapide de la titrisation pendant les vingt dernières années en a fait un bon candidat au rôle de cause principale, ou en tout cas, majeure, de la crise. Un certain nombre d'économistes ont entendu le lui attribuer. Cette approche est trop réductrice, et repose le plus souvent sur une analyse trop courte des problèmes que pose cette technique.

1 – BREVE HISTOIRE DE LA TITRISATION

Rappelons en quelques mots ce dont il s'agit. Pour partir du plus simple, une entreprise peut se financer en empruntant à sa banque. C'est un actif qui figure au bilan de la banque, pour la durée lui restant à courir. Si, au lieu de recourir à l'emprunt auprès de ses banques, l'entreprise décide de se financer directement auprès d'investisseurs, elle émet une obligation. C'est un titre de créance, qui peut être vendu par celui qui le détient sur le marché des obligations. La bonne vieille obligation est ainsi le précurseur de la titrisation : si l'opération avait été faite en vendant un emprunt déjà consenti par une banque à l'entreprise émettrice, ce serait exactement une titrisation.

Les banques se sont rendu compte, depuis longtemps, qu'elles avaient à leur bilan de nombreuses créances qui étaient là pour longtemps, et pour lesquelles des investisseurs pouvaient avoir de l'intérêt : créances hypothécaires, crédits à la consommation, financements de voitures, encours des cartes de crédit... Elles ont donc développé une technique leur permettant de vendre ces créances à des investisseurs, en en faisant des "titres" négociables, parfois sur des bases étroitement encadrées sur le plan légal (les obligations foncières françaises, Pfrandbriefe allemands, et autres produits similaires). Moyennant quoi, elles allégeaient leur bilan, et pouvaient recommencer à prêter.

Le refinancement du crédit hypothécaire américain a massivement reposé sur la titrisation des emprunts des ménages ; Fannie Mae et Freddie Mac y ont apporté un parrainage public de grande ampleur. Les titres ainsi émis reposent sur des actifs : les crédits hypothécaires eux-mêmes. Ce sont donc des "asset based securities" (ABS), qui peuvent être échangés sur des marchés. Lorsque certains prêteurs ont commencé à prêter à des ménages dont les revenus ne leur permettaient pas d'assumer normalement la charge de ces emprunts, et qui s'en remettaient ultimement à l'espoir d'une plus-value sur le bien financé, ces crédits de mauvaise qualité ("subprime") ont, eux aussi, été titrisés. Il y a donc eu des ABS dont les sous-jacents comprenaient une bonne dose de subprime.

L'imagination des financiers ne s'est pas arrêtée là. Prenant des paquets d'ABS, ils les ont combinés dans des produits plus complexes, reposant eux-mêmes sur une gradation des risques encourus par ces ABS : les "collateralized debt obligations" (CDO).

La première étape de la crise, il y a à peine plus d'un an, et cela paraît un siècle, s'est jouée là. Le cycle immobilier s'est inversé, les espoirs de valorisation se sont évanouis, la mauvaise qualité des subprimes est apparue, et les ABS et les CDO sont apparus comme gravement menacés. Plus généralement, avec eux, c'est tout le secteur de la titrisation qui a commencé à être considéré comme toxique.

Comment en est-on venu là ?

2 – LE ROLE DE LA TITRISATION DANS LA CRISE FINANCIERE

Lorsqu'une entreprise émet une obligation, l'acheteur de l'obligation a le sentiment qu'il peut évaluer le risque qu'il prend en se renseignant sur l'activité et la situation financière de l'entreprise. Pour simplifier cette appréciation, il s'en remettra souvent à la note que produit une agence de notation (à la demande et aux frais de l'émetteur) pour résumer la probabilité de défaut (une note élevée signifie qu'il n'y a guère de risque de voir l'entreprise incapable d'honorer ses obligations). De manière générale, ce métier premier des agences de notation, s'il n'est pas absolument exempt de critiques, ne donne guère lieu à controverses.

Une démarche similaire a prévalu pour la titrisation, et les ABS ont été notés, comme les CDO, par des agences qui ont tenté d'y transposer, tant bien que mal, les techniques d'appréciation des risques définies sur les obligations. Le sujet, cependant, était notablement différent : il fallait une approche statistique, pour les ABS, et, pour les CDO, des raisonnements très sophistiqués, dépendant, pour chacun, des clauses contractuelles, très variées, établissant les liens entre les différentes "tranches" de risque d'un CDO et les ABS sous-jacents.

La crise a révélé trois faiblesses majeures dans ce processus :

- le lien entre les CDO, les ABS, et leurs sous-jacents est devenu tellement complexe qu'il est extraordinairement difficile de simuler l'impact sur une tranche de CDO d'un scénario affectant les sousjacents (combien de propriétaires de maisons en Floride vont-ils faire défaut, et quelle sera la perte sur la valeur originelle du crédit qu'il faudra constater quand tout aura été réglé ? comment ceci impactera-t-il les différentes tranches de risque que comprend le CDO ?) ;

- l'approche statistique suppose de tenir compte, au delà de la qualité des crédits sous-jacents un par un, de l'environnement économique : impact d'une éventuelle chute des prix de l'immobilier, par exemple ; les agences de notation n'ont pas su intégrer convenablement cette dimension dans leur raisonnement. C'est ce qui explique, en bout de chaîne, leurs erreurs majeures dans la notation des "rehausseurs de crédit", des entreprises qui se faisaient une spécialité d'assurer des produits titrisés pour améliorer leur notation, et qui étaient donc totalement exposées à un retournement conjoncturel que les agences n'ont pas pris en compte, tant il est loin de leurs méthodes habituelles de valorisation, tournée vers la microéconomie, et non la macroéconomie ;

- enfin et surtout, ces ABS, CDO et autres produits similaires, sont présumés être des "produits de marché", que leurs propriétaires valorisent sur la base d'une "juste valeur" de marché. Manque de chance : le marché, très peu liquide au départ déjà pour les plus sophistiqués de ces produits, a purement et simplement disparu lorsque la crise a éclaté. Plus personne n'en voulait, à n'importe quel prix, aussi bas soit-il. Et ceci sans qu'il y ait nécessairement dégradation constatée – simplement présumée ou anticipée - des sous-jacents.

Du coup, ces produits ont mérité, amplement, le sobriquet sous lequel on les désigne désormais : "toxiques".

Ce qui les a conduit à avoir ce statut, c'est une erreur d'analyse fondamentale des investisseurs (ce sont des produits de marché, dont la valeur, en normes internationales ou américaines, doit être pensée en fonction du comportement du marché, et non des sous-jacents ; ceux qui les ont achetés sur la base des risques sous-jacents se sont gravement trompés) ; c'est aussi une erreur des agences de notation, qui n'ont pas assez précisé qu'elles notaient la capacité des sous-jacents à être remboursés (et non une espérance de valeur de marché), et qui ont mal estimé les risques macro-économiques pouvant affecter ces sous-jacents ; c'est enfin, une politique de développement très rapide de ces produits, à l'instigation des banques d'affaires, qui y ont vu la possibilité de très bien gagner leur vie en structurant ces produits, sans avoir à les porter sur leurs bilans - politique qui leur a permis d'éviter les contraintes de fonds propres que requiert le fait de porter un titre à son bilan.

Pourquoi les effets de la crise de la titrisation ont-ils été si dévastateurs ? Parce que la plupart des banques doivent, depuis des années, emprunter auprès du marché les ressources qu'elles prêtent, les dépôts de leurs clients n'y suffisant plus. Pour emprunter les énormes volumes dont elles ont besoin pour prêter, elles ont eu largement recours à la titrisation de leurs actifs ; l'investisseur qui achète un paquet titrisé de crédits hypothécaires à une banque la débarrasse (en tout ou partie de cet actif), et lui fournit la matière première pour consentir un nouveau prêt. Autrement dit, la titrisation a été au cœur du fonctionnement global de la liquidité des banques, leur capacité à accéder aux ressources dont elles ont besoin pour faire leur métier de prêteur. Et les risques qu'elle entraîne pour ceux qui y ont recours ont été sous-estimés, comme tous les risques de marché - même lorsque les sous-jacents sont de bons vieux crédits tout ce qu'il y d'ordinaire (maisons, voitures, consommation).

Une fois la titrisation réputée toxique, les banques ont couru le risque de ne pas trouver la liquidité dont elles avaient besoin : c'est ce qui a condamné Northern Rock, dont le modèle économique reposait massivement sur cette technique, mais ce risque a existé, à des degrés divers, pour la plupart des banques. C'est pourquoi les plans de sauvetage adoptés dans la dernière période ont tous compris un volet « liquidité ». Et les produits titrisés que les banques détenaient à leur bilan ont vu leur valeur (leur pseudo valeur de marché) s'effondrer - créant un trou dans leur bilan, les obligeant à se recapitaliser. D'où le volet "fonds propres" des plans gouvernementaux.

Le recours débridé et mal maîtrisé aux techniques de titrisation a donc bien été un élément central dans la crise. Mais l'impact macro-financier de ces produits toxiques n'a été ce qu'il a été qu'à cause d'erreurs fondamentales dans l'appréciation des risques qu'ils faisaient courir, et de la fermeture complète ou presque du marché mondial de la liquidité bancaire, qui dépendait elle-même crucialement de la titrisation.

3 – REFORMER LA TITRISATION

Comment réformer pour éviter une réédition de ce schéma ? Une voie est souvent évoquée : forcer celui qui a consenti un crédit et veut alléger son exposition en le titrisant à en conserver une partie suffisante pour continuer de se sentir très responsable de son sort. L'idée est séduisante : il ne fait pas de doute que le laxisme dans l'octroi des crédits subprime a du beaucoup à la possibilité de s'en débarrasser très rapidement en les titrisant. Mais elle ne résout ni la question de la valorisation des produits titrisés, ni celle de la nécessité d'avoir toujours recours à ce type de techniques si les banques veulent pouvoir continuer à prêter plus que ce que leurs déposants leur prêtent. Dans l'immédiat, le marché de la titrisation de crédits hypothécaires est, pour l'essentiel, arrêté. Et il ne redémarrera probablement, dans un premier temps, que sur des produits qui n'auront pas les inconvénients constatés sur les CDO (complexité rendant l'analyse de risque de crédit inopérante, absence de liquidité) ; c'est en partie le cas des obligations foncières. Il y a donc la possibilité de réfléchir de manière organisée à ce que serait une réforme pertinente. Elle passe sans doute par quelque chose que le marché fera tout seul : l'abandon des produits les plus complexes, dont le fonctionnement en cas de choc devient imprévisible. S'y ajouteront des règles durablement clarifiées sur les méthodes de valorisation comptable de ces produits (marché, modèle, coût historique amorti) en fonction de leurs caractéristiques, notamment de liquidité, et sur leur coût en capital (les banques centrales ne toléreront plus le coût de baguette magique qui réduisait le besoin en capital qu'engendre un crédit du seul fait qu'il est emballé dans un produit titrisé, et soumis aux disciplines jusqu'ici très relâchées des produits de marché). Peut-être, dans certains cas, une obligation de conserver une partie des produits que l'on structure sera-t-elle également utile – ce sera à apprécier en fonction du contexte et de la viabilité d'une telle règle.

Alors, la titrisation, parce que ses fondements ne sont pas en eux-mêmes, absurdes, pourra redémarrer, mais à moindre risque. Elle aura été l'un des mécanismes dont les défauts ont donné à la crise financière son ampleur ; mais elle n'en porte pas la responsabilité principale, qui est plutôt dans les erreurs de régulation, dans les erreurs de jugement des investisseurs, dans les erreurs de méthode des agences de notation, dans les failles profondes des mécanismes de la liquidité bancaire, et dans la sous-estimation systématique des risques extrêmes de produits de marché. Complice, pas seule coupable.

- 3.4.3.3. Les obligations sécurisées en zone UEMOA

– Définition

Conformément aux dispositions de l'article 2.1 du règlement sur les obligations sécurisées, les obligations sécurisées (appelées en anglais covered bonds) sont des valeurs mobilières émises par des établissements financiers à caractère bancaire garanties par une panoplie de sûretés.

Ces sûretés peuvent être des créances hypothécaires ou des créances sur le secteur public. Les créances sous-jacentes doivent être saines.

L'établissement financier à caractère bancaire est spécialement un EFOS (Etablissement Financier pour l'émission d'Obligations Sécurisées).

– Quelques traits caractéristiques des EFOS

- Les obligations sécurisées doivent être obligatoirement émises par un EFOS (Etablissement Financier pour l'émission d'Obligations Sécurisées), filiale d'une banque et crée pour obtenir des financements à travers l'émission d'obligations
- L'EFOS à un statut d'établissement financier à caractère bancaire ayant comme objet exclusif de consentir ou d'acquérir des prêts garantis, des expositions sur des personnes publiques et des titres et valeurs pour le financement de ces catégories de prêts, d'expositions, de titres

et valeurs, d'émettre des obligations sécurisées et de recueillir d'autres ressources, dont le contrat d'émission ou de souscription mentionne ce privilège.

- Les EFOS ne peuvent émettre de billets à ordre que pour mobiliser des créances à long terme destinées au financement d'un bien immobilier situé dans l'un des Etats membres de l'UEMOA et garanties par une hypothèque de premier rang ou une sûreté immobilière conférant une garantie au moins équivalente, ou encore par un cautionnement consenti par un établissement de crédit ou une entreprise d'assurance non consolidé dans le groupe dont relève l'établissement émetteur du billet à ordre.
- les EFOS peuvent mobiliser par voie de Bordereau de cession, l'ensemble des créances qu'ils détiennent, quelle que soit la nature, professionnelle ou non, de ces créances.
- La cession à un EFOS des prêts et expositions et des créances assimilées s'effectue par la seule remise d'un Bordereau au cessionnaire,
- Les EFOS peuvent également procéder à des cessions temporaires de leurs titres
- Les EFOS peuvent acquérir et posséder tous biens immeubles ou meubles nécessaires à l'accomplissement de leur objet ou provenant du recouvrement de leurs créances.
- Les EFOS ne peuvent détenir de titres, quelles qu'en soient la forme et la dénomination, donnant accès, directement ou indirectement, au capital d'une autre entité.
- Le montant total des éléments d'actif des EFOS doit être supérieur au montant des éléments de passif bénéficiant du privilège.

– Les catégories de créances admissibles :

Les obligations sécurisées sont émises par un EFOS, filiale d'une banque, sont garanties par un ensemble de créances saines sorties du bilan de la banque et cédées à l'EFOS crée par une banque à cet effet. Ces créances doivent observer des règles strictes en termes de qualité et de couverture du montant des obligations émises par l'EFOS.

Le tableau suivant résume les catégories de créances admissibles :

Tableau 41 : Catégories de créances admissibles pour l'émission d'obligations sécurisées

Prêts garantis	Exposition sur personnes publiques	Titres et valeurs
Prêts adossés sur des hypothèques de premier rang c'est-à-dire garantis par une sûreté immobilière	Prêts ou engagements hors bilan sur : - les administrations centrales, - les collectivités territoriales ou groupement d'Etat membre de l'UEMOA, - Union Européenne, - FMI, - banques centrales, - banques multilatérales, - établissements publics.	Titres et valeurs émises par des organismes de titrisation dont l'actif est composé de garanties, sûretés et privilèges(*).
Prêts immobiliers (acquisition habitat ou logement)	Titres émis et intégralement garantis par les personnes publiques suscitées	Titres bénéficiant du meilleur échelon de qualité de crédit établi par un organisme externe d'évaluation reconnu par le CREPMF.
Prêts adossés sur un cautionnement consenti par un établissement de crédit ou une entreprise d'assurance non consolidé dans le groupe dont relève l'EFOS	Créances nées de contrat de crédits bail ou contrats équivalents auxquels les personnes publiques suscitées sont parties en qualité de crédit preneur ou les créances nées de contrats de crédit-bail ou contrats équivalents totalement garanties par une ou plusieurs de ces personnes publiques.	Les billets et ordres émis pour mobiliser des créances à long terme destinées au financement d'un bien immobilier, situé dans un Etat membre de l'UEMOA et garanti par une hypothèque de premier rang

Source : Règlement sur les obligations sécurisées

(*) Ce point est le lien entre la titrisation de créances en zone UEMOA et les émissions d'obligations sécurisées. En effet, les investisseurs qui auront acquis les titres négociables représentatifs des créances dans une opération de titrisation auprès du FCTC, pourraient éventuellement cédés ces mêmes titres à un EFOS dans le cadre une émission d'obligations sécurisées.

On peut schématiser cette situation ci-après comme un processus de transfert de risques :

Figure 35 : Lien titrisation et émissions d'obligations sécurisées

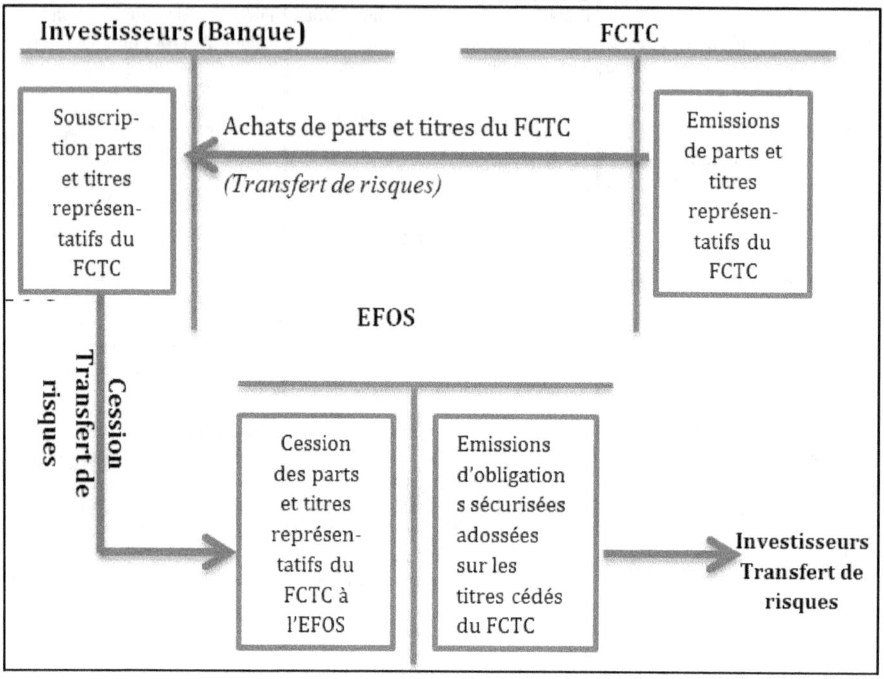

Source : Règlement n° 02/2010/CM/UEMOA et règlement sur les obligations sécurisées

III. Les valeurs mobilières

Les valeurs mobilières peuvent être émises soit par les sociétés (actions ou obligations), soit par les Etats membres et les collectivités territoriales (emprunts obligataires).

L'actionnaire détient un titre de propriété sur la société émettrice tandis que l'obligataire détient un titre de créance sur la même société.

Les deux investisseurs ne disposent pas des même droits au regard du droit OHADA.

La dématérialisation des titres qui consiste en l'inscription obligatoire des titres sur un compte-titres auprès d'une SGI ou DC/BR est effective nonobstant que leurs supports physiques sont également conservés.

Il existe également entre les actions et les obligations d'autres titres intermédiaires aux caractéristiques plus ou moins complexes.

1. Les actions et titres représentatifs de fonds propres

1.1. Les actions ordinaires

Les actions sont des titres de propriété négociables en sens que l'actionnaire détient une part du capital de la société à hauteur des sommes investis.

Les actions peuvent être émises au porteur ou au nominatif (article 745 de l'Acte Uniforme Révisé OHADA relatif au droit des sociétés commerciales et groupement d'intérêt économique adopté le 30/01/2014 à Ouagadougou – Burkina Faso- publié au journal officiel N° spécial du 04/02/2014).

L'action donne droit de participer à l'Assemblée d'actionnaire ordinaire (approbation des comptes sociaux, affectation des résultats, reconduction des dirigeants dans leurs fonctions) ; et extraordinaires (modification statutaire).

Ainsi, à chaque action est attaché les droits suivants conformément aux dispositions des articles 751 à 771 de l'acte uniforme susmentionné :

- Le droit de vote,

  L'actionnaire dispose du droit de voter lors des assemblées générales d'actionnaires.

- Le droit au dividende,

  L'actionnaire dispose d'un droit de versement de dividende par l'entreprise en cas de réalisation de bénéfice.

- Le droit préférentiel de souscription aux augmentations de capital à titre onéreux.

Quand la société a besoin de capitaux frais pour réaliser ses projets comme sus indiqué, elle va procéder à l'émission de nouvelles actions. Dans ce cas, on parle d'augmentation de capital à titre onéreux ou d'augmentation de capital en numéraire.

Les anciennes actionnaires disposent d'un droit préférentiel de souscription en cas d'augmentation de capital d'une société. La souscription est irréductible car la société ne peut refuser leur souscription à concurrence des droits dont ils disposent. Il y a autant de droit que d'action ancienne. Ce droit est ainsi négociable et irréductible (articles 573, 574 du droit OHADA).

Le délai légal de l'exercice de ce droit préférentiel de souscription ne peut être inférieur à 20 jours à compter de la date de l'ouverture de la souscription (article 577 du droit OHADA).

Comme indiqué ci-dessus l'AGE peut supprimer ce droit selon les dispositions de l'acte uniforme (article 586 du droit OHADA).

Exemple : *Quand une société augmente son capital en le faisant passer de 2 millions FCFA à 3 millions FCFA ; il augmente de 1 million et il ya 2 anciennes actions pour une nouvelle. Ainsi, chaque action ancienne dispose d'un droit de souscription et il faut 2 actions anciennes pour souscrire à l'augmentation de capital à titre irréductible. Par conséquent, l'actionnaire qui ne possède qu'une action a le choix entre vendre son action ou acheter une autre action ou un autre droit.*

- Le droit préférentiel d'attribution à l'occasion d'augmentations de capital à titre gratuit,

L'augmentation de capital par incorporation de réserves, de bénéfices ou de primes d'apport, d'émission ou fusion est également appelé l'augmentation de capital à titre gratuit car elle n'apporte d'argent frais à la société pour réaliser des projets d'investissements et assurer le développement stratégique de la société.

- Le droit de céder ses titres

La cession se fait à la BRVM si le titre est côté, ou directement de gré à gré si le titre ne l'est pas.

En cas de liquidation de la société, l'actionnaire n'est engagé qu'à hauteur du montant de ses actions. Il est donc payé en dernier ressort, s'il reste quelque chose bien entendu, après le paiement de tous les créanciers de la société.

1.2. Les certificats d'investissement

Les certificats d'investissement sont beaucoup utilisés dans les entreprises du secteur public pour leur procurer des capitaux frais sans que l'Etat ne perd ses pouvoirs de contrôle des dites entreprises.

Ils représentent les droits pécuniaires attachés à l'action et qui sont dits privilégiés lors qu'un dividende prioritaire leur est accordé. Leurs émissions sont accompagnées de certificats de droit de vote.

1.3. Les actions à dividende prioritaires sans droit de vote (ADP)

Elles sont destinées à apporter de capitaux frais aux entreprises familiales sans que celles-ci ne perdent leurs influences dans la direction. Très similaires aux certificats d'investissement privilégiés mais sans certificats de droit de vote à l'émission.

1.4. Les actions à bons de souscription d'action (ABSA)

Les bons de souscription attachés aux actions permettent de souscrire ultérieurement d'autres actions. Ces bons peuvent faire l'objet d'une cotation distincte.

On les appelle également warrants.

1.5. Les dividendes-titres

C'est un avantage accordé aux actionnaires d'une société soucieuse d'éviter un décaissement immédiat et d'offrir de belles perspectives de d'achat de titres au rabais c'est-à-dire à un prix généralement inférieur. Toutefois, le régime fiscal demeure le même à celui des dividendes versés en espèce.

1.6. Les éléments de valorisation des actions

1.6.1. Le PER (Price Earning Ratio)

Parfois appelé "multiple de capitalisation", le PER est un ratio utilisé pour sélectionner les actions surcotées et les actions sous-cotées.

$$\text{PER} = \frac{\textit{Cours de l'action}}{\textit{Bénéfice net par action attendu pour l'année en cours}}$$

Si PER élevé : action surcotée alors vendre

Si PER faible : action sous-cotée alors acheter

En effet, l'inverse du

$$\text{PER} = \frac{Bénéfice\ net\ par\ action}{Cours\ de\ l'action}$$

exprime le rendement de l'action.
Exemple : en milliers de FCFA

Considérons l'action X d'une société cote 100 ; examinons les situations correspondant à trois anticipations possibles du bénéfice par action : 2 ; 5 et 10.

Cours de l'action X	100	100	100
Bénéfice net anticipé par action	2	5	10
PER	100/2=50	100/5=20	100/10=10
Rendement anticipé	2/100= 2%	5/100= 5%	10/100 = 10%
Analyse	Action surcotée *A ce cours, le rendement est faible donc des ventes auront lieu et le cours baissera pour ramener le rendement au niveau de celui du marché*	Action à son prix	Action sous-cotée *A ce cours le rendement est élevé ; donc des achats auront lieu et le cours montera pour ramener le rendement au niveau de celui du marché*

Il est clair que la fiabilité du PER est liée à la qualité de l'anticipation faite sur le bénéfice attendu.

Le PER est très souvent comparé à la moyenne des PER du secteur considéré. Toutefois, pour améliorer pertinence du PER, la tendance actuelle est de lui intégrer le taux moyen de croissance du bénéfice par action (g), calculé sur les 2 ou 3 années à venir. On obtient alors le PEG (Price Earning Growth ou taux de croissance du PER). La formule est la suivante :

$$\text{PEG} = \frac{PER}{g}$$

L'interprétation généralement admise du PEG est la suivante :
Si PEG > 1,5 action surévaluée
Si PEG < 1 action sous-évaluée

1.6.2. Le couple rentabilité/risque

De toute évidence la décision d'investir dans une action donnée dépendra de la rentabilité et du risque de cette action.

- 1.6.2.1. La rentabilité :

– La rentabilité passée :

Considérons une action X dont le cours est C_0 à la date 0 et C_1 à la date 1. Désignons par D le dividende éventuellement versé au cours de la période 0 à 1.

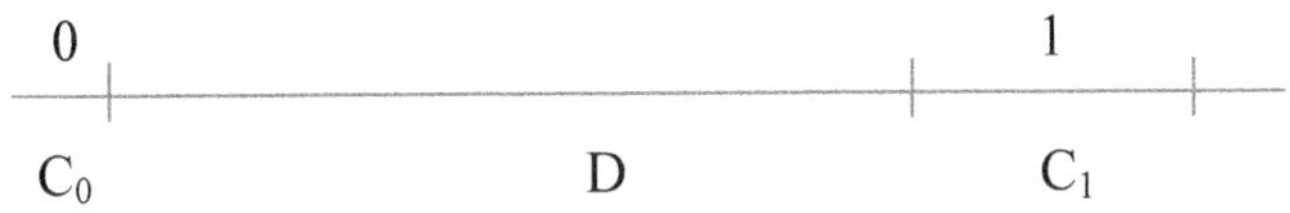

Par définition, la rentabilité (R_x) de l'action X sur la période 0 à 1 est donnée par la relation :

$$Rx = \frac{C1 - C0 + D}{C0}$$

– La rentabilité future :

La rentabilité passée ne préjuge pas de la rentabilité future. Pour évaluer la rentabilité future, il faut prévoir les cours et les dividendes possibles en leur affectant des probabilités. Ce qui conduira au calcul de l'espérance mathématique de la rentabilité par la formule suivante :

$$E(Rx) = \sum Rx * P(Rx)$$

Supposons qu'à la date 0 le cours de l'action X soit de 76 et l'acheteur fait les prévisions suivantes : chiffres en milliers de FCFA.

Cours prévu date 1	Dividendes prévus	Rentabilité correspondante (Rx)	Probabilité P(Rx)
60,8	0	(60,8-76+0)/76* 100 = -20%	0,3
79	1,56	(79-76+1,56)/76*100 = -6%	0,4
91	4,76	(91-76+4,76)/76 = 26%	0,3
			$\sum = 1$

Il peut alors calculer l'espérance mathématique de la rentabilité de l'action X :

$$E(Rx) = \sum Rx * P(Rx)$$

Rx	P(Rx)	Rx*P(Rx)
-20%	0,3	-6
-6%	0,4	2,4
26%	0,3	7,8
		$\sum = 4{,}2$

$E(R_x) = 4{,}2\%$

- 1.6.2.2. Le risque

Le détenteur d'une action court un risque dû à l'incertitude qui affecte la rentabilité future. Si la rentabilité future est susceptible de fluctuer fortement, le risque est élevé et inversement. Il s'ensuit logiquement que la mesure du risque est donnée l'écart-type (ou standard deviation en anglais) des rentabilités possibles (ou leur variance).

En reprenant l'exemple précédent, nous pouvons calculer le risque de l'action X. Nous avons ainsi :

VAR(Rx) : Variance de la rentabilité de l'action x

$$\sigma Rx = Ecart - type$$

$$= \sqrt{var(Rx)}$$

$$\text{VAR(Rx)} = \sum (Rx)^2 * P(Rx) - [\text{E(Rx)}]^2$$

Rx	P(Rx)	$(Rx)^2$	$(Rx)^2$ * P(Rx)
-20%	0,3	400	120
-6%	0,4	36	14,40
26%	0,3	676	202,80
			$\sum = 337{,}2$

$\text{Var(Rx)} = 337{,}20 - (4{,}2)^2 = 319{,}56$

$$\sigma Rx = \sqrt{var(Rx)}$$

$$\sqrt{319{,}56} = 17{,}88\%$$

Le risque ainsi défini comporte deux composantes :

- Le risque de marché

Ou risque systématique[165] ou également appelé par les financiers risque idiosyncratique, il mesure les fluctuations du marché entraînant de façon plus ou moins systématique des fluctuations de même sens pour les actions X (si le marché baisse, il y a de forte chances pour que l'action baisse aussi).

Ces fluctuations du marché sont dues à des phénomènes globaux comme la croissance, le déséquilibre de la balance commerciale, l'évolution des taux d'intérêt, les changements de politique, etc.

Ce risque ne peut être éliminé par diversification, c'est pourquoi on l'appelle aussi risque non diversifiable.

- Le risque spécifique

La fluctuation de l'action X s'explique aussi par les caractérisques propres de la société X (perspectives de développement, qualité de gestion, carnets de commandes, attrait spéculatif, etc.). Ce risque peut être réduit voire éliminé par diversification[166].

2. Les obligations et titres représentatifs de fonds emprunts

2.1. Les obligations classiques

Les obligations sont des titres négociables représentatifs de dettes en ce sens que l'obligataire est propriétaire d'un titre de créances.

Le droit d'émission est reconnu aux sociétés anonymes ayant 2 années d'existence avec 2 bilans régulièrement approuvés par les actionnaires (article 780 de l'acte uniforme révisé suscité). Aussi, l'émission d'obligations est interdite aux sociétés dont le capital n'est pas entièrement libéré (Article 781 de l'acte uniforme susmentionné).

Les obligations peuvent être nominatives ou au porteur. Elles peuvent être aussi à taux fixe ou taux variable par exemple indexé sur le taux du marché monétaire.

L'obligation donne droit à l'obligataire le paiement des intérêts appelés coupons sus du remboursement du montant souscrit.

---

[165] Différent du risque systémique qui se défini par le fait qu'à travers une faillite d'une banque donnée, tout le système bancaire s'écroule par effet domino comme un château de cartes.

[166] La notion de diversification dans le choix de portefeuille est détaillée dans le MEDAF, Modèle d'Equilibre des Actifs Financers ou CAPM (Capital Asset Pricing Model). Ce modèle explique comment se réalise l'équilibre entre offre et demande pour chaque titre conduisant à l'équilibre général du marché. Ainsi, il permet de déterminer le rendement d'un actif risqué en fonction de son risque systématique.

Le remboursement peut avoir lieu par rachat en bourse ou en bloc à la fin. Il peut être supérieur à la souscription s'il y a prime de remboursement (prime en dedans si souscription en dessous du pair, prime en dehors si souscription au pair).

L'obligataire a le droit de céder ses titres à la BRVM. Les obligations sont cotées en pourcentage et au pied du coupon c'est-à-dire sans tenir compte du coupon couru que l'on déduit du cours.

Dans le cadre de la défense de leurs intérêts, les obligataires d'une même émission peuvent agir en class actions c'est-à-dire en groupement des obligataires (dispositions de l'article 785 de l'acte uniforme précité).

Dans la zone UEMOA, Le visa du CREPMF est obligatoire pour toutes émissions d'obligations. Toutefois, ce visa ne constitue pas une garantie contre le risque de non-remboursement des échéances des titres dont l'émission est ainsi autorisée.

En France, il existe des sociétés civiles de placement immobilier (SCPI) qui ont pour vocation, en étant des organismes financiers, d'investir un capital dans l'immobilier qui est souscrites par des particuliers. Cela permet d'accéder à un placement financier avec une mise de fonds limitée. Ces types de sociétés peuvent être des pistes de réflexion pour l'approfondissement de notre marché immobilier sous régional.

2.2. Les autres types d'obligations

2.2.1. Les obligations du Trésor

Ce sont des obligations émises par les Trésors Publics à taux fixe ou variable sur une maturité longue. Les taux de ces obligations (appelés taux longs) sont des taux de référence du marché monétaire[167].

2.2.2. Les obligations convertibles en actions

Ces obligations peuvent à tout moment faire l'objet d'une conversion en actions tant qu'elles n'ont pas été remboursées.

2.2.3. Les obligations à bons de souscription d'obligations

Les bons de souscription sont adossés aux obligations émises. Ces bons donnent le même droit de souscrire une autre obligation de même nature. Ces bons sont cotés séparément des obligations.

---

[167] La pente de la courbe des taux (taux court ou taux du marché interbancaire ; taux long ou taux du marché obligataire) est très prisée par les économistes/financiers. En effet, une inversion (pente négative) de la courbe des taux est synonyme de récession, de surchauffe, de fin de cycle tandis que la pente normale (positive) montre le contraire. Les banques centrales suivent beaucoup l'évolution de la courbe des taux pour faire leurs anticipations de taux d'inflation.

2.2.4. Les obligations indexées

L'indexation porte sur l'intérêt en général. Elle peut l'être sur le capital ou les deux à la fois.

2.2.5. Les obligations à taux variable

Ce sont des obligations dont les taux sont indexés sur le taux du marché interbancaire.

2.2.6. Les obligations échangeables

Possibilité d'échanger les obligations à taux fixe en obligations à taux variable ou vice versa.

2.2.7. Les obligations « à fenêtres »

Possibilités de remboursement anticipé à des échéances préfixées.

2.2.8. Les obligations à coupon unique

Le paiement du coupon a lieu une seule fois lors du remboursement in fine.

2.2.9. Les obligations à coupon zéro

Elles ne donnent pas lieu au versement d'intérêt. La rémunération des porteurs étant la différence entre le prix de remboursement et le prix d'émission des titres. On les appelle aussi la rente viagère ou rente perpétuelle.

3. Les OPCVM

Les organismes de placement collectif en valeurs mobilières (OPCVM) sont des véhicules d'investissement dont la constitution est soumise à l'agrément du CREPMF. Ils sont classés juridiquement en deux catégories : les SICAV (Sociétés d'Investissement à Capital Variable) et les FCP (fonds Communs de Placement). Leurs actifs sont composés essentiellement de bons, d'actions, d'obligations de titres assimilés ou de produits dérivés.

Généralement, les SICAV sont des sociétés anonymes tandis que les FCP sont des copropriétés de valeurs mobilières.

Dans la pratique, on distingue les OPCVM actions ; les OPCVM obligations et autres titres de créances ; les OPCVM monétaires ; les OPCVM diversifiés (mixte) ; et les OPCVM de fonds alternatifs[168].

Pour mémoire, les fonds communs de créances (FCC) très répandus dans la titrisation[169] des créances bancaires relèvent des formes de FCP.

4. Les titres intermédiaires entre les actions et les obligations

On les appelle aussi, les titres hybrides.

4.1. Les titres participatifs

Ce sont des quasi-fonds propres qui renforcent les capitaux permanents de l'émetteur sans risque d'immixtion dans la gestion de l'entreprise.

4.2. Les obligations à bons de souscription d'actions (OBSA)

Les bons de souscriptions attachés aux obligations permettent ultérieurement de souscrire des actions. Ils permettent donc à l'obligataire de devenir également action s'il le désire.

Les bons sont cotés séparément des obligations sur le marché.

4.3. Les obligations remboursables en actions (ORA) ou certificats d'investissement (ORCI)

A l'échéance, ces obligations seront remboursées en actions ou en certificats d'investissement.

4.4. Les titres subordonnés

Ils s'apparentent à des rentes perpétuelles car leur durée est indéterminée. Toutefois, ils rapportent un intérêt et des créances de dernier rang en cas de liquidation de la société.

4.5. Les warrants

Les warrants sont des bons d'option très similaires des bons de souscription. Mais ils permettent d'intervenir sur un domaine plus large : action, matières premières, indices boursiers, etc.

---

168 La gestion alternative est une forme de gestion décorrelée des indices de marchés. C'est une gestion réservée aux grandes banques d'affaires, aux zinzins, et investisseurs avertis.

169 La titrisation est la technique qui consiste à transformer différents types d'actifs en titres négociables sur un marché. Il existe deux grands types : la titrisation de créances financières pour les établissements de crédit désirant se financer sur le moyen terme ; la titrisation de créances commerciales pour les entreprises désirant se financer à court terme.

5. La fiscalité des valeurs mobilières

5.1. Les actions et titres représentatifs de fonds propres

Selon les dispositions de l'article 3 de la Directive N° 02/2010/CM/UEMOA du 30 mars 2010 portant harmonisation de la fiscalité applicable aux valeurs mobilières des Etats membres de l'UEMOA, le taux d'imposition applicable aux dividendes distribués par les sociétés non cotées sur une bourse des valeurs agrées par le CREPMF, doit être compris entre 10 % et 15 % alors qu'il doit être compris entre 2 % et 7 % quand il s'agit des dividendes distribués par les sociétés cotées sur une bourse des valeurs agrées par le CREPMF. Aussi, les mêmes dispositions indiquent que le taux d'imposition applicable à la plus-value sur cession des actions, doit être compris entre 0 % et 7 %.

Pour éviter la double imposition, les dispositions de l'article 11 de la Directive N° 02/2010/CM/UEMOA du 30 mars 2010 portant harmonisation de la fiscalité applicable aux valeurs mobilières des Etats membres de l'UEMOA, exonère les dividendes qui ont supportés l'impôt sur les Revenus des Valeurs Mobilières dans un Etat membre de l'UEMOA, de tous autres impôts et taxes équivalents dans les autres Etats membres de l'UEMOA.

5.2. Les obligations et titres représentatifs de fonds emprunts

Selon les dispositions des articles 6 et 7 de la Directive N° 02/2010/CM/UEMOA du 30 mars 2010 portant harmonisation de la fiscalité applicable aux valeurs mobilières des Etats membres de l'UEMOA, le taux d'imposition des revenus des obligations varie entre 0 % et 6 %.

De même, selon les dispositions de l'article 8 de la Directive N° 02/2010/CM/UEMOA du 30 mars 2010 portant harmonisation de la fiscalité applicable aux valeurs mobilières des Etats membres de l'UEMOA, le taux d'imposition des plus-values de cession des obligations varie entre 0 % et 5 %.

Par ailleurs, les obligations sécurisées c'est-à-dire adossées sur des prêts hypothécaires sont émises par la Caisse Régionale de Refinancement Hypothécaire de l'UEMOA. Elle bénéficie dans l'UEMOA d'une exonération, pour les 10 prochaines années à compter de l'année 2012, de tout impôt et taxe sur les obligations, quel que soit le détenteur de ces titres. Par conséquent, on en déduit que les revenus liés à ces obligations sont ainsi exonérés de tout impôt pour l'investisseur résident dans l'un des huit pays de l'UEMOA (article 1 de la décision N° 002/2012/CM/UMOA/CRRH-UEMOA du Conseil des Ministres). Elle bénéficie également d'une « clause pari passu » c'est-à-dire la CRRH s'engage, jusqu'à la mise en remboursement effective de la totalité d'une obligation donnée en principal et intérêts, à ne pas consentir de garantie particulière à d'autres titres émis ou à émettre (à l'exception d'hypothèques ou d'autres sûretés établies sur des biens achetés par la CRRH-UEMOA pour en garantir le prix d'achat total ou partiel) sans en faire bénéficier, au même rang, les obligations déjà émises.

5.3. Les OPCVM

Selon les dispositions de l'article 9 de la Directive N° 02/2010/CM/UEMOA du 30 mars 2010 portant harmonisation de la fiscalité applicable aux valeurs mobilières des Etats membres de l'UEMOA, les dividendes distribués par les OPCVM et les autres organismes de placement collectif, agréés par le CREPMF, sont exonérés de l'Impôt sur les Revenus des Valeurs Mobilières.

De même, Selon les dispositions de l'article 10 de la Directive N° 02/2010/CM/UEMOA du 30 mars 2010 portant harmonisation de la fiscalité applicable aux valeurs mobilières des Etats membres de l'UEMOA, les plus-values sur cession des Valeurs Mobilières réalisées par les détenteurs des actions des OPCVM et des autres organismes de placement collectif, agréés par le CREPMF, sont exonérés de l'Impôt sur les Revenus des Valeurs Mobilières.

6. Calcul des droits d'attribution et de souscription[170]

6.1. Calcul de la valeur théorique du droit de souscription

Exemple :

Soit une société au capital de 2.000.000 FCFA, divisé 20.000 actions de 100 FCFA cotées 125 FCFA. Cette société augmente son capital, qui passe à 3.000.000 FCFA en émettant 10.000 actions à 110 FCFA pour une valeur nominale de 100 FCFA (les 10 FCFA supplémentaires représentent ce que l'on appelle la prime d'émission).

Solution :

Le capital passe de 2.000.000 FCFA à 3.000.000 FCFA ; il augmente donc de 1.000.000 FCFA. Il y a donc 2 actions anciennes pour 1 nouvelle. Chaque action ancienne se verra attribuer un droit de souscription et il faut 2 droits pour souscrire une action nouvelle.

Celui qui n'a pas d'action peut en acheter, droits attachés ; pour souscrire il lui faut 2 achetées à 125 FCFA ; l'action nouvelle lui coûte 110 FCFA :

(2*125=250) + (1*110=110)= 360 FCFA

Le prix de revient de chaque action est de 360/3= 120 FCFA

Auparavant l'action cotait 125 FCFA

125-120= 5= valeur du droit

On peut aussi acheter 2 droits plus une nouvelle action

(2*5=10) + (1*110=110) = 120 FCFA

---

[170] Luc Bernet-ROLLANDE, Principes de technique bancaire, Dunod 2006.

Dans ce cas, l'action revient aussi à 120 FCFA. Les deux solutions étant équivalentes. On dit que les 5 FCFA représentent la valeur théorique du droit de souscription.

6.2. Calcul de la valeur théorique du droit d'attribution

Exemple :

Soit une société au capital de 3.000.000 FCFA divisé en 30.000 actions de 100 FCFA qui procède à une augmentation de capital à titre gratuit pour 1.000.000 FCFA. L'ancienne action est cotée de 120 FCFA.

Solution :

Le capital augmente de 1.000.000 FCFA ; on a donc une action nouvelle pour 3 anciennes. Il faut 3 droits pour souscrire une nouvelle action. Celui qui n'a pas de droit peut acheter des actions droits attachés.

3*120 = 360 FCFA

Avec trois anciennes actions, on détient trois droits donc la possibilité de recevoir une nouvelle action.

360/4 = 90 FCFA = prix de revient de l'action

120 – 90 = 30 FCFA = valeur théorique du droit d'attribution.

On peut aussi acheter trois droits : 3*30 = 90 FCFA

Pour les droits de souscription comme pour les droits d'attribution :

Celui qui n'a pas de droits ou pas assez peut en acheter

Celui qui ne veut pas les utiliser peut les vendre

C'est ainsi que les droits d'attribution et de souscription sont cotés en fonction de l'offre et de la demande.

Celui qui veut souscrire à une augmentation de capital peut donc acheter des droits ou des actions.

Tableau 42 : comparatif des droits de l'actionnaire et de l'obligataire

Actionnaire	Obligataire
Associé, porteur d'un titre de propriété	Créancier, porteur de titre de créance
Participe aux bénéfices et reçoit un versement dividende sur décision de l'assemblée générale ordinaire (AGO).	Perçoit un coupon ou intérêt fixe déterminé lors de l'émission
Participe à la liquidation des biens sociaux lors de la dissolution de la société. il n'est remboursé qu'en dernière position si l'actif dépasse le passif. Sa perte est limitée à sa mise	Modalités de remboursement connues à l'avance : - valeur nominale plus primes ou - par tirage au sort ou - par rachats en bourse ou - en bloc à la fin
Droit de céder ses actions en les vendant à la bourse	Droit de céder ses obligations par l'intermédiaire de la bourse
Participe au AGO ou AGE (assemblée générale extraordinaire) en votant	Participe aux assemblées d'obligataires. Cette assemblée ne peut s'impliquer dans la gestion, mais elle délègue des mandataires sans droit de vote aux assemblées.
Droit préférentiel de participation aux augmentations de capital (à titre onéreux ou à titre gratuit). Ce droit matérialisé par un coupon est négociable	

Source : Luc B. Rollande, Principes de techniques bancaires, édition Dunod.

7. Eléments de valorisation des obligations[171]

L'endettement à long terme d'une entreprise peut prendre deux formes :

- L'emprunt indivis lorsque le créancier est unique : il s'agit alors d'une banque (ou d'un syndicat bancaire)
- L'émission d'obligation lorsqu'il existe une pluralité de prêteurs. Ceux-ci détiennent alors des obligations, généralement négociables en bourse.

La valeur de l'obligation correspond à la somme des flux de trésorerie actualisés que ce titre doit procurer, dans le futur à son propriétaire, à savoir des intérêts et la valeur de remboursement.

Ainsi, si V_0 désigne la valeur de l'obligation à la date t=0, c'est-à-dire le jour de son émission, V_0 vérifie :

[171] Ingénierie financière et fiscale, City and York, 1995, Olivier Levyne, Diplômé de l'ESCP, Docteur en Sciences Economiques HDR en Science de Gestion Professeur des Universités (site http://levyne.free.fr)

$$V_0 = \sum_{t=1}^{n} \frac{Intérêts}{(1+i)^t} + \frac{Nominal}{(1+i)^n} = Intérêts.\frac{1-(1+i)^{-n}}{i} + \frac{Nominal}{(1+i)^n}$$

Où n correspond au nombre résiduel d'années de vie de l'obligation.

Exemple :

Un investisseur souscrit à l'émission d'une obligation dont les caractéristiques sont les suivantes :

Chiffres en milliers de FCFA

- Nominal : 1 000
- Taux nominal (ou taux facial) fixe : 5%
- Remboursement dans 3 ans.

Vérifier que, lors de son introduction en bourse, la valeur de l'obligation est bien de 1 000

Immédiatement après l'émission de l'obligation, le taux de référence du marché obligataire (TMO) est porté à 6%. A quel niveau de prix s'établit le cours de l'obligation ?

L'obligation représente un crédit de 1 000 à 5%. Par conséquent, l'obligataire reçoit, à la fin de chaque année, un « coupon » (ou versement d'intérêts) de 1000 x 5% = 50

Soit V la valeur de l'obligation. V vérifie :

$$V = \frac{50}{1+5\%} + \frac{50}{(1+5\%)^2} + \frac{50+1000}{(1+5\%)^3}$$

$$= \frac{50}{1+5\%} + \frac{50}{(1+5\%)^2} + \frac{50}{(1+5\%)^3} + \frac{1000}{(1+5\%)^3} =$$

$$\sum_{t=1}^{3} \frac{50}{(1+5\%)^t} + \frac{1000}{(1+5\%)^3} = 50.\frac{1-(1+5\%)^{-3}}{5\%} + \frac{1000}{(1+5\%)^3}$$

= 1 000

Si le TMO est porté à 6%, la valeur V' de l'obligation est obtenue en actualisant les flux futurs (intérêts et remboursement) à 6% (au lieu de 5%). Les intérêts de 50 sont, par ailleurs, inchangés, dans l'hypothèse où l'obligation est supposée être « à taux fixe ». Dans ce cas :

$$V = \quad = 50.\frac{1-(1+6\%)^{-3}}{6\%} + \frac{1000}{(1+6\%)^3}$$

= 973

Par conséquent, une hausse du TMO de 1% se traduit par une baisse de 1000-973 =27 soit une baisse de 27/1000 = 2,7%.

Ce résultat permet de souligner la sensibilité de la valeur de l'obligation aux variations de taux d'intérêt et d'illustrer qu'une hausse des taux (ici de 1%) se traduit par une baisse de la valeur du titre (ici de 2,7%).

- Cas : Obligations perpétuelles

Dans l'hypothèse du remboursement d'un crédit d'un montant nominal V par annuités constants a, il a été vu, au paragraphe précédent que :

$$V = a\,\frac{1-(1+i)^{-n}}{i}$$

Si le nombre de paiements est infini, on parle de rente perpétuelle. Dans ce cas, si n tend vers l'infini $(1+i)^{-n}$ tend vers 0. Ainsi :

$$V = \frac{a}{i}$$

Les paiements annuels a correspondent uniquement au montant des intérêts. En principe l'obligataire ne sera pas remboursé. Par conséquent, en cas de besoin de liquidités, il devra revendre son titre. Il s'expose ainsi au risque de hausse des taux d'intérêt qui conduit à une baisse de la valeur de son titre.

7.1. La Duration d'une obligation

La duration est la durée moyenne d'attente, en années, pour percevoir les flux d'une obligation dont le prix est P et la durée de vie est n. Sa formulation, donnée par Macaulay en 1938, est la suivante :

$$D = \frac{\sum_{t=1}^{n} \frac{t.CF_1}{(1+i)^t}}{P} = \frac{\sum_{t=1}^{n} \frac{t.CF_t}{(1+i)^t}}{\sum_{t=1}^{n} \frac{CF_t}{(1+i)^t}}$$

En développant les sommes, on a :

$$D = \frac{1.\frac{CF_1}{(1+i)^1} + 2.\frac{CF_2}{(1+i)^2} + \ldots + n.\frac{CF_n}{(1+i)^n}}{\frac{CF_1}{(1+i)^1} + \frac{CF_2}{(1+i)^2} + \ldots + .\frac{CF_n}{(1+i)^n}}$$

$$= \frac{1.\dfrac{CF_1}{(1+i)^1}}{\dfrac{CF_1}{(1+i)^1}+\dfrac{CF_2}{(1+i)^2}+\ldots+.\dfrac{CF_n}{(1+i)^n}}$$

$$+\frac{2.\dfrac{CF_2}{(1+i)^2}}{\dfrac{CF_1}{(1+i)^1}+\dfrac{CF_2}{(1+i)^2}+\ldots+.\dfrac{CF_n}{(1+i)^n}}+\ldots+$$

$$\frac{n.\dfrac{CF_n}{(1+i)^n}}{\dfrac{CF_1}{(1+i)^1}+\dfrac{CF_2}{(1+i)^2}+\ldots+.\dfrac{CF_n}{(1+i)^n}}$$

La duration est ainsi la moyenne des dates de réception des flux de trésorerie (intérêts et remboursement du principal) pondérée par le poids de chaque flux de trésorerie actualisé dans l'ensemble des flux.

Dans l'hypothèse d'un zéro coupon, c'est-à-dire d'une obligation qui verse l'ensemble des flux (intérêts + remboursement du principal à l'échéance :

$$CF_1 = CF_2 = \ldots = CF_{n-1} = 0$$

Dès lors :

$$D = \frac{1.\dfrac{0}{(1+i)^1}+2.\dfrac{0}{(1+i)^2}+\ldots+n.\dfrac{CF_n}{(1+i)^n}}{\dfrac{0}{(1+i)^1}+\dfrac{0}{(1+i)^2}+\ldots+.\dfrac{CF_n}{(1+i)^n}}$$

$$= \frac{n.\dfrac{CF_n}{(1+i)^n}}{\dfrac{CF_n}{(1+i)^n}} = n$$

La durée de vie d'un zéro coupon est donc égale à sa duration.

7.2. La Sensibilité d'une obligation

La sensibilité S d'une obligation exprime la variation relative (en %) du prix P d'une obligation pour une variation i du taux d'intérêt. Ainsi :

$$S = \frac{\frac{dP}{P}}{di} = \frac{1}{P}\frac{dP}{di} = \frac{1}{P}P'(i)$$

Or :

$$P = \sum_{t=1}^{n} \frac{CF_t}{(1+i)^t} = \sum_{t=1}^{n} CF_t (1+i)^{-t}$$

Ainsi :

$$S = \frac{1}{P}\left[\sum_{t=1}^{n} CF_t (1+i)^{-t}\right]' = -\frac{1}{P}\left[\sum_{t=1}^{n} tCF_t (1+i)^{-t-1}\right]$$

$$= -\frac{1}{1+i}\frac{1}{P}\left[\sum_{t=1}^{n} tCF_t (1+i)^{-t}\right]$$

$$S = -\frac{1}{1+i}\frac{1}{P}\left[\sum_{t=1}^{n} \frac{tCF_t}{(1+i)^t}\right]$$

Finalement :

$$\boxed{S = -\frac{1}{1+i}.D}$$

Cette formule montre que la sensibilité du prix d'une obligation à la variation du taux d'intérêt est d'autant plus forte que la duration est élevée.

Exemple **:**

On considère une obligation dont les caractéristiques sont les suivantes : (Chiffre en millier de FCFA)

1) Nominal : 1000
2) Taux facial : 5%
3) Durée de vie : 4 ans
4) Remboursement in fine

Le TMO est de 6%.

1. Calculer la valeur de l'obligation à l'issue de la première journée de cotation, la duration et la sensibilité
2. Calculer la valeur de l'obligation si le TMO est porté à 6,1% et vérifier que la variation relative du cours, par rapport à celle de la première question, est cohérente avec la sensibilité

1. La valeur de l'obligation est la somme des cash flows futurs actualisés à 6% soit 965, d'après le tableau ci-dessous.

Date t	CF_t	CF_t actualisé	$t.CF_t$ actualisé
1	50	47	47
2	50	44	89
3	50	42	126
4	1 050	832	3 327
Total		965	3 589

La duration est la somme des $t.CF_t$ actualisés rapportée à la valeur de l'obligation de 965 . Ainsi, la duration est égale à D tel que :

$$D = \frac{3589}{965} = 3{,}72 ans$$

La sensibilité S vérifie :

$$S = -\frac{1}{1+6\%}.3{,}72 = -3{,}51$$

2. Si le taux de référence (TMO) est porté à 6,1%, le tableau d'amortissement de l'emprunt obligataire devient :

Date t	CF_t	CF_t actualisé	$t.CF_t$ actualisé
1	50	47	47
2	50	44	89
3	50	42	126
4	1050	829	3 314
Total		962	3 576

La valeur de l'obligation est alors ramenée à 962 ce qui représente une perte relative de valeur de :

$$\frac{962}{965} - 1 = -0{,}35\%$$

Ce résultat est cohérent avec la sensibilité obtenue. En effet :

$$S = \frac{\frac{dP}{P}}{di}$$

Donc :

$$\frac{dP}{P} = S.di = -3{,}51\%x0{,}1\% = -0{,}35\%$$

7.3. Le mode de cotation des obligations

Les obligations « sont cotées en pourcentage et au pied du coupon ». Cela signifie que le mode de cotation distingue le capital (le titre) du revenu (le coupon).

Ainsi, le cours d'une obligation cotée en bourse est égal à la somme du pourcentage du nominal et du coupon.

Exemple : en milliers de FCFA

Soit une obligation à 6% au nominal de 1.000 FCFA, jouissance au 31.12 (date de paiement de coupon).

L'obligation vaut au 30.09 : 925 FCFA

Intérêt annuel brut : 1.000 x 6% = 60 FCFA

Le coupon couru au 30.09 est de : 60 x 9/12 = 45 FCFA

Cotation au pied du coupon : 925 – 45 = 880 FCFA

Cotation en pourcentage : 880 x 100/1000 = 88%

Le cours porté sur la cote sera : 88%

Le titre a donc perdu : 100 – 88 = 12% de sa valeur d'émission.

CONCLUSION GÉNÉRALE

Dans la pratique, le système bancaire et financier de la zone UEMOA a connu sur ces deux dernières décennies des changements significatifs. Les autorités règlementaires (UEMOA, BCEAO) y ont joué un important rôle catalyseur dans cette avancée par la mise en place d'une panoplie de textes règlementaires afin de cadrer les activités des banques.

En effet, l'un des faits notoires de ces reformes est le changement du montant minimum de capital règlementaire au niveau des banques qui est passé de 3 milliards de FCFA à 10 milliards de FCFA et 1 milliard à 3 milliards de FCFA au niveau des SFD. Aussi, la banque centrale (BCEAO) est en train de passer aux dispositifs Bâle II & Bâle III pour s'aligner derrière les standards internationaux en matière de gestion de risques. Ce qui a comme corollaire pour les banques, le renforcement de leurs fonds propres dans les différentes types d'activités sous-jacentes car leurs engagements seront pondérés par les niveaux de risques suivants : le risque de crédit ; le risque de marché et le risque opérationnelle[172].

Aussi, on peut dire dans une certaine mesure que les zones CEMAC et UEMOA sont à mi-chemin entre Bâle II et Bâle III car elles disposent déjà de ratios règlementaires de liquidité (ou de transformation) et de solvabilité dans leurs zones respectives. Ce qui est sûr, un vrai travail d'homogénéisation s'impose concernant les règles comptables et prudentielles : les calculs des fonds propres (ratio de solvabilité) et des actifs de hautes qualités (ratio de liquidité).

La mise en œuvre des dispositifs prudentiels Bâle II et Bâle III dans les banques africaines doit nécessairement prendre en compte le projet de passage aux normes IAS/IFRS. Il s'agira alors de conduire simultanément en mode projet les deux chantiers à travers un comité de pilotage et un comité technique. En la matière, les banques peuvent se faire assister par des con-

[172] La notion de risque opérationnelle concerne les risques humains, les risques légaux, les risques d'incendie, les risques informatiques, etc. c'est une notion de risque large en dehors des risques traditionnels (crédit, marché). Pour approfondir, voir Bâle II et Bâle III sur le site du Comité de Bâle au lien suivant :
https://www.bis.org/bcbs/publications.htm?m=3|14|566

sultants ou experts sur chacun des projets afin de converger le plus possible les deux normes.

L'appropriation du dispositif par les banques africaines risque de prendre assez de temps vu la complexité des contours à cerner. Cela passe d'abord par le volet formation et renforcement de capacité.

En clair, il serait judicieux, à notre sens, de loger ces deux chantiers structurants (IAS/IFRS ; Bâle II et III) dans un projet transversal de réforme du secteur bancaire et financier (PRSBF) piloté par les grandes institutions internationales (BRI ; FMI ; Banque Mondiale ; UE ; etc.) et les autorités de supervision régionales et sous régionales afin d'être à la hauteur des enjeux, et partant, procéder des transferts de compétences Nord-Sud (interdépendance des systèmes bancaires et financiers).

Un enjeu de taille demeure toujours comme de petits grains de sable dans les souliers de nos régulateurs : la supervision transfrontalière. A ce titre, la récente étude du FMI de janvier 2015 intitulée « Pan African Bank : opportunities and challenges for cross border oversight » nous alerte sur une possibilité de risques systémique, de contagion et gouvernance liés aux banques panafricaines qui opèrent dans plusieurs zones n'ayant pas forcément les mêmes règles comptables et normes de supervision. A tout cela, s'ajoute, dans une moindre mesure, la barrière linguistique (francophone ; anglophone et lusophone). Donc, existence de risque d'opacité. D'où le FMI tire la sonnette d'alarme. Toutefois, la commission bancaire UEMOA aborde le problème en encadré N°4 dans son rapport 2013. Ce qui est une prise de conscience sur la question de régulation et de surveillance transfrontalière sur une base consolidée des états financiers produits en normes IFRS.

En la matière, la Federal Reserve américaine (FED) vient de durcir en février 2015 ses règles relatives aux banques étrangères opérant sur le territoire américain en leur demandant de créer une société Holding intermédiaire (Intermediate Holding Company, IHC) pour permettre aux régulateurs américains de les superviser sur une base comparable au même titre que leurs homologues américains soumis aux planifications de capital, de résolutions annuelles, et des exercices de stress testing[173].

Dans le secteur des banques primaires, les groupes bancaires étrangers y ont fait leur apparition. Ce qui contribue au processus de consolidation en cours avec une exacerbation de la pression concurrentielle entre les banques pour se tailler des parts de marché significative. On peut s'attendre à des fusions et acquisitions par les grandes banques pour parfaire le processus de consolidation.

Nonobstant que le faible taux de bancarisation, cela constitue un défi pour la BCEAO en ce sens que la promotion des moyens de paiement, par ricochet, le développement du taux de bancarisation relève de ses prérogatives régaliennes. Sur ce point, le développement de la mobile money laisse

---

[173] Financial Times, op. cit., pp.2-3.

entrevoir de belles perspectives de relèvement du taux d'inclusion financière.

Concernant, le marché des capitaux, le défi d'approfondissement du marché de la dette publique demeure toujours un enjeu majeur de mobilisation interne de ressources dans la zone UEMOA. Aussi, la culture boursière étant peu développée dans un environnement économique majoritairement dominé par les PME/PMI, il serait souhaitable de développer le compartiment des PME/PMI afin de leur permettre d'assurer leur rôle de moteur de la croissance économique. Quant au marché hypothécaire, de la titrisation et des obligations sécurisées, le potentiel est réel et les autorités devraient s'appesantir encore davantage sur le volet communication des acteurs par des mesures d'accompagnement (conseil en ingénierie financière et formations).

Par conséquent, pour faire face à ses nouveaux défis et enjeux, les collaborateurs de banque doivent bénéficier de formations continues et polyvalentes pour améliorer leurs compétences et, qui-plus-est, faire face aux besoins une clientèle de plus en plus exigeante et très vigilante.

A cet égard, nous osons espérer que ce livre sera un bréviaire pour, à la fois, les banquiers et les consommateurs de services bancaires et financiers. Nous sommes, toutefois, preneurs de toute observation du lecteur qui permettrait d'en améliorer le contenu.

ANNEXES

A. La technique de la titrisation en Europe

I. Généralité

– 1) Définition

La titrisation est la technique qui consiste à transformer différents types d'actifs en titres négociables sur un marché.

Il existe deux grands types :

- La titrisation de créances financières pour les banques et établissements de crédit désirant se financer sur le marché moyen terme.
- La titrisation de créances commerciales pour les entreprises désirant se financer à court terme.

– 2) Les avantages de la titrisation

- Une nouvelle source de financement à moindre coût par l'accès aux marchés des capitaux sous une signature synthétique distincte du cédant.
- L'amélioration du bilan par la déconsolidation des actifs titrisés
- La libération de fonds propres et l'amélioration des ratios prudentiels (Bâle II et Bâle III =

$$\frac{Fonds\ propres}{Actifs\ pondérés\ par\ leurs\ niveaux\ de\ risques} \geq 8\%).$$

– 3) Les contraintes de la titrisation

- Coûts initiaux et de fonctionnement élevés
- Complexité du montage juridique
- Complexité de la mise en œuvre
- Complexité de la gestion
- Importance et coût des sécurités à mettre en place pour rehausser le risque du portefeuille afin d'obtenir le financement à la meilleure note (AAA pour le long terme et A1/P1 pour le court terme).

– 4) Les acteurs de la titrisation

- Le cédant
- L'arrangeur
- Le recouvreur des créances
- Le gestionnaire du véhicule
- Les agences de notation
- Le conseil juridique
- Autres : banque de règlement, agent placeur, assureur, etc.

– 5) Les agences de notation

- Moody's
- Standard & Poor's
- Fitch IBCA

Elles fournissent aux investisseurs une évaluation indépendante des risques juridiques et financiers encourus par eux.

La notation (AAA, AA, A, BBB, BB, etc.) est la forme synthétique

II. La titrisation de créances financières

– 1. Définition

La titrisation de créances financières est l'opération par laquelle une banque cède ses créances à une entité juridique ad-hoc, en France le Fonds Commun de Créances (FCC), qui les achètent en se finançant par émission de titres ABS (Asset Back Securities) sur le marché moyen terme.

Les créances sont des prêts accordés à des particuliers ou des entreprises. Elles sont cédées au FCC contre paiement.

Le FCC se finance en émettant des parts de copropriété qui sont achetées par des investisseurs.

Chaque mois les débiteurs payent une échéance qui comprend les agios sur le CRD (Capital Restant Dû) du mois et le remboursement d'une partie de ce capital.

Le FCC utilise ces flux pour payer ses charges, rémunérer les investisseurs et les rembourser.

L'excédent d'intérêt (excess spread) est renvoyé au cédant par la part résiduelle.

Schéma de la titrisation des créances financières en Europe

Figure 36 : Schéma de la titrisation des créances financières en Europe

1ère étape :

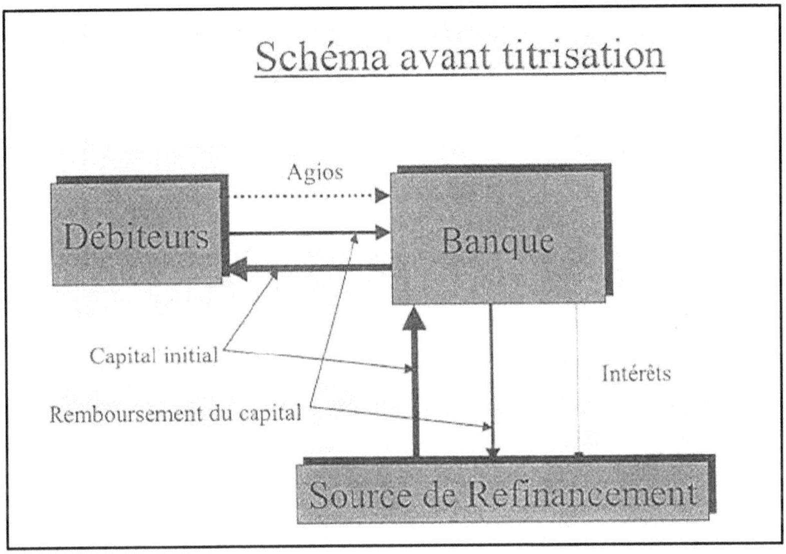

Source : Jean-Renaud VIALA, spécialiste de la titrisation.

2ème étape :

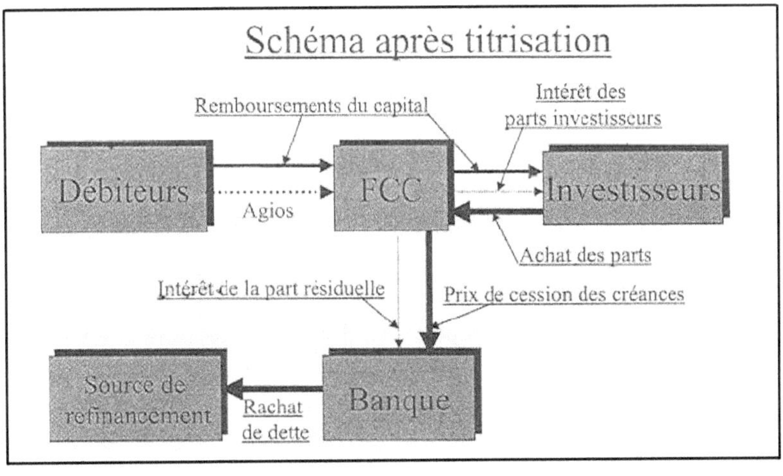

Source : Jean-Renaud VIALA, spécialiste de la titrisation.

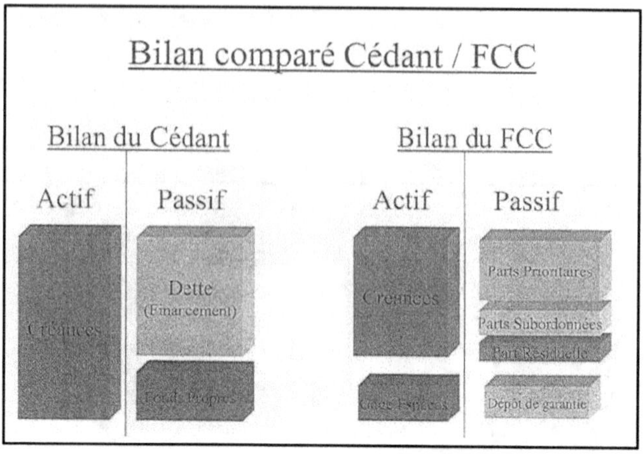

Source : Jean-Renaud VIALA, spécialiste de la titrisation.

– 2. Les risques à couvrir

- Le risque de crédit (retards de paiement et défaillance des débiteurs) : le cédant couvre les premières pertes puis les investissements des parts subordonnées (waterfall).
- Les risques de marché (variation de taux) couvert par des opérations de swap sur le marché.
- Le risque de duration : remboursement anticipé pris par l'investisseur.
- Les risques induits des intervenants (comingling ou confusion de patrimoine en cas de faillite) : couvert par des structures juridiques à l'abri de la faillite et des back-up en cas de dégradation des intervenants.

Le comingling est le risque que des sommes en transit sur les comptes du recouvreur soient bloquées en cas de faillite de celui-ci.

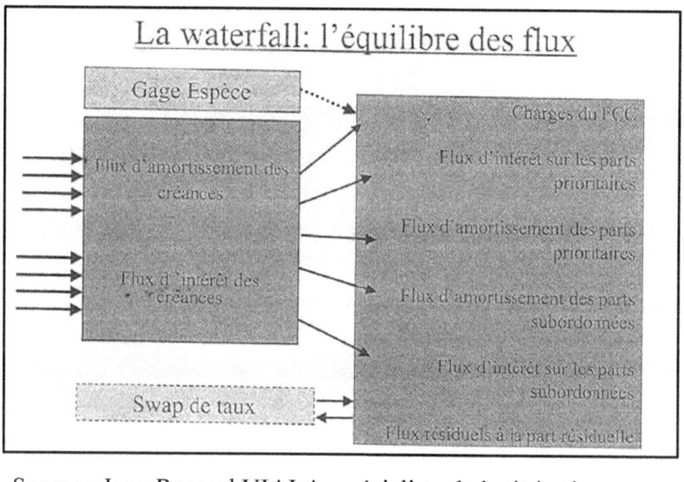

Source : Jean-Renaud VIALA, spécialiste de la titrisation.

– 3. Exemple de trenching (titrisation de créances automobiles)

Parts prioritaires AAA : 91%
Parts subordonnées BBB : 9%
Gage espèce : 0,60%
Excess Spread : 1,40%
Pertes anticipées sur le portefeuille : 1%

III. La titrisation de créances commerciales

– 1. Définition

La titrisation de créances commerciales est l'opération par laquelle une entreprise cède des créances qu'elle détient sur sa clientèle à une entité ad-hoc, laquelle finance l'acquisition de ces créances en émettant des titres ABCP (Asset Backed Commercial Paper) sur le marché court terme (< 1 an).

– 2. Schématisation des opérations

Figure 37 : Schéma de la titrisation des créances commerciales en Europe

1ère étape : la cession des créances

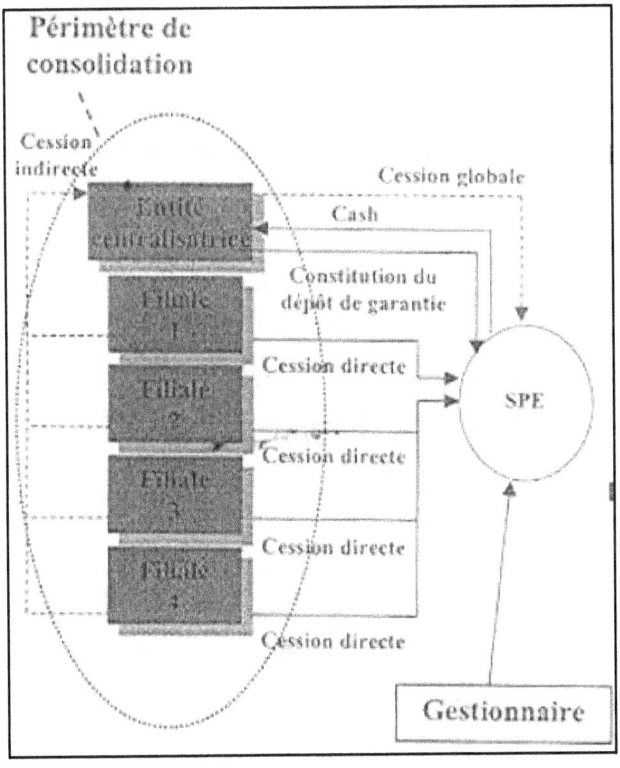

Source : Jean-Renaud VIALA, spécialiste de la titrisation.

Périodiquement, les cédants vendent leurs créances à une SPE (Special Purpose Entity) de manière à alimenter le programme de titrisation.

Le cédant participe au rehaussement par la constitution d'un dépôt de garantie en faveur du SPE.

2ème étape : Transformation des actifs en titres

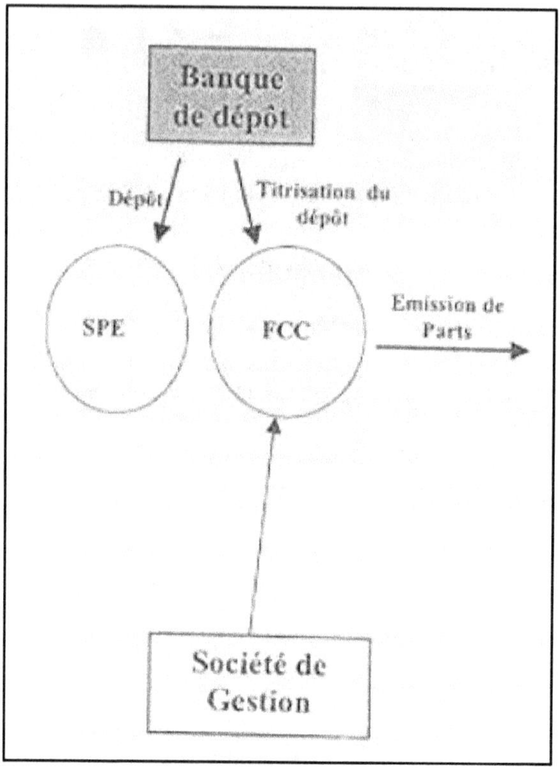

Source : Jean-Renaud VIALA, spécialiste de la titrisation.

Le SPE finance l'acquisition des créances par un dépôt effectué par une banque tierce. La dite banque cède la créance de restitution du dit dépôt à un FCC dédié pour l'opération. Et, le FCC émet des titres appelés parts de FCC.

3ème étape : Le financement de l'opération

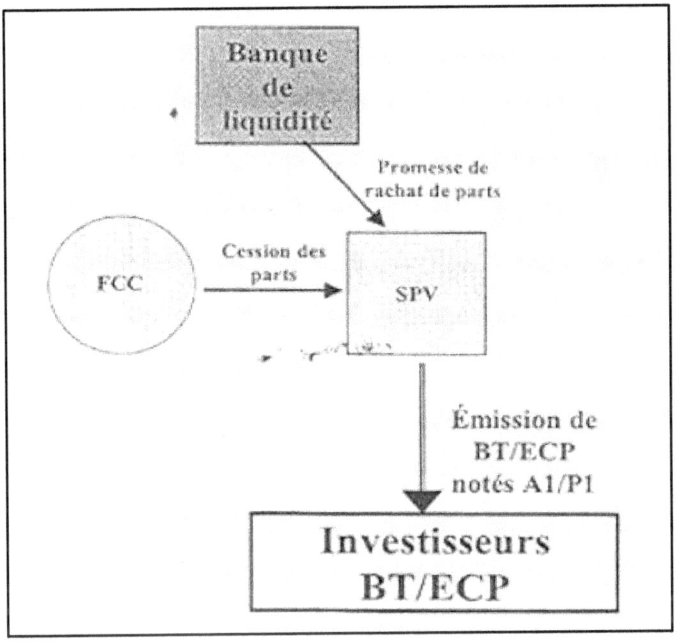

Source : Jean-Renaud VIALA, spécialiste de la titrisation.

Un véhicule spécialisé SPV (Spécial Purpose Vehicule) achète les parts de FCC.

Le SPV se refinance par l'émission d'ECP (Euro Commercial Paper), en France des billets de trésorerie.

La garantie de la banque de liquidité permet d'obtenir un rating A1/P1 pour le programme de billet de trésorerie.

La mobilisation de ressources à court terme par billets de trésorerie offre par construction une certaine souplesse. Le volume d'émission peut effet être ajusté en fonction de l'évolution de l'encours des actifs titrisés.

Schéma général de l'opération

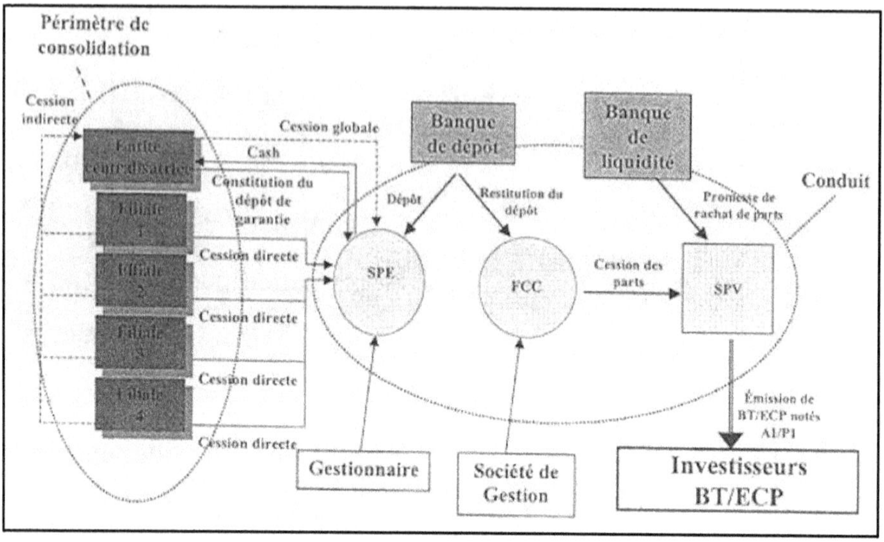

Source : Jean-Renaud VIALA, spécialiste de la titrisation.

Le caractère revolving de l'opération

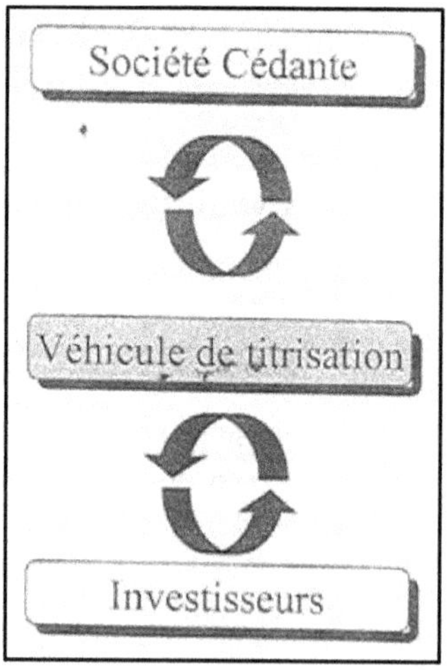

Dans ce cas, hors de la période d'amortissement et sous réserve de stabilité du programme, les encaissements collectés ne font pas l'objet de transfert en cash : il y a mensuellement remplacement des créances réglées par de nouvelles créances. Selon le même principe, le véhicule de titrisation remboursera les billets de trésorerie arrivés à échéance par l'émission de nouveaux billets.

– 3. Les risques à couvrir

Le risque de dilution (contestation, retour, avoirs, etc.) couvert par le surdimensionnement.

Le risque de crédit (défaillance des débiteurs) couvert par le surdimensionnement et éventuellement par des assurances externes.

Les risques d'assèchement du marché des BT (Billets de Trésorerie) couvert par la ligne de liquidité.

Les risques induits des intervenants (comingling) couvert par le caractère « bankrupcy remote » des entités ad-hoc du conduit, l'opposabilité au tiers des cessions et des back-up.

B. Les produits dérivés de crédit

Les produits dérivés de crédit sont apparus sur les marchés financiers aux États-Unis au début des années quatre-vingt-dix (1990) comme instrument de gestion du risque de crédit.

– 1. Définition

Les dérivés de crédit sont des instruments qui permettent de transférer, par un contrat passé entre deux contreparties, tout ou partie du risque de crédit portant sur un tiers encore appelé entité de référence.

Par cette technique, le risque de crédit sort ainsi du bilan de l'entreprise, acheteuse de protection, sans nécessairement le transfert du droit de propriété de l'actif sous-jacent au vendeur de protection.

Une contrepartie peut ainsi vendre un risque de crédit portant sur une créance déterminée, dite créance sous-jacente, à une autre contrepartie qui, contre versement régulier d'intérêts ou d'une prime, lui effectuera un paiement si un événement de crédit survient sur cet actif sous-jacent.

La définition des événements de crédit est essentielle dans une opération de dérivé de crédit puisque c'est la constatation de l'un d'eux qui constitue le fait générateur du paiement de la protection. Ils déterminent ainsi le spectre des risques contre lesquels l'acheteur de protection souhaite se couvrir.

Les événements de crédit définis dans les contrats regroupent principalement les événements tels que la faillite (bankruptcy), le défaut de paiement (failure to pay) et la restructuration (restructuring) de l'entité de référence. Ils peuvent également comprendre tout autre événement contractuellement défini entre les parties telles, par exemple, une détérioration de la notation de l'entité de référence.

– 2. Les possibilités d'utilisations

L'innovation majeure apportée par les dérivés de crédit réside en la possibilité, pour un intervenant sur ce marché, de vendre le risque de crédit portant sur une créance tout en conservant la propriété juridique de cette dernière, c'est-à-dire tout en continuant à l'inscrire à son bilan. À l'inverse, un intervenant peut acheter ce même risque sans avoir à supporter systématiquement le coût de financement et le risque de taux liés à l'acquisition ou la détention de la créance. Cette capacité à transférer de manière « synthétique » une créance, fondée sur la dissociation du risque de crédit et de la créance elle-même procure, tant à l'intervenant vendeur de risque, encore appelé acheteur de protection, qu'à celui acheteur de risque, encore appelé vendeur de protection, une plus grande souplesse dans la gestion du risque de crédit.

Les dérivés de crédit peuvent en effet être utilisés comme :

- des instruments de couverture, qui permettent à un établissement de réduire son risque sur une contrepartie, et sous certaines réserves ses exigences de fonds propres, sans altérer la relation commerciale existante avec cette contrepartie ;
- des instruments d'investissement, qui autorisent un intervenant à acheter un risque de contrepartie sans forcément le financer et sans nouer avec cette dernière de relation commerciale. Ils permettent par ailleurs de prendre une exposition de crédit sur une entité qui n'a pas nécessairement émis de dette dans le marché ou dont les caractéristiques de la dette (maturité, rang de subordination,...) ne correspondent pas à celles recherchées ;
- des instruments de négociation, qui visent à dégager à court terme une plus-value sur une évolution escomptée d'un risque de crédit.

– 3. Les différentes catégories de dérivés de crédit

Les instruments issus des dérivés de crédit peuvent être classés principalement en deux grandes catégories : ceux présentant un aspect purement « synthétique » et ne donnant lieu, pour le vendeur de protection, à aucun coût de financement (unfunded credit derivatives) et ceux donnant lieu, pour ce même vendeur de protection, à l'achat d'un titre ou de créances (funded credit derivatives).

– 3.1. La 1ère catégorie d'instruments

Elle comprend 4 types d'instruments.

– 3.1.1. Les CDS (credit default swaps)

Les swaps sur défaillance ou credit default swaps (CDS), contrats par lesquels un établissement s'engage à l'égard de son co-contractant à verser une prime régulière contre l'engagement pris par ce dernier, en cas de survenance d'un événement de crédit sur un actif de référence, de le dédommager de la perte subie sur l'actif sous-jacent :

Figure 38 : Schema d'un CDS (Credit Default Swaps)

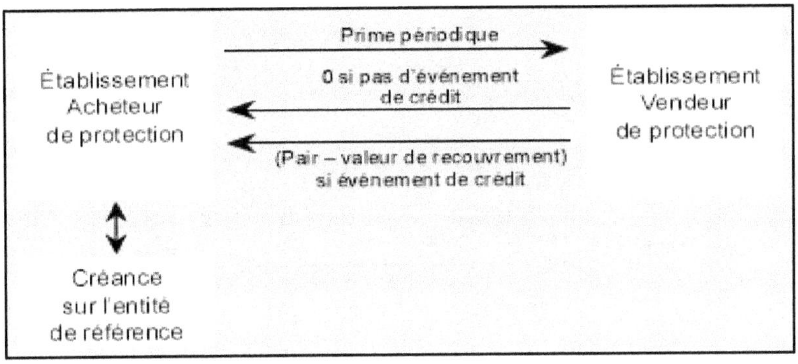

Source : Banque de France, Revue de Stabilité Financière, Les dérivés de crédit, nouvelle source d'instabilité financière, Novembre 2002.

– 3.1.2. Les credit spread options (CSO)

Les options sur écart de crédit ou credit spread options (CSO), contrats par lesquels un établissement s'engage à l'égard de son co-contractant à verser une prime régulière contre l'engagement pris par ce dernier d'acquérir (credit spread call) ou de vendre (credit spread put), à un niveau déterminé (strike), un actif sous-jacent :

Figure 39 : Schema d'un CSO (Credit spread options)

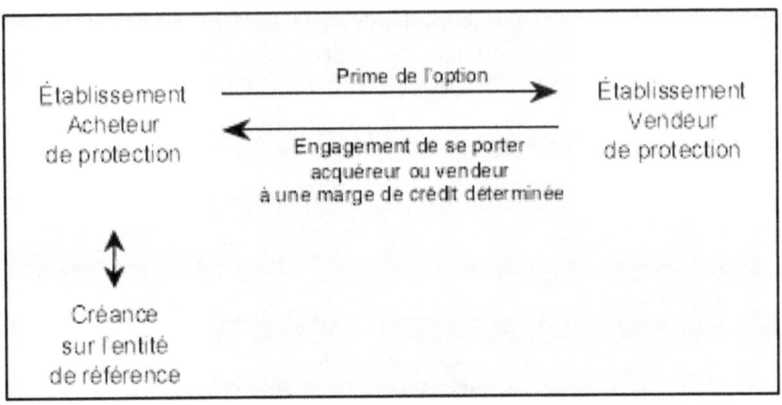

Source : Banque de France, Revue de Stabilité Financière, Les dérivés de crédit, nouvelle source d'instabilité financière, Novembre 2002.

– 3.1.3. Les total rate of return swaps (TROR)

Les swaps sur le rendement total ou total rate of return swaps (TROR), contrats par lesquels deux contreparties s'échangent les flux représentant, pour l'établissement vendeur de risque, la rémunération de l'actif, majorée, le cas échéant, de son appréciation, contre, pour l'investisseur acheteur de risque, une prime périodique, majorée, le cas échéant, de la dépréciation de l'actif :

Figure 40 : Schema d'un TROR (Total Rate of Return Swaps)

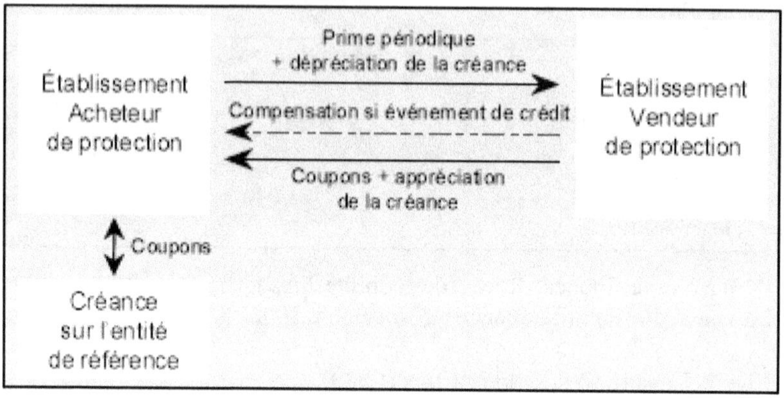

Source : Banque de France, Revue de Stabilité Financière, Les dérivés de crédit, nouvelle source d'instabilité financière, Novembre 2002.

– 3.1.4. Les first-to-default (FTD)

Les swaps sur première défaillance d'un panier de créances ou first-to-default (FTD), contrats par lesquels un établissement s'engage à l'égard de son co-contractant à verser une prime régulière contre l'engagement pris par ce dernier, en cas de première survenance d'un événement de crédit sur l'un des actifs d'un panier de référence, de le dédommager de la perte subie sur cet actif :

Figure 41 : Schema d'un FTD (First To Default)

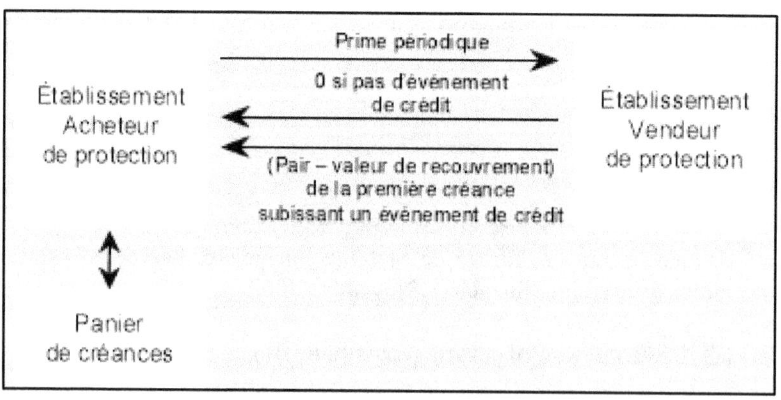

Source : Banque de France, Revue de Stabilité Financière, Les dérivés de crédit, nouvelle source d'instabilité financière, Novembre 2002.

– 3.2. La 2ème catégorie d'instruments

La seconde catégorie (funded credit derivatives) comprend principalement un type d'instruments :

– 3.2.1. Les credit linked notes (CLN)

Les titres indexés sur un risque de crédit ou credit linked notes (CLN), titres « indexés » sur une créance, émis par l'établissement acheteur de protection et auxquels sont attachées des options sur le risque de défaut de ladite créance.

L'établissement vendeur de protection s'engage, contre paiement d'un montant d'intérêts rémunérant le caractère « composite » du titre, à n'être remboursé, en cas d'événement de crédit sur l'actif sous-jacent au titre, qu'à la valeur de marché du titre après cet événement :

Figure 42 : Schema d'un CLN (Credit Linked Notes)

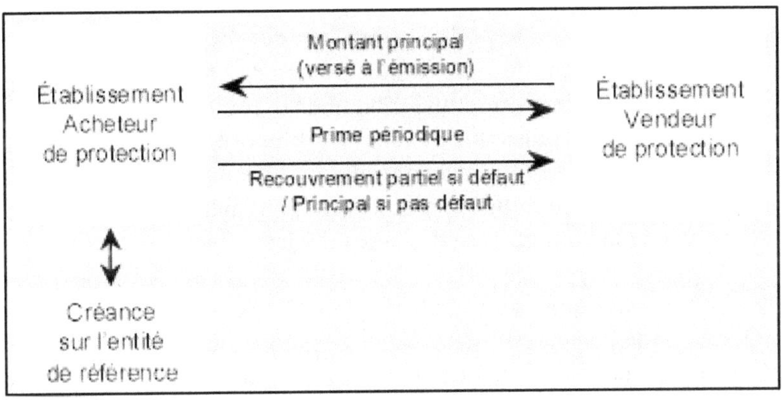

Source : Banque de France, Revue de Stabilité Financière, Les dérivés de crédit, nouvelle source d'instabilité financière, Novembre 2002.

Le dédommagement par le vendeur de protection de la perte subie par l'acheteur de protection peut être effectué selon deux modes : soit par un règlement physique ou physical settlement, qui consiste pour l'acheteur de protection à céder au vendeur de protection au pair la créance en défaut, soit par un règlement en espèces ou cash settlement, qui consiste pour le vendeur de protection à verser à l'acheteur de protection la différence entre la valeur de marché de la créance en défaut et son montant au pair.

– Le lien avec la titrisation : le CDO (Collateralised Debt Obligation)

Depuis la fin des années quatre-vingt-dix, ces instruments ont été par ailleurs utilisés de façon croissante par les banques dans le cadre de leurs opérations de titrisation comme outil de gestion de bilan. La titrisation de crédits utilise en effet de plus en plus des structures dites « synthétiques », c'est-à-dire basées sur les dérivés de crédit. Cette combinaison permet de gérer des portefeuilles de crédit de taille significative et de faire mieux jouer les effets de diversification. En quelques années, ces structures sont devenues pour les banques un outil important, et standard pour plusieurs d'entre-elles, de gestion du risque de crédit.

Contrairement aux opérations de titrisation cash où un véhicule ad hoc achète les actifs cédés par une banque grâce à une émission de titres et rembourse ces derniers grâce aux flux de principal et d'intérêts dégagés par lesdits actifs —, les opérations de titrisation dites « synthétiques » permettent à une banque de conserver juridiquement la propriété d'un portefeuille de créances tout en transférant le risque de crédit à un certain nombre de parties tierces par le biais de dérivés de crédit. Cette structure, désormais classique et qualifiée de collateralised debt obligation (CDO) synthétique, permet à une banque de ne pas céder un portefeuille de créances mais d'acheter une protection sur ce dernier en concluant :

- un dérivé de crédit de rang senior, généralement avec une contrepartie bancaire et couvrant le portefeuille à hauteur d'environ 90 % ;
- un dérivé de crédit de rang junior, généralement avec un véhicule ad hoc et couvrant le portefeuille à hauteur d'environ 10 %. Le véhicule, d'une part, émet plusieurs tranches de titres représentatives du risque pris auprès de la banque et se définissant chacune par un niveau de subordination et une taille et, d'autre part, collatéralise son engagement vis-à-vis de la banque avec des titres d'État.

Les CDO synthétiques sont qualifiés de CBO (collateralised bonds obligations) lorsque le portefeuille de créances est constitué de titres obligataires et de CLO (collateralised loans obligations) lorsque celui-ci est constitué de prêts.

Aujourd'hui, la tendance est au développement de ces CDO également appelés structurés et dérivés de crédit. Un crédit structuré est un portefeuille de noms diversifiés, offrant une vaste gamme de profils risque/rendement sur mesure. La technique de redistribution du risque se fait par le « Tranching » qui fait ressortir trois tranches : tranches equity (plus risquées) ; tranches mezzanines (risques intermédiaires) ; et tranches seniors (risques moins risquées).

Par ailleurs, le marché des dérivés de crédit possède également ses indices comme le marché boursier. Par exemple, les indices iTraxx couvre le marché des dérivés de crédit en Europe, Asie, et Australie.

Enfin, un single tranche est similaire à un CDO classique mais seule une tranche d'un CDO sur mesure est placée auprès d'un investisseur (vendeur de protection).

RÉFÉRENCES BIBLIOGRAPHIQUES

AROUALO, M. (2015). *La banque islamique, pour la prospérité et l'équité.* Gao (Mali): Yébé impression.

BACHER, A., & DUBOIN, J. (2000). *exporter, pratique du commerce international.* Paris : foucher.

BARREAU, J., & DELAHAYE, J. (2001). *Gestion financière DECF n°4.* Paris : Dunod.

BAYACOUB, F. (2002). *L'entreprise et le financement bancaire.* Alger : CASBAH.

BCEAO. (1996). *Guide du banquier de l'UEMOA.* Dakar : BCEAO.

BCEAO. (2000). *Plan Comptable Bancaire (PCB) de la zone UEMOA.* Dakar : BCEAO.

BCEAO. (2002). *Avis aux banques et établissements financiers N°4/AC/02 relatif au dispositif des accords de classement.* Dakar : BCEAO.

BCEAO. (2003). *Instruction N°01/2003/SP du 8 mai 2003 relative à la promotion des moyens de paiement scripturaux et à la détermination des intérêts exigibles en cas de défaut de paiement.* Dakar : BCEAO.

BCEAO. (2005). *le dispositif de lutte contre le blanchiment de capitaux et le financement du terrorisme dans l'union économique et monétaire ouest africaine (UEMOA).* Dakar : BCEAO.

BCEAO. (2005-2014). *Rapports annuels de la commission bancaire.* Abidjan : Commission bancaire.

BCEAO. (2007). *Instruction N°01/2007/RB du 2 juillet 2007 relative à la lutte contre le blanchiment de capitaux au sein des organismes financiers.* Dakar : BCEAO.

BCEAO. (2008). *Loi uniforme relative à la lutte contre le financement du terrorisme dans les Etats membres de l'union monétaire ouest africaine (UMOA).* Dakar : BCEAO.

BCEAO. (2010). *Décision N°397/12/2010 portant règles, instruments et procédures de mise en œuvre de la politique de la monnaie et du crédit de la BCEAO.* Dakar : BCEAO.

BCEAO. (2010). *Loi cadre portant Règlementation bancaire.* Dakar : BCEAO.

BCEAO. (2010). *Statuts.* Dakar : BCEAO.

BCEAO. (2011). *Circulaire N°005-2011/CB/C relative à la gouvernance des établissements de crédit de l'UMOA.* Dakar : BCEAO.

BCEAO. (2011). *Règlement relatif aux relations financières extérieures des Etats de l'UEMOA textes d'application.* Dakar : BCEAO.

BCEAO. (2011). *Textes d'application de la Loi portant règlementation bancaire.* Dakar : BCEAO.

BCEAO. (2012). *chronologie des événements marquants de l'histoire de la BCEAO et de l'UMOA.* Dakar : BCEAO.

BCEAO. (2012, 01 01). *Publications.* Consulté le 11 19, 2014, sur BCEAO : http://www.bceao.int/

BCEAO. (2012). *rapport sur la compétitivité des économies de l'UEMOA.* Dakar : BCEAO.

BCEAO. (2013). *Loi uniforme portant règlementation des bureaux d'information sur le crédit dans les Etats membres de l'UMOA.* Dakar : BCEAO.

BCEAO. (2015). *Instruction n° 002-01-2015 - relative aux modalités d'obtention du consentement du client par les fournisseurs de données aux bureaux d'information sur le crédit (BIC) dans le cadre du système de partage d'information sur le crédit dans les Etats memb.* Dakar : BCEAO.

BCEAO. (2015). *Rapport sur la Politique monétaire de l'UMOA (pp.12).* Dakar : BCEAO.

BCEAO. (septembre 2014). *Rapport sur la Politique Monétaire de l'UEMOA (pp.37-40).* Dakar : BCEAO.

BEAC. (2011, 01 01). *Publications des statistiques.* Consulté le 06 12, 2015, sur BEAC : https://www.beac.int/

BEAC. (2012-2014). *Rapports spéciaux.* BEAC.

BERLAND, N. (2009). *mesurer et piloter la performance.* Paris : e-book : www.management.free.fr.

BOAD. (2015, 01 01). *Publications.* Consulté le 03 15, 2015, sur Banque Ouest Africaine de Développement : http://www.boad.org/

BOISSIEU, C. d. (2004). *les systèmes financiers : mutations, crises et régulation.* Paris : Economica.

BOURGUINAT, H. (1992). *Finance internationale.* Paris : Presses universitaires de France.

BRI. (juillet 2013). *Comité de Bâle sur le contrôle bancaire, Banques d'importance systémique mondiale : méthodologie révisée d'évaluation et d'exigence additionnelle de capacité d'absorption des pertes.* Bâle : BRI : https://www.bis.org/publ/bcbs255_fr.pdf.

BRI. (janvier 2013). *Comité de Bâle sur le contrôle bancaire : Ratio de liquidité à court terme et outils de suivi du risque de liquidité.* Bâle : BRI : https://www.bis.org/publ/bcbs238_fr.pdf.

BRI. (janvier 2015). *Comité de Bâle sur le contrôle bancaire : Normes, Exigences de communication financière au titre du 3ème pilier version révisée* . Bâle : BRI : https://www.bis.org/bcbs/publ/d309_fr.pdf.

BRI. (juin 2006). *Comité de Bâle sur le contrôle bancaire : convergence internationale de la mesure et des normes de fonds propres.* Bâle : BRI : https://www.bis.org/publ/bcbs128fre.pdf.

BRI. (juin 2011). *Comité de Bâle sur le contrôle bancaire, Bâle III : dispositif réglementaire mondial visant à renforcer la résilience des établissements et systèmes bancaires, version révisée.* Bâle : BRI : https://www.bis.org/publ/bcbs189_fr.pdf.

BRI. (july 2009). *Comité de Bâle sur le contrôle bancaire : Enhancements to the Bâle II framework.* Bâle : BRI : https://www.bis.org/publ/bcbs157.pdf.

BRI. (novembre 2005). *Comité de Bâle sur le contrôle bancaire : Amendment to the capital accord to incorporate market risks.* Bâle : BRI : https://www.bis.org/publ/bcbs119.pdf.

BRI. (October 2014). *Comité de Bâle sur le contrôle bancaire : A Brief History of the Basel Committe* . Bâle : BRI : https://www.bis.org/bcbs/history.pdf.

BRI. (October 2014). *Comité de Bâle sur le contrôle bancaire : Review of the principles for the sound management of operational risk.* Bâle : BRI : https://www.bis.org/publ/bcbs292.pdf.

BRI. (octobre 2012). *Comité de Bâle sur le contrôle bancaire : Dispositif applicable aux banques d'importance systémique intérieure.* Bâle : BRI : https://www.bis.org/publ/bcbs233_fr.pdf.

BRI. (octobre 2014). *Comité de Bâle sur le contrôle bancaire : Ratio strucrurel de liquidité à long terme.* Bâle : BRI : https://www.bis.org/publ/bcbs295_fr.pdf.

BRI. (septembre 2012). *Comité de Bâle sur le contrôle bancaire : Principes fondamentaux pour un contrôle bancaire efficace.* Bâle : BRI : https://www.bis.org/publ/bcbs230_fr.pdf.

BRVM. (2005). *Guide de l'émetteur.* Abidjan : BRVM.

BRVM. (2005). *Guide de l'investisseur.* Abidjan : BRVM.

BRVM. (2005). *Règlement général de la BRVM.* Abidjan : BRVM.

BRVM. (2005). *règles de négociations, admissions et de radiation de la cote.* Abidjan : BRVM.

BRVM. (2009, 01 01). *Règlementation/éducation des investisseurs.* Consulté le 01 10, 2015, sur BRVM : http://www.brvm.org/

CHARASSE, M. (2006). *Notes de présentation loi de finances 2006.* http://www.senat.fr/rap/np07_04ami/np07_04ami_mono.html#toc17 : Senat.

CNPM, C. d. (2006). *Guide juridique OHADA pour les entreprises au Mali.* Genève : CNPM.

CNUCED. (2015). *Le développement économique en Afrique : libérer le potentiel du commerce des services en Afrique pour la croissance et le développement ; pp.92-124.* Washington : Nations Unies.

CREPMF. (1996). *Règlement Général du CREPMF.* Abidjan : CREPMF.

CREPMF. (2004, 01 01). *Publications.* Consulté le 12 20, 2014, sur CREPMF : http://www.crepmf.org/

CREPMF. (2013). *Plan stratégique 2014- 2021* . Abidjan : CREPMF.

DC/BR. (2005). *Règlement Générale du DC/BR.* Abidjan : DC/BR.

FMI. (12 janvier 2015). *The report on Pan-African Banks—Opportunities and Challenges for Cross-Border Oversight, prepared by IMF staff and completed on De-cember 18, 2014 to brief the Executive Board* . Washington : FMI.

FMI. (2015, 01 01). *Publications.* Consulté le 10 12, 2014, sur IMF : http://www.imf.org/external/index.htm

FMI. (2015, 01 01). *Publications.* Consulté le 10 10, 2014, sur Fonds Monétaire International : http://www.imf.org/external/index.htm

FMI. (Avril 2015). *Perspectives de l'économie mondiale.* Washington : FMI.

FMI. (mars 2014). *Rapport N°14/84 des services du FMI sur les politiques communes des états membres de la zone UEMOA.* Whashington : FMI.

France, B. d. (1991-2014). *Rapports annuels de la Zone franc.* Paris : Banque de France.

France, B. d. (2015, 01 01). *Zone franc et financement du développement*. Consulté le 10 12, 2014, sur Banque de France : https://www.banque-france.fr/eurosysteme-et-international/zone-franc.html

France, B. d. (Novembre 2002). *Les dérivés de crédit, nouvelle source d'instabilité financière (pp.70-74)*. Paris : Revue de Stabilité Financière.

GRET, A. (Octobre 2010). *Rapport final, Etude sur la cohérence des politiques commerciales en Afrique de l'Ouest (pp.47-61)*. Paris : GRET.

LEGRAND, G., & MARTINI, H. (2005). *Management des opérations de commerce international : importer-exporter*. Paris : Dunod.

LEVYNE, O. (1995). *Ingénierie financière et fiscale*. USA : City and York.

Limited, F. T. (2014, Mars 31). Federal Reserve gets tough on foreign banks. *Global Risk Regulator, 12*(3), pp. 2-3.

Mabid, A.-J. (2007). The philosophy o islamic banking and finance. *Salman Syed Ali & Ausaf Ahmad, eds., Islamic banking and finance : fundamentals and contempory issues, No. research & Training institute, Islamic Development Bank.*, pp.1-24. Online at https://mpra.ub.uni-muenchen.de/66739/.

Mondiale, B. (2012). *Rapport Doing Business*. Whashington : Banque Mondiale.

MOURGUES, M. d. (2000). *Macroéconomie monétaire*. Paris : Economica.

OGIEN, D. (2005). *Comptabilité et audit bancaire*. Paris : Dunod.

OHADA. (1998). *Acte Uniforme portant organisation des procédures collectives d'apurement du passif adopté le 10 avril 1998, journal officiel de l'OHADA N°7 du 1er juillet 1998*. Yaoundé : OHADA.

OHADA. (1998). *Acte Uniforme Portant Organisation des procédures Simplifiées de recouvrement et des voies d'exécution Adopté le 10 avril 1998 Journal Officiel de l'OHADA N° 6 du 1er juillet 1998*. Yaoundé : OHADA.

OHADA. (2000). *Acte uniforme portant organisation et harmonisation des comptabilités des entreprises sises dans les Etats-parties au traité relatif à l'harmonisation du droit des affaires en Afrique*. Yaoundé : OHADA.

OHADA. (2010). *Acte uniforme révisé portant organisation des sûretés Adopté le 15/12/2010 Journal Officiel de l'OHADA N° 22 du 15/02/2011*. Yaoundé : OHADA.

OHADA. (2014). *6) Acte uniforme révisé OHADA relatives au droit des sociétés commerciales et du groupement d'intérêt économique (GIE) adopté le 30/01/2014 à Ouagadougou (Burkina Faso) et publié dans le journal officiel N° spécial du 04/02/2014*. Yaoundé : OHADA.

OSEO, H. D. (2011). *études sur les instruments de garantie et le marché des garanties bancaires dans la zone de l'UEMOA au Compte de la BOAD et l'AFD*. Lomé : Horus DF – OSEO .

PASTRE, O., & JOUINI, E. (décembre 2008). *Rapport sur les enjeux et opportunités du développement de la finance islamique pour la place de paris (pp.24-72)*. Paris : Paris Europlace.

Philippe DANJOU, M. d. (février 2013). *Une mise au point concernant les international financial reporting standards (normes ifrs)*. Paris : http://www.ifrs.org/Features/Documents/Mise-au-point-concernant-les-normes-IFRS-February-2013.pdf.

PRISSERT, P. (1991). *Les opérations bancaires avec l'étranger guide professionnel*. Paris : Collection ITB.

RAINELLE, M. (1995). *le commerce international*. Paris : Belfond.

ROLLANDE, L. B. (2006). *Principe de techniques bancaire*. Paris : DUNOD.

ROUYER, G., & CHOINEL, A. (2001). *La banque et l'entreprise.* Paris : collection Banque ITB.

SIRUGUET, J. L., & KERTUDO, J. (février 2015). *Afrique : Bâle si lointaine ... et si proche !* Paris : Révue-Banque N°781.

SIRUGUET, J. L., & KERTUDO, J. (juin 2015). *Le risque de crédit version bâloise en contexte africain ou l'urgence d'attendre !* Paris : Révue-Banque N°785.

SIRUGUET, J., & KERTUDO, J. (Mai 2015). *Seminaire de formation : Mise en place de Bâle II et Bâle III dans les banques africaines.* Lomé : Finabanque.

UEMOA. (2002). *Directive N°07/2002/CM/UEMOA relative à la lutte contre le blanchiment de capitaux dans les états membres de l'UEMOA.* Ouagadougou : UEMOA.

UEMOA. (2002). *Directive N°08/2002/CM/UEMOA portant sur les mesures de promotion de la bancarisation et de l'utilisation des moyens de paiement scripturaux.* Ouagadougou : UEMOA.

UEMOA. (2002). *Règlement n° 15/2002/CM/UEMOA relatif aux systèmes de paiement dans les Etats membres de l'union économique et monétaire ouest africaine (UEMOA).* Ouagadougou : UEMOA.

UEMOA. (2003). *Traité modifié de l'UEMOA.* Aouagadougou : UEMOA.

UEMOA. (2007). *Directive N°04/2007/CM/UEMOA relative à la lutte contre le financement du terrorisme dans les Etats membres de l'union économique et monétaire ouest africaine (UEMOA).* Ouagadougou : UEMOA.

UEMOA. (2010). *Directive N° 02/2010/CM/UEMOA du 30 mars 2010 portant harmonisation de la fiscalité applicable aux valeurs mobilières des Etats membres de l'UEMOA.* Ouagadougou : UEMOA.

UEMOA. (2010). *Règlement n° 02/2010/CM/UEMOA relatif aux fonds communs de titrisation de créance et aux opérations de titrisation dans L'UEMOA.* Ouagadougou : UEMOA.

UEMOA. (2010). *Règlement N° 03/2010/CM/UEMOA relatif aux obligations sécurisées dans l'UEMOA.* Ouagadougou : UEMOA.

UEMOA. (2011, 01 01). *Publications.* Consulté le 9 30, 2014, sur Union Economique et Monétaire Ouest Africain : http://www.uemoa.int/Pages/Home.aspx

UEMOA. (2013). *Décision N°CM/UMOA/008/06/2013 du Conseil des Ministres relative à la définition des produits d'épargne règlementés dans la zone UEMOA.* Ouagadougou : UEMOA.

UEMOA. (2013). *Décision N°CM/UMOA/011/06/2013 du Conseil des Ministres relative à la fixation du taux de l'usure dans la zone UEMOA.* Ouagadougou : UEMOA.

UEMOA. (2013). *Règlement N°05/CM/UEMOA modifiant le règlement N°04/96/CM/UEMOA portant adoption du référentiel SYSCOA.* Ouagadougou : UEMOA.

UEMOA. (2014). *Décision N°CM/UMOA/016/09/2014 du Conseil des Ministres relative aux conditions de rémunération des produits d'épargne règlementés dans l'UEMOA.* Ouagadougou : UEMOA.

UEMOA. (2014). *La surveillance commerciale de l'union.* Ouagadougou : UEMOA.

UMOA. (2007). *Traité de l'UMOA.* Ouagadougou : UMOA.

VERNIMMEM, P. (2005). *Finance d'entreprise.* Paris : Dalloz.

VIALA, J.-R. (2006). *Séminaire sur la titrisation à Paris-Dauphine.* Paris : Jean-Renaud VIALA.

INDEX ALPHABÉTIQUE

M

N

O

P

R

S

T

V

W

TABLE DES MATIÈRES

TABLE DES ILLUSTRATIONS

Tableaux

Encadrés

Figures

L'Afrique
aux éditions L'Harmattan

Dernières parutions

ETHNIES, NATIONS ET DÉVELOPPEMENT EN AFRIQUE : QUELLE GOUVERNANCE ?
Actes du colloque de Brazzaville (Congo), du 26 au 28 mai 2014
Sous la direction de Hugues Mouckaga, Scholastique Dianzinga, Jean-François Owaye
En 1962, quelques années seulement après que la parenthèse coloniale eut commencé à se fermer, un agronome français, René Dumont, osa ce pronostic : « l'Afrique noire est mal partie ». Que de protestations ! Pourtant, plus de 50 ans après les indépendances, le continent africain est à la peine et patine. L'explication : la mal gouvernance. Du fait de ses ethnies, l'Afrique fait face à un épouvantable écueil ! Elle n'arrive pas à se constituer en nations ! Il importait donc d'agir, de réfléchir autour de cette problématique.
(Coll. Études africaines, 55.00 euros, 704 p.)
ISBN : 978-2-343-05785-9, ISBN EBOOK : 978-2-336-37944-9

ÉLECTIONS, VOTE ET REPRÉSENTATION POLITIQUE DES AFRICAINS DE L'ÉTRANGER
Suivi du *Guide des opérations électorales en dehors des frontières nationales*
Wongo Ahanda Antoine
Quels sont aujourd'hui les types d'élections, les mécanismes et les procédures du vote à l'extérieur adoptés par les pays africains ? Dans cet ouvrage, qui fait la synthèse des connaissances et des pratiques du vote à l'extérieur et de la représentation politique des Africains de l'étranger, l'auteur entend apporter une contribution pédagogique au processus d'appropriation de la citoyenneté externe par les États africains. Un ouvrage qui intéressera les leaders africains, les migrants africains et tous ceux qui sont impliqués dans le processus de vote à distance à travers l'Afrique et les pays d'immigration.
(Coll. Études africaines, 21.00 euros, 202 p.)
ISBN : 978-2-343-02009-9, ISBN EBOOK : 978-2-336-38129-9

MANUELS SCOLAIRES, ENVIRONNEMENT INFORMATIF ET NUMÉRIQUE AU SERVICE DE LA LECTURE
Enjeux nouveaux pour une école émergente
Thioune Birahim - Préface de Michèle Verdelhan Bourgade
Aujourd'hui, l'environnement socioculturel s'est complexifié du fait de l'émergence de technologies nouvelles qui ont envahi l'univers des apprenants et qui se révèlent, dans les espaces d'éducation et de formation, à la fois comme des promesses d'enrichissement et des menaces. Ce livre fixe quelques contours de l'utilisation des TIC (Technologies de l'Information et de la Communication) et des limites à observer dans leur application, sous peine de mettre en péril tout un patrimoine pédagogique.
(16.50 euros, 164 p.)
ISBN : 978-2-343-06236-5, ISBN EBOOK : 978-2-336-37731-5

L'ÉCOLE, GAGE DU DÉVELOPPEMENT DE L'AFRIQUE
Zénith Laurent - Préface de Mathias Eric Owona Nguini
Si plusieurs facteurs et secteurs sont à considérer pour sortir rapidement l'Afrique de son retard, le domaine scolaire revêt une importance capitale. Malheureusement, ce levier du développement qu'est l'école regorge de nombreuses tares dans la quasi-totalité des pays subsahariens. Un système académique bien pensé participerait fortement à l'essor de l'Afrique. À partir de propos, témoignages et de cas vécus, l'auteur met à nu tous les manquements qui handicapent l'émergence de ces pays.
(Harmattan Cameroun, 16.50 euros, 158 p.)
ISBN : 978-2-343-06203-7, ISBN EBOOK : 978-2-336-38133-6

LE CAMÉLÉON ET LA MORT EN AFRIQUE
Eschenlohr Nicole
La question de la mort hante nos esprits rationnels. Pour mieux maîtriser cette angoisse existentielle, les civilisations traditionnelles ont détourné le problème en attribuant une origine à cette mort : pourquoi et comment est-elle apparue ? En réponse à ses interrogations, la mythologie africaine, riche de liens tissés entre les hommes et les animaux, a désigné un responsable qu'elle a placé au cœur de ses récits et légendes : le caméléon. Accusé de lenteur, sa défense repose sur l'inéluctabilité de la mort...
(Coll. Ethnographiques, 14.00 euros, 132 p.,)
ISBN : 978-2-343-05818-4, ISBN EBOOK : 978-2-336-37485-7

APPROCHE CRITIQUE DU DÉVELOPPEMENT EN AFRIQUE SUBSAHARIENNE
Zagre Ambroise
Le sous-développement de l'Afrique subsaharienne constitue une préoccupation majeure pour les pays concernés, la communauté internationale, les milieux intellectuels et la société civile. Cet ouvrage interroge la notion de développement et envisage l'avenir de ce sous-continent vers un nouveau paradigme de développement : l'»auto-développement humain», capacité des sociétés à se développer en comptant d'abord sur leurs forces intérieures, leur capacité de création et leurs potentialités matérielles et spirituelles.
(Coll. Politique et dynamiques religieuses en Afrique, 27.00 euros, 260 p.,)
ISBN : 978-2-343-05939-6, ISBN EBOOK : 978-2-336-37427-7

LA PRÉCARITÉ QUOTIDIENNE EN AFRIQUE DE L'OUEST
Culture et développement
Ernoux Jules - Préface de Michaël Singleton
Cet ouvrage propose des tranches de vie prises sur le vif dans la population, plutôt urbaine, de Côte d'Ivoire, de Guinée et du Niger. À l'issue de 33 séjours riches de rencontres collectives et individuelles, l'auteur s'interroge : comment vivre au jour le jour dans le manque permanent, seulement soucieux de manger à sa faim, de sauvegarder une santé précaire, de confier ses enfants à des écoles surpeuplées, de vivre dans l'insécurité d'un pays où l'État de droit n'est qu'une illusion ?
(Coll. Écrire l'Afrique, 15.50 euros, 154 p.)
ISBN : 978-2-343-05748-4, ISBN EBOOK : 978-2-336-37417-8

LE MARKETING DE RUE EN AFRIQUE
Mouandjo Lewis Pierre
Cet ouvrage, abondamment illustré d'exemples, se veut un outil pédagogique pour faciliter la compréhension de ce «Marketing de rue» tant développé par ses acteurs en Afrique. Son but est de mettre à la disposition des étudiants et responsables d'entreprises un manuel leur permettant de saisir les opportunités qui leur sont offertes par ce nouveau marché que représente la rue et où se déroulent des pratiques commerciales «agressives» et une concurrence farouche entre les entrepreneurs individuels, les grandes sociétés et les Petites et Moyennes Industries.
(Coll. Études africaines, 44.00 euros, 512 p., Illustré)
ISBN : 978-2-343-05770-5, ISBN EBOOK : 978-2-336-37547-2

L'AGENCE SPATIALE AFRICAINE
Vecteur de développement
Ouedraogo Sékou - Préface de Jean-Loup Chrétien
L'Algérie est en train de finaliser la conception de son premier satellite national ALSAT2B qui devrait être entièrement conçu par ses ingénieurs. Le Nigéria veut envoyer un astronaute dans l'espace avant la fin 2015. Qui peut le croire ? Et pourtant, l'Afrique possède des agences spatiales nationales crédibles et des organisations panafricaines qui travaillent sur le sujet. Pour utiliser efficacement ces applications spatiales au service du développement, l'auteur défend la création d'une Agence Spatiale Africaine.
(Coll. Diplomatie et stratégie, 18.50 euros, 188 p.)
ISBN : 978-2-343-05942-6, ISBN EBOOK : 978-2-336-37375-1

UN CHEF-D'ŒUVRE DES ARTS D'AFRIQUE
La plateau de Fa (golfe du Bénin), collection Christoph Weickmann Ulm, 1659
Biton Marlène-Michèle
Dans cet ouvrage, l'auteur a tenté de mener une enquête sur un plateau de divination provenant des côtes de Guinée, importé il y a 350 ans à destination du cabinet de curiosités d'un marchand d'Ulm, Christoph Weickmann. Il s'agit d'abord de replacer cet objet dans son contexte historique et culturel et de retrouver les conditions de son arrivée en Europe. L'auteur entreprend également une analyse plastique précise ouvrant des perspectives sur les modalités de représentations utilisées et l'accès à une mythologie foisonnante.
(Coll. Ethnoesthétique, 30.00 euros, 290 p.)
ISBN : 978-2-343-04282-4, ISBN EBOOK : 978-2-336-37491-8

DE LA CEAO À L'UEMOA
Ou la genèse d'une intégration sous-régionale réussie
Sawadogo Fatimata - Préface de Cheikhe Hadjibou Soumaré
Cet ouvrage est un solide argumentaire de la trajectoire de l'intégration ouest-africaine. Cette analyse historique sur les principales organisations qui ont précédé la CEAO (Communauté économique de l'Afrique de l'Ouest), se concentre sur les acquis et les insuccès de cette dernière. L'auteur analyse le passage de la CEAO à l'UEMOA (Union économique et monétaire ouest-africaine) pour mieux démontrer les grandes avancées sur le difficile chemin de l'intégration sous-régionale. Elle insiste sur le bilan positif de l'UEMOA eu égard aux nombreuses actions concrètes dans tous les secteurs de la vie socio-économique au profit des populations.
(15.50 euros, 152 p.,)
ISBN : 978-2-343-05985-3, ISBN EBOOK : 978-2-336-37437-6

CHEIKH HAMAHOULLAH
Homme de foi et résistant
L'Islam face à la colonisation française en Afrique de l'ouest
Traoré Alioune
Cheikh Hamahoullah fut l'un des principaux propagateurs du tijânisme en Afrique occidentale. Il mena un combat inlassable pour la liberté et la dignité des peuples d'Afrique pendant la période coloniale. En s'appuyant sur des documents d'archives, la tradition orale africaine et des manuscrits conservés par les fidèles et les adversaires du Cheikh, l'auteur rejette l'image d'un Hamahoullah agitateur sans culture et sans foi, que répandaient complaisamment les rapports des administrateurs coloniaux.
(34.00 euros, 404 p.)
ISBN : 978-2-343-04694-5, ISBN EBOOK : 978-2-336-37070-5

QUELLE AFRIQUE POUR LES JEUNES ?
Lettre ouverte
Barry David
Ce livre est une lettre ouverte d'un panafricaniste convaincu. Il s'adresse aux jeunes, car ce sont eux qui peuvent encore nourrir de grands rêves et qui ont encore la capacité de s'indigner. Le panafricanisme est pour l'auteur la seule voie royale qui permettra aux jeunes de retrouver une

certaine cohérence, un sens et surtout de reprendre l'initiative. Cette lettre ne comporte pas de recettes mais propose une démarche en fournissant des repères.
(Harmattan Burkina Faso, Coll. L'Harmattan International Burkina Faso, 16.50 euros, 166 p.,)
ISBN : 978-2-343-06009-5, ISBN EBOOK : 978-2-336-37484-0

DYNAMIQUES DES GUERRES CIVILES EN AFRIQUE
Sous la direction d'Arsène Brice Bado
Cet ouvrage offre un essai de typologie des nombreuses hypothèses concurrentes dans l'analyse des causes des guerres civiles en Afrique. Il distingue 3 éléments dans la chaîne causale de leur émergence : les facteurs structurels, les éléments amplificateurs et les facteurs déclencheurs. Si les causes peuvent être similaires pour certains conflits, il restitue à chacun sa complexité selon les acteurs en présence, l'histoire sociopolitique particulière des sociétés et les conditions matérielles.
(Coll. Études africaines, 21.00 euros, 212 p.)
ISBN : 978-2-343-05586-2, ISBN EBOOK : 978-2-336-37590-8

LES MENACES ÉMERGENTES À LA PAIX ET À LA SÉCURITÉ EN AFRIQUE DE L'OUEST ET DU CENTRE : DE 1990 À NOS JOURS
Bamba Mamadou - Préface du Pr Ismaïla Madior Fall
Cet ouvrage apporte des éléments de réponse aux questions que soulève la problématique de la paix et de la sécurité dans ces deux sous-régions du Continent, si différentes et si proches l'une de l'autre par la géographie, les similitudes socio-historiques et le caractère transnational des défis qui émergeront sur l'un des territoires communautaires et qui ne manqueraient d'atteindre l'autre.
(Coll. Études africaines, 24.00 euros, 242 p.)
ISBN : 978-2-343-06163-4, ISBN EBOOK : 978-2-336-37576-2

VIOLENCES ET CONFLITS EN AFRIQUE DES GRANDS LACS
Polémologie et géo-systémisme
Mashimango Abou-Bakr Abelard - Préface de Daniel Derivois
Ce livre esquisse les diverses recompositions géopolitiques et stratégiques de la région des Grands Lacs et appréhende la problématique de la conflictualité sous l'angle de la polémologie. Il propose une réflexion transversale sur la bellicité en Afrique des Grands Lacs et analyse les facteurs qui se rapportent au «phénomène de guerre», à savoir les «complexes belligènes» et les causes du déclenchement des hostilités, de l'éclatement de la guerre, principalement en RDC et au Rwanda.
(Coll. Études africaines, 20.00 euros, 198 p.)
ISBN : 978-2-343-03586-4, ISBN EBOOK : 978-2-336-37473-4

LE PAGNE AFRICAIN ET SA SYMBOLIQUE
Femmes et féminité au travers de motifs d'un objet majeur de la culture africaine
Mukundila Kembo Dieudonné - Préface de Masiala ma Solo
Ce livre explore la manière dont le signe de la femme est utilisé dans les illustrations des pagnes africains. Il montre le caractère sexué du pagne en relation avec les fonctions sociales de la femme, lesquelles contribuent à la structuration de la société. L'objet n'est pas seulement artistique, il est culturel et social et se trouve à la fondation des croyances, des institutions, des structures sociales. Il cesse d'être uniquement un vêtement et devient un lieu de savoir et de culture, un reflet de la société africaine. (illustrations en couleur)
(Coll. Culture Africaine, 20.00 euros, 174 p.)
ISBN : 978-2-343-04531-3, ISBN EBOOK : 978-2-336-37124-5

L'HARMATTAN ITALIA
Via Degli Artisti 15; 10124 Torino
harmattan.italia@gmail.com

L'HARMATTAN HONGRIE
Könyvesbolt ; Kossuth L. u. 14-16
1053 Budapest

L'HARMATTAN KINSHASA
185, avenue Nyangwe
Commune de Lingwala
Kinshasa, R.D. Congo
(00243) 998697603 ou (00243) 999229662

L'HARMATTAN CONGO
67, av. E. P. Lumumba
Bât. – Congo Pharmacie (Bib. Nat.)
BP2874 Brazzaville
harmattan.congo@yahoo.fr

L'HARMATTAN GUINÉE
Almamya Rue KA 028, en face
du restaurant Le Cèdre
OKB agency BP 3470 Conakry
(00224) 657 20 85 08 / 664 28 91 96
harmattanguinee@yahoo.fr

L'HARMATTAN MALI
Rue 73, Porte 536, Niamakoro,
Cité Unicef, Bamako
Tél. 00 (223) 20205724 / +(223) 76378082
poudiougopaul@yahoo.fr
pp.harmattan@gmail.com

L'HARMATTAN CAMEROUN
BP 11486
Face à la SNI, immeuble Don Bosco
Yaoundé
(00237) 99 76 61 66
harmattancam@yahoo.fr

L'HARMATTAN CÔTE D'IVOIRE
Résidence Karl / cité des arts
Abidjan-Cocody 03 BP 1588 Abidjan 03
(00225) 05 77 87 31
etien_nda@yahoo.fr

L'HARMATTAN BURKINA
Penou Achille Some
Ouagadougou
(+226) 70 26 88 27

L'HARMATTAN SÉNÉGAL
10 VDN en face Mermoz, après le pont de Fann
BP 45034 Dakar Fann
33 825 98 58 / 33 860 9858
senharmattan@gmail.com / senlibraire@gmail.com
www.harmattansenegal.com

L'HARMATTAN BÉNIN
ISOR-BENIN
01 BP 359 COTONOU-RP
Quartier Gbèdjromèdé,
Rue Agbélenco, Lot 1247 I
Tél : 00 229 21 32 53 79
christian_dablaka123@yahoo.fr

Achevé d'imprimer par Corlet Numérique - 14110 Condé-sur-Noireau
N° d'Imprimeur : 127682 - Dépôt légal : avril 2016 - *Imprimé en France*

www.ingramcontent.com/pod-product-compliance
Lightning Source LLC
LaVergne TN
LVHW021130061026
849535LV00002B/200
* 9 7 8 2 3 4 3 0 7 8 6 5 6 *